Dallas Willard

Das Geheimnis geistlichen Wachstums

Dallas Willard

Das Geheimnis geistlichen Wachstums

Aus dem Amerikanischen übersetzt von Jens Uhder

Verlagsgruppe Random House FSC-DEU-0100
Das für dieses Buch verwendete FSC®-zertifizierte Papier *Super Snowbright*
liefert Hellefoss AS, Hokksund, Norwegen.

Das amerikanische Original erschien im Verlag HarperCollins, San Francisco,
unter dem Titel „The Spirit of the Disciplines“.

Bibelzitate sind, soweit nicht anders angegeben,
der Lutherbibel (revidierte Fassung von 1984) entnommen.

1. Auflage der gebundenen Ausgabe 2011
Bestell-Nr. 816 390
ISBN 978-3-86591-390-6

Umschlaggestaltung: Hanni Plato
Umschlagfotos: Getty Images, Grant Fainz
Satz: Typostudio Rücker
Druck und Verarbeitung: GGP Media GmbH, Pößneck

„Übe dich selbst aber in der Frömmigkeit!
Denn die leibliche Übung ist zu wenig nütze,
aber die Frömmigkeit ist zu allen Dingen nütze
und hat die Verheißung
dieses und des zukünftigen Lebens."

Paulus
(1. Timotheus 4,7–8)

„Denke daran, dass der Feind auf vielerlei Weise darum bemüht ist, dein Verlangen nach dem Guten zu stärken und dich zugleich von der Ausübung des Guten fernzuhalten."

Thomas von Kempen

Für John und Rebecca,
in der Hoffnung, dass sie in Christus,
dessen Joch sanft und dessen Last leicht ist,
zur Fülle des Lebens finden.

Inhalt

Avant propos

„Das Geheimnis geistlichen Wachstums" richtet sich an eine neue Generation von Lesern. Es möchte Ihnen Mut machen, dass es einen Weg zu geistlicher Veränderung gibt, der für *alle Menschen* offensteht und der in der heutigen Zeit tatsächlich gangbar ist. Gegenstand dieses Buches ist der Weg, auf dem Jesus, unser göttlicher und doch zugleich menschlicher Lehrer, uns vorausgegangen ist. Er beschritt diesen Weg vor uns und geht uns auch heute noch voran. Und er lädt uns ein, ihm auf demselben Pfad durch das Leben hindurch zur Ewigkeit nachzufolgen.

Wir können diesen Weg hier und jetzt beginnen, so wie wir gerade sind – was auch immer das bedeuten mag, ganz gleichgültig, wie verzweifelt unsere Situation aus rein menschlicher Sicht ist. Wir müssen als „Lehrlinge" im Reich des Himmels einfach voller Vertrauen Schritt für Schritt der Anleitung des Meisters folgen. Wenn wir dies tun, dann beginnen wir allmählich zu verstehen, was es mit diesem Weg auf sich hat, und wir empfangen Kraft, die unsere eigenen Möglichkeiten bei Weitem übersteigt.

Schon seit jeher hält die Menschheit Ausschau nach einem neuen Menschen und einer neuen Weltordnung. Genau darum geht es auch im Buch der Offenbarung, das schließlich in der Person Jesus Christus und seinem Königreich gipfelt. Um das neue Leben im Königreich Christi hautnah zu erleben, muss unser Glaube an Jesus praktisch werden, dabei immer wieder die Ergebnisse anschauen und lernen, ihn immer besser nachzuahmen. Der Weg Christi erschließt sich dem ganz von selbst, der ihn ausdauernd und ohne Scheu in die Praxis umsetzt. „Das Geheimnis geistlichen Wachstums" will in diesem Prozess eine Orientierungshilfe sein.

„Wer überwindet", sagt Jesus, „dem will ich zu essen geben von dem Baum des Lebens, der im Paradies Gottes ist." Diese Verheißung gilt uns. Hier und jetzt.

Dallas Willard

Vorwort

Wir leben in einem „revolutionären“ Zeitalter – revolutionär insofern, da wir zum ersten Mal wirklich das erschreckende Ausmaß von Not und Leid auf der Welt erkennen. Über Jahrhunderte hinweg waren Aufrufe zu einem „geheiligten Lebenswandel“, gemeinsam mit der Verdammung von Sünde und Teufel, Wegweiser und Heilmittel in diesem Überlebenskampf der Menschheit. In unserer Zeit wurden sie durch andere Losungen ersetzt. Auf gesellschaftlicher Ebene sind es die modernen sozialreformerischen und sozialpolitischen Ideologien, die revolutionäre neue Wege zur Befreiung des Menschen verkünden. Auf persönlicher Ebene gibt es eine Fülle von Techniken zur Selbstverwirklichung, eine mentale Revolution, die dem Menschen inmitten einer Welt voller Zwänge und Unfreiheit immerhin zu persönlicher Freiheit verhelfen soll.

Einige wenige Stimmen halten jedoch auch vor dem Hintergrund dieser neuzeitlichen Lösungsansätze daran fest, dass die eigentliche Ursache für die Probleme der Menschheit, sowohl auf gesellschaftlicher als auch auf persönlicher Ebene, *spiritueller* Art ist und dass folglich auch der Lösungsansatz ein *spiritueller* sein muss. Doch welche Lösung diese Stimmen eigentlich wirklich vorschlagen, bleibt unklar. Sie werden nicht müde zu betonen, dass es bislang keine gesellschaftliche oder politische Revolution fertiggebracht hat, die Dunkelheit zu erhellen, die tief in jedem Menschen schlummert. Das ist sicherlich unbestreitbar, denn inmitten der Flut von neuen Ansätzen zur Selbstverwirklichung erleben immer mehr Menschen innere Leere und Depressionen, flüchten sich immer stärker in Scheinwelten aller Art, von Drogen, Alkohol, Kultgläubigkeit, Konsumrausch bis zu Sex- und Gewaltverherrlichung. Hinzu kommt die wachsende Unfähigkeit, tiefe und dauerhafte Beziehungen zu knüpfen.

Es kann kein Zweifel daran bestehen, dass wir es in der Tat mit einem Problem spiritueller Art zu tun haben und dass es entsprechend auch einer spirituellen Lösung bedarf.

Doch wenn wir ein Heilmittel aus dem Bereich der Spiritualität brauchen, welche Antworten haben die Christen auf diesen Bedarf zu bieten? Kaum eine, wie mir scheint – sind doch die Christen selbst weithin in den Strudel dieser neuzeitlichen Epidemie geraten. Und diese Schwäche ist bereits so offensichtlich, dass das Christsein im Bewusstsein der Menschen als kraftlos und vorsintflutlich gilt, allenfalls noch – bei wohlwollender Betrachtung – als nicht mehr ganz zeitgemäß.

Und dennoch: Obwohl die Kirche sich derzeit nicht gerade als die große Antwort auf die drängenden gesellschaftlichen Fragen unserer Zeit und auf die persönlichen Nöte der Menschen präsentiert, glauben wir doch, dass sie die einzige wirkliche Antwort auf diese Probleme hat. Was aber hindert die Christenheit daran, der Welt die Orientierungshilfe zu geben, die nur sie geben kann? Wenn es der Kirche gelingen soll, ihrer Aufgabe als Wegweiser gerecht zu werden, dann muss sie vor allem zwei Dinge tun:

Zum einen muss sie die Notwendigkeit einer radikalen Veränderung genauso ernst nehmen, wie dies die übrigen Strömungen auch tun. Die Kritik der Moderne am Christentum wurde nur möglich, weil die Kirche ihrer eigenen Botschaft untreu geworden ist – sie hat es versäumt, die notwendigen Veränderungen mit Realismus und Tatkraft anzupacken. Glücklicherweise gibt es heute Anzeichen dafür, dass sich die Kirche, bei all ihrer Uneinigkeit, daranmacht, diesen Mangel zu korrigieren.

Zum anderen muss sie zeigen und auch Beispiele liefern, wie Veränderung stattfinden kann. Sie muss aufzeigen, wie aus ganz gewöhnlichen Menschen unserer Tage durch Gottes Gnade eine liebevolle, bedeutungsvolle und kraftvolle Gemeinschaft werden kann.

In diesem Buch soll es um diese zweite Aufgabe gehen. Ich möchte aufzeigen, wie unser geistliches Leben – ein Leben, das auf der Grundlage des Evangeliums gelebt wird – in der Praxis aussehen kann. Wir können lernen, Christus in unserem Handeln wie in unserem Charakter immer ähnlicher zu werden. Genau darum geht es im Neuen Testament.

Können Sie glauben, dass so etwas möglich ist?

Ich behaupte, dass wir Jesus tatsächlich ähnlich werden können, wenn wir eines tun: Wir müssen anfangen, ihm wirklich nachzufolgen und seinen Lebensstil ganz praktisch nachzuahmen. Wenn wir an Christus glauben, dann müssen wir wohl annehmen, dass er wusste, wie man richtig lebt. Er wusste, wie er in enger

Gemeinschaft mit dem Vater leben konnte, und wenn wir seinem Beispiel folgen, können wir dies auch.

Wie aber sah die Lebensweise Jesu ganz praktisch aus? Sein Leben war geprägt von sogenannten geistlichen Übungen wie Einsamkeit und Stille, Gebet, Studium der Heiligen Schrift und der Person Gottes, von Einfachheit, Opferbereitschaft und Dienst am Nächsten. Manches davon werden wir umso nötiger haben, weil wir in ganz anderer Weise bedürftig sind, als er es je war. Doch wenn all diese Dinge in unserem Leben eine gesunde Balance gefunden haben, dann werden wir immer wieder durch jenes „Reich, das nicht von dieser Welt ist", belebt, das Reich der Wahrheit, von dem in Johannes 18, Verse 36 bis 37 die Rede ist.

Doch selbst wenn wir all dies wirklich tun wollen – die Hektik unserer Zeit macht uns die Sache schwer. Ein geistliches Leben, wie ich es eben beschrieben habe, steht im krassen Widerspruch zu den Strömungen der Gegenwart. Der Glaube gilt zwar als etwas, das uns verändern *sollte*, aber wer ist schon davon überzeugt, dass er es tatsächlich *kann* und auch *tut?* In Wirklichkeit ringen wir doch *vergebens* mit dem Bösen in der Welt, und am Ende scheint uns nichts anderes übrig zu bleiben, als einfach auszuharren, bis wir sterben und in den Himmel kommen. Mit anderen Worten: Aus irgendeinem Grund glauben wir, dass der Glaube etwas ist, das sich in unserem Inneren abspielt, aber nicht wirklich etwas mit unserem Alltag zu tun hat.

Wir haben es einfach zugelassen, dass unser Denken von einem falsch verstandenen Widerspruch zwischen Gnade und Werken bestimmt wird, so als wären gerechte Werke gleichbedeutend mit Werkgerechtigkeit. Die Kirchengeschichte hat das ihre dazu beigetragen, die Dinge noch zu verschlimmern. Sie hat einen Wall zwischen Glauben und Gnade auf der einen Seite und unserem Handeln auf der anderen aufgerichtet. Natürlich wissen wir, dass da eine Verbindung zwischen beidem bestehen *muss*, aber irgendwie können wir uns keine richtige Vorstellung davon machen, wie diese aussehen könnte. So haben wir – und das ist wohl das Schlimmste daran – auch keine Möglichkeit, uns auf der Grundlage eines ausgewogenen Verhältnisses von Gnade und praktischem Handeln dem Wesen Jesu und seiner Kraft in unserem Leben anzunähern.

Wenn wir darüber nachdenken, wie sich Gottes Kraft in unserem Leben auswirkt, dann kommen uns ganz verschiedene Dinge in den Sinn: die Erfahrung von Gottes Vergebung, ein tiefes Empfinden von Liebe zu Gott, ein Bewusstsein der Wahrheit, besondere Erfahrungen mit dem Heiligen Geist, die Gegenwart Jesu in unserem Inneren, die bewegende Kraft liturgischer Riten oder einer Predigt, die Gemeinschaft mit anderen Christen und ein erweitertes Bewusstsein für die tiefen Geheimnisse des Lebens. Doch so real und bedeutungsvoll diese Erfahrungen zweifellos sind, offenkundig gelingt es all diesen Dingen nicht, viele Menschen hervorzubringen, die Jesus ähnlich sind. Das ist eine Tatsache, an der wir leider nicht vorbeikommen.

Ich bin überzeugt, dass unsere Schwierigkeiten etwas mit einem Mangel an Verständnis zu tun haben, wie sich die Gnade Gottes ganz praktisch in unserem Erleben und Handeln auswirkt. Christen und Nichtchristen sehnen sich unzweifelhaft nach Reinheit und Kraft in ihrem Leben. Diese Sehnsucht ist ein fester Bestandteil unseres Wesens, auch wenn sich viele dessen nicht bewusst sind. Was uns jedoch fehlt, ist ein besseres Verständnis dafür, wie sich unsere Beziehung zu Gott ganz praktisch auswirken kann. Es muss uns klar sein, dass wir eine immerwährende Interaktion mit dem Reich Gottes brauchen. Sie muss zu einem festen Bestandteil unseres Lebens werden. Sie ist zugleich Ausdruck der andauernden Gegenwart von Gottes Geist in unserem Inneren; sein Wirken in uns wird uns zu einer unzweifelhaften Realität. Was wir brauchen, ist also eine „Theologie des Lebens im Geist“ – wir brauchen eine Anweisung, wie wir „im Geist“ leben können.

Im Folgenden möchte ich auf die Grundelemente unserer Beziehung zu Gott eingehen. Zunächst werde ich versuchen, das Wesen des geistlichen Lebens zu beschreiben. Ich möchte aufzeigen, dass dieses Leben auch dem menschlichen Körper Erfüllung und Befriedigung verschafft und dass unser Körper ein zentraler Bestandteil des geistlichen Lebens ist. Danach möchte ich näher ausführen, wozu „geistliche Übungen“ dienen und warum sie in der Christenheit lange Zeit weitgehend verloren gegangen sind. Danach möchte ich die wesentlichen geistlichen Übungen erläutern, die für uns heutzutage von Bedeutung sind. Schließlich möchte ich aufzeigen, wie unsere Welt sich verändert, wenn Scharen von Menschen durch richtig verstandene Nachfolge Jesu in ihrem Charakter verändert werden – wie dadurch die Strukturen des Bösen wirkungslos werden, die von jeher die Menschheit beherrscht haben und die heute die Erde in die Vernichtung zu treiben drohen.

Wenn ich Ihnen mit diesem Buch auch in erster Linie Wissen vermittle, so geht es mir doch letzten Endes darum, dass wir alle unser praktisches Handeln radikal ändern. Ich möchte Sie mit diesem Buch einladen, die geistlichen Übungen zu einem Teil der Verkündigung des Evangeliums zu machen. Wenn wir Menschen zu einem Leben mit Christus einladen, dann bieten wir ihnen damit die größte Chance ihres Lebens – die Chance zu einem lebendigen Miteinander mit ihm, in dem sie lernen, so zu sein und zu leben wie er. Genau das meint Leslie Weatherhead, wenn er von „Transformation durch Freundschaft" spricht. In den geistlichen Übungen begegnen wir Jesus und dem Vater und haben Gemeinschaft mit ihnen. Diese geistlichen Übungen vereinen uns auch miteinander. Wir selbst leben sie und laden wiederum andere ein, dies auch zu tun.

Ich wünsche mir, dass wir die geistlichen Übungen wirklich ernst nehmen. Holen Sie sie vom verstaubten Platz auf dem Regal der historischen Kuriositäten herunter und stellen Sie sie in den Mittelpunkt Ihres neuen Lebens als Christ. Dies ist meiner Ansicht nach eine wichtige Vorbedingung, wenn die Gemeinschaft derer, die Jesus nachfolgen, in unserer Zeit wieder ihren Platz in der Gesellschaft einnehmen will. Unsere Ortsgemeinden müssen Stätten werden, an denen die Menschen lernen können, wie Gott sich Leben ursprünglich vorgestellt hat. Dann erst haben Gemeinden wieder die Chance, der Welt Orientierungshilfen zu geben.

Augenblicklich wenden sich Millionen von Menschen in aller Welt Jesus zu. Wie tragisch wäre es, wenn all diese Christen in Asien, Südamerika und Afrika den Eindruck bekämen, dass der traurige Zustand der Christenheit in Europa und Amerika alles ist, was sie vom Glauben zu erwarten haben! Gerade das ist es ja, was die Welt an den Rand des Zusammenbruchs gebracht hat. Wir können die Welt nicht länger den Diplomaten, Politikern und Wirtschaftsmagnaten überlassen; sie haben ihr Bestes versucht. Was nun kommt, ist ein Zeitalter für geistliche Helden, eine Zeit, in der Frauen und Männer des Glaubens aufstehen und ihrem Glauben, ihrer geistlichen Größe und Kraft Ausdruck verleihen. Die größte Gefahr, in der wir heute stehen, besteht darin, dass wir uns nicht laut genug äußern.

Heiligkeit und Hingabe müssen aus dem Versteck der Kirchenmauern hervorbrechen und die Straßen und Fabriken einnehmen, die Klassenräume und Besprechungszimmer, die Forschungslabore und Regierungsbehörden. Statt einiger weniger Auserwählter, die sich ganz in den Dienst Gottes stellen, können nun wir alle mithilfe der geistlichen Disziplinen unseren Alltag und unseren Beruf zum „Haus des Herrn" und zu einem „Tor des Himmels" machen. Es kann, ja, es muss geschehen. Und es wird geschehen. Jesus Christus wird dies durch uns Wirklichkeit werden lassen. Alles, was dazu nötig ist, sind Jünger Jesu, die durch geistliche Disziplin in das Leben des Reiches Gottes eingeübt sind.

In diesem Buch geht es im Grunde um nichts anderes als um die Liebe zu Jesus, verbunden mit einer vollkommenen Entschlossenheit, so zu sein wie er. Wenn wir eng mit Christus verbunden sind, wird die „Einübung in die Frömmigkeit" zum praktischen Zugang zur Gnade, in der wir stehen und in der wir uns der Hoffnung der zukünftigen Herrlichkeit rühmen (Röm 5,2). Die folgenden Kapitel wurden geschrieben, um Ihnen aufzuzeigen, warum geistliche Übungen für unser Leben im Glauben unverzichtbar sind und welche umwälzenden Auswirkungen wir erwarten dürfen, wenn wir sie praktizieren: ein erfülltes Leben voller Gnade, in dem wir immer mehr wie Jesus werden.

Kapitel 1

Das Geheimnis des sanften Jochs

„Nehmt auf euch mein Joch und lernt von mir; denn ich bin sanftmütig und von Herzen demütig; so werdet ihr Ruhe finden für eure Seelen. Denn mein Joch ist sanft und meine Last ist leicht."
Matthäus 11,29–30

„Seine Gebote sind nicht schwer."
1. Johannes 5,3

„Eine wirklich realistische Kosten- und Nutzenabwägung würde ergeben, dass unsere Mühe für nichts besser aufgewandt ist als für die Erkundung der Schatzkammern des menschlichen Geistes. Hier liegen Güter, die uns niemand rauben kann und die sich vermehren, wann immer man andere daran teilhaben lässt."[1]
William Ralph Inge

„Nur selten wurde das Christentum ‚gewogen und zu leicht befunden'. Viele dagegen finden es zu schwer und wagen es gar nicht erst", so drückte es G. K. Chesterton sehr treffend aus. Mal ganz abgesehen davon, ob er das vielleicht eher scherzhaft gemeint hat: Wir können festhalten, dass weithin die Überzeugung vorherrscht, *echtes* Christsein sei etwas ausgesprochen Schwieriges. Immer wieder merken wir, dass lediglich betont wird, wie erdrückend hoch der „Preis der Nachfolge" vermeintlich sei. Deshalb kann man sagen, dass sich in der Beobachtung von Chesterton zumindest etwas davon widerspiegelt, wie viele selbst wohlmeinende Menschen über ein Leben „in den Fußstapfen" Jesu denken.

Doch dies ist nicht die ganze Wahrheit. Wir würden gut daran tun, uns genauso ausdauernd und eindringlich vor Augen zu halten, was es uns kostet, Jesus *nicht* nachzufolgen. Sören Kierkegaard bemerkt das sehr richtig, wenn er sagt: „Es kostet den Menschen genauso viel, wenn nicht mehr, in die Hölle zu kommen wie in den Himmel. Schmal, über die Maßen schmal, ist der Weg zur ewigen Verdammnis."[2]

In den Sprichwörtern, Kapitel 13, Vers 15 heißt es, dass der Weg der Verächter Verderben bringt. Jeder, der das Leben eingehend beobachtet, wird genau das bestätigt finden. Ein großer Teil dieses alttestamentlichen Buches ist nichts anderes als eine Sammlung solcher Beobachtungen. Das ganze Buch ist ein Loblied auf den „Weg der Gerechten" im Gegensatz zum Weg der Ungerechten; es lässt keinen Zweifel daran, welcher der beiden Wege Leben, Freude und Kraft bringt.

Wer der Gerechtigkeit den Rücken kehrt, der wählt ein Leben voller Versagen und Zerbruch, voller Beschwernisse und Enttäuschungen, dessen Dasein ist heillos verstrickt in eine niemals endende Kette von Schwierigkeiten. Hier genau liegt der Ursprung jener endlosen Seifenoper, die wir „Leben" nennen und die zuweilen eher einem Horrorfilm gleicht. Der „Preis der Nachfolge", auch wenn sie uns alles kostet, was wir haben, ist gering, verglichen mit dem Los derer, die die Einladung Jesu ausschlagen, ihr Leben mit ihm zu gehen.

Die anfangs zitierten Worte Jesu aus dem Matthäusevangelium, Kapitel 11, Verse 29 bis 30 stehen in krassem Gegensatz zur Verzweiflung eines Lebens, das ohne Gott geführt wird. Und dennoch müssen wir uns ehrlich eingestehen, dass das, was Jesus hier zum Ausdruck bringt und was in 1. Johannes 5, Vers 3 nochmals bestätigt wird, in keiner Weise das beschreibt, was die meisten Christen erleben. Seine Aussage beschreibt vielmehr das, was wir uns für unser Leben *erhoffen,* und ist manchmal nicht viel mehr als ein frommer Wunsch. Aus diesem Grund erscheint sie vielen schlicht und ergreifend befremdlich. Man zitiert diese Aussage gerne, denn der Gedanke, der darin zum Ausdruck kommt, ist einfach zu schön und verlockend, doch irgendwie gehen wir die Sache wohl falsch an. Ganz offenbar haben die meisten Christen eine falsche Vorstellung davon, was es heißt, Jesus nachzufolgen und ihm zu gehorchen, sodass ihnen die Früchte dieser Verheißung verschlossen bleiben. Nur selten kommen wir in den Genuss der Leichtigkeit, Unbeschwertheit und Kraft seines Weges. Es bleibt die Ausnahme, denn der graue Alltag in den Niederungen des menschlichen Daseins sieht anders aus.

So fehlt uns die nötige Kraft, und die Dinge, die Jesus uns aufgetragen hat, werden für uns zu einer Belastung. Viele können sich gar nicht vorstellen, dass Jesus die Dinge wirklich wörtlich gemeint hat. Was geschieht also? Die Lehren Jesu werden als ein unerreichbares Ideal angesehen, eine Orientierungshilfe, wie wir zu besseren Menschen werden können – eine Hürde, an der wir jedoch letztlich scheitern.

Es ist die alte Geschichte. „Ich bin eben doch nur ein Mensch", sagen wir, oder: „Irren ist menschlich." Die Aussagen Jesu galten nur damals – oder vielleicht sogar erst für unser Dasein im Himmel. Für uns heute können sie nicht gemeint sein – jedenfalls nicht so wörtlich. Sollte Jesus uns etwas aufbürden, das so schwierig ist? Schließlich leben wir ja im sogenannten „Zeitalter der Gnade" – aus Gnade sind wir errettet, nicht durch Werke –, also ist es nicht so wichtig, Jesus gehorsam zu sein. Es ist einfach zu schwer. Niemand kann ernsthaft von uns erwarten, dass wir all diese unmöglichen Dinge wirklich tun, geschweige denn sie auch noch genießen.

So interpretieren wir diese Dinge für uns. Doch zu welchem Ergebnis wir auch immer kommen, es bleibt die Tatsache, dass Jesus uns zur Nachfolge beruft, und zwar hier und jetzt, nicht erst nach dem Tod.

Niemand wird bestreiten, dass es uns allen viel besser ginge und dass es besser um die Welt bestellt wäre, wenn wir in allem, was er uns gelehrt und vorgelebt hat, mehr wie Jesus wären. Und selbst unser Mangel an Einsicht und Verständnis ändert nichts an der Tatsache, dass er uns ein sanftes Joch und eine leichte Bürde versprochen hat, unter der unsere Seele zur Ruhe finden kann. Dieses Angebot gilt, ebenso wie der Ruf zur Nachfolge, hier und jetzt, für dieses Leben inmitten all der untragbaren Lasten, in denen wir uns zutiefst nach Erleichterung sehnen. Das Versprechen ist keine Fiktion. Es ist ernst gemeint und sehr real. Alles, was wir tun müssen, ist, dieses Geheimnis zu ergreifen und unter das sanfte Joch zu kommen.

Worin also liegt dabei das Geheimnis? Es gibt eine einfache Antwort auf diese ungemein wichtige Frage. Wir können uns dieser Frage nähern, wir können ihr sogar auf den Grund gehen, indem wir einen einfachen Vergleich anstellen.

Stellen Sie sich einmal einige junge Leute vor, deren Idol ein bekannter Baseballspieler ist. Sie wünschen sich nichts sehnlicher, als genauso gut zu werfen, zu rennen und zu schlagen wie er. Was tun sie folglich? Wann immer sie Baseball spielen, bemühen sie sich, so gut sie können, alles genau so zu machen wie ihr Idol. Wenn er dafür bekannt ist, dass er immer mit dem Kopf voran zum Mal schlittert, dann werden seine Fans es auch tun. Wenn er seinen Schläger vor dem Schlag immer über Kopfhöhe hält, dann werden seine Fans es ihm nachmachen. Die jungen Leute werden versuchen, alles genau so zu machen wie ihr Idol, in der Hoffnung, so zu werden wie es – sie werden die gleichen Schuhe kaufen, die gleichen Handschuhe, den gleichen Schläger.

Aber wird es ihnen gelingen, genauso gut zu werden wie dieser Baseballstar? Wir kennen die Antwort nur zu genau. Sie werden niemals so gut werden, wenn sie immer nur versuchen, ihn nachzuahmen – ganz egal, wie begabt sie selbst auch sein mögen. Es ist uns allen klar, warum. Auch der Spitzensportler erreichte ein solches Niveau an Professionalität nicht, indem er sich während des Spiels auf eine bestimmte Weise benahm. Er erreichte es, weil er sein ganzes Leben darauf ausrichtete, sich mental und körperlich zu trainieren, und weil er all seine Kraft darauf verwandte, die richtigen Bewegungsabläufe immer und immer wieder zu üben.

Das erstaunliche Reaktionsvermögen, die hohe Präzision und die Kraft der Bewegungsabläufe, die solche Spitzensportler an den Tag legen, entstehen nicht während der wenigen Stunden des eigentlichen Spiels. Während dieser kurzen und entscheidenden Stunden greift der Spieler auf das zurück, was er zuvor Tag für Tag mit eiserner Disziplin aufgebaut hat, ohne dass irgendjemand davon Notiz genommen hätte. Es bedarf einer speziellen Ernährungsweise und ausreichend Ruhe, spezielle Muskelpartien müssen aufgebaut und ständig trainiert werden. All das ist nicht Teil des eigentlichen Spiels, aber ohne diese intensive Vorbereitung wäre der Athlet nicht in der Lage, eine außergewöhnliche Leistung zu erbringen. Manches davon erscheint uns als Außenstehenden vielleicht sogar dumm und überflüssig, aber der Sportler selbst weiß, dass Begabung und ehrliches Bemühen allein nicht ausreichen. All diese Dinge müssen genau so und nicht anders getan werden, will er nicht im entscheidenden Moment denen unterliegen, die die entsprechende Disziplin zur Vorbereitung aufgebracht haben.

All das lässt sich auch auf andere Bereiche übertragen, wo immer wir Menschen etwas tun, um unserem Leben Bedeutung zu verleihen. Es ist ein allgemein gültiges Prinzip. Ob wir nun Musiker oder Redner, Lehrer oder Chirurg sind – wer eine hohe Leistung bringen will, wenn es darauf ankommt, der kommt nicht umhin, solide Fundamente zu legen. Er muss sich selbst einer intensiven und umfassenden Vorbereitung unterziehen, die seine ganze Person umfasst – sowohl mental als auch körperlich.

Und was für einzelne Bereiche des Lebens gilt, gilt für das Leben als Ganzes nicht minder. Wie schon Plato richtig erkannte, gibt es eine Kunst des Lebens, und unser Leben erlangt nur dann Vollkommenheit, wenn wir selbst in allen Bereichen unseres Seins zur vollen Entfaltung kommen.

Selbst in unserer Beziehung zu Gott gilt dieses Prinzip. Wir sind aus Gnade errettet und *nur* aus Gnade, nicht aus unserem eigenen Verdienst – daran kann überhaupt kein Zweifel bestehen. Das ist die Grundlage, auf der Gott uns angenommen hat. Aus Gnade gerettet zu sein bedeutet jedoch nicht, dass uns Kraft und Erkenntnis deshalb in jedem Augenblick quasi automatisch zufließen. Dass dies nicht der Fall ist, können wir allerorten sehen; wir brauchen lediglich einen Blick auf die Fakten zu werfen. Ein Christ, der erwartet, dass es ihm ohne entsprechende Einübung in die Nachfolge gelingen wird, sich in Zeiten der Anfechtung wie Jesus zu verhalten, der handelt nicht weniger dumm wie ein Baseballspieler, der meint, er könne ohne Training Spitzenleistungen erbringen.

Wenn wir das Leben Jesu näher betrachten, können wir feststellen, dass Jesus selbst um diese Gesetzmäßigkeiten wusste und dass er entsprechend lebte. Da wir aus unserer heutigen Sicht heraus dazu neigen, die Evangelien verzerrt wahrzunehmen – ich werde später noch näher erläutern, worauf ich damit anspiele –, fällt es uns schwer zu erkennen, was Jesus in seinem Leben besonders wichtig war. Wir vergessen leicht, dass ihn selbst die Tatsache, dass Jesus Gottes Sohn war, nicht von der Notwendigkeit entband, sich intensiv auf seine Berufung vorzubereiten, ein Teil seines Lebens, der den Augen der Welt weitgehend verborgen geblieben ist. Nach all den vielversprechenden Ereignissen, die seine Geburt begleiteten, wuchs er weitgehend unbemerkt in einer einfachen Familie in der wenig angesehenen Stadt Nazareth heran. Im Alter von zwölf Jahren, so berichtet Lukas, legte er gegenüber den Schriftgelehrten in Jerusalem ein bemerkenswertes Verständnis der Schrift an den Tag. Und doch kehrte er mit seinen Eltern zurück und ordnete sich weitere 18 Jahre lang den Anforderungen seiner Familie unter.

Dann, nachdem er durch seinen Cousin Johannes den Täufer getauft worden war, zog sich Jesus in die Einsamkeit zurück und fastete anderthalb Monate lang. Auch später, als sein Dienst langsam Formen annahm, verbrachte er oft ganze Nächte allein im Gebet, bevor er sich tagsüber wieder daranmachte, seinen Jüngern und den anderen Menschen, denen er begegnete, zu dienen.

Nur durch diese Vorbereitung war es Jesus möglich, seinen Lehr- und Heilungsdienst in der Öffentlichkeit auszuüben. Er war imstande, seine engsten Gefährten bis zum Schluss zu lieben, obwohl sie ihn immer wieder bitter enttäuschten und alles so aussah, als wären sie niemals in der Lage, in seinen Glauben einzutauchen und sein Werk zu vollbringen. Und schließlich konnte er durch seinen Tod das Opfer bringen, das durch seine unvergleichliche Schönheit alles in den Schatten stellt, was es jemals gegeben hat.

Hierin liegt auch das Geheimnis des sanften Jochs: Es geht darum, sich die Art und Weise, wie er lebte, zu eigen zu machen und so zu leben, wie er es sein ganzes Leben lang tat. In seinen Fußstapfen zu gehen heißt nicht, hier und da im Einzelfall so zu handeln wie er. Es geht darum, dass unser *ganzes* Leben dem seinen immer ähnlicher wird.

Wir begehen meist den Fehler zu glauben, um Jesus nachzufolgen, müssten wir unsere Feinde lieben, „die zweite Meile gehen", die andere Wange hinhalten und im Leiden geduldig und voller Hoffnung ausharren, während sich unser übriges Leben in nichts von dem der anderen, die nicht zu Christus gehören, unterscheidet. Wer das tut, handelt genauso wie jener ehrgeizige junge Baseballspieler, von dem wir zu Anfang sprachen. Diese Vorgehensweise ist von vornherein zum Scheitern verurteilt und lässt das Leben in der Nachfolge Jesu zu schwer erscheinen, als dass man es überhaupt wagen sollte. In Wahrheit hat diese Vorstellung mit dem Leben in der Nachfolge Jesu ebenso wenig zu tun wie das krampfhafte Bemühen, bei einem Spiel bestimmte Bewegungsabläufe zu produzieren, etwas mit dem Können eines Profisportlers zu tun hat.

Was immer uns auch dazu bewogen hat, auf diese Weise dem Ziel näher kommen zu wollen, es ist und bleibt ein völlig falscher Ansatz. Und es wird mit Sicherheit dazu führen, dass wir die Anweisungen Jesu, wie wir uns in bestimmten Situationen verhalten sollen, „unerträglich“ finden, wie Luther es ausdrückt. Anstelle eines sanften Jochs erleben wir nichts als Überforderung und Frustration.

Dennoch finden wir diesen Ansatz in allen möglichen Lebensbereichen. Er ist Ausdruck jener wundersamen und fehlgeleiteten Neigung unserer Zeit, voller Inbrunst an die Macht der kurzatmigen Kraftakte zu glauben und darüber die langfristige Arbeit an unserem Charakter und an unseren Lebensgewohnheiten völlig aus den Augen zu verlieren. Der Fehler besteht darin, dass wir zwar gerne Dinge tun wollen, die richtig und wichtig sind, aber doch die Mühe scheuen, ein Leben zu führen, das die entsprechenden Früchte hervorbringt. Diese Eigenart unseres menschlichen Charakters macht begreiflich, warum der Weg zur Hölle mit guten Vorsätzen gepflastert ist. Wir wollen wohl das Gute, aber wir scheuen uns davor, so zu leben, dass es in unsere Reichweite kommt.

Es gibt zum Beispiel Menschen, die den ehrlichen Wunsch haben, verantwortungsvoll mit ihrem Geld umzugehen und ihre Rechnungen immer pünktlich zu begleichen, und doch fehlt es ihnen an der letzten Entschlossenheit, ihr Leben wirklich so zu gestalten, dass dies möglich wird. Andere wünschen sich Freunde und anregende Begegnungen mit anderen, aber sie sind nicht bereit, an sich selbst zu arbeiten, damit sie zu Menschen werden, denen diese Dinge auf ganz natürliche Weise zufallen.

Dasselbe gilt auch für unsere Gesellschaft als Ganze. Viele Menschen beklagen sich, dass die Sexualität aus den Fugen geraten ist, finden sich aber damit ab, dass diese im Geschäftsleben, in der Kunst, in den Medien und im Freizeitbereich eine völlig schiefe Rolle einnimmt. Andere wiederum treten für eine Welt ohne Waffen und Krieg ein, verhalten sich jedoch selbst anderen Menschen und Völkern gegenüber feindselig. Solange wir selbst nicht betroffen sind, können die Dinge ruhig so bleiben, wie sie sind.

Der Psychiater M. Scott Peck bemerkt in seinem Buch „Der wunderbare Weg“:

„Ich kenne viele Menschen, die eine Vorstellung davon haben, in welche Richtung sie sich entwickeln müssten, und doch fehlt es ihnen am nötigen Willen. Sie wollen die Arbeit an ihren Lebensgewohnheiten überspringen und auf dem Weg zur Heiligkeit eine einfache Abkürzung nehmen – und sie sind tatsächlich der Überzeugung, dass so etwas möglich ist. Oft versuchen sie, dem Ziel näher zu kommen, indem sie einfach bestimmte Äußerlichkeiten aus dem Leben von Heiligen imitieren, sich in die Wüste zurückziehen oder das Zimmermannshandwerk erlernen. Manche Menschen meinen, dass sie dadurch wirklich selbst zu Heiligen und Propheten geworden sind, und können sich nicht eingestehen, dass sie im Grunde unreife Kinder blieben. Sie weichen der schmerzlichen Erkenntnis aus, dass auch sie am Ausgangspunkt des Weges beginnen und dann Schritt für Schritt vorangehen müssen."[3]

So kommt es, dass wir ironischerweise gerade in unserem Bemühen, der Last eines disziplinierten Lebens auszuweichen, das sanfte Joch und die leichte Bürde nicht erhalten. In der Konsequenz sind wir dazu verdammt, immer wieder jene quälende Frustration zu erleben, dass wir zwar versuchen, so zu sein und zu handeln, wie wir es als Christen sollten, dass es uns jedoch letztendlich an der nötigen Kraft und Erkenntnis fehlt, die sich uns nur aus einem disziplinierten geistlichen Leben heraus erschließen. Wir sind unfähig, unserem Leben die richtige Richtung zu geben, und werden anfällig für alle möglichen Einseitigkeiten.

Es zeigt sich also, dass diejenigen, die behaupten, es sei unmöglich, Jesus wirklich nachzufolgen, in gewisser Weise durchaus recht haben. Wir können nicht aus dem Stand heraus so handeln, wie er es gelehrt und getan hat, wenn wir darüber hinaus so leben wie alle anderen Menschen. Auch mit noch so viel Gnade können wir tief verwurzelte falsche Verhaltensmuster nicht einfach abschalten und eben einmal wie Jesus sein. Wenn wir es trotzdem versuchen, werden wir dabei jedoch immer wieder so jämmerlich scheitern, dass der ganze Plan, Jesus überhaupt nachfolgen zu wollen, in den Augen aller, die uns von außen erleben, ziemlich lächerlich erscheint. Jeder von uns kann sicherlich von solchen Beispielen berichten.

Wir sollten uns darüber völlig im Klaren sein: Jesus hat nie erwartet, dass wir einfach die andere Wange hinhalten, die zweite

Meile gehen, unsere Verfolger segnen, bereitwillig jedem geben, der uns bittet, und so fort. All diese Verhaltensweisen werden allgemein als Ausdruck eines Lebens in der Nachfolge Jesu angesehen, und dies ganz zu Recht. Sie sind jedoch lediglich Beispiele dafür, wie ein neuer Mensch sich verhält, der mit ganzer Kraft darum bemüht ist, der Herrschaft Gottes in seinem Leben Raum zu geben und Gottes Gerechtigkeit an die erste Stelle zu setzen (vgl. Mt 6,33).

Jesus hat uns dazu berufen, ihm nachzufolgen und ein Leben zu führen, in dem es uns als das einzig Vernünftige erscheint, unsere Feinde zu lieben. Wer so lebt, dem würde es geradezu schwerfallen, seine Feinde zu hassen, Bedürftige abzuweisen oder denjenigen, der ihn verflucht, selbst zu verfluchen, ganz so wie es Jesus selbst schwerfiel. Wir werden dann wirklich zu Nachfolgern Jesu, die ihm ähnlich sind, wenn es uns schwerfällt, *nicht* so zu handeln wie er.

Oswald Chambers bemerkt ganz richtig: „Die Bergpredigt ist keine Auflistung von Verhaltensmaximen, nach denen man sich richten sollte. Ohne eine tiefe Identifikation mit Jesus ist dies gar nicht möglich. Die Bergpredigt ist eine Beschreibung des Lebens, das wir leben, wenn der Heilige Geist in uns freie Hand bekommt."[4] Es würde ja auch niemand sagen: „Wenn du ein Spitzenathlet werden willst, musst du sechs Meter weit springen und 2 000 Meter in weniger als sechs Minuten laufen" oder: „Wenn du ein großer Musiker sein willst, dann spiel das Violinkonzert von Beethoven." Einem talentierten Musiker oder Sportler würden wir vielmehr den Rat geben, einen bestimmten Lebensstil zu entwickeln, das heißt, engen Kontakt zu den richtigen Leuten zu suchen, sich einem harten Training, einem speziellen Ernährungsplan und einer intensiven mentalen Vorbereitung zu unterziehen.

Was würden wir jemandem raten, der es im Leben weit bringen will? Wenn wir klug sind, würden wir ihm ganz ähnliche Dinge nahelegen. Wenn wir also Jesus nachfolgen und sein leichtes Joch tragen wollen, dann werden wir uns seinen Lebensstil zu eigen machen müssen. Dann – und nur dann – können wir ernsthaft erwarten, dass wir selbst die Erfahrung machen, wie sanft sein Joch und wie leicht seine Last sind.

Vor vielen Jahren erschien ein sehr erfolgreicher Roman mit dem Titel „In seinen Fußstapfen". Er handelt vom jungen Pastor einer wohlhabenden Gemeinde, der durch eine Reihe von sehr tragischen Ereignissen zu der Erkenntnis gelangt, wie sehr sich sein eigenes Leben vom Leben Jesu unterscheidet. Daraufhin gelobt der Pastor zusammen mit seiner Gemeinde, sich konsequent in jeder Situation die Frage zu stellen, wie Jesus in dieser Situation handeln würde. Wie aus der Handlung ersichtlich wird, versteht der Autor dieses Gelübde so, dass er Jesus nachahmen und in der Tat „in seinen Fußstapfen" leben will. Natürlich ist die Geschichte nur ein Roman, aber eines ist sicher: Ein solches Gelübde würde nicht nur in dieser Geschichte, sondern auch im wirklichen Leben erstaunliche Veränderungen bewirken.

Und doch stimmt etwas mit diesem Ansatz nicht. Hier wird der Anschein erweckt, im Leben eines Christen gehe es einzig und allein darum, dass wir versuchen, genau das zu tun, was Jesus vermutlich getan hätte, wenn er mit dieser spezifischen Situation konfrontiert gewesen wäre. Dahinter steht die Vorstellung, Jesus habe einfach so in jedem Augenblick das Richtige getan. Nirgends ist die Rede davon, dass er vielleicht nur deshalb dazu in der Lage war, weil er sein ganzes Leben so ausgerichtet hatte, dass er aufgrund seiner ständigen Verbindung mit dem Vater in einer gesunden inneren Balance lebte. Die Tatsache, dass wir den Lebensstil Jesu als Ganzen nachahmen müssen, wird völlig außer Acht gelassen. So ist der Eindruck, der hier vermittelt wird, in fataler Weise verdreht, als ginge es in der Nachfolge allein darum, einfach in jeder Situation so zu handeln, wie Jesus es tat, wenn er mit Nöten und Verfolgung konfrontiert war. Doch was Jesus in solchen Momenten tat, war im Grunde nichts anderes als der natürliche Ausdruck des Lebens, das er im Verborgenen führte.

Die Frage „Was würde Jesus tun?" bringt uns im entscheidenden Augenblick der Antwort nicht näher, weil sie Vorbereitung und Ausrichtung nicht ersetzen kann. Es wird sicherlich nicht völlig nutzlos sein, sich diese Frage zu stellen, und es ist allemal besser, als gar keinen Maßstab zu haben, aber das allein reicht nicht, um uns in Krisenzeiten zu Überwindern zu machen. Nicht selten fühlen wir uns dadurch am Ende nur noch ohnmächtiger und verzweifelter.

Das Geheimnis des leichten Jochs besteht darin, von Jesus zu lernen, wie wir unser Leben als Ganzes gestalten sollen und wie wir unsere Zeit und Kraft so einsetzen können, wie er es tat. Wir müssen lernen, uns so vorzubereiten wie Jesus, und unser Leben der Herrschaft Gottes unterordnen, sodass wir wie Jesus beständig die Unterstützung des Vaters empfangen können, während wir seinen Willen tun. Wir müssen lernen, den gegenwärtigen Zustand unseres Lebens hinter uns zu lassen und uns den Lebensstil Jesu anzueignen – und das beinhaltet natürlich, ihn auf unsere jeweilige Situation zuzuschneiden und anzupassen.

Genau das ist die Vorbereitung auf das sanfte Joch, die wir brauchen, und darum soll es in diesem Buch gehen. Wir werden uns mit der Frage beschäftigen, wie wir Jesus nachfolgen und so leben können, wie er lebte. Es ist also für jene gedacht, die in der *Tat* Nachfolger Jesu werden wollen.

Glauben Sie, dass so etwas möglich ist? Ich schon! Ich schreibe darüber, was es bedeutet, ihm nachzufolgen, und wie diese praktische Nachfolge untrennbar zu unserer Errettung dazugehört. Ich werde mich ausführlich mit der Frage beschäftigen, inwiefern Dinge wie Einsamkeit, Stille, Fasten, Gebet, Dienen und Feiern – alles Grundelemente eines Lebens im Reich Gottes, die Jesus bejaht und praktiziert hat – eine entscheidende Hilfe sein können, um Menschen ganz praktisch von der Macht der Sünde zu erlösen und das sanfte Joch für sie zu einer erfahrbaren Realität zu machen. Ich werde einen Weg aufzeigen, der sowohl psychologischen als auch theologischen Maßstäben standhält und der beschreibt, wie wir durch eine Betrachtung des Lebens Jesu und seiner Jünger die Gnade finden, ihm ähnlich zu werden.

Das Geheimnis des sanften Jochs ist überhaupt nicht kompliziert. Wir müssen einfach den festen Entschluss fassen, so zu leben, wie Jesus es in jedem Bereich seines Lebens tat, nicht nur momentan, wenn es um konkrete Entscheidungen geht, sondern mit ganzer Kraft und im vollen Bewusstsein dessen, was dieser Lebensstil beinhaltet. So kommt das Geheimnis, von dem wir hier sprechen, in Ihre Reichweite. In den folgenden Kapiteln werde ich Ihnen eine kleine Theologie der Nachfolge vorstellen, und Sie werden sehen, wie ein solcher Entschluss uns in der Tat dazu verhilft, auf ganz neue praktische Weise mit Jesus zu leben.

Kapitel 2

Wie kann Theologie praktisch werden?

„Gott hat den Trägen und Nachlässigen keine Gnade zugesagt. Seine Gnade gilt nur denen, die in aller Schwachheit und Unvollkommenheit bereit sind, bei der Einübung in die Gerechtigkeit ihr Bestes zu geben."[5]
William Law

„So liegen Menschen darnieder und diskutieren über den Fall der Menschheit, unternehmen aber keinerlei Anstrengung, wieder auf die Füße zu kommen."[6]
Henry David Thoreau

Ende der sechziger Jahre, während meines Studiums an einer großen Universität im Mittleren Westen, traf ich mich regelmäßig mit einer Gruppe von anderen Studenten zum Bibelstudium. Die meisten von uns waren in höheren Semestern und hatten einen evangelikalen Hintergrund. Meist kamen wir wöchentlich zusammen, um Passagen aus dem Neuen Testament miteinander zu besprechen. Einmal beschäftigten wir uns mit dem Text in 1. Johannes 3, Verse 9 bis 10: „Wer aus Gott geboren ist, der tut keine Sünde; denn Gottes Kinder bleiben in ihm und können nicht sündigen; denn sie sind von Gott geboren [...]. Wer nicht recht tut, der ist nicht von Gott, und wer nicht seinen Bruder lieb hat."

Wenn man diese Verse ihrem Wortlaut nach betrachtet, dann bleiben eigentlich nur zwei Möglichkeiten: Entweder man ist frei von Sünde oder man ist kein Kind Gottes. Eine schwierige Entscheidung. Einer der versierteren Teilnehmer unserer kleinen Runde brachte einen weitverbreiteten Ausweg in der Auslegung dieses Textes ins Spiel. Das griechische Verb *(poiei),* das hier mit (Sünde) „tun" übersetzt wird, beschreibe angeblich eine fortlaufende Handlung. Somit müsse die *wahre* Übersetzung anders lauten. Derjenige, der aus Gott geboren sei, sündige nicht fortwährend. Es folgte ein kurzer Moment des Triumphes.

Aber die anwesenden Studenten waren nicht dumm, sonst hätten sie sich nicht an diesem Ort befunden. Sehr schnell kam der Einwand, dass selbst die gottlosesten Menschen nicht *fortwährend* sündigen. Auch sie haben ihre lichten Momente. Wie konnte dann die Tatsache, dass ein Mensch nicht *ununterbrochen* sündigt, ein Beweis seiner Gotteskindschaft sein? Wird ein Mensch, der den Sohn Gottes anerkennt, am Dienstag, Donnerstag und Samstag nicht sündigen, dafür aber am Montag, Mittwoch und Freitag? Könnte man somit nicht alle zehn Jahre einen Mord begehen und trotzdem noch zur Kategorie derer gehören, die nicht fortwährend sündigen? Wie steht es, wenn man „nur" alle fünf Jahre oder vielleicht alle fünf Wochen mordet?

Und außerdem: Welches Chaos würden wir im Neuen Testament anrichten, wenn wir zu jedem aktiven Verb das Wort „fortwährend" hinzufügen wollten? Ein kurzes Experiment mit einigen Testversen macht dies ziemlich schnell deutlich. Wenn es nicht an jeder Stelle beigefügt wird, warum dann ausgerechnet hier – nur, um die Diskrepanz zwischen Soll- und Ist-Zustand in unserem Leben ein wenig zu glätten?

Die Diskussion wurde zusehends hitziger. Jeder der Anwesenden ergriff entweder für die eine oder für die andere Seite Partei. Die Vertreter der Position, dass ein Kind Gottes auf die eine oder andere Weise frei von Sünde sein sollte, wurden als „Perfektionisten" abgestempelt. Schließlich platzte einem in der Gruppe der Kragen: „Bist *du* vielleicht perfekt?" Niemand konnte auf diese Frage mit Ja antworten.

Dieses Thema taucht in unterschiedlichsten Variationen immer wieder auf. Hier spiegelt sich ein tief greifendes Dilemma des Menschseins wider, das noch größer wird, wenn wir zum Glauben an Christus kommen. Leo Tolstoi schreibt in seiner Erzählung „Das Reich Gottes ist inwendig in euch": „[...] jeder Mensch in der modernen Welt lebt in einem beständigen eklatanten Widerspruch zwischen seinem Gewissen und seiner Lebensart." Zweifelsohne gilt diese Einschätzung auch heute noch. Für den modernen Christen trifft sie freilich in besonderer Weise zu, denn er lebt in einer fortwährenden Spannung zwischen dem, was er sein sollte, und dem, was er ist bzw. in seinem eigenen Leben für möglich hält.

In unserem Herzen glauben wir, dass wir Jesus nachfolgen und ihm ähnlich sein sollten, doch nur wenige von uns – wenn überhaupt irgendjemand – hat eine Vorstellung davon, wie sich dieser Anspruch verwirklichen lässt. Wir sehen uns völlig außerstande, mit den Mitteln, die wir kennen und die uns zur Verfügung stehen, einen derart hohen Standard zu erreichen.

So sind wir in einem Dilemma gefangen. Wenn ich meinen Freunden eines Tages verkünden würde, dass ich beschlossen hätte, „mit dem Sündigen aufzuhören", und nun in ein Entwicklungsstadium vorstoße werde, wo ich Jesus in allem fehlerlos nachfolgen würde, dann würde ich bestenfalls verwundertes Kopfschütteln ernten, und manch einer wäre sicherlich zutiefst schockiert und besorgt. Ich würde mir einige verärgerte Kommentare anhören müssen: „Was denkst du, wer du bist?" und ähnliche spitze Bemerkungen. Andere würden sich einfach ihren Teil denken und sich fragen, was sich wohl wirklich hinter diesem seltsamen Ansinnen verbirgt.

Würde ich dagegen erklären, dass ich keinerlei Absicht hätte, mit dem Sündigen aufzuhören, und dass ich kein Interesse hätte, Jesus nachzufolgen, dann würde ich damit ebenso viel Empörung erregen, und dies aus gutem Grund. Wie kann Jesus mein Herr sein, wenn ich gar nicht *vorhabe*, ihm zu gehorchen? Faktisch hieße dies nichts anderes, als dass er überhaupt nicht mein Herr *ist*. Die christlichen Kreise, in denen ich mich bewege, gestehen mir also zu, dass ich Jesus nicht wirklich nachfolge, ja selbst, dass ich es gar nicht wirklich versuche, ihm nachzufolgen, doch es ist verpönt, dies auch offen auszusprechen.

Dennoch werde ich unweigerlich eine der beiden Positionen einnehmen. Ich werde mich entweder ernsthaft bemühen, mit dem Sündigen aufzuhören, oder ich werde mich eben *nicht* bemühen. Eine dritte Alternative gibt es nicht. Ich muss mich entweder entschließen, Jesus in allem nachzufolgen, oder mich dagegen entscheiden. Aber wie kann es mir gelingen, dass ich eines von beidem ehrlich und mit ganzem Herzen tue? Macht es vor Gott und den Menschen überhaupt einen Unterschied, ob ich mich nur einfach nicht entschließe, Jesus in allem nachzufolgen, oder ob ich mich bewusst dagegen entscheide, ihm nachzufolgen?

Das Dilemma wäre zu lösen, wenn wir uns wirklich vornehmen könnten, wie Jesus zu werden. Es wird jeden Pastor oder geistlichen Lehrer gehörig ins Schwitzen bringen, wenn einer der Zuhörer schließlich zu ihm kommt und sagt: „Was Sie sagen, ist richtig. Ich möchte wirklich so sein wie Jesus. Sie haben mich davon überzeugt, dass ich nur dann die Fülle des Lebens ausschöpfen kann, zu der ich erschaffen wurde, wenn ich ihm nachfolge und in allen Dingen so werde wie er. Und nun sagen Sie mir bitte genau, wie ich da hinkomme."

Der Leiter wird darauf wohl kaum antworten: „Ach nein, versuchen Sie das lieber nicht!" Aber genauso unwahrscheinlich ist es, dass ein Pastor oder Leiter darauf souverän und gelassen reagieren und tatsächlich konkrete, erprobte und gangbare Schritte nennen könnte, die dem Fragenden weiterhelfen.

Zu Lebzeiten Jesu war die Botschaft der Nachfolge sehr viel schlichter, wenn sie für unsere Ohren auch zuweilen etwas streng klingen mag. „Ich bin das Licht der Welt", sagt Jesus (Joh 8,12). „Wer mir nachfolgt, wird nicht wandeln in der Finsternis, sondern wird das Licht des Lebens haben." Simon und Andreas rief er beim Fischen zu: „Kommt und folgt mir nach!" Matthäus, den Steuereintreiber, und die Brüder Jakobus und Johannes berief er mit denselben Worten. Sie gehorchten ihm und ließen buchstäblich alles stehen und liegen, um bei Jesus zu sein. Indem sie Jesus beobachteten und täglich Umgang mit ihm hatten und indem er sie in sein Handeln aktiv mit einbezog, lernten sie, ihm ähnlich zu werden und einfach die Dinge zu tun, die sie ihn tun sahen. Das wird sicher nicht einfach gewesen sein, aber ein solches Leben war doch zumindest schlicht und klar umrissen.

Auch heute spüren wir als Christen tief in uns jenen unausweichlichen Ruf Gottes, der uns sagt: „Ihr seid das Licht der Welt. Ihr seid das Salz der Erde." Doch ohne die leibliche Anwesenheit Jesu, die uns Sicherheit und praktische Anleitung gibt, fällt es uns ungemein schwer, die Bedeutung dieser Aussage auch nur erfassen zu können, geschweige denn ernst zu nehmen.

Wie können ganz normale Menschen wie Sie und ich – die sich in ganz alltäglichen Lebensumständen bewegen – Jesus Christus nachfolgen und ihm ähnlich werden? Wie können wir auf Dauer so wie Jesus sein, nicht nur am Sonntag, wenn wir den Alltag für kurze Zeit hinter uns lassen und uns in der Gesellschaft von Menschen befinden, die uns ermutigen und aufbauen? Wie können wir ihm ähnlich sein, ohne aufgesetzte Heiligenpose und ohne uns ständigen und zermürbenden Mühen zu unterwerfen, sondern mit der Leichtigkeit und Kraft, die ihm eigen war? Wie kann seine Kraft auch durch uns fließen, weil er zu einem Teil von uns geworden ist? Ohne Zweifel sind wir genau dazu berufen. Dies ist unsere Berufung und zugleich unser kostbarstes Gut. Und es muss möglich sein. Die Frage ist nur, wie?

Wie kann praktische Theologie heute aussehen?

„Theologie" ist ein verstaubter Begriff, obwohl das eigentlich gar nicht so sein sollte. Aufgabe der praktischen Theologie ist es, Theologie zu einem Teil unseres Alltags zu machen. Theologie ist ein theoretisches Konstrukt, ein Gedankengebäude, damit wir uns Gott vorstellen und ihn besser verstehen können. Oft führt sie jedoch auch zu Missverständnissen. Die praktische Theologie hingegen befasst sich mit der Frage, was wir als Menschen tun können, um mit Gott bei der Verwirklichung seiner Absichten für unser Leben zusammenzuarbeiten.

Somit gibt es im Leben jedes Menschen praktische Theologie, selbst beim Atheisten, bei dem sie freilich nur in der völligen Negation Gottes besteht. Die praktische Theologie eines Menschen hat einen maßgeblichen Einfluss darauf, wie sein Leben verläuft. Bis zu einem gewissen Grade bestimmt jeder Mensch selbst, wie seine Theologie aussieht; in jedem Falle aber wird er eine besitzen. Und eine gedankenlose oder mangelhafte Theologie übt einen ebenso prägenden Einfluss auf unser Leben aus wie eine wohldurchdachte, gut ausgewogene. Die praktische Theologie, um die es uns im Hinblick auf unser Thema geht, hat die Frage zu klären, wie ein Mensch geistlich reifen kann. Wenn ihr dies gelingt, dann wird sie für uns ein Schlüssel zur Auflösung des Dilemmas, das wir anfangs umrissen haben.

Die Hauptaufgabe der praktischen Theologie besteht darin, umsetzbare Wege aufzuzeigen, wie jeder Einzelne in die Berufung hineinfinden kann, die Gott für ihn vorgesehen hat. Die Absicht Gottes für die Kirche hat zwei Komponenten: erstens die wirksame Verkündigung des Evangeliums – hier geht es um den Auftrag Jesu, alle Nationen und ethnischen Gruppen zu „Jüngern" zu machen – und zweitens die Anleitung dieser Jünger in der Nachfolge – sie zu lehren „alles zu halten, was ich euch befohlen habe" (Mt 28,20), sodass sie Jesus ähnlicher werden. Wenn wir beide Teile dieses

Auftrags wirklich erfüllen, wird sich alles Weitere ganz natürlich daraus ergeben.

Nach den Worten des Paulus im Brief an die Epheser (4,11–13) besteht die Aufgabe von Lehrern und Leitern der Gemeinde darin, „die Heiligen für die Erfüllung ihres Dienstes zu rüsten, für den Aufbau des Leibes Christi. So sollen wir alle zur Einheit im Glauben und in der Erkenntnis des Sohnes Gottes gelangen, damit wir zum vollkommenen Menschen werden und Christus in seiner vollendeten Gestalt darstellen" (Einheitsübersetzung).

Nun war die praktische Theologie beileibe nicht immer erfolgreich. In der Vergangenheit haben es die Leiter der Kirche durchaus nicht immer vermocht, die „Heiligen" auf ihre Aufgabe in der Welt angemessen vorzubereiten. In der jüngeren Vergangenheit wurde die Weltevangelisation überall zum Schwerpunktthema gemacht und es gibt hier beachtliche Erfolge zu verzeichnen. Man kann sicherlich behaupten, dass dies in den letzten drei Jahrhunderten das wichtigste Betätigungsfeld der Kirche war, und wir haben allen Grund, uns über die geografische und quantitative Expansion der Kirche zu freuen. Doch bei allem missionarischen Eifer und den erfreulichen Erfolgen auf diesem Gebiet dürfen wir nicht aus den Augen verlieren, was *nach* der Umkehr kommen muss, nämlich die Umgestaltung unseres Charakters zur Christusähnlichkeit. Tun wir wirklich, was notwendig ist, um die Menschen nach ihrer Entscheidung für Christus in ihr Erbe als Kinder Gottes und Geschwister Jesu einzuführen?

Leider muss diese Frage in den meisten Fällen mit Nein beantwortet werden. Wir müssen sogar feststellen, dass diese Dimension der praktischen Theologie bisher von den meisten Leitern und Lehrern noch nicht einmal als besonders wichtig angesehen wurde, vermutlich deshalb, weil es uns nicht so zwingend erscheint, auch hier Erfolge vorweisen zu können. Den zweiten Teil des Missionsbefehls – „[...] lehrt sie, alles zu halten, was ich euch befohlen habe" – müssen wir daher wohl als die vergessene Mission des Missionsauftrages in Matthäus 28, Verse 19 bis 20 bezeichnen.

Klingt das zu hart? Stellen Sie doch einmal Ihre eigenen Nachforschungen an, indem Sie zum Beispiel Ihrer Gemeindeleitung die Frage stellen, wie sie ganz konkret das Ziel verfolgt, den Gemeindemitgliedern alles beizubringen, was Jesus uns vorgelebt hat. Tatsache ist, dass bislang die wenigsten Gemeinden und

Denominationen hierzu ein klares, durchdachtes Programm entwickelt haben. So wie es auf nationaler Ebene wohl keinen Politiker gibt, der einen konkreten Plan zur Tilgung der Staatsschulden aufstellt, werden wir ebenso kaum einen bedeutenden christlichen Leiter finden, der im Hinblick auf den zweiten Teil des Missionsauftrags nicht nur gute Vorsätze und vage Hoffnungen vorzuweisen hat, sondern ein handfestes Programm.

Die Christen in unserem Land lassen sich leicht vom Strom der Zeit mitreißen. Technische und soziale Innovationen, evangelistisch-missionarische Aktivitäten und dogmatisch korrekte Glaubensüberzeugungen sind gut und wichtig, doch damit allein ist es nicht getan. Die weltweite Kirche ist nicht nur durch Ideologien, durch den technischen Fortschritt und durch militärische Gewalt in ihren Grundfesten erschüttert worden, auch Massenmedien, übertriebenes Wohlstandsstreben, sinnlose Entwicklungen im Bildungswesen und der vielfach um sich greifende Pseudoegalitarismus beeinflussen uns in einem nie zuvor erlebten Ausmaß. Infolge dieser Entwicklungen hat die Kirche jeden Bezug dazu verloren, was es eigentlich bedeutet, wenn Petrus schreibt: „Wachset in der Gnade und Erkenntnis unseres Herrn und Heilands Jesus Christus“ (2 Petr 3,18). Man kann sogar behaupten, dass die Kirche jede Vorstellung davon verloren hat, wie ein Lebensstil aussehen kann, in dem wir ein solches Wachstum realistischerweise erwarten können.

Wie kann diese Art von Wachstumsförderung wieder zu einem normalen und natürlichen Teil unseres Gemeindelebens werden? Leider wird das meiste, was man diesbezüglich aus der Kirchengeschichte und aus der Bibel selbst lernen kann, weithin ignoriert. Oder aber – was fast noch bedenklicher ist – dieser kostbare Schatz an Wissen ist für den Christen unserer Zeit gar nicht sichtbar, weil wir nichts mehr damit anzufangen wissen.

Etwa seit der Mitte des 20. Jahrhunderts haben wir jeden Zugang dazu verloren, wie theologisch und psychologisch fundiertes geistliches Wachstum aussehen kann und wie wir uns ganz konkret und praktisch der Christusebenbildlichkeit annähern können. Eine ähnliche Tendenz beobachtete John Wesley bereits im 18. Jahrhundert:

„Bei den Christen der Urkirche gab es folgendes Sprichwort: ‚Körper und Seele machen den Menschen aus; Geist und Disziplin machen den Christen aus.' Was sie damit zum Ausdruck bringen wollten, ist, dass niemand ohne die Hilfe geistlicher Disziplin wirklich Christ sein kann. Wenn dieses Sprichwort der Realität entspricht, wundert es uns dann, dass es so wenige Christen gibt, denn wo findet man heute noch geistliche Disziplin?"[7]

Die Wiederentdeckung der geistlichen Übungen

Würde Wesley heute noch leben, was hätte er wohl angesichts des Zustands der Kirche zu sagen? In mancher Hinsicht würde er die Kirche sicherlich in einem besseren Zustand vorfinden als noch vor wenigen Jahren. Seit der Mitte der 60er Jahre hat es im amerikanischen Protestantismus eine Reihe von sehr bedeutsamen Entwicklungen gegeben. Keine von ihnen ist jedoch von so herausragender Bedeutung für unsere heutige Zeit und so vielversprechend für die Zukunft wie das neu erwachte Interesse an den uralten Praktiken, die wir hier als „geistliche Übungen" bezeichnen.

Zum ersten Mal in der Geschichte erleben wir, dass das ganze Spektrum von solchen „Verhaltensweisen" wie Fasten, Meditation, einfaches Leben und Unterordnung unter geistliche Leiterschaft mit wohlwollenden Augen gesehen wird. Zwar werden diese Übungen bislang nur von einigen wenigen als wesentliches Element des geistlichen Lebens angesehen, doch überall finden wir ein wachsendes Interesse daran. Vorträge, Seminare, Freizeiten, Bücher und Artikel zu diesem Thema erfreuen sich einer Popularität, die noch in den 70er Jahren völlig undenkbar gewesen wäre. Zunehmend mehr Menschen entdecken geistliche Übungen als Hilfsmittel, in ihrem Glauben zu wachsen und zu größerer Reife zu gelangen.

Diese Veränderung der Interessenlage zeigt sich am deutlichsten im Hinblick auf das Fasten. In seinem Buch „Nachfolge feiern", das 1978 erschien, berichtet Richard Foster, dass nach seiner Kenntnis im Zeitraum von 1861 bis 1954 im englischen Sprachraum nicht ein einziger Titel zu diesem Thema erschienen sei. Inzwischen gibt es eine Fülle von Büchern über das Fasten. Ich selbst habe hier allein fünf Titel auf meinem Schreibtisch liegen, obwohl ich niemals bewusst Literatur zu diesem Thema gesammelt habe.[8] Hinzu kommen noch die zahlreichen Artikel in christlichen Zeitschriften und diverse Kapitel in Büchern, die sich dem Fasten widmen.

Ich selbst erkannte Anfang der 70er Jahre die Notwendigkeit, systematisch über das Thema „geistliche Übungen" zu lehren, denn ich sah keine andere Möglichkeit, meinen Zuhörern zu vermitteln, wie das Leben unter der Herrschaft Gottes, das Jesus und seine Jünger verkündeten und lebten, praktisch aussieht. Nach 17 Jahren Lehrdienst in einer Vielzahl von Gemeinden ganz unterschiedlicher Prägung war mir klar, dass die Dinge, die Christen normalerweise vermittelt werden, sie geistlich nicht weiterbringen.

Natürlich hatte man ihnen gesagt, sie sollten am Gottesdienst teilnehmen, Zeit und Geld zur Verfügung stellen, die Bibel lesen und beten, anderen Gutes tun und ihren Glauben bezeugen. All das ist wichtig. Und doch schien es, als fehlte etwas. Mir wurde bewusst, dass die Christen, von einigen seltenen erfrischenden Ausnahmen abgesehen, noch nicht einmal in der Lage waren, diese wenigen notwendigen Dinge auf eine Art und Weise zu tun, dass sie dadurch wirklich auferbaut wurden und Gott in ihrem Leben näherkamen. Dies also war das ernüchternde Resultat aller Bemühungen um christliche Erziehung, um Gemeindewachstum und um geistliche Erneuerung.

Aber wer war an diesem traurigen Zustand schuld? Auch wenn es einfach war, zunächst die Schuld auf einen Mangel an echtem Engagement aufseiten der Christen zu schieben, es reichte als Erklärung doch nicht aus. Am deprimierendsten war für mich, wie wenig sich der „normale" Christ im geistlichen Dienst zutraut. Lassen wir hier mal die Ausnahmen – diejenigen, die es nicht wirklich ernst meinen, und diejenigen, die noch neu im Glauben sind – beiseite. Wenn langjährige engagierte Christen in unseren Gemeinden nicht in der Tiefe ihres Seins verändert und Jesus ähnlicher werden, dann kann doch mit unserer Botschaft etwas nicht stimmen.

Bei treuen, aktiven Gemeindemitgliedern kann das Hindernis nicht in einem Mangel an Bereitschaft zu suchen sein. Natürlich ist kein Mensch vollkommen, aber niemand, der solche Menschen näher kennt, wird ihren guten Willen und die Ernsthaftigkeit ihrer Bemühungen in Zweifel ziehen. Ich für meinen Teil konnte mich den Tatsachen jedenfalls nicht länger verschließen. Ich kam zu dem

Schluss, dass der Mangel in unserer Theologie zu suchen ist – einem Mangel in der Lehre, der zu einem Mangel an Verständnis führte. Das Problem scheint mir so gelagert zu sein, dass es mit den in der Gemeinde üblichen Methoden nicht zu beheben ist.

Wie ich später noch genauer erläutern werde, bin ich heute der Überzeugung, dass die Botschaft, die wir diesen Christen gepredigt, gelehrt und durch unser Beispiel vermittelt haben, dem *Wesen des Menschen* einfach nicht gerecht wird. Dies hat sehr weitreichende Auswirkungen auf unsere Gesundheit und unser Leistungsvermögen.

Dagegen besteht das Geheimnis der üblichen, historisch bewährten geistlichen Übungen gerade darin, dass sie der Tatsache Rechnung tragen, dass der Mensch ein körperliches Wesen ist. Das Körperliche ist ein integraler Bestandteil dieser Übungen. Sie weisen uns den Weg, wie wir tatsächlich unseren Leib hingeben können „als ein Opfer, das lebendig, heilig und Gott wohlgefällig ist" (Röm 12,1), und machen deutlich, dass unser „geistiger Gottesdienst" (Herder-Übersetzung) losgelöst von bestimmten körperlichen Akten der Hingabe gar nicht denkbar ist. Die Lehren von Paulus – insbesondere, wenn wir sie vor dem Hintergrund seines Lebens betrachten – lassen keinen Zweifel daran, dass er etwas von der verändernden Kraft des christlichen Glaubens wusste und lebte, das uns abhandengekommen ist und das wir uns mit allem, was in uns ist, wieder neu erschließen sollten.

Und so begann ich in den frühen 70er Jahren, über geistliche Übungen zu lehren, zunächst noch etwas zögerlich und mit einigen Vorbehalten, weil ich mir unsicher war, wie die Leute darauf reagieren würden. Zu jener Zeit lehrte ich in unterschiedlichen Gemeinden verschiedener Denominationen. Sie alle hatten traditionell tief verwurzelte Vorbehalte gegen „asketische" Praktiken wie Einsamkeit, Stille oder Fasten. Offenbar hatten meine Zuhörer vor allem Bedenken, dass man dadurch versuchen könnte, sich die Vergebung der Sünden oder Gottes Wohlwollen zu verdienen. Doch zu meinem Erstaunen standen sie geistlichen Übungen im Prinzip gar nicht grundsätzlich ablehnend gegenüber. Im Gegenteil: Sie waren nahezu durchweg sehr aufgeschlossen und zeigten großes Interesse, wie diese Dinge praktisch umgesetzt werden können.

Woher auf einmal das neu erwachte Interesse?

Es gibt eine Reihe von Faktoren, mit denen sich das Interesse an geistlichen Übungen, das man heute vielerorts feststellen kann, erklären lässt. Zum einen kam es in den 70er Jahren zu einer Zeit der Besinnung nach einer Periode, die sehr stark durch gesellschaftliche Veränderungen geprägt war. Die Bilder von Hippies, von Straßenkrawallen und von Mr Spock waren den Menschen noch deutlich vor Augen. Es gab ein neues Bedürfnis nach Ordnung, weil man spürte, dass es an der Basis unseres persönlichen und sozialen Lebens Kräfte gibt, die uns, sofern sie nicht ganz bewusst kanalisiert werden, in einen Abgrund von Langeweile bzw. von Chaos und Gewalt stürzen können.

Eine andere Ursache für diese Einstellungsänderung gegenüber den geistlichen Übungen ist in der Weiterentwicklung der Psychologie, insbesondere der christlichen Psychologie zu suchen. Das Aufkommen des Berufsstandes des Psychologen und die wissenschaftlichen Erkenntnisse dieser Disziplin sind von nicht zu unterschätzender Bedeutung für die amerikanische Kirche des 20. Jahrhunderts. Es liegt in der Natur des Tätigkeitsfeldes eines christlichen Psychologen, sich mit den Realitäten des Seelenlebens von Christen – jenseits von theologischen Überzeugungen, Lippenbekenntnissen und Traditionen – zu befassen und Wege aufzuzeigen, wie seelische Nöte gelindert werden können. Nichts anderes aber hatte auch der geistliche Berater und Seelsorger in der christlichen Tradition getan, und in der älteren christlichen Literatur ist dieses Aufgabenfeld untrennbar mit der Praxis geistlicher Übungen im persönlichen Leben verbunden, obwohl man sich dessen in den 60er und 70er Jahren noch nicht bewusst war.

Die Arbeit der Psychologen – ja, ihre bloße Anwesenheit innerhalb des kirchlichen Umfelds – machte weithin deutlich, dass der Glaube, so wie er in den verschiedensten christlichen Kreisen gelebt wird, nicht automatisch inneren Frieden und seelische Gesundheit mit sich bringt und erst recht nicht ein echtes Wachstum zur Christusähnlichkeit. So sahen sich viele Christen auf einmal wieder neu mit den alten Methoden zur Förderung geistlichen Wachstums konfrontiert. Sie mussten erkennen, dass geistliche Vitalität und Wachstum im Glauben nicht allein das Resultat von dogmatisch korrekten Glaubensüberzeugungen sind, sondern von der Art und Weise, wie wir leben, von den Gewohnheiten, die wir pflegen, und dem Charakter, der daraus erwächst.

Man hat uns immer vermittelt, dass echte und dauerhafte Charakterveränderung eine Frucht der Gnade Gottes sei. Das ist sicherlich richtig und doch geht es nicht ohne unsere Mitwirkung. Wenn wir wirklich Veränderung erleben und die neue Person werden wollen, von der in 2. Korinther, Kapitel 5, Vers 17 die Rede ist – „das Alte ist vergangen, siehe, Neues ist geworden" –, dann kommen wir nicht umhin, entsprechend zu *handeln*. Tun wir dies nicht, dann wird es keine Transformation geben.

Dies sind die beiden Faktoren, die vor allem zum Sinneswandel hinsichtlich der geistlichen Übungen beigetragen haben, doch es gibt noch einen wichtigeren Gesichtspunkt, den wir beachten sollten. Mir scheint, dass wir heute im religiösen Empfinden und Bewusstsein einen tief greifenden Umbruch erleben. Was ich Anfang der 70er Jahre in den Gemeinden, in denen ich lehrte, beobachten konnte, war lediglich die Spitze des Eisberges einer Veränderung, die seither den Protestantismus in Amerika mit all seinen Ausprägungsformen erfasst hat.

Die Überwindung des protestantischen Sektierertums

Der Protestantismus scheint in unserer Generation eine ganz wesentliche Phase in seiner Entwicklung abgeschlossen zu haben. Protestant bzw. Mitglied einer spezifischen protestantischen Denomination zu sein, war in früheren Epochen eine sehr ernste Sache. Zu bestimmten Zeiten war es buchstäblich eine Frage von Leben und Tod. Immer wieder wurden Christen für ihre Zugehörigkeit zu einer bestimmten Gruppierung verfolgt und getötet. Wer einer bestimmten Denomination angehörte, hatte in aller Regel keine hohe Meinung von der Moral anderer Gruppierungen und konnte sich kaum vorstellen, dass sie sich Hoffnungen auf einen Platz in Gottes ewigem Reich machen könnten. Noch bis in die 40er und 50er Jahre hinein war es verpönt, Mitglieder einer anderen christlichen Gruppierung zu heiraten, und nur selten gab es über die Grenzen von Denominationen hinweg engere Freundschaften.

In den 60er und 70er Jahren verschwanden diese Haltungen weitgehend aus der christlichen Szene. Welche Gründe man bei genauerer Betrachtung für diese Veränderungen auch findet, es ist nicht von der Hand zu weisen, dass sich sektiererischer Dogmatismus und die daraus resultierenden Grabenkämpfe zwischen verschiedenen Denominationen mittlerweile weitgehend überlebt haben. Natürlich gibt es nach wie vor eine ganze Reihe von ungelösten Kontroversen – liberale kontra konservative Schriftauslegung, Unfehlbarkeit kontra Fehlbarkeit der Bibel, charismatische kontra nicht charismatische Frömmigkeit, soziales Engagement kontra sozialer Rückzug. Dennoch verlaufen die Gräben hier schon längst nicht mehr entlang der denominationellen Grenzen. Man kann ohne Umschweife von einem großen Durchbruch sprechen.

Entsprechend verlor jedoch der spezifische Charakter der jeweiligen Gemeinschaft an Konturenschärfe. Was bedeutete es im Einzelnen, ein Baptist oder ein Anglikaner zu sein? Die Zugehörigkeit zu einer Denomination büßte ihren Identität stiftenden Charakter größtenteils ein und vermochte es nicht mehr, dem Individuum in Einzelfragen Orientierung zu geben. Jenseits von einer spezifischen Kirchenzugehörigkeit und dem Anspruch, ein „guter Mensch" zu sein, wurde es für den einzelnen Christen zunehmend schwer herauszufinden, was den „Weg Christi" eigentlich ausmacht. Schuld daran ist zu einem guten Teil der Umstand, dass Generationen von Christen darauf beharrten, *ihre* jeweilige Denomination habe *die* Antwort auf alle wichtigen Fragen. Die Tatsache, dass die Unterschiede zwischen den Denominationen an Bedeutung verloren, schaffte ein gewaltiges Vakuum. Von nun an war es nicht mehr heilsentscheidend, wie man im Einzelnen seinen christlichen Glauben lebte. Wenn jedoch Formen keine wirkliche Bedeutung mehr haben, ist dies nicht zugleich ein Anzeichen dafür, dass der Glaube in der Gesellschaft an Bedeutung eingebüßt hat?

Selbst das vielleicht wesentlichste denominationsübergreifende Unterscheidungskriterium in der Kirche – zwischen theologisch liberalen, gesellschaftlich engagierten Gruppierungen und theologisch konservativen, eher weltabgewandten Gruppierungen – hatte zu Beginn der 70er Jahre für die meisten Christen einen Großteil seiner ursprünglichen Brisanz eingebüßt. Der Widerspruch zwischen beiden Lagern bestand nunmehr hauptsächlich darin, dass man großen Wert darauf legte und sich zugutehielt, nicht zum jeweils anderen Lager zu gehören.[9] Keiner der beiden Seiten gelang es, ein ausreichendes Maß an geistlichem Reichtum und innerer Dynamik zu entfalten, um die Strukturen der Welt wirklich nachhaltig zu erschüttern.

So schrieb Donald E. Miller vor einiger Zeit: „Die inneren Reserven des liberalen Christentums sind weitgehend entleert; sie wurden auf Grund einer weitgehend säkularisierten Theologie, eines Übermaßes an radikalen theologischen Ansätzen bei gleichzeitiger spiritueller Unterernährung erschöpft.“[10] Dies ist kein neues Problem für das liberale Christentum, das von Anfang an darunter litt, dass es ihm an einem wirklich befriedigenden geistlichen Erfahrungsschatz mangelte.

Flora Wuellner bemerkte mit Blick auf das Verhältnis des liberalen Protestantismus zum Gebet:

> *„Wo ist unser Christus, der Lebendige und Mächtige? In unseren Gemeinden wird er nur noch als ein erstrebenswertes Ideal gepredigt. Er wurde zu einem Mythos, zur bloßen Verkörperung eines theologischen Entwurfs. Das Zeugnis, dass er sichtbar und real unter uns lebt, ist weithin verloren gegangen. Vom machtvollen Gebet in seinem Namen haben die meisten liberal theologischen Gemeinden noch nicht einmal gehört. Die Kirche ist zu einem Sammelbecken wohlmeinender Idealisten geworden, die Christus dienen, die jedoch von seiner Gegenwart und Macht weit entfernt sind.“*[11]

Die Konservativen hingegen waren zu Beginn der 70er Jahre an einem Punkt angelangt, an dem sie allgemein akzeptiert hatten, dass Christsein nicht notwendigerweise bedeutet, Jesus *wirklich* nachzufolgen oder ihm ähnlich zu sein. Man gestand sich ein, dass für die meisten „Christen“ weder das eine noch das andere zutrifft. „Christen sind nicht vollkommen, ihnen ist nur vollkommen vergeben“, las es sich auf Tausenden von Autoaufklebern. (Dies mag im Prinzip richtig sein, aber in der Praxis wird damit jeder ernsthafte Anspruch auf geistliches Wachstum zunichtegemacht.) Es kam nur noch darauf an, die richtigen Dinge *über* Jesus zu glauben.[12] Jahrhundertelange dogmatische Streitigkeiten, oft mit intensiven politischen, rechtlichen und militärischen Verwicklungen – und dabei besaßen die zugrunde liegenden Fragen oft noch nicht einmal wirkliche geistliche Substanz – hatten dazu geführt, dass man nur das „Richtige“ glauben musste, um errettet zu sein.

Ein weiteres Merkmal für die Frömmigkeit in konservativ-fundamentalistischen Kreisen war, dass die Bibel, obwohl sie als inspiriertes unfehlbares Wort Gottes galt, für das praktische Leben weithin bedeutungslos geworden war. Das heißt, sie hatte nicht die Kraft, das Leben des Gläubigen zu echter Christusähnlichkeit zu verändern, ob man sich das nun eingestand oder nicht.

Wie komme ich zu einer solchen Behauptung? Nun, schätzungsweise ein Viertel der Bevölkerung in den USA behauptet von sich, Christen zu sein. William Iverson bemerkt dazu jedoch ironisch: „Ein viertel Pfund Salz würde sicherlich seine Wirkung auf ein Pfund Fleisch nicht verfehlen. Wenn wir es hier also mit echtem Christentum, dem ‚Salz der Erde', zu tun haben, wo bleiben die Auswirkungen, von denen Jesus sprach?"[13]

Schließlich bedeutete „Erweckung", jene zentrale Stütze fundamentalistischer Frömmigkeit, längst nicht mehr das, was es früher einmal bedeutete. „Erweckung" im klassischen Sinne des Wortes war ein überwältigender Einbruch des Heiligen Geistes in eine ganze Region. Dies ist längst nicht mehr so. In ihrer modernen Form handelt es sich dabei um eine mehr oder weniger gut durchorganisierte evangelistische Aktion, die mit Erweckung im ursprünglichen Sinne außer dem Namen nicht mehr viel gemein hat. Im Allgemeinen bleiben diese Veranstaltungen nicht nur ohne Auswirkungen auf die Region, auch die Veränderungen im Leben derer, die dabei eine Entscheidung für Jesus treffen, bleiben in aller Regel ziemlich gering. Natürlich gibt es hier Ausnahmen, doch im Allgemeinen lässt sich das, was heute unter dem Begriff „Erweckung" läuft, nicht im mindesten mit den massiven Reaktionen auf das Wort Gottes und die Kraft des Heiligen Geistes vergleichen, von denen wir im Neuen Testament lesen und die es in der neueren Kirchengeschichte immer wieder gegeben hat. Heute hört man sogar von „erfolglosen" Erweckungen, etwas, das, bei Licht besehen, ebenso unsinnig ist wie eine erfolglose Auferstehung. Mit anderen Worten: Es hat überhaupt keine Erweckung stattgefunden.

Glaube, der das Leben ernst nimmt

Obwohl es nicht so offen ausgesprochen wurde, war Anfang der 70er Jahre vielen Christen bewusst, dass das protestantische Christentum sich im praktischen Leben nicht bewährte. Natürlich war der Protestantismus nach wie vor eine wichtige gesellschaftliche Größe, die viel Gutes hervorbrachte. Doch man erkannte zunehmend, dass diese Ausprägung des Christentums, ganz unabhängig davon, ob man nun mehr den „linken" oder den „rechten" Flügel betrachtete, und egal, wie glanzvoll die Vergangenheit aussah, in der Regel im Leben der Menschen keine echten Veränderungen bewirkte. Es machte uns einfach nicht zu den Menschen, die diese Welt braucht und die wir selbst gerne wären – uns nicht und die meisten anderen Christen auch nicht.

Wir wussten, dass der christliche Lebensstil, den wir überall sahen, oberflächlich war. Um es mit Paul Scherers Worten zu sagen: Er war einfach „zu trivial, um wahr zu sein". Er schien einfach nicht zur Wirklichkeit des Lebens zu passen, weil er die praktischen Beschränkungen, mit denen wir konfrontiert waren, einfach nicht ernst nahm.

Aus dieser Erkenntnis heraus begannen wir allmählich, uns neu mit den geistlichen Übungen zu befassen, weil ihnen einfach etwas Echtes anhaftete. Sie zeigten Wege auf, wie wir durch ganz praktische Schritte „die Zeit auskaufen" konnten, die uns beständig zwischen den Fingern zerrann, und wie wir durch ernsthaftes Bemühen gewissermaßen „durch das Feuer vor dem Feuer" gerettet werden konnten. Es schien so, als könnten die geistlichen Übungen unserem Leben eine Form geben, die es uns ermöglicht, mehr vom Wesen Jesu und der Realität des Reiches Gottes in uns aufzunehmen. Geistliche Übungen zu praktizieren heißt, den Dingen, die wir tun, ja unserem Leben als Ganzes einen neuen Ernst zu geben und anzuerkennen, dass nicht nur Sport oder das Erlernen des Geigenspiels eine Herausforderung ist, sondern auch die Nachfolge Jesu.

Wir fanden also vor allem an den geistlichen Übungen Gefallen, weil wir ganz neu erkannten, welche Bedeutung unser geistliches Leben hat. Sie wurden für uns deshalb so wichtig, weil wir sie vor dem Hintergrund einer religiösen Alltagsroutine sahen, die uns zunehmend eintönig und kraftlos erschien – nicht einmal der liturgische Reichtum, in dem jahrhundertealte Traditionen fortleben, konnte darüber hinwegtäuschen.

Auf der Suche nach einer theologischen Grundlage

Ein Kernproblem bleibt freilich bestehen. Die Tatsache, dass wir geistliche Übungen brauchen, liefert uns noch keine Erklärung dafür, *warum* wir sie brauchen und *wie* sie in Gottes Heilsplan für unser Leben hineinpassen. Vor allem aber wissen wir noch nicht, wie sie sich mit jener zentralen Grundwahrheit in Einklang bringen lassen, die durch den Protestantismus wiederhergestellt wurde: dass wir aus Gnade durch den Glauben gerettet sind, nicht aus eigenem Verdienst. Gerade die Unklarheit, die lange Zeit über dieses Thema herrschte, führte ja in der Vergangenheit zum Missbrauch der geistlichen Übungen, der letztendlich dazu führte, dass diese heute in der Glaubenspraxis des Protestantismus im Allgemeinen keine Bedeutung haben.

Was will ich damit sagen? Vor Hunderten von Jahren waren geistliche Übungen wie Fasten, Dienen oder Geben eng mit Werkgerechtigkeit und mit sinnlosen, ja destruktiven Bußritualen verbunden. Das führte in der Folge dazu, dass die positiven Seiten dieser Übungen aus dem Blickfeld gerieten. Jeder von uns hat schon einmal etwas von „billiger Gnade“ gehört. Aber der Begriff der „billigen Gnade“ kommt nicht einfach daher, dass wir Gottes Gnade und die Fülle eines Lebens mit ihm zu Schleuderpreisen wollen. Ich bin überzeugt, dass gerade das mangelnde Verständnis davon, welchen Stellenwert geistliche Disziplin notwendigerweise in unserem Leben einnehmen muss, in erheblichem Maße zu jenem „billigen“ Gnadenverständnis innerhalb des modernen Protestantismus beigetragen hat.

Was wir also brauchen, ist eine *Theologie der geistlichen Disziplin*, eine tragfähige, praktisch umsetzbare Theologie der geistlichen Übungen. Wir müssen wieder neu verstehen, warum das Leben in Christus ohne geistliche Übungen nicht auskommt. Sie sollten ein unverzichtbarer Bestandteil der Präsentation der Guten Nachricht vom Reich Gottes sein. In den folgenden Kapiteln will ich versuchen, dem Leser einen Einblick in eine solche Theologie zu vermitteln.

Dabei sollten wir uns durch den Begriff „Theologie“ nicht unnötig abschrecken lassen. Ich gebe ja zu, dass er zuweilen in einem staubtrockenen, langweiligen Kontext gebraucht wird, und man ist geneigt, es den „Experten“ zu überlassen, sich näher mit ihm zu beschäftigen. Doch er steht für etwas, das für jeden von uns und für unser Gemeinwesen von viel zu großer Bedeutung ist, als dass wir es uns leisten könnten, ihn anderen zu überlassen. Theologie ist einfach ein Teil unseres Lebens. Wir kommen nicht um die Auseinandersetzung mit ihr herum. Und, wie wir bereits festgestellt haben, eine gedankenlose, mangelhafte Theologie prägt unser Leben genauso wie eine wohl durchdachte, gut ausgewogene Theologie.

Wenn eine ausgewogene Theologie in den Dienst ganz normaler Menschen wie Sie und mich tritt, wird sie unweigerlich einen großen positiven Einfluss haben. Ziel jedes Christen sollte es sein, dass sein Gottesbild die Wirklichkeit seines eigenen Lebens getreu widerspiegelt, sodass er weiß, wie sein Glaube in diesem Leben Frucht tragen kann. Um nichts anderes geht es bei Theologie!

Um die Jahrhundertwende vom 19. zum 20. Jahrhundert schrieb ein sehr kluger Autor Folgendes:

> *„Die Hauptaufgabe der Theologie besteht zu jeder Zeit wohl darin, Menschen davor zu bewahren, an der Wirklichkeit des Lebens vorbeizugehen, sie von falschen Selbstzweifeln zu erlösen und die Bedingungen aufzuzeigen, unter denen das geistliche Leben zu einer unzweifelhaften Realität werden kann.“*[14]

Genau das ist unsere Aufgabe. In diesem Buch soll es freilich weniger darum gehen, wie man spezifische geistliche Übungen ganz praktisch angehen und zu einem Teil seines Lebens machen kann. Zur Frage der praktischen Anwendung gibt es andere hervorragende Bücher, vor allem Richard Fosters „Nachfolge feiern“, John Ortbergs „Das Leben, nach dem du dich sehnst“ und noch eine Vielzahl weiterer, sehr profunder Schriften aus früheren Epochen. Wir wollen hier im Wesentlichen diesen einen Gedanken betrachten, untermauern und entwickeln: *Wirkliche Teilnahme am Leben im Reich Gottes und lebendige Gemeinschaft mit Jesus Christus sind nur dann möglich, wenn wir uns in eine geeignete Form geistlicher Disziplin einüben.*

Gerade jene geistlichen Übungen sind für den ganz normalen Christen die „Bedingungen, unter denen das geistliche Leben zu einer unzweifelhaften Realität werden kann“. Es stimmt wirklich. Und wenn es uns gelingt, diese Wahrheit so überzeugend darzulegen, wie es ihr aufgrund ihrer Bedeutung zukommt, dann wird dies nicht ohne Auswirkungen im Alltag bleiben. Es wird umwälzende Veränderungen geben, in unserem eigenen Leben und in unserer Umwelt.

Kapitel 3

Errettung ist ein Lebensstil

„Gott hat uns das ewige Leben gegeben, und dieses Leben ist in seinem Sohn. Wer den Sohn hat, der hat das Leben."
1. Johannes 5,11–12

„Ich bin gekommen, damit sie das Leben und volle Genüge haben sollen."
Johannes 10,10

„Denn wenn wir mit Gott versöhnt worden sind durch den Tod seines Sohnes, als wir noch Feinde waren, um wie viel mehr werden wir selig werden durch sein Leben, nachdem wir nun versöhnt sind."
Römer 5,10

Wie kommt es eigentlich, dass uns, wenn wir an unsere Errettung denken, ausschließlich jener Moment einfällt, als wir eine Entscheidung für Christus trafen und unser geistliches Leben begann? Ist Errettung nicht vielmehr das, was Gott uns an jedem Tag unseres Lebens schenkt? Irgendetwas hat dazu geführt, dass wir in der heutigen Zeit eine Trennung zwischen unserem Glauben und unserem Alltag vornehmen und den Glauben auf bestimmte Zeiten, Orte und Geisteszustände beschränken.

Das Ausmaß dieses Problems wird uns zunehmend bewusst. Gelegentlich ermahnen wir unsere Glaubensgeschwister, Jesus an den Arbeitsplatz oder in die Familien „zu tragen". Geben wir damit nicht zu, dass wir Christen Jesus in aller Regel in der Kirche lassen?

Wie kommt es zu einem solchen Missverständnis? Der Grund ist meiner Ansicht nach, dass wir verkennen, welch eine zentrale

Rolle unserem Körper zukommt, wenn es um unser geistliches Leben geht – und gerade hier kommen natürlich auch wieder die geistlichen Übungen ins Spiel.

Ich habe bereits darauf hingewiesen, dass das Geheimnis des sanften Jochs darin besteht, den Lebensstil Jesu als Ganzes anzunehmen und sich zu eigen zu machen. Auf diese Weise kommen wir dem hohen Ideal, das Jesus uns vorgelebt hat, näher.

Wenn wir uns die großartigen Dinge, die von Jesus in den Evangelien berichtet werden, näher anschauen, all jene eindrucksvollen Akte der Demut, des Glaubens und der Barmherzigkeit, dann stellen wir fest, dass sie eigentlich nur Momentaufnahmen in einem Leben sind, das weit mehr durch Einsamkeit, Fasten, Gebet und Dienen geprägt war. Eben diese Gewohnheiten sollten auch das Leben seiner Nachfolger bestimmen.

Die Gewohnheiten, die das Leben Christi prägten, bildeten den Stamm der geistlichen Übungen, die in den folgenden Jahrhunderten in der Kirche praktiziert wurden. Im Grunde erscheint es nur folgerichtig, es ihm, der geistliches Leben vorbildhaft lebte, gleichzutun. Und liegt es nicht nahe, dass es diese Gewohnheiten sind, die Jesus vorgelebt hat, die das Joch sanft und die Last leicht machen und die zu einem Übermaß an Leben und Kraft führen?

Ohne hier eine Erfolgsformel für ein Leben mit Gott aufstellen zu wollen – denn so etwas gibt es nicht –, möchte ich diese Frage doch mit einem klaren Ja beantworten. Selbst für Jesus gilt, dass er „an dem, was er litt, Gehorsam gelernt hat“, wie es in Hebräer 5, Vers 8 heißt. Auch er musste Gehorsam *lernen*. Wir können nicht erwarten, dass wir seine Werke vollbringen, solange wir nicht auch so leben wie er. Und wir können nicht so leben wie er, solange wir uns nicht die geistlichen Übungen aneignen, denen er sich unterwarf. Wir brauchen sie womöglich noch nötiger als er, weil wir uns in einem viel kritischeren Zustand befinden.

Die Verbindung zwischen dem sanften Joch und dem Leben in Fülle auf der einen Seite und den geistlichen Übungen auf der anderen, liegt in unserem Menschsein. Weil Jesus Mensch war, praktizierte er geistliche Übungen, aber nicht etwa, weil er sündig war und Erlösung nötig gehabt hätte so wie wir, sondern weil er einen Körper aus Fleisch und Blut hatte. Aus demselben Grunde sollten wir auch seinem Beispiel folgen. Er sagte zum Vater: „Opfer und Gaben hast du nicht gewollt; einen Leib aber hast du mir geschaffen“ (Hebr 10,5). Er war eben nicht nur Gott, sondern auch Mensch, und aus diesem Grund war sein Leib Dreh- und Angelpunkt seines irdischen Daseins.

In den theologischen Erläuterungen zu Errettung und Erlösung fehlt es heutzutage an einem angemessenen Verständnis des Körpers. Der Körper ist von ganz zentraler Bedeutung für unser Menschsein. Jesus besaß einen Körper. Und wir ebenso. Wenn wir die Rolle, die unser Körper spielt, außer Acht lassen, dann fügen sich die Teile im Puzzle des neuen Lebens in Christus nicht mehr richtig ineinander, und *echte* Nachfolge bleibt nichts als ein frommer Wunsch.

Und genauso sieht es der Durchschnittschrist unserer Tage: als einen frommen Wunsch. Wie kommt es zu dieser Einschätzung? Ich denke, sie rührt von unserer Unfähigkeit her, uns vorzustellen, dass Jesus wirklich einen Leib hatte, mit all den ganz normalen Funktionen, die auch unser Leib hat. Vielen mag es sogar geradezu als Blasphemie erscheinen, sich Jesus als ganz normalen Menschen mit allen Einzelheiten vor Augen zu malen.

Im Doketismus, einer frühchristlichen Sekte, wurde gerade die Tatsache in Zweifel gezogen, dass Jesus wirklich einen Leib hatte. Es wurde behauptet, er habe in Wahrheit nur einen Scheinleib besessen. Diese Auffassung ist im Denken vieler Christen unserer Tage noch immer sehr lebendig. Sie bekennen zwar, dass Jesus wahrer Mensch und wahrer Gott ist, es ist ihnen aber dennoch unmöglich, sich vorzustellen, dass Jesus wirklich und wahrhaftig einen ganz normalen menschlichen Körper besaß. Es fällt ihnen schwer, weil wir Menschen dazu neigen, unseren Leib und seine Begrenzungen lediglich als Hindernis für unsere geistliche Bestimmung anzusehen. Wir gestehen unserem Leib nicht zu, dass auch er einen positiven Beitrag zu unserer Erlösung liefert und Anteil an unserer Berufung zur Herrschaft mit Gott hat.

Solange wir diese Auffassung leben, bleibt das sanfte Joch ein schöner Traum und die Nachfolge etwas, das wir gelegentlich zum Zeitvertreib tun. Eines meiner wichtigsten Anliegen ist es, deutlich zu machen, was es bedeutet, dass unser Beitrag zu unserer Erlösung gerade darin besteht, unseren Körper ganz bewusst in positiver Weise für den Dienst an geistlichen Zielen zu gebrauchen.

Das Ergebnis: ein Glaube, der mit dem „richtigen" Leben nichts zu tun hat

Niemand wird abstreiten, dass eine Reihe von ganz grundlegenden Dingen, die der christliche Glaube verkündet, im Wesentlichen etwas mit dem Körper zu tun haben. So sind Inkarnation, Kreuzigung und Auferstehung Jesu allesamt Ereignisse, die den Körper betreffen. In unseren Gottesdiensten feiern wir regelmäßig den gebrochenen Leib und das vergossene Blut Christi. Das Geschenk, das Gott uns in Jesus gemacht hat, ist untrennbar mit seiner leibhaftigen Anwesenheit auf der Erde und seinem leibhaftigen Tod am Kreuz verbunden.

Doch uns fällt es schwer zu begreifen, dass das, was für das Fundament gilt, im gleichen Maße auch für den ganzen Bau gelten muss. Wenn ich mich ihm anvertraue, dann bedeutet dies nichts anderes, als dass ich ihm auch meinen Leib unterstelle, sodass er ihm ebenso wie mir als irdische Bleibe dient (vgl. Joh 14,23; 1 Kor 6,15–20; Eph 2,22). Der christliche Glaube wird leblos und kraftlos, wenn wir es versäumen, unseren Körper ganz bewusst und beharrlich mit in unser Glaubensleben zu integrieren. Mit unserem Körper nehmen wir das neue Leben in uns auf, wenn wir in sein Königreich eintreten.

Es ist überhaupt nicht anders möglich. Wenn wir an der Herrschaft Gottes teilhaben, dann geschieht dies durch unser praktisches Handeln. Und alles, was wir tun, steht in engem Bezug zu unserem Leib – wir leben durch das, was wir mit unserem Körper tun und erleben. *Wenn wir unseren Körper vom Glaubensleben ausschließen, dann schneiden wir den Glauben von der Wirklichkeit unseres Lebens ab.* Unser Leben ist etwas Leibliches, auch wenn wir die wirkliche Erfüllung darin nur aus einer engen Verbindung zu Gott heraus erleben können.

Wenn wir als Menschen im Geist leben, dann ist das nicht irgendein besonderer Daseinszustand. Es ist keine verborgene Realität, eine zweite Existenz, die wir quasi neben unserer körperlichen Existenz führen. Es besteht nicht aus irgendwelchen besonderen „inneren Werken“, obwohl es natürlich auch eine innere Seite hat. Es ist vielmehr eine Beziehung zwischen unserer Person, die in unserem Leib verkörpert ist, und Gott, mit dem Effekt, dass wir die Herrschaft Gottes hier und jetzt in der sichtbaren Welt erleben und repräsentieren.

Wenn unsere Verkündigung des Evangeliums diesen Grundtatbestand des Menschseins außer Acht lässt, dann wird unser Glaube sich unweigerlich von unserem Leben im Alltag entfremden. Alles, was bleibt, sind einige wenige besondere Handlungen, die wir zu bestimmten Gelegenheiten verrichten. Die Kirche wird in das enge Korsett dieser wenigen Handlungen und Gelegenheiten eingezwängt. Dies ist im Grunde ein eklatanter Mangel an praktisch gelebtem Glauben und die Kirche verliert dadurch ihren Bezug zur Alltagswirklichkeit. Kraftlos steht sie dem Leben gegenüber, während es Gott an einem Leib mangelt, den er gebrauchen könnte, um die Welt so zu durchdringen, wie er es möchte.

Diese Ablösung von der tatsächlichen greifbaren Lebenswirklichkeit ist auch der Grund, warum wir heute so wenig von dem erleben, was in Johannes 1, Vers 4 beschrieben wird: „In ihm war das Leben und das Leben war das Licht der Menschen." Der Mangel besteht und er lässt sich nicht wegdiskutieren. Denken Sie doch einmal darüber nach, wie sehr wir die wenigen Menschen, die wir kennen, die wirklich in der Realität der Kraft des Geistes Gottes leben, bestaunen und sie als Raritäten ansehen. Die Tatsache, dass diese wenigen Beispiele als Ausnahmeerscheinungen gelten, bestätigt die Regel, dass *die Kirche selbst* nicht davon überzeugt ist, dass die Dinge, die sie lehrt, in den Menschen das hervorbringen, was sie hervorbringen sollten.

Wenn wir es auch manchmal beklagen, so überrascht es doch niemanden, dass selbst treue Gemeindeglieder nicht zu geistlicher Reife gelangen. Offenbar entgeht uns mit schöner Regelmäßigkeit die „Fülle des Lebens", die uns im Evangelium ganz klar zugesagt ist. Uns allen ist das zutiefst und schmerzlich bewusst. Die Erfahrung hat es uns gelehrt, wenn wir auch verbissen versuchen, diese Tatsache zu leugnen.

Dieser Mangel betrifft nicht nur einige christliche Lager – Protestanten und Katholiken, Liberale und Konservative, Charismatiker und Evangelikale, alle sind davon betroffen. Die Ursache dafür ist offenbar auf allen Seiten gleichermaßen vorhanden. Wir alle versäumen es, jene körperlich greifbaren Ausdrucksformen des Glaubens zu fördern und zu nähren, die zum Leben im Reich Gottes untrennbar dazugehören und ohne die unser Menschsein unerfüllt und unvollständig bleibt. Wie schon zu Beginn dieses Kapitels erwähnt, haben wir es zu einer Trennung zwischen unserem Glaubensleben und unserem Alltagsleben kommen lassen. Wir haben das Leben Gottes in uns auf bestimmte Zeiten, Orte und innere Gefühlslagen reduziert. Und wir haben uns so sehr daran gewöhnt, dass es uns kaum noch auffällt. Wenn wir davon reden, Jesus „an unseren Arbeitsplatz zu bringen" oder ihn „in unserer Familie herrschen zu lassen", dann reduzieren wir unseren Glauben auf ein paar vereinzelte Handlungen hier und da. Die Tatsache, dass wir hier etwas „Besonderes" tun, unterstreicht lediglich, dass Christsein, unser „In-Christus-Sein", in unserem Bewusstsein nicht viel mit unserem übrigen Leben gemein hat.

Ich möchte damit nicht sagen, dass wir alle besonderen Dinge, die wir tun, um unserem Glauben Ausdruck zu verleihen, einfach grundsätzlich abschaffen sollten. Sie können durchaus segensreich sein. Doch die Annahme, dass all das „Normale", das wir sonst tun, mit unserem Leben als Christen nichts zu tun hat, schadet uns sehr und muss mit Stumpf und Stiel aus unserem Denken entfernt werden. Wie kann das geschehen? Wie können wir dieses tief sitzende Missverständnis loswerden, das unsere Beziehung zu Jesus von all den vielen kleinen Dingen getrennt hält, die unser Leben eigentlich ausmachen?

Eine völlig neue Lebensordnung

Es bleibt uns nichts anderes übrig, als unser gesamtes christliches Heilsverständnis einer radikalen Prüfung zu unterziehen. Was heißt es, „errettet" zu sein? Woran denken Menschen, wenn sie Worte wie „Errettung", „Erlösung" oder andere neutestamentliche Begriffe hören, die beschreiben, was Gott tut, wenn er Menschen wiederherstellt und sie in die ihnen zugedachte Position in dieser Welt einsetzt? Könnte es sein, dass die wahre Bedeutung dieser Worte verloren gegangen ist? Wäre es denkbar, dass bestimmte kulturhistorische Einflüsse und theologische Interessen zu Veränderungen in unserem Sprachgebrauch geführt haben, sodass wir die eigentliche Bedeutung dieser Begriffe heute gar nicht mehr verstehen? Fällt es uns vielleicht darum heute so schwer zu verstehen, dass menschliche Bedürftigkeit und göttliche Gnade im Prozess der Jüngerschaft auf ganz natürliche Weise ineinandergreifen? Ich persönlich bin davon überzeugt, dass genau dies der Grund ist.

Bei einem Informatiker, Brückenbauingenieur oder Neurochirurgen würden wir es unverzeihlich finden, wenn er sich mit oberflächlichen Überlegungen und schlecht abgesicherten Theorien zufriedengeben würde. Doch aus irgendeinem Grunde fällt es uns überhaupt nicht schwer, unseren Verstand abzuschalten, wenn es um religiöse Dinge geht. Warum gehen wir mit den Glaubensdingen nicht ebenso sorgfältig um? Eigentlich müssten wir noch viel mehr darauf bedacht sein, dass die Dinge, die unsere theologischen Lehrer uns vermitteln, wirklich Hand und Fuß haben. Die Materie, mit der es Bibellehrer und Theologen zu tun haben, ist mindestens ebenso komplex wie die anderer Disziplinen, nur dass sie von viel größerer Tragweite ist.

Ich denke da besonders an einen Irrtum, durch den der Kirche und der Sache Gottes großer Schaden zugefügt wurde, und zwar das verbreitete Missverständnis, dass die Errettung sich lediglich auf die Vergebung der Sünden beschränkt. Dabei ist sie etwas viel Umfassenderes. Das heute vorherrschende Verständnis von Errettung hat mit der ursprünglichen Bedeutung dieses Begriffs in der frühen Kirche nicht mehr viel gemein. Nur wenn dieses Missverständnis ausgeräumt ist, wird das Gnadenwerk, das Gott durch unsere Errettung vollbracht hat, wieder in der alltäglichen Wirklichkeit derer, die Jesus nachfolgen, Gestalt gewinnen und ihnen den Zugang zur Realität seines sanften Jochs verschaffen.

Wenn Errettung auf die Vergebung der Sünden reduziert wird, dann beschränkt sich die Diskussion darüber, was bei unserer Errettung geschieht, darauf, dass über den Tod Jesu debattiert wird und wie wir unsere heutige Wirklichkeit mit dem Tod Jesu in Berührung bringen können, damit Vergebung für uns praktisch erlebbar wird. Das Ergebnis solcher Diskussionen sind bestimmte Lehren über das Sühneopfer Christi. Und gerade diese Lehren tragen dazu bei, dass die Verbindung zwischen Errettung und Lebenswirklichkeit – der Wirklichkeit seines und der Wirklichkeit unseres Lebens – nicht mehr nachvollziehbar ist. Jeder, der allein mit Hilfe dieser Lehrvorstellungen das Werk der Errettung zu verstehen sucht, wird unweigerlich in dieser Sackgasse enden. Warum? Weil sie uns „nichts nütze sind", um es mit Paulus zu sagen, wenn wir zu verstehen versuchen, wie es möglich sein kann, dass wir, nachdem wir mit Gott versöhnt wurden, durch den Tod seines Sohnes nun „gerettet werden durch sein Leben" (Röm 5,10; Einheitsübersetzung). Wie können wir durch sein Leben gerettet werden, wenn wir davon überzeugt sind, dass unsere Errettung allein durch seinen Tod zustande kommt? Wenn wir also allein diese Lehren in unsere Betrachtung mit einbeziehen, dann fällt unsere leibhaftige Existenz und folglich unsere Alltagswirklichkeit gewissermaßen unserem Verständnis des Erlösungsprozesses zum Opfer. Wenn dies geschieht, werden uns die geistlichen Übungen naturgemäß altmodisch und überholt erscheinen, gewissermaßen als kuriose Absonderlichkeiten, mit denen sich geistliche Wirrköpfe in düsterer Vergangenheit beschäftigten.

Warum kam das Symbol des Kreuzes nicht früher auf?

Eine interessante und vielleicht ganz hilfreiche Beobachtung dazu scheint mir, dass die Vorstellung, die Vergebung der Sünden sei die Errettung schlechthin, historisch betrachtet dem Verständnis der frühen Christen fremd war. So erlangte das Kreuz als Symbol des Christentums interessanterweise erst sehr spät die Bedeutung, die es heute besitzt. Kenneth Clark bemerkte dies in seiner hervorragenden Fernsehserie und dem begleitend dazu erschienenen Buch *Civilisation*:

> *„Wir haben uns so sehr daran gewöhnt, dass die Kreuzigung das überragende Symbol des Christentums ist, dass es uns zutiefst verwundert, wenn wir sehen, wie spät in der christlichen Kunstgeschichte ihm diese Bedeutung zuerkannt wurde. In der Kunst der frühen Christen taucht es fast gar nicht auf. Das älteste Beispiel finden wir auf den Türen der Kirche Santa Sabina in Rom, die im Jahre 430 n. Chr. erbaut wurde, und auch dort finden wir es nur in einer versteckten Ecke, fast unsichtbar. Grob vereinfacht kann man sagen, dass das Kreuz mit seinem unverblümten Bezug zur grausamen Hinrichtungsart der Kreuzigung für die junge Kirche in ihrem Bemühen, Nachfolger zu gewinnen, nicht gerade ein werbewirksames Symbol war. Daher nahm die frühchristliche Kunst mehr Bezug auf Wunder- und Heilungserlebnisse und auf die hoffnungsvollen Aspekte des Glaubens, wie Himmelfahrt und Auferstehung Christi.“*[15]

Ist das nicht merkwürdig? Nach allem, was wir über diese Epoche wissen – die verbreitete und vielfach tödliche Verfolgung, der sich die meisten Christen quasi vom Tage ihrer Bekehrung an ausgesetzt sahen –, erscheint es unwahrscheinlich, dass irgendjemand versucht haben sollte, die Realität von Kreuz und Tod zu verschleiern.

So erscheinen die bekannten Worte, die Tertullian (160–230) in der Zusammenfassung zu seinem Werk „Apologeticum" schrieb, viel bezeichnender für die Haltung der Christen in jener Zeit. An den römischen Provinzstatthalter schrieb er:

> *„Fahrt nur fort mit Eurem abscheulichen Lauf, doch denkt nicht, dass es Euch dadurch gelingen wird, jene verhasste Sekte* [die Christen] *auszurotten. Wir sind wie das Gras, welches umso üppiger wächst, je öfter es geschnitten wird. Das Blut der Christen ist der Same des Christentums. Eure Philosophen lehrten Euch, mit Worten, Schmerz und Tod zu verachten; doch wie spärlich die Zahl ihrer Nachfolger, verglichen mit den Nachfolgern der Christen, welche mit ihrem Beispiel lehren! Dieselbe Starrsinnigkeit, die Ihr uns vorhaltet, ist es, die unsere Lehren mit Macht vorantreibt. Denn wer könnte dies mit ansehen, ohne nachzuforschen, welch ein Glaube uns solch übernatürlichen Mut verleiht? Und wer könnte anfangen, diesen Glauben zu erforschen, und ihn nicht annehmen und dieselben Leiden ersehnen, auf dass er seinen Anteil an der Fülle der göttlichen Gunst erlange?"*[16]

So steht Clarks Deutung der Tatsache, dass das Kreuz als Symbol kulturgeschichtlich so spät auftauchte, nicht im Einklang mit der Haltung der frühen Christen zum Tod. Für sie galt vielmehr von Anfang an, wie es in Philipper 1, Vers 21 heißt: „Sterben ist mein Gewinn." Doch, was noch weit wichtiger ist – und das ist Clark offenbar völlig entgangen: Es war gar nicht Christi Tod, der diese mutige frühe Kirche hervorbrachte, sondern vielmehr sein *Leben!*

So zeigen die Evangelien unmissverständlich, was die Jünger Jesu schon vor seinem Tod zu ihm hinzog: Es war sein übernatürliches Leben im Reich Gottes, das hier auf dieser Erde angebrochen ist. Die Ereignisse um Jesu Auferstehung und danach bezeugten, dass dieses Leben unzerstörbar ist. Sie waren der

Beweis dafür, dass alles, was Jesus über das Leben im Reich Gottes gelehrt hatte, der Wahrheit entsprach. Das Kreuz hatte im Bewusstsein und in der Alltagsrealität der frühen Christen immer seinen Platz, doch es rückte erst dann in den Mittelpunkt, als die alles überwindende Kraft des Lebens, die das Eigentliche am christlichen Glauben ausmachte, im Laufe der Generationen nach und nach entschwand. Es gab keine Augenzeugen mehr, die das Leben des Reiches Gottes selbst gesehen hatten. Es wurde etwas zunehmend Theoretisches. Das, was die Kirche nun unter Errettung verstand, begrenzte sich auf die Vergebung der Sünden, die nach dem Tod den Zugang zum Himmel eröffnet. Der Tod Jesu wurde einzig und allein als Mittel angesehen, das diese Vergebung zugänglich macht. Es blieb außer Acht, dass es zugleich auch der Ort ist, an dem sein Leben am deutlichsten triumphierte und an dem die Macht der Sünde über unsere menschliche Existenz ein für alle Mal gebrochen wurde.

So verkörpert das Kreuz zugleich auch einen Paradigmenwechsel in unserem Verständnis der Person Jesu Christi und seines Werkes. Die Grundlagen der Beziehung von uns Menschen zu Gott stellen sich nun völlig anders dar, als es in der Frühzeit der Kirche der Fall gewesen war.[17] Das Geschehen des Kreuzes, das zunächst noch schlicht als Akt stellvertretenden Leidens verstanden wurde, wurde später zur Summe des göttlichen Erlösungswerkes hochstilisiert. Das Leben und die Botschaft Jesu wurden folglich zu etwas Zweitrangigem, das für das eigentliche Erlösungswerk nur eine untergeordnete Bedeutung hatte. Sie dienten nur noch als inspirierend bewegendes Beiwerk, denn am Kreuz erfüllte Jesus ja seine wahre Bestimmung als Opferlamm, um uns die Vergebung der Sünden zu erwerben.

Die Auswirkungen dieser Veränderung auf den Gang der Kirchengeschichte und auf das geistliche Leben jedes einzelnen Christen sind kaum zu ermessen. Es gibt eine (vermutlich apokryphe) Anekdote über einen der großen katholischen Denker, Thomas von Aquin, die dies sehr gut illustriert. Demzufolge ging Thomas einmal mit einem Freund durch Rom, als dieser mit Blick auf die prachtvollen Bauten der Stadt bemerkte: „Wir Christen brauchen heute sicherlich nicht mehr zu sagen, so wie Petrus seinerzeit: ‚Silber und Gold habe ich nicht.'" Darauf erwiderte Thomas: „Leider können wir auch nicht mehr zum lahmen Bettler sagen: ‚Im Namen Jesu Christi von Nazareth, steh auf und geh.'" Thomas von Aquin hatte mit scharfem Blick erkannt, dass mit dem Paradigmenwechsel auch die Kraft verloren gegangen war. Die Kirche seiner Tage konnte wohl von sich behaupten, dass sie den Menschen die Erfahrung göttlicher Vergebung vermittelte, doch hatte sie keinen Zugang zur heilenden Kraft göttlichen Lebens.

Was die Auferstehung für die Freunde Jesu bedeutete

Die Botschaft Jesu und der ersten Jüngergeneration war nicht allein die Vergebung der Sünden – es ging um die Erneuerung des Lebens, und dazu gehörte selbstverständlich auch die Vergebung durch seinen Tod am Kreuz. Doch die Erneuerung des Lebens beinhaltete noch viel mehr. Wer zu Christus gehörte, der war zugleich „errettet von der Macht der Finsternis und [...] versetzt in das Reich seines lieben Sohnes", wie es in Kolosser 1, Vers 13 heißt. Das bedeutet also, dass unser Leben, die wir zu Christus gehören, anderen Gesetzmäßigkeiten gehorcht. Wir leben quasi in einer „anderen Welt".

Weil dies die Errettung war, um die es eigentlich ging, war die Auferstehung, nicht der Tod Jesu das zentrale Ereignis für die frühen Christen. Ich habe ja bereits darauf hingewiesen, dass die Auferstehung deshalb eine so überragende Bedeutung hatte, weil sie der Beweis dafür war, dass das neue Leben, das bereits in Gestalt Jesu leibhaftig unter ihnen gewesen war, durch den leiblichen Tod nicht ausgelöscht werden konnte.

Die Auferstehung war allein deshalb ein Ereignis von kosmischen Ausmaßen, weil in ihr die Realität und Unzerstörbarkeit dessen sichtbar wurde, was Jesus schon *vor* seinem Tode gepredigt und vorgelebt hatte: dass das Reich Gottes real und für jeden zugänglich war. Zugleich signalisierte sie den Jüngern, dass es mitsamt der Lebensform, die die Jünger kennengelernt und auf die sie ihre Hoffnung gesetzt hatten, auch künftig Bestand haben würde. Die „Mächte der Unterwelt" werden es nicht überwältigen, wie es in Matthäus 16, Vers 13 heißt. Zusammen mit der Tatsache, dass Jesus in der Tat nicht mehr tot war und dass folglich auch wir, wenn wir sterben, nicht auf Dauer tot bleiben, machte dies die Auferstehung zu jener guten Nachricht, die die Welt veränderte.

Wenn man sich das alles vor Augen hält, dann wird es verständlich, warum im Neuen Testament die Errettung der Gläubigen ganz schlicht und völlig zu Recht mit dem Wort „Leben“ bezeichnet wurde. „Ich bin gekommen, damit sie das Leben haben und es in Fülle haben“, heißt es in Johannes 10, Vers 10 (Elberfelder). „Wer den Sohn hat, hat das Leben“, so steht es in 1. Johannes 5, Vers 12, und Paulus schreibt an die Gemeinde in Ephesus, dass Gott „uns, die wir infolge unserer Sünden tot waren [...], mit Christus wieder lebendig gemacht [hat]“ (Eph 2,5).

Wenn wir diese wahre Bedeutung der „Errettung“ (oder „Erlösung“ oder „Wiedergeburt“) verschleiern oder aus den Augen verlieren, und es nur noch um Reinigung und Vergebung der Sünden geht, dann wird das neue Menschsein kaum glaubwürdig Gestalt in uns annehmen. Es wird verborgen bleiben, was unsere „Errettung“ eigentlich genau mit unserem wirklichen Leben zu tun hat. Über die Jahrhunderte hinweg hat es immer wieder mehr oder weniger fruchtlose Versuche gegeben, Gehorsam (zuweilen spricht man auch von „Werken“ oder vom „Gesetz“) und Gnade unauflöslich miteinander zu verbinden; man erklärte, dass Jesus nicht unser Retter sein kann, ohne zugleich unser Herr zu sein.[18]

Wenn wir jedoch die Erlösung selbst als Vermittlung einer neuen Lebensgrundlage ansehen, dann öffnet sich uns ein völlig anderer Bezugsrahmen. Der Erlösungsakt Gottes an uns ist die Keimzelle eines ganz neuen Lebens. Der Same – eines der bevorzugten Symbole, das Gott immer wieder gebraucht – trägt neues Leben in den nährenden Ackerboden hinein. Wenn wir uns von unserem alten Leben abwenden und unseren Glauben und unsere Hoffnung auf Jesus setzen, dann ist dies die erste natürliche Frucht des neuen Lebens, das in uns gelegt wurde.[19] Es wird ganz unweigerlich dieselbe Qualität von Leben hervorbringen, die auch das Leben Jesu hatte, weil es wirklich das Leben Jesu *ist*. Er lebt tatsächlich in uns und seine Inkarnation dauert durch uns fort.

Gehorsam, „Werke“, praktische Unterordnung unter seine Herrschaft, sind folglich die ganz natürliche Konsequenz eines erretteten Lebensstils. Sie sind Gottes Gabe an uns, etwas, das aus unserer lebendigen Beziehung zu ihm heraus entsteht, und nicht etwas Unabhängiges, das unserem Leben mit Gott hinterherhinkt oder völlig davon abgekoppelt wäre. Wie Blüten dieses Samens entspringen sie dem Leben selbst. Der puritanische Autor Walter Marshall schrieb im 17. Jahrhundert: „Wir sehen Heiligkeit [als

Liebe zu Gott und zu den Menschen] nicht als Mittel an, sondern als Teil, als wesentliches Teil; besser noch als den eigentlichen Kern, in welchem alle Gnadenmittel und alle religiösen Riten zusammenkommen.“[20]

Der Zusammenhang zwischen Glaube und Werken

Die Unterscheidung zwischen den Dingen, die natürlicher Bestandteil der Errettung sind, und denen, die lediglich Anhängsel darstellen, hilft uns auch in unserem Verständnis der Bibel. „Glaube ohne Werke ist tot“, jene Aussage aus dem Jakobusbrief hat viele nachreformatorische Gläubige immer wieder in Unruhe versetzt. „Werke“ sind schlicht und einfach ein ganz natürlicher Ausdruck des Glaubens. Jakobus spricht hier über die Eigenart des Glaubens, über das, was den Glauben ausmacht. Es geht ihm nicht darum, uns zu ermahnen, dass wir durch Werke unseren Glauben unter Beweis stellen oder dass wir unseren Glauben durch Werke am Leben erhalten sollen.

Es ist eine bekannte Tatsache, dass Martin Luther große Mühe mit dem Jakobusbrief hatte. Er schlug sogar vor, man solle ihn aus dem Neuen Testament herausnehmen. Ironischerweise verstand er jedoch sehr gut, was Jakobus hier über das Wesen des Glaubens zum Ausdruck bringen wollte, fasst er es doch mit sehr kräftigen Worten zusammen. Im Vorwort zu seinem Kommentar zum Römerbrief bringt er das durch einen sehr treffenden Vergleich zum Ausdruck, wo er sagt, es sei unmöglich, die Werke vom Glauben zu trennen – ja genauso wie es unmöglich sei, Brennen und Schein vom Feuer zu trennen. Dies ist so, weil der Glaube seinem Wesen nach Leben und Kraft ist.

Kierkegaard gab einmal einen bissigen Kommentar darüber ab, wie Luthers Lehre von der Errettung durch den Glauben mit der Zeit verdreht wurde, die auch heute noch sehr aktuell ist. Er bemerkte, dass es immer eine gewisse Art von Weltlichkeit gibt, die sich einen christlichen Anstrich geben möchte, aber nicht bereit ist, Opfer zu bringen. Diese Weltlichkeit hat auch Luthers Schriften entdeckt, hat genau nachgelesen und etwas gefunden, was sich hervorragend für ihre Zwecke verwerten lässt. Alles geschieht durch Gnade! Großartig! „Wir brauchen keine Werke! Hoch lebe Luther! ‚Wer nicht liebt Weib, Wein und Gesang, der bleibt ein Narr sein

Leben lang!' Dies ist dann die Quintessenz des Lebens von Luther, dieses Mannes, der das Angesicht des Christentums in seiner Zeit von Grund auf reformierte."[21]

Wenn wir einmal verstanden haben, dass der Glaube die dynamische Lebenskraft ist, von der Luther schreibt, dann werden wir sie auch im Neuen Testament wieder erkennen, wo sie uns im Wesentlichen in drei Dimensionen begegnet:

1. In Form einer neuen Kraft, die *im Inneren* des Menschen ruht und die sich in Umkehr und Vergebung machtvoll Bahn bricht. Das welke Blatt fällt vom Baum, sobald das neue Blatt aufkeimt. Sowohl Buße als auch Vergebung sind ein Geschenk Gottes (vgl. Ps 80,3; 85,4; Röm 2,4; 2 Tim 2,25).
2. In Form einer unmittelbaren und zugleich fortlaufenden Veränderung der Persönlichkeit und des Charakters (vgl. 2 Kor 5,17; Röm 5,1–5; 2 Petr 1,4–11).
3. In Form einer manifesten, übermenschlichen Macht über das Böse, das diese Weltzeit beherrscht, die sowohl durch einzelne Christen als auch durch die Kirche als Ganzes ausgeübt wird („Mir ist gegeben alle Gewalt im Himmel und auf Erden. Darum gehet hin ...", Mt 28,18).

Wenn wir dieses Leben in allen drei Dimensionen erfahren, dann erleben wir, was es heißt, in das Reich seines Sohnes „versetzt" zu sein, so wie es in Kolosser 1, Vers 13 heißt, und unser „Bürgerrecht im Himmel" zu haben (Phil 3,20).

Der „nichtige" Leib

Lassen Sie mich an dieser Stelle unsere bisherige Diskussion noch einmal rekapitulieren: Wir hatten zunächst eine Verbindung zwischen dem versprochenen sanften Joch und den geistlichen Übungen hergestellt. Von da ausgehend besprachen wir die Bedeutung des Leibes für unsere Erlösung. Obwohl wir von „geistlichen" Übungen sprechen – und ich setze voraus, dass es sich hier immer um Dinge handelt, die aus einer engen inneren Interaktion mit Gott und seinem Reich heraus geschehen –, müssen wir uns doch darüber im Klaren sein, dass es dabei um ganz praktische Schritte und eine beständige Arbeit an unseren alltäglichen Gewohnheiten geht. Als Menschen sind wir endlich und auf unseren Leib begrenzt. So bleiben auch geistliche Übungen reine Theorie, solange wir nicht ganz konkrete und praktische Schritte tun, um Gott unseren Leib und unsere Glieder zur Verfügung zu stellen.

Unser Leib spielt also eine sehr wichtige Rolle im Prozess unserer Erlösung, und es ist an uns, unseren Leib in einer Weise einzusetzen, der unserem geistlichen Leben nützt. Nur wenn unser Leib seinen Platz bekommt, werden wir die neutestamentliche Perspektive richtig verstehen und unsere Errettung nicht mehr nur als Ereignis, sondern als einen Lebensstil begreifen. Es kann überhaupt nicht anders sein, weil schließlich unser Lebensstil dadurch bestimmt wird, wie wir leben, und unser Leben besteht im Wesentlichen daraus, was wir mit unserem Körper tun und erleben.

Dies steht im direkten Gegensatz zu einem Verständnis des Glaubens als einer rein innerlichen Erfahrung, die sich allein auf die Vergebung der Sünden beschränkt und die darüber hinaus mit der äußeren Welt, in der das normale Leben stattfindet, nicht viel zu tun hat. Ein solch innerlicher Glaube ist dem Neuen Testament fremd. Wie wir in Römer 10, Vers 17 nachlesen können, ist neutestamentlicher Glaube eine lebendige Kraft, die sich aus den Auswirkungen des Wortes Gottes auf unsere Seele speist und von da aus einen bestimmenden Einfluss auf alle Aspekte unseres Seins ausübt. Dies schließt selbstverständlich unseren Leib mit ein und hat Auswirkungen bis hinein in die sozialen und politischen Dimensionen unseres Daseins.

Wenn wir uns vor Augen halten, wie die Nachfolge Jesu im Neuen Testament dargestellt wird, dann ist dies der einzige wirklich überzeugende Interpretationsansatz. Und schließlich wird das Neue Testament nur so zu einem praktischen Leitfaden, der für unseren Alltag von Bedeutung ist. Dies ist ein sehr wichtiger Gesichtspunkt, der unvereinbar ist mit einem Verständnis des Glaubens, das sich ausschließlich auf die Erfahrung der Sündenvergebung beschränkt. Und dennoch mag es sein, dass Sie ein mehr ganzheitliches Heilsverständnis für durchaus überzeugend halten, dass Sie sich aber nicht des Eindrucks erwehren können, dass der Leib für unseren Weg zum Heil letztlich doch eher hinderlich ist. Unsere tagtäglichen Erfahrungen im Ringen mit unserem eigenen Körper scheinen uns oft darin zu bestätigen, dass wir allenfalls auf eine Pattsituation hoffen können und dass die Gnade Gottes gerade eben ausreicht, uns vor dem geistlichen Niedergang zu bewahren, bis wir diese beständige Quelle des Übels endlich ein für alle Mal los sind.

Bezeichnet Paulus unseren Leib nicht als „nichtig" (Phil 3,21) und als „irdisch" und „verweslich" (1 Kor 15,48–50)? Und spricht nicht Jesus selbst davon, dass Böses aus ihm hervorgeht, das den Menschen verunreinigt (Mk 7,20–23)? Heißt es nicht im Kapitel 3 des Römerbriefs, dass unser Rachen wie ein offenes Grab ist, unsere Zungen voller Betrug und dass unter unseren Lippen Otterngift ist? Und ist demnach nicht unser Mund voll Fluch und Bitterkeit, und eilen nicht unsere Füße, Blut zu vergießen? Und hinterlassen wir nicht auf unserem Weg lauter Schaden und Jammer?

Natürlich kann unser Leib uns mit seiner Triebhaftigkeit überwältigen und seine Anfälligkeit dafür erschreckt uns oft. Was haben wir dem unbändigen Drang unseres Leibes nach Nahrung, nach Sicherheit und Bequemlichkeit, nach Macht und Liebe entgegenzusetzen? Nehmen wir zum Beispiel die Leiden von Hiob. Was ihn in tiefste Verzweiflung trieb, waren Angriffe auf den Leib, auf seinen eigenen und auf den derer, die ihm nahestanden. Wie sollte etwas so Nichtswürdiges und Gefährliches wie unser Leib für unsere Erlösung in irgendeiner Weise von Nutzen sein?

Die Antwort lautet: Gar nicht. Unser Körper als Teil dieser Welt, die in Rebellion gegen Gott steht, hat zu unserem Heil nichts beizutragen. Aus sich selbst heraus hat er keinen Zugang zu den Quellen des Heils. Unser Leib war ursprünglich anders geschaffen, doch die Entfremdung von Gott hat ihn verändert.

Der beklagenswerte Zustand unseres Leibes ist ein sicheres Zeichen dafür, dass wir uns derzeit eben nicht in unserem Urzustand befinden. Wir würden ja auch die Wracks auf einem Schrottplatz nicht als typische Autos bezeichnen. Ebenso wenig würden wir eine Pflanze, die aus Mangel an Nährstoffen eingegangen ist, als Prototyp ihrer Gattung betrachten.

Der menschliche Körper wurde ursprünglich als Ausdrucksmittel unserer Persönlichkeit in unserer Eigenschaft als Botschafter Gottes geschaffen, der die Erde in seinem Namen und aus seiner Kraft heraus verwaltet. Losgelöst von der Verbindung zu Gott und dieser Berufung verfällt der Leib unweigerlich in jenen Zustand der Degeneration, der heute für ihn kennzeichnend ist. In den folgenden drei Kapiteln möchte ich versuchen, unseren Blick wieder dafür zu weiten, welche geistlichen Erlebnismöglichkeiten in unserem Körper verborgen liegen. Dazu möchte ich auf der Grundlage der Bibel erläutern, wer wir sind und was unser geistliches Leben eigentlich ausmacht. (Wenn Sie sich weniger für die theologischen Hintergründe der geistlichen Übungen interessieren, können Sie auch direkt zu Kapitel 7 springen und die Kapitel 4 bis 6 erst zum Schluss lesen.)

Kapitel 4

„Wenig niedriger als Gott"

„Wenn ich sehe die Himmel, deiner Finger Werk,
den Mond und die Sterne, die du bereitet hast:
Was ist der Mensch, dass du seiner gedenkst, und des
Menschen Kind, dass du dich seiner annimmst?
Du hast ihn wenig niedriger gemacht als Gott, mit Ehre
und Herrlichkeit hast du ihn gekrönt."
Psalm 8,4–6

„Und Gott sprach: Lasset uns Menschen machen,
ein Bild, das uns gleich sei, die da herrschen über die Fische
im Meer und über die Vögel unter dem Himmel und über
das Vieh und über alle Tiere des Feldes und
über alles Gewürm, das auf Erden kriecht."
1. Mose 1,26

Wer sind wir? Wozu sind wir da? Es kann im Leben ja nicht nur darum gehen, zu überleben, sich die Natur zu unterwerfen oder sich gegen andere Menschen zu behaupten. Worum aber geht es im Leben?

Es ist wohl eines der bedrückendsten Dilemmata unseres Menschseins, dass wir nicht imstande sind, Antworten auf diese letzten Fragen unseres Daseins zu finden. Im Allgemeinen stellen sich solche Fragen nicht, solange wir in unser gewohntes soziales Umfeld eingebettet sind, unsere Familie, unseren Stamm, unsere Nation. Hier wissen wir, wer wir sind und was wir zu tun haben. Zumindest meinen wir, es zu wissen. Doch solche Bindungen sind nicht unauflöslich. Ausbildung, Beziehungsstörungen, Entfremdung – heutzutage gibt es Tausende von Faktoren, durch die unsere vertrauten Bindungen infrage gestellt werden können. Und schließlich empfindet es eine zunehmende Anzahl von Menschen in unserer Gesellschaft einfach nicht mehr befriedigend, schlicht

Herr Maier oder Frau Schmidt zu sein. Es reicht nicht mehr aus, ein Rechtsanwalt oder Ingenieur zu sein, ein Schwabe oder ein Ostdeutscher, ein Franzose oder ein Engländer. Die Frage danach, wer wir eigentlich sind, verlangt eine Antwort. Was ist der Sinn unseres Daseins? Aus welchem Blickwinkel sollen wir unser Leben betrachten?

Manch einer „rettet" sich vor dieser tief sitzenden Existenzunsicherheit, indem er sich mit etwas identifiziert, einer Sportart, einem Rockstar oder irgendeiner gesellschaftlichen Strömung. Andere orientieren sich an politischen, religiösen oder naturwissenschaftlichen Weltanschauungen. Auf T-Shirts und Autoaufklebern tun wir uns und der Welt kund, dass wir – Gott sei Dank – keine Zweifel mehr hegen, wer wir sind, was wir hier tun und wie wir über unsere Existenz auf diesem Planeten denken. Doch all dies ist lediglich Fassade, nichts als nervöses Pfeifen im Dunkel unserer Ungewissheit und des ängstlichen Fragens nach unserer wahren Identität und Bestimmung.

Die Frage, wer wir sind und wozu wir da sind, ist natürlich nicht einfach zu beantworten. Und für diejenigen, die sich allein auf säkulare Kriterien berufen, sind solche Existenzfragen doppelt so schwierig. Warum? Weil wir in einer Welt leben, die ganz und gar zerstört ist. Unser Lebensraum hier ist nicht mehr vergleichbar mit der Umgebung, für die wir ursprünglich geschaffen wurden. Und weil dies so ist, ist es ganz und gar unmöglich, allein durch die Betrachtung der Welt eine Antwort auf diese Frage zu finden, denn was wir hier sehen, ist etwas durch und durch Widernatürliches. Selbstverständlich können wir sehr wohl eine Menge faszinierender Dinge lernen, wenn wir den Gang der Welt erforschen, aber eben nichts darüber, was uns am brennendsten interessiert: Wer wir sind und was wir vom Leben erwarten dürfen.

Doch wenn wir nicht verstanden haben, wer wir sind und wozu wir da sind, dann werden wir auch unsere Erlösung nicht begreifen können. Nun fragen Sie sich vielleicht, was das Ganze mit unserer Erlösung zu tun hat. Müssen wir wirklich so genau über das Wesen des Menschseins Bescheid wissen, bevor wir verstehen können, welche Auswirkungen die Erlösung hat? Jawohl, das müssen wir! Denn die Frage, wie die Errettung vonstattengeht, ist natürlich nicht davon zu trennen, was da eigentlich errettet wird. Bevor etwas errettet werden kann, muss es zunächst mal in Gefahr sein. Und was eine Bedrohung darstellt, hängt ganz wesentlich davon ab, wie ein Gegenstand beschaffen ist. Etwas zu retten kann ganz unterschiedliche Dinge bedeuten, je nachdem, ob es darum geht, z. B. investiertes Kapital vor dem Börsenkrach zu retten oder sein angekratztes Ansehen, ob wir das Leben eines Menschen retten oder ein verletztes Haustier. Wenn wir uns also hier die Frage stellen, was es heißt, einen Menschen zu retten, wie die menschliche Seele erlöst und seine Persönlichkeit freigesetzt wird, dann gibt es keinen besseren Weg, als sich zunächst zu fragen, wie Gott uns ursprünglich geschaffen hat. Was bedeutet es für Geschöpfe wie uns, in Gefahr zu geraten oder verloren zu gehen?

Im Spannungsfeld zwischen Staubhäufchen und Himmelreich

Ein erster Hinweis könnte vor diesem Hintergrund der augenfällige Gegensatz zwischen unserem ehrgeizigen Streben und unserer irdischen Begrenztheit sein. Die Dichter der Weltliteratur waren sich dessen ebenso bewusst wie die Autoren der Heiligen Schrift. Die Menschheit strebt nach Macht und Schönheit, nach Würde und Reinheit, nach Wissen und grenzenloser Liebe. Und doch sind wir letztlich nicht viel mehr als wandelnde Zellkulturen oder, um es mit den Worten des Dichters Stephen Spender zu sagen, ein „beweglicher Haufen Rohrleitungen". Eingefleischte Materialisten beharren darauf, oft unter dem Deckmantel neuester naturwissenschaftlicher Erkenntnisse, dass der Mensch genau das ist – nicht mehr und nicht weniger. Plato definierte den Menschen scherzhaft als ungefiederten Zweibeiner, um ihn von der Gattung der Vögel zu unterscheiden. Auch wenn es ernüchternd ist: Wir wurden aus Staub erschaffen, auch wenn wir zum Himmel streben. Der Glanz der Jugendjahre mag uns eine Zeit lang über diese Wahrheit hinwegtäuschen, aber, sofern uns die Zeit dazu bleibt, wir werden am eigenen Leibe erfahren, was Yeats in seinem Werk „Die Reise nach Byzanz" feststellte: „Ein Greis ist ein armselig Ding, wie ein zerlumpter Mantel, der über einem Stock hängt ..."

Als Hiob das Schicksal beklagte, mit dem Gott ihn gestraft hatte, da wurde er durch Elifas von Teman für seine Anmaßung gescholten: „Siehe, seinen Dienern traut er nicht, und seinen Boten wirft er Torheit vor: Wie viel mehr denen, die in Lehmhäusern wohnen und auf Staub gegründet sind und wie Motten zerdrückt werden!" (Hiob 4,18–19).

Jawohl, Lehm und Staub. Doch dann ist da noch die andere Seite. Der Mensch als Herrlichkeit! Shakespeare lässt Hamlet ausrufen:

„Welch ein Wunderwerk der Mensch! Wie edel in seinem Verstand! Wie unendlich in seinem Vermögen! Anmutig und wundersam sein Leib und seine Bewegungen! Fast den Engeln gleich in seinem Tun! Gott gleich in seiner Erkenntnis! Das erlesenste Wesen der Welt! Die Krönung der Geschöpfe!"

Dennoch kommt Hamlet zu folgendem Schluss: „Und doch, was sehe ich in diesem Staubgebilde? Der Mensch entzückt mich nicht."

Die Diskrepanz zwischen dem Streben des Menschen und der Realität seiner Vergänglichkeit mag uns tragisch erscheinen oder uns zu zynischen Scherzen anregen, und doch ist sie zugleich immer wieder Ausgangspunkt für das Beste, was Menschen an Heldenhaftigkeit, Treue, Barmherzigkeit und Kreativität zustande bringen. Auf einen einfachen Nenner gebracht: Diese Diskrepanz macht das Leben aus.

Ja, wir unterscheiden uns in der Tat von anderen Geschöpfen. Wir wurden zu Höherem geboren und unsere Sehnsüchte und unser Streben zeugen davon. Die uralte Trennung zwischen Leib – dem materiellen Aspekt des Menschseins – und Seele, Geist, Verstand – dem Inneren der Persönlichkeit – beruht auf dem Widerspruch zwischen den unbewussten physiologischen Vorgängen unseres Körpers, die oft schambesetzt und furchterregend erscheinen, und den Aspekten unseres Daseins, die unserem Bewusstsein zugänglich sind: unsere Erfahrungen und Gedanken, unsere Interessen, Anliegen und Werte. Gerade dieses Bewusstsein ist es ja auch, das uns grundlegend von anderen Geschöpfen unterscheidet. Hier zeigt sich am augenfälligsten jene Diskrepanz zwischen unserem erstaunlich reichen und komplexen Innenleben und dem Häufchen Staub, das wir ja auch sind.

Als Gott uns erschuf, stattete er uns auch mit einer bemerkenswerten Fähigkeit zum Größenwahn aus. Wir können die Tatsache, dass wir Staub sind, beinahe völlig aus dem Blickfeld verlieren – ja, vielleicht müssen wir es sogar bis zu einem gewissen Grad, um weiterleben zu können. Und doch: Während wir atmen, essen und schlafen, gehen wir zugleich unseren Gedanken und Sehnsüchten nach. Es ist wirklich etwas Wundersames, das hier geschieht! Wenn wir dieses Paradox betrachten, dieses Puzzle, dessen Teile sich eigentlich gar nicht so richtig zusammenfügen wollen, dann können wir entweder anfangen, uns angesichts der erstaunlichen und wunderbaren Dinge, die wir vollbringen können, selbst zu beweihräuchern oder aber wir können innehalten und uns bewusst machen, dass hier eine höhere Macht im Spiel sein muss. Wir haben als Geschöpfe so vielfältige Möglichkeiten an die Hand bekommen, dass sie uns buchstäblich in den Himmel bringen können oder in die Hölle.

Das biblische Menschenbild

Ein Hinweis darauf, welche Bedeutung uns Menschen bei all unserer Vergänglichkeit zukommt, liegt gerade in der Tatsache, dass Gott sich uns zugewandt hat, uns begegnet und uns einlädt, Teil seines Plans mit der Welt zu werden. Wir Menschen müssen wohl etwas an uns haben, das uns eine besondere Bedeutung verleiht, etwas, das nicht auf den ersten Blick zu erkennen ist. Wie der Psalmist sagt: „Was ist der Mensch, dass du seiner gedenkst, und des Menschen Kind, dass du dich seiner annimmst? Du hast ihn wenig niedriger gemacht als Gott ..." (Ps 8,5–6).

Wir haben schon festgestellt, dass sowohl weltliche als auch religiöse Dichter den Menschen in einem Spannungsfeld zwischen Erhabenheit auf der einen Seite und geradezu lächerlicher Primitivität und Rohheit auf der anderen sehen. Das judeo-christliche Bild der Schöpfung des Menschen eröffnet uns hier jedoch einen neuen Blickwinkel. Das Werk, das uns demnach bei der Schöpfung aufgetragen wurde, kann uns einen Hinweis geben, was es mit der wundersamen Vielgestaltigkeit der menschlichen Natur auf sich hat. Wozu wurden wir ursprünglich auf die Erde gesetzt?

In *The Way of a Pilgrim*, einer klassischen Schrift aus der Tradition der orthodoxen Kirche, wird von einem Rosenkranz berichtet, der einmal einem heiligen Mann gehört hatte. Ein Reisender, der ihn nun besaß, verjagte mithilfe dieses Rosenkranzes einen Wolf. Das Phänomen, dass ein Mensch durch das Heilige Macht über Tiere ausüben kann, wird dann wie folgt erklärt:

„Du weißt, dass unser Vater Adam, als er noch im Zustand heiliger Unschuld war, Macht über alle Tiere hatte. Sie näherten sich ihm voller Ehrfurcht und erhielten von ihm ihren Namen. Der alte Mann, dem dieser Rosenkranz einst gehörte, war ein Heiliger. Was aber bedeutet es, heilig zu sein? Für den Sünder bedeutet es, durch Anstrengung und Disziplin zu jenem ursprünglichen Zustand der Unschuld zurückzukehren. Wenn die Seele geheiligt wird, dann wird auch der Leib geheiligt. Dieser Rosenkranz war immer in den Händen einer geheiligten Person gewesen. Durch die Berührung seiner Hände und die Ausstrahlung seines Körpers haftet ihm nun eine heilige Kraft an – die Kraft der Unschuld des ersten Menschen. Dies ist das Mysterium der geistlichen Welt. Alle Tiere, als natürliche Nachkommen der ersten Tiere, haben ein Gespür für diese Kraft."[22]

Klingt Ihnen das zu fantastisch? Für jemanden, der den Schöpfungsbericht in 1. Mose wirklich ernst nimmt, wird das Ganze durchaus vorstellbar.

Das biblische Bild des Menschen als einer Kreatur, die erhaben und zugleich nichtig ist, findet ihren Ausdruck darin, wie sie unsere Herkunft beschreibt. In seiner äußeren Erscheinung wurde der Mensch nach dem Bilde Gottes geschaffen. Auf Grund dieser Ebenbildlichkeit war die Tierwelt seiner Herrschaft, Fürsorge und Aufsicht unterstellt. In 1. Mose heißt es: „Und Gott sprach: Lasset uns Menschen machen, ein Bild, das uns gleich sei, die da herrschen über die Fische im Meer und über die Vögel unter dem Himmel und über das Vieh und über alle Tiere des Feldes und über alles Gewürm, das auf Erden kriecht" (1. Mose 1,26).

Damit ist das Aufgabengebiet der Menschheit deutlich umrissen. Wir wurden nicht allein dazu geschaffen, um in einer mystischen Verbindung mit unserem Schöpfer zu leben, wie so oft gesagt wird.[23] Der Mensch ist dazu bestimmt, um über die Erde und alles, was auf ihr lebt, *zu herrschen* – und in diesem Sinne sind wir auch Ebenbild Gottes.

Vielleicht können wir all die Kontroversen, die sich um die ersten Seiten der Bibel ranken, für den Augenblick einmal beiseitelegen und einfach auf uns wirken lassen, was da über den Menschen ausgesagt ist. Hier liegt nach biblischem Verständnis die Wurzel unserer erstaunlichen Möglichkeiten (und zugleich unserer Vermessenheit). Von dieser Warte aus werden wir erkennen können, wie wir ursprünglich gedacht waren – und wozu wir wieder erlöst werden sollen.

Nach der Schilderung im Buch Genesis entstand das Leben während des dritten Schöpfungsabschnitts bzw. am dritten „Tag“, zunächst in Form der Pflanzenwelt. Es entwickelte sich auf Gottes Geheiß hin aus der zuvor geschaffenen Substanz, der Erde (1. Mose 1,11). Während des fünften Schöpfungsabschnitts, nachdem er das Licht in seine festen Formen gebracht hat, Sonne, Mond und die Sterne des Firmaments, gebietet er dem Wasser, dass „es wimmle von lebendigem Getier“ (1. Mose 1,20). Am sechsten und letzten Schöpfungstag spricht Gott erneut zur Erde und gebietet ihr, „lebendiges Getier [hervorzubringen], ein jedes nach seiner Art: Vieh, Gewürm und Tiere des Feldes, ein jedes nach seiner Art“ (1. Mose 1,24).

Während dieses sechsten Schöpfungsabschnitts wird auch die Menschheit erschaffen. Doch der Mensch unterscheidet sich in seiner Entstehungsweise grundsätzlich von allen anderen Geschöpfen, die zuvor erschaffen wurden. In 1. Mose 1, Vers 26 erfahren wir zum ersten Mal, was Gott zu seinem Schöpfungsakt bewog. Bis dahin wurde nichts darüber mitgeteilt, warum Gott die Dinge schuf. Hier jedoch gibt die Bibel einen Grund an. Der Mensch wurde geschaffen, um zu regieren; er sollte über das Tierreich herrschen, so wie Gott über alle Dinge regiert. Als *imago Dei* oder Ebenbild Gottes verfügt er also über alle Vollmachten und Fertigkeiten, die er zur Erfüllung seiner Aufgabe braucht. Er ist bereit, die Herrschaft anzutreten, zu der er berufen ist und die ihm anvertraut wurde.

Doch was bedeutet das für uns heute? Galt diese Aufgabenbeschreibung nicht allein für den ersten Menschen, für Adam? Nein, eben nicht! Das Wort „Mensch“, im Hebräischen *adam*, ist ein kollektives Nomen, das sich gleichermaßen auf die Person Adam und auf die Menschheit als Ganzes beziehen kann, also die Gesamtheit der „Statthalter Gottes“. Zur Erfüllung dieser Aufgabe wurde der Mensch mit entsprechenden Gaben ausgestattet: Fähigkeiten zur Wahrnehmung und Begriffsbildung, zur Abwägung verschiedener Alternativen und zum zielgerichteten Handeln. Bei jener merkwürdigen Begebenheit (1. Mose 2,19–20), in der geschildert wird, dass die Tiere zu Adam gebracht wurden, damit er ihnen ihren Namen gibt, geht es folglich auch nicht darum, dass Adam einfach Bezeichnungen verteilt, so wie man ein Etikett aufklebt. Es geht um Namen, so wie sie im Altertum verstanden wurden. Um diesen Akt der Namensgebung verantwortlich zu vollziehen, bedurfte es einer tieferen Einsicht in das Wesen der verschiedenen Geschöpfe.

Angesichts dieser enormen Aufgabe gab Gott dem Menschen noch eine weitere wichtige Fähigkeit, nämlich die, mit Gott und mit anderen Menschen in Beziehung zu leben. Nur im Rahmen geordneter Beziehungen und mithilfe der Kommunikation, die nötig ist, um sie zu pflegen und aufrechtzuerhalten, fand der Mensch, was er brauchte, um seiner Aufgabe gerecht zu werden.

Auch heute haben nicht diejenigen wirklich Macht über Tiere, die sie misshandeln oder abschlachten, sondern vielmehr jene, die sich mit ihnen verständigen und die mit ihren Worten Einfluss auf sie nehmen können. Die Feder ist eine weit mächtigere Waffe als das Schwert, denn durch sie vermitteln wir tiefere Einsichten über die Welt. Jeder, der eine Waffe in der Hand hält, kann eine Schlange abknallen, aber sie sich durch das Spiel auf der Flöte gefügig zu machen, das ist schon weitaus schwieriger. In den Evangelien, im Schöpfungsbericht, ebenso auch in anderen Bibelpassagen sehen wir, dass Gott seine Herrschaft durch das gesprochene Wort ausübt – wiederum ein Hinweis darauf, dass unsere uralte Berufung zur Gottesebenbildlichkeit auch heute noch ihre Gültigkeit hat. Auch wir sind dazu bestimmt, unseren Einfluss auf unsere „Untergebenen“ durch Kommunikation, eben durch das gesprochene Wort, auszuüben. Dies gilt im gleichen Maße für unseren Umgang miteinander. Herrschaft über andere Menschen oder über Tiere bewirkt im Idealfalle Verständnis, Harmonie und Liebe, und der Untergebene stellt fest, dass er es selbst gar nicht besser hätte machen können. Laotse, ein weiser Mann aus dem alten China, bemerkte: „Wenn das Werk der fähigsten Herrscher erfüllt ist und ihre Aufgabe vollbracht, dann spricht ein jeder: ‚Ich war es selbst.‘“[24]

Die Menschheit und ihre Bestimmung zur Mitherrschaft

Die Aufgabe, die den Menschen nach dem Schöpfungsbericht zukommt, ist überwältigend. Auch wenn wir annehmen, was die Wissenschaft vermutet – dass es ursprünglich nur eine einzige gewaltige Landmasse gab, die von Wasser umgeben war –, bleibt es dennoch nahezu unbegreiflich, was es bedeutet, über das Tierreich der ganzen Erde zu herrschen.

Doch, wohlgemerkt, Adam sollte lediglich den Anfang machen: „Seid fruchtbar und mehret euch und füllet die Erde und machet sie euch untertan und herrschet über die Fische im Meer und über die Vögel im Himmel und über das Vieh und über alles Getier, das auf Erden kriecht" (1. Mose 1,28). Wir haben allen Grund zu der Annahme, dass eine Aufgabe von solchen Ausmaßen so angelegt war, dass sie selbst unter Idealbedingungen viele Hundert oder gar Tausend Generationen erfordert hätte.

Obwohl es natürlich ohne den Einfluss des Bösen gewaltige Unterschiede gegeben hätte, wäre der Prozess, so wie er ursprünglich gedacht war, doch im Grunde nicht in *jeder* Hinsicht anders verlaufen als die Menschheitsgeschichte, wie wir sie kennen. Vielleicht spiegelt sich heute noch ein Hauch der ursprünglichen Absichten Gottes für uns darin wider, wie wir Menschen uns Tiere halten und Zoos anlegen, wie wir unsere Freude daran haben, Lebewesen zu zähmen und zu umsorgen, und wie wir es vermögen, sie zu erstaunlichen Leistungen zu dressieren.

Wenn wir uns um aussterbende Tierarten bemühen, wenn wir Anteil nehmen am Schicksal von Tieren, Pflanzen und der Welt als Ganzer, dann zeigt sich darin etwas von Gottes Auftrag. Wissenschaftler bekunden immer wieder, dass wir für den Zustand der Meere, für den Waldbestand der Erde und für die Artenvielfalt unseres Planeten Verantwortung tragen. Hier erkennen wir ein Stück jener Gottesebenbildlichkeit, die wir ursprünglich besaßen und die nicht völlig vernichtet ist.

Wir könnten freilich nur dann als Statthalter für Frieden im Tierreich sorgen, wenn auch zwischen uns Menschen Friede und Harmonie herrschen. Sonst würden Tiere am Ende missbraucht, um Kriege zu führen – etwas, das wir Menschen seit Jahrtausenden tun. Weiterhin müssten wir in Einheit mit Gott leben, von dem alles Leben letztlich abhängt. Ich bin überzeugt, wenn alles so gekommen wäre, wie es ursprünglich geplant war, dann würden wir Menschen – in Einheit miteinander und mit den Absichten Gottes – zu den Tieren „sprechen". Wir würden ihnen zu ihrem Wohl Anweisungen geben, und diese würden umgesetzt, mithilfe der Gesetze der Natur und zuweilen auch mithilfe von Gottes souveränem Eingreifen. Eine Welt voller Frieden und Harmonie, von der wir heute kaum noch zu träumen wagen, wäre Wirklichkeit geworden.

Aber wie wir alle wissen, ist dieses Paradies ein für alle Mal verloren. Der Bruch zwischen Mensch und Gott und dann der Bruch zwischen den Menschen untereinander waren in der Tat kosmische Ereignisse, die das Gesicht der Erde grundlegend verändert haben und die uns der Möglichkeit beraubt haben, jene Art von Herrschaft auszuüben, zu der die Menschheit erschaffen wurde.

Weil wir Menschen nicht mehr in Harmonie miteinander und mit unserem Schöpfer leben, ist die Schöpfung nunmehr zum unfreiwilligen Opfer unserer Eitelkeit und unseres Wahnsinns geworden (vgl. Röm 8,20). Sie ist heute in einem so beklagenswerten Zustand, weil wir Menschen im Krieg mit uns selbst und mit Gott stehen. Allein die Tatsache, dass es im Rahmen religiöser Rituale Tieropfer gibt – unabhängig davon, was sich sonst noch für eine Bedeutung damit verbinden mag –, zeigt, wie kläglich wir an unserer ursprünglichen Aufgabe gescheitert sind. So müssen unschuldige Tiere für unsere Sünde mit ihrem Leben herhalten. Was könnte unser Versagen, den uns von Gott zugedachten Platz in der Geschichte einzunehmen, auf drastischere Weise illustrieren?

Der menschliche Körper als Teil der Gottesebenbildlichkeit

Doch im Schöpfungsbericht erfahren wir keineswegs nur, welche Rolle der Mensch nach Gottes Willen in der Natur spielen sollte. Wir unterscheiden uns vom Rest der Schöpfung nicht allein dadurch, dass wir zum Herrschen bestimmt sind, sondern auch noch in anderer Hinsicht. Alles, was vor uns erschaffen wurde, entstand dadurch, dass Gott zur Materie sprach und ihr befahl, eine neue Lebensform hervorzubringen. Im Falle des Menschen jedoch gab Gott etwas von sich selbst in ein irdisches Gefäß hinein, das er speziell zu diesem Zweck geformt hatte. In Genesis 2, Vers 7 heißt es: „Da machte Gott der Herr den Menschen aus Erde vom Acker und blies ihm den Odem des Lebens in seine Nase. Und so ward der Mensch ein lebendiges Wesen."

Demnach wurde unser irdischer Leib allein dadurch zu einem „lebendigen Wesen", dass Gott seinen Atem oder, mit anderen Worten, seinen Geist in uns hineingab. Der Begriff „lebendiges

Wesen" taucht in 1. Mose 1, Vers 24 und noch ein weiteres Mal in 1. Mose 2, Vers 19 auf. Damit sind offensichtlich solche Lebewesen gemeint, die sich zu Lande, zu Wasser oder in der Luft frei *bewegen* können. Diese früheren Formen des Lebens waren auf Gottes Befehl hin aus dem Wasser oder aus der Erde entstanden. Im Falle des Menschen jedoch entstand das „lebendige Wesen" durch ein direktes Einwirken des Geistes Gottes auf die geformte irdische Materie.

Wie auch immer dieser Vorgang im Einzelnen ausgesehen haben mag – und wir sollten uns hüten, uns hier aus unserer eigenen Vorstellung heraus ein Bild zu machen, das Gottes Wesen missachtet –, der Mensch wurde ebenfalls ein „lebendiges Wesen", das in gewisser Hinsicht den Tieren ähnelt, doch mit einem gewaltigen Unterschied: Unserer Natur nach sind wir so ausgestattet, dass wir als Person dem Ebenbild Gottes entsprechen.

So also kam es zu jenen beiden widersprüchlichen Extremen, die unser Menschsein ausmachen: Geist und Staub. Wie jedes Lebewesen, so haben auch wir als Menschen ein Eigenleben. Aber so zerbrechlich und begrenzt unser Leben auch sein mag, wir Menschen – und nur wir – haben die Fähigkeit, uns gegen Gott aufzulehnen oder uns eben aus freien Stücken an seine Seite zu stellen.

Hätten wir diese Fähigkeit nicht, dann könnten wir unsere Rolle im göttlichen Plan nicht ausfüllen, weil wir nur Marionetten wären. Eine Marionette könnte niemals ein Ebenbild Gottes sein oder einen Platz als sein Kind einnehmen. So ist unser Leib Teil des *Imago Dei*, unserer Gottesebenbildlichkeit, denn er ist die Voraussetzung für jene begrenzte Autonomie, ohne die es uns unmöglich wäre, ein Abbild Gottes zu sein.

Und genau das ist der Schlüssel zum Verständnis der menschlichen Natur, den wir brauchen, bevor wir anfangen, uns näher mit unserer Erlösung zu befassen. Dies ist mir besonders wichtig, weil es der Dreh- und Angelpunkt der gesamten praktischen Theologie ist.

Wenn Gott uns nach seinem Bild erschaffen hat, um in seinem Sinne zu herrschen, dann heißt das nichts anderes, als dass er uns gewisse Handlungsspielräume eingeräumt hat. Ohne diese Eigenständigkeit könnten wir Gott weder so ähnlich sein, wie er es wünschte, noch könnten wir mit ihm zusammenwirken. *Dieses notwendige Maß an autonomer Energie, das Gott uns anvertraut hat, ist im menschlichen Körper angesiedelt.* Aus theologischer

Sicht ist das die Erklärung dafür, warum wir überhaupt einen Leib besitzen. Unser Leib ist unsere primäre Einflusssphäre, über die wir frei verfügen und für die wir folglich Verantwortung tragen.

Wir wissen inzwischen, dass Materie aus physikalischer Sicht eine gewaltige Ansammlung von Energie ist. Einsteins Formel $E = mc^2$ oder, anders ausgedrückt, die Energie in einer Ansammlung von Materie ist gleich ihrer Masse mal der Lichtgeschwindigkeit zum Quadrat, ist eine erstaunliche Erkenntnis über das Wesen der Materie. Und Materie ist ja genau das, woraus unser Körper besteht. Materie aber ist im Grunde nichts anderes als Energie. Bei der Spaltung eines Uranatoms wird etwa das Sechsmillionenfache der Energie freigesetzt, die es vor der Kernspaltung abgab. Wenn ein Stapel Holz verbrennt, dann wird das in ihm liegende Energiepotenzial freigesetzt. Wenn wir sehen, welch eine verheerende Wirkung Feuer auf seine Umgebung hat, dann kann kein Zweifel daran bestehen, dass hier ungleich mehr Energie abgegeben wird als durch nicht brennende Materie.

Ein kleiner Teil der potenziellen Energie, die in unserem Körper eingeschlossen ist, steht unserem bewussten Denken und Handeln zur Verfügung. Der Charakter eines Menschen ist nichts anderes als das Muster an Gewohnheiten, das dieser Mensch in seinem Körper an den Tag legt, sei es nun aus bewusstem Antrieb heraus oder nicht.

Nun da wir uns diese Grundlagen klargemacht haben, können wir einen Begriff definieren, der für eine Psychologie der Erlösung von zentraler Bedeutung ist, den Begriff des „Fleisches". Dieser zentrale biblische Begriff bezieht sich auf die natürliche materielle Substanz eines Menschen (wir werden zu einem späteren Zeitpunkt noch näher darauf zu sprechen kommen). Hierbei geht es um jenes Maß an unabhängiger Energie, die im menschlichen Körper, in seiner Eigenschaft als „lebendiges Wesen" unter anderen lebendigen Wesen, verborgen liegt. Im Garten Eden bestand eine jener spezifisch menschlichen Fähigkeiten darin, außer mit der unbelebten Materie und mit anderen Lebewesen – den Geschöpfen zu Lande, zu Wasser und in der Luft – auch mit Gott und seinen Gewalten in Kontakt zu treten. Doch als Adam und Eva durch die Ursünde sterblich wurden, bedeutete dies zugleich das Ende der interaktiven Beziehung zu Gott. Fortan hatten die Menschen keinen Zugang mehr zu jener intensiven Vertrautheit mit Gott, die sie bis dahin gekannt hatten (1. Mose 3). Mit dem Verlust der Nähe zu Gott ging dem Menschen auch die Fähigkeit verloren, die ihm zugedachte Rolle als Statthalter Gottes auf der Erde wahrzunehmen.

Die ursprüngliche Bestimmung der Menschheit setzt also eine Kraft voraus, die weit über das hinausgeht, was wir heute außerhalb der ursprünglichen von Gott vorgegebenen Ordnung kennen. Ich bin der Überzeugung, dass der Mensch seinem Wesen nach von Gott so ausgestattet war, dass er seine eigene verhältnismäßig geringe Kraft bei der Ausübung seines göttlichen Auftrags mit der unendlichen Kraft Gottes vereinen musste.

Es gibt inzwischen Roboter, die sich in ihrem Arbeitsbereich bewegen, bis ihre Batterie zu schwach wird. Sie erkennen selbst, wann ihnen die Kraft ausgeht, und suchen dann eigenständig eine Ladestation auf. Als der Mensch noch in Harmonie mit Gott lebte und direkten Zugang zu ihm hatte, konnte er die Kraftquellen Gottes anzapfen, die ihn mit allem versorgten, was er brauchte, um jene gewaltige, an sich unlösbare Aufgabe zu erfüllen, die ihm zugedacht war. Innerhalb der ihm von Gott zugewiesenen Grenzen und in beständiger Verbindung mit der Kraft Gottes war es ihm tatsächlich möglich, seine Herrschaft auszuüben. Es war wirklich seine Herrschaft, sie gründete sich auf seine Einsicht, seine Vorstellungen und seine freie Entscheidung, doch sie griff auf Kräfte zurück, die weit größer waren als alles, was sein schwacher menschlicher Leib besaß. Es waren Kräfte, die sich dem Menschen nur durch eine persönliche Beziehung zum Schöpfer erschlossen.

Wenn wir nun verstehen lernen wollen, wie uns eine solche Kraft innerhalb der Beschränkungen unserer leiblichen Existenz zugänglich werden kann, dann müssen wir uns noch etwas eingehender mit dem Wesenskern des Lebens selbst befassen, insbesondere mit seiner erstaunlichen Fähigkeit, über sich selbst hinauszuschauen und zur Erfüllung seines Anliegens auf Instanzen zurückzugreifen, die jenseits seiner selbst liegen. Wir sind nur wenig niedriger als Gott, weil wir so gestaltet sind, dass wir auf die unendlichen Quellen zurückgreifen können, die in Gott verborgen liegen.

Kapitel 5

Dem Wesen des Lebens auf der Spur

„Denn wer sein Leben erhalten will, der wird es verlieren; wer aber sein Leben verliert um meinetwillen, der wird's erhalten. Denn welchen Nutzen hätte der Mensch, wenn er die ganze Welt gewönne und verlöre sich selbst oder nähme Schaden an sich selbst?"
Lukas 9,24–25

„Wenn das Weizenkorn nicht in die Erde fällt und erstirbt, bleibt es allein; wenn es aber erstirbt, bringt es viel Frucht."
Johannes 12,24

Die oben zitierten Worte Jesu sind in den Augen der Menschen meist völlig abgehobene Lebensweisheiten für besonders heilige Menschen. In Wirklichkeit sind sie jedoch schlicht und einfach realistische Feststellungen über das Leben. Wie so oft in den Worten Jesu wird uns nichts darüber gesagt, was genau wir tun sollen. Es wird lediglich eine Aussage darüber gemacht, wie die Dinge sind. Alles Lebendige kann nur dann gedeihen, wenn es sich einem höheren Ziel hingibt und früher oder später seine eigene Existenz aufgibt, um im übergeordneten Zusammenspiel mit anderen fortzubestehen. Das Leben ist eine innere Kraft, die sich selbst überdauert.

Unser Leben kann nicht so gedeihen, wie es von Gott beabsichtigt ist – als göttlich inspirierte und geleitete Herrschaft über diesen wunderbaren Planeten –, solange wir uns selbst isoliert wahrnehmen – vor allem, wenn wir bemüht sind, uns unsere Eigenständigkeit um jeden Preis zu bewahren. Solange wir von Gott getrennt sind und nicht in gesunden Beziehungen mit anderen leben, werden wir niemals imstande sein, unsere Herrschaft auf der Erde wahrzunehmen. Es wäre einfach absurd, dies zu erwarten. Unser Ringen um Vormacht über andere, die Frage, wer regiert und wer das Sagen hat, ist oft schon auf nationaler Ebene ein fast unüberwindbares Problem. Den meisten Ländern gelingt es nur mit größter Mühe und unter erheblichen Opfern, eine stabile Regierung aufrechtzuerhalten. Auf internationaler Ebene dagegen ist hier erst recht keine Lösung vorstellbar, es sei denn, die Menschheit würde als Ganzes unter die Herrschaft Gottes zurückkehren. Ein Blick auf die Wirklichkeit des menschlichen Zusammenlebens, sei es in der Familie oder innerhalb des Gemeinwesens, macht deutlich, welche Abgründe von Verbitterung, Hass und Gewalt sich auftun, wann immer ein Einzelner versucht, der Gruppe seinen Willen aufzuzwingen.

Es müsste nicht zwangsläufig so sein, doch diese Erkenntnis kommt nicht einfach von selbst. Wir kommen nicht umhin, uns näher mit dem Wesen des Lebens im Allgemeinen und mit den spezifisch menschlichen und geistlichen Aspekten des Lebens im Besonderen zu befassen. Als Menschen steht es uns frei, uns Gott unterzuordnen und mit anderen friedvoll zusammenzuleben, so, wie es unserer ursprünglichen Natur entspricht, und damit gemeinschaftlich jene Herrschaftsrolle anzutreten, für die wir geschaffen wurden. Es ist eine der erstaunlichen Eigenarten des Lebens und des menschlichen Lebens insbesondere, dass uns diese Möglichkeit nach wie vor offensteht.

Den Versuch zu unternehmen, das Wesen des Lebens bis ins Letzte zu erfassen, ist ein nahezu aussichtsloses Unterfangen, so als wolle man das Wesen des Bewusstseins oder der Materie verstehen. Wahrscheinlich wäre es überhaupt unmöglich. Doch glücklicherweise brauchen wir in unserem Falle gar nicht so weit zu gehen. Uns genügt es hier, die grundlegenden Formen des Lebens so gut es geht zu beschreiben und voneinander abzugrenzen, wie z. B. pflanzliches Leben, tierisches Leben – oder *geistliches* Leben.

Leben ist die Fähigkeit, mit anderen in Beziehung zu treten und sich anzupassen

Leben beinhaltet immer die Fähigkeit, mit anderen Dingen in einer bestimmten Weise zu interagieren. Jedes Lebewesen trägt in sich die Fähigkeit, Kontakt zur Außenwelt aufzunehmen, um seine Grenzen zu erweitern. So sendet z. B. das Saatkorn seine Wurzeln aus, das Baby sucht die Nähe seiner Mutter. Wir erweitern die Grenzen unseres Verstandes durch Erfahrungen und das Wissen, das wir uns aneignen. Je breiter unsere Basis an Wissen und Erfahrung, desto leichter fällt es uns wiederum, Neues zu lernen. Wann immer wir der Welt um uns herum in einer Haltung der Liebe begegnen, werden wir unsererseits wiederum Liebe, Kraft und Verständnis finden, um weiterzugehen. Auch das ist eine jener Gesetzmäßigkeiten des Daseins, die Jesus uns gelehrt hat: Wer gibt, dem wird gegeben (Lk 6,38).

Aus diesem Blickwinkel erscheint das Leben – unabhängig davon, wie wir uns nun genau seine metaphysischen Hintergründe erklären – als die Fähigkeit, zu seiner Umwelt in Beziehung zu treten und sich ihr selektiv anzupassen, sodass das eigene Überleben gesichert und die eigenen Möglichkeiten erweitert werden. Wenn wir das Wort „Leben" von seinen etymologischen Wurzeln her analysieren, stellen wir fest, dass es um ein Bleiben, Fortbestehen oder Aushalten inmitten eines interaktiven Prozesses von beständigem Wechsel und anhaltender Veränderung geht.

Das Weizenkorn in der Erde nimmt die im Boden gespeicherte Wärmeenergie und Feuchtigkeit in sich auf und sendet aus eigener Kraft feine Wurzelfasern aus, um in seiner Umgebung weitere Nährstoffe zu finden. Findet es die nötige Nahrung, entwickelt es sich weiter und kann zu jener Pflanze ausreifen, die wir Weizen nennen, nicht etwa zu einer Maispflanze und auch nicht zu einer Eiche. Schließlich wird es auch die Mittel hervorbringen, die es ihm ermöglichen, „nach seiner Art Samen zu bringen" (1. Mose 1,12), und der Zyklus beginnt von Neuem.

Im Leben der Tiere kommen noch Wahrnehmung und Bewegung hinzu. Die pflanzliche Lebensform wird hier aber nicht nur einfach um diese Eigenschaften erweitert. Es entsteht etwas völlig Neues, das nun auf diese erweiterten Möglichkeiten angewiesen ist, um sich zu ernähren und fortzupflanzen. So ist die Bewegung bei der Beschreibung des „lebendigen Getiers" im Schöpfungsbericht eine sehr herausragende Eigenschaft (1. Mose 1,20–25).

Beim Menschen schließlich kommt neben Wahrnehmung und Bewegung noch die Fähigkeit zum schlussfolgernden Denken und zu freien Willensentscheidungen hinzu. Diese höheren Fähigkeiten durchdringen nun wiederum die „niedrigeren" Prozesse von

Wahrnehmung, Fortbewegung, Nahrungsaufnahme und Fortpflanzung und ermöglichen so überhaupt, dass diese auch auf der Ebene der menschlichen Existenz gelingen und Bestand haben.

Leben und Individualität

Vor längerer Zeit kam einmal eine junge Frau zu mir in die Seelsorge. Sie war sensibel und intelligent und sie war zutiefst unzufrieden mit ihrer Arbeit in einem Kaufhaus. Sie sagte, sie fühle sich die ganze Woche über wie „begraben“ und hätte nur am Wochenende das Gefühl „aufzutauchen“. Damit brachte sie auf ausgesprochen drastische Weise zum Ausdruck, dass sie keinen Bezug zu ihrer Arbeit hatte. So fühlte sie sich während ihrer Arbeitszeit regelrecht tot („begraben“), am Wochenende dagegen erwachte sie zum Leben („tauchte auf“), weil sie hier Dinge tat, die sie selbst initiierte.

Worauf beruht die *Individualität* und Einzigartigkeit, die dem Leben des Einzelnen seinen Wert geben? Es ist die in seinem Inneren ruhende Quelle von Aktivität. Ein Backstein oder ein Brett mag dem anderen gleichen, weil sie kein Eigenleben haben. Wenn wir aber Menschen wie austauschbare Gegenstände behandeln, dann enthalten wir ihnen ihre Individualität vor. Damit verleugnen wir die innere Quelle und die ursprüngliche Kraft, die das spezifisch menschliche Leben ausmachen. Man kann also durchaus sagen, dass hier eine Form von *Ent*menschlichung geschieht.

Manche Menschen versuchen vielleicht, ihr Eigenleben zu verleugnen, alle Spontaneität abzulegen und ihre Sicherheit darin zu suchen, sich der Umwelt „anzupassen“. Dennoch gelingt es ihnen nicht, dem Leben zu entfliehen und sich ihrer Verantwortung für ihre spezifisch menschlichen Bedürfnisse zu entledigen. Am Ende wirken sie schlichtweg leblos und „versteinert“. Das hat den Vorteil, dass solche Menschen absolut berechenbar sind, aber in aller Regel sind sie kein freudiger Anblick, weder für Außenstehende noch für sich selbst.

Warum ziehen uns die Offenheit und Unverkrampftheit eines Kindes an? Weil sich uns im Kind das Leben in ungeschminkter Direktheit präsentiert; Originalität und Individualität treten ungehemmt hervor.

Aus demselben Grunde freuen wir uns über das übermütige Tollen eines Hundebabys oder über das drollige Gehabe eines kleinen Pandabären. Es ist so völlig unvermittelt und überhaupt nicht zweckgerichtet, dass es einfach nur Ausdruck überschäumender Lebensfreude sein kann.

„Wer da hat, dem wird gegeben"

Mit individuellem Wachstum muss jedoch inneres Wachstum einhergehen; es muss ein Prozess der inneren Ausdifferenzierung stattfinden. Wenn das Leben sich entfaltet, dann dehnt es sich nicht nur nach außen hin aus, es wird auch im Inneren reichhaltiger und vielseitiger. Die Kräfte potenzieren sich. Der britische Philosoph Ruskin schreibt dazu:

> *„Als Leben bezeichnen wir jene Kraft, die dafür sorgt, dass die verschiedenen Teile der Pflanze einander dienen. Dies gilt noch in weit größerem Maße für das Tier. Man kann wohl einen Ast des Baumes absägen, ohne den Baum als Ganzes wesentlich zu schädigen, nicht aber die Gliedmaße eines Tieres. So ist der Grad von wechselseitiger Hilfeleistung, von Aufeinanderbezogenheit der einzelnen Teile im Ganzen, auch ein Gradmesser für die Intensität des Lebens. Zum Verfall kommt es, wenn die wechselseitige Hilfeleistung aufhört."*[25]

Die artgerechte, geordnete Funktion der inneren Kräfte und Bestandteile des Lebewesens in ihrem „Dienst" aneinander schafft überhaupt erst die Voraussetzung dafür, dass es seine Kräfte nach außen richten und auf seine äußere Umwelt Einfluss nehmen kann. Das ist ein Grundgesetz des Lebens: „Denn wer da hat, dem wird gegeben; und wer nicht hat, dem wird man auch das nehmen, was er hat" (Mk 4,25). Eine Pflanze oder ein Tier, das größer und stärker ist als andere, verdrängt, was schwächer ist, und nimmt immer mehr Raum ein, solange es der artgemäße Lebenszyklus zulässt.

Was also können wir daraus für uns Menschen ableiten?

Das menschliche Leben in seiner Ausdehnung

Die erstaunliche Fähigkeit des Menschen, sich Dinge außerhalb seiner selbst zunutze zu machen, ist der Schlüssel zum Verständnis dessen, was Menschsein ausmacht. Allein durch unsere Intelligenz und unsere Fähigkeit zur sozialen Organisation (wir werden später noch auf die geistliche Dimension zu sprechen kommen) ist es uns möglich, unsere Herrschaft über die ganze Erde und alle Erdbewohner auszudehnen. Unsere Macht ist so umfassend, dass es uns gleichermaßen mit Bewunderung und mit Furcht erfüllen kann. Wird es uns gelingen, den Leiden der Menschheitsgeschichte zu guter Letzt doch noch Einhalt zu gebieten, oder werden wir die Erde und uns selbst am Ende völlig zerstören? Je mehr Macht wir erlangen, desto mehr Möglichkeiten zur Einflussnahme stehen uns offen – zum Guten wie zum Bösen! Bedingt durch unsere geistliche Zerstörung sind wir unfähig, die Erde zu heilen, aber wir haben ein Vielfaches der Kraft, die wir bräuchten, um sie vollends zu vernichten.

Wir haben nicht nur die „Werkzeuge", um uns mehr Macht und Einfluss anzueignen, wir leben heute in überaus komplexen Bezügen, die so weit reichende und erschreckende Auswirkungen auf uns selbst und die Welt als Ganzes haben, dass sie bei Weitem nicht mehr nur als Instrumente in unserer Hand erscheinen. Sie betreffen die Substanz des Lebens an sich. Die machtvollsten gesellschaftlichen Instrumente der Menschheit – Kunst, Wissenschaft, Wirtschaft und Militär – sind durch diese komplexen wechselseitigen Bezüge aufs Engste miteinander verwoben, und diese Vernetzung ist der Faktor, der von jeher die Geschicke des Menschen bestimmt.

Das gewaltige Ausmaß menschlicher Macht bestätigt scheinbar das „Schöpfungsmandat" der Menschheit, mit dem wir uns im letzten Kapitel beschäftigt haben. Es scheint, als hätten wir tatsächlich die Schlüssel in der Hand, um uns die Urgewalten der Schöpfung anzueignen. So kann ein Mensch bei gutem Training aus eigener Kraft über ein Hindernis springen, das etwa so hoch ist wie er selbst. Mit einem speziellen Sprungstab hingegen kann er das Dreifache dieser Höhe und mehr überwinden. Ohne Hilfsmittel kann der Mensch gerade mal einen breiteren Fluss durchschwimmen, doch innerhalb eines hoch entwickelten sozialen und technischen Umfeldes ist es ihm möglich, mühelos Ozeane zu überqueren und die höchsten Gebirge zu überfliegen. Ohne entsprechende

Hilfsmittel fällt es ihm unter Umständen schwer, eine Herde Schafe abzuzählen, doch mithilfe von Computern kann er die Flugbahn einer Rakete zu anderen Planeten berechnen und unvorstellbar komplexe statistische Daten zur volkswirtschaftlichen Entwicklung auswerten.

Diese erstaunliche Fähigkeit, uns Kräfte zunutze zu machen, die außerhalb unserer selbst liegen, ist das, was den Menschen kennzeichnet. Die Grenzen dieser Macht, unter Rückgriff auf externe Kräfte – und dazu zählen auch die geistlichen Kräfte – unsere Horizonte zu erweitern, sind noch gar nicht absehbar. Die alten Philosophen nahmen an, dass Gott die Herrlichkeit der menschlichen Seele verborgen hält, damit unser Stolz nicht ausufert.

Mit Blick auf die Menschen, die durch Jesus Christus unter der Herrschaft Gottes stehen, rief der Apostel Johannes aus:

> „Meine Lieben, wir sind schon Gottes Kinder; es ist aber noch nicht offenbar geworden, was wir sein werden. Wir wissen aber: wenn es offenbar wird, werden wir ihm gleich sein; denn wir werden ihn sehen, wie er ist" (1 Joh 3,2).

Aufgrund der Erfahrungen, die er selbst durch Christus mit der Kraft gemacht hatte, ahnte Johannes etwas von der unvorstellbaren Größe, zu der wir als Menschen bestimmt sind.

Deformierung des Lebens

Durch seine enormen Möglichkeiten, Einfluss auf seine Umwelt zu nehmen – seien es die Strukturen des Atoms oder die des gesellschaftlichen Zusammenlebens –, ist der Mensch, auf *sich selbst* gestellt, wirklich ein erschreckendes Phänomen. Es scheint so, als seien die Dinge völlig außer Kontrolle geraten und die Menschheit taumele unaufhaltsam auf einen Abgrund zu. Dem unvoreingenommenen Betrachter drängt sich unweigerlich der Schluss auf, dass etwas grundsätzlich schiefläuft.

Das Leben im Allgemeinen wird dadurch nicht beeinträchtigt. Es kann innerhalb seiner Beschränkungen weitergehen, auch wenn nicht alle Bedürfnisse erfüllt sind. Auch eine Pflanze oder ein Tier kann unter Umständen ohne artgerechte Nahrung überleben, wenn auch vermutlich in geschwächter Form. So ist auch die menschliche Existenz nicht das, was sie ursprünglich sein sollte. Nun stellt sich die Frage, was dem Menschen fehlt, dass er sich in einem so erbärmlichen Zustand befindet.

Wenn eine höhere Fähigkeit verloren geht, ist es immer so, dass auch untergeordnete Fähigkeiten beeinträchtigt werden. Ein Tier, das seine höchsten Funktionen, also Wahrnehmung und Bewegungsfreiheit, einbüßt, ist dadurch in all seinen anderen Funktionen, wie z. B. der Nahrungsaufnahme, eingeschränkt. Persönlichkeitsstörungen beim Menschen ziehen häufig körperliche Folgeerscheinungen nach sich. Störungen der kognitiven oder emotionalen Funktionen des Menschen wirken sich auf alle anderen Lebensbereiche aus. „Wenn aber dein Auge krank ist, dann wird dein ganzer Körper finster sein", so heißt es im Matthäusevangelium (Mt 6,23; Elberfelder).

Doch die Form von Leben, zu der die Menschen eigentlich bestimmt waren, übersteigt unseren Intellekt und unsere Emotionen. Der Mensch wurde als ein geistliches Wesen geschaffen. Der Ausfall des geistlichen Lebens als unserer höchsten Lebensfunktion hat verheerende Auswirkungen auf unser Denken und unseren Intellekt, ja unser ganzes Menschsein bis in die körperlichen Bereiche hinein. Die Menschheitsgeschichte zeigt dies deutlich. Dieser fatale Funktionsausfall, durch den unsere menschliche Existenz gewissermaßen „top-down" deformiert ist, wird in der Bibel als Sünde bezeichnet (wohlgemerkt, nicht „Sünden"). Es ist die Bezeichnung für den Zustand der Gefallenheit, in dem sich der Mensch befindet. Die Menschheit liegt also nicht nur moralisch im Argen, sie ist völlig in sich verdreht, sie ist aus dem Rahmen gefallen und hat ihre schöpfungsgemäßen Proportionen eingebüßt.

Der Philosoph Jacob Needleman wies darauf hin, dass da „in der Natur des Menschen etwas angelegt ist [...], das durch die Zufuhr von Erkenntnis der Wahrheit, wie ein lebender Organismus durch die Zugabe von Nährstoffen, aufblühen und sich entwickeln kann".[26] Mit anderen Worten: Die ganze Pflanze wird krank, wenn man ihr einen lebenswichtigen Nährstoff entzieht. Abgeschnitten von den Realitäten und Wahrheiten des geistlichen Lebens und von der Beziehung zum Reich Gottes kommt es zu sozialen, psychischen und sogar *körperlichen* Defekten, die im von Ruskin beschriebenen Sinne als Verfall bezeichnet werden können.

All das Böse, das wir als Menschen in unserem gegenwärtigen Zustand tun, ist Ausdruck einer Entkräftung, die das Resultat unserer völligen geistlichen Auszehrung ist. Als Jesus am Kreuz betete: „Vater, vergib ihnen, denn sie wissen nicht, was sie tun", da wollte er nicht einfach Nachsicht mit seinen Mördern walten lassen, er drückte die Wahrheit aus: Sie wussten wirklich nicht, was sie taten. Wie Augustinus so klar erkannte: Der fatale Zustand der Menschheit ist im tiefsten Grunde gar nicht auf eine negative Eigenschaft zurückzuführen, sondern auf einen existenziellen *Mangel.* Aus diesem Mangel heraus resultiert all das Böse, das dann allerdings sehr deutlich sichtbar ist. Die Tatsache, dass die Wurzel des Übels eine Mangelerscheinung ist, ändert freilich nichts an den schrecklichen Auswirkungen, und sie entbindet uns nicht von der Verantwortung für unsere Schuld.

Dieser Zustand des Mangels und der Loslösung wird von Paulus als Tod bezeichnet, wir sind „tot durch unsere Übertretungen und Sünden" (Eph 2,1). Der Mangel kann nur beseitigt werden, wenn wir durch eine neue Beziehung zu Gott „in ihm lebendig" gemacht werden. Abgeschnitten vom elektrischen Strom ist eine Glühbirne zwar durchaus noch vorhanden, aber sie erfüllt ihre Funktion nicht und gibt kein Licht von sich. Schraubt man sie jedoch in eine Strom führende Fassung hinein, beginnt sie zu strahlen und erfüllt ihre Umgebung mit einer Energie, die nicht aus ihr herauskommt, die aber durch sie hindurchfließt.

Geist – was ist das?

Wenn das Element, das dem Menschen gegenwärtig fehlt, der Geist ist, dann stellt sich die Frage, was darunter eigentlich zu verstehen ist. Der Bereich des Geistes ist nach biblischem Verständnis ein *Raum, in dem personale Kräfte innerhalb festgelegter Ordnungen wirken.* Er wurde von Gott geschaffen, der selbst Geist (Joh 4,24) und nicht auf einen lokalisierbaren Körper beschränkt ist.

Nach biblischer Weltanschauung ist der geistliche Bereich ein zentrales Element zum Verständnis von allem, was in der sichtbaren physikalischen Welt vor sich geht (vgl. Joh 1,1–14; Kol 1,17; Hebr 1,2; 11,3). Als Menschen können wir durch eine aktive Haltung, die gemeinhin „Glaube" genannt wird, am Geschehen in der geistlichen Welt Anteil nehmen (vgl. Hebr 11,3.27). Durch das zweite Gebot gibt Gott uns klare Anweisung, was wir dabei zu beachten haben: „Du sollst dir kein Gottesbild machen und keine Darstellung von irgendetwas am Himmel droben, auf der Erde unten oder im Wasser unter der Erde“ (2. Mose 20,4).

Woran fehlt es uns nun als Menschen im Zustand der Gefallenheit? Aus biblischer Sicht besteht kein Zweifel, dass der fehlende „Nährstoff“ im Organismus des Menschen unsere Beziehung zum Reich Gottes ist. Ohne sie ist unser Leben geschwächt, verstümmelt, verkrümmt und im Zerfall begriffen.

Von Gottes „ordnendem Strom“ trinken

Was aber geschieht, wenn dem Menschen nun die fehlenden geistlichen Nährstoffe zugeführt werden? Lesen wir noch einmal bei Schrödinger:

> „*Die Art und Weise, wie ein Organismus ein ausreichend hohes Maß an innerer Ordnung beibehält* [...], *besteht eigentlich darin, dass er beständig Ordnung aus seiner Umgebung in sich aufsaugt.*“[27]

Für den Menschen gilt das insbesondere im Bereich seines geistlichen Lebens. Wenn der menschliche Organismus in einer bewussten persönlichen Beziehung zum Königreich Gottes steht und so „Ordnung in sich aufsaugt“, dann wird er nachhaltig verändert, so wie eine Maispflanze nach einer Trockenzeit durch den einsetzenden Regen verändert wird – der Kontakt zum Wasser verändert die Pflanze von innen heraus und treibt das Wachstum nach außen voran.

In ganz ähnlicher Weise werden Menschen durch den Kontakt zu Gott verändert. Bei der Schöpfung wurde der Mensch mit erstaunlichen Fähigkeiten ausgestattet, um mit seiner Umwelt – auch der geistlichen – in Kontakt zu treten, sowohl als Individuum als auch gemeinschaftlich. Natürlich können wir als Menschen auf rein körperlicher Ebene überleben, ohne jemals in die tieferen Dimensionen – an Erkenntnis, an sozialen Beziehungsmöglichkeiten und an Kreativität – vorzudringen, die sich nur denen erschließen, die danach suchen. Es gibt freilich auch Menschen, die sich danach ausstrecken und doch für Gottes Wirklichkeit und ihre eigentliche schöpfungsgemäße Bestimmung geistlich tot und blind bleiben.

Im Schöpfungsbericht in 1. Mose warnte Gott Adam und Eva – sie lebten damals noch in „Eden“, was so viel heißt wie „Wonne“ oder „Genuss“ –, dass sie „des Todes sterben“ würden, falls sie vom Baum der Erkenntnis von Gut und Böse äßen. Als sich Eva durch ihr Misstrauen Gott gegenüber zu jenem fatalen Fehltritt hinreißen ließ, da hörten sie und Adam keineswegs auf, „lebendige Wesen“ zu sein. Und dennoch starben sie, so wie Gott es ihnen vorausgesagt hatte. Sie konnten von da an nicht mehr in Harmonie mit jener geistlichen Wirklichkeit leben, die der Urgrund aller Dinge ist und von deren Herrlichkeit das Universum zeugt. Sie waren Gott „abgestorben“.

Der verbleibende klägliche Rest an autonomer Kraft, der ihrem Körper innewohnte, funktionierte auch weiterhin, so wie es eben bei „lebendigen Wesen“ der Fall ist, doch die Verbindung zu Gott, die ihren Kräften Sinn und Richtung gibt, war abgebrochen. Die Menschen hatten das verloren, wofür sie eigentlich geschaffen waren. Alles, was ihnen zuvor von selbst oder auf ihr gesprochenes Wort hin zugefallen war, mussten sie sich künftig im Schweiße ihres Angesichts und unter Schmerzen erarbeiten (1. Mose 3,16–21).

Seitdem stehen Fleisch und Geist im ständigen Kampf miteinander (1. Mose 6,3). Der Mensch hatte sein wichtigstes Lebenselement verloren, in dem alle Aspekte seines Seins zusammenliefen: die Beziehung zu Gott. Er hatte seine innere Einheit und Unversehrtheit eingebüßt. Die untergeordneten menschlichen Fähigkeiten waren nun im Aufruhr gegen den Geist und der Geist seinerseits war im Aufruhr gegen sie. „Sie sind gegeneinander, sodass ihr nicht tut, was ihr wollt“ (Gal 5,17). So ging dem Menschen das Bewusstsein seines geistlichen Lebens verloren, und es dauerte Tausende von Jahren, um es langsam wieder zu erwecken, doch Gott hielt an seiner ursprünglichen Absicht für den Menschen fest.

„Geistliches Leben“ und „geistliche Übungen“ – eine Definition

Vor diesem Hintergrund sind wir imstande, die zentralen Begriffe zu klären, um die es in diesem Buch gehen soll und die für das Verständnis der Botschaft Jesu im Königreich Gottes von ganz zentraler Bedeutung sind. Zum „geistlichen Leben" gehören eine Vielzahl von Dingen, die es dem Menschen ermöglichen, mit Gott und seinem Reich in Beziehung zu treten. Das Resultat dieser Beziehung ist eine völlig neue Lebensqualität mit neuen Handlungsmöglichkeiten.

Ein Mensch ist in dem Maße ein „geistlicher Mensch", wie sein Leben Teil des Reiches Gottes ist und von ihm her bestimmt wird. Gustavo Gutierrez drückt es folgendermaßen aus: „Spiritualität im strengen und wahren Sinne des Wortes heißt Leben unter der Vorherrschaft des Geistes."[28] Auch „Kinder in Christus" (1 Kor 3,1) haben geistliches Leben, aber es ist noch nicht weit entwickelt. Der größte Teil ihrer Persönlichkeit und ihres sozialisationsbedingten Lebensstils ist noch nicht unter der Leitung des Geistes, die Reintegration der Person unter der Herrschaft Gottes ist noch nicht vollbracht.

Das Leben im Geist ist Teil einer *anderen Wirklichkeit*. Es besteht weder in einer verbindlichen Zugehörigkeit zu irgendeiner Organisation noch in einem bestimmten äußeren Lebensstil, obwohl es natürlich unweigerlich eine Bereitschaft zum verbindlichen Engagement und zu Veränderungen im Lebensstil mit sich bringt. Vor allem ist es keine soziale oder politische Agenda. Heutzutage stehen wir in der Gefahr, dass wir das geistliche Leben „politisieren". Irgendwie scheint es ja auch natürlich und ist verlockend, weil in jener „anderen Wirklichkeit" schon das Totenglöcklein dieser alten Weltordnung läutet. Diejenigen, die Jesus in seiner Macht erleben, sind allzu leicht versucht, ihn als „König" in dieser Welt einzusetzen.

Doch das Wesen und Ziel des geistlichen Lebens besteht nicht darin, politische und soziale Ungerechtigkeiten zu beseitigen. Das wird vielmehr eine Konsequenz daraus sein – auch wenn es nie genau so geschieht, wie wir es aus unseren politischen Voreingenommenheiten heraus erwarten würden. Politische Veränderungen sind nicht Sinn und Zweck des geistlichen Lebens, und wenn wir versuchen, es dafür zu instrumentalisieren, dann missbrauchen wir es.

Wer sich Sorgen macht, dass unser geistliches Leben wirkungslos bleibt, wenn wir nicht aktiv gegen die bestehenden Herrschaftsstrukturen aufstehen, der hat einfach noch nicht verstanden, was Leben im Geist wirklich ist. Auf der anderen Seite werden die Autoritäten dieser Welt, die sich gegen das Leben im Geist stellen, immer wieder daran scheitern, weil es sich ihren Manipulations- und Kontrollmöglichkeiten entzieht.

Nun wissen wir also, was „geistliches Leben" ist. Was aber sind „geistliche Übungen"? Geistliche Übungen sind Dinge, die wir tun, um uns selbst mit allen Aspekten unseres Seins in Einklang mit den Ordnungen Gottes zu bringen. Sie ermöglichen es uns, zunehmend mehr aus einer Kraft heraus zu leben, die ihren Ursprung in der geistlichen Welt hat und die unsere eigene Kraft bei Weitem übersteigt. Voraussetzung dafür ist freilich, dass wir, wie es in Römer 6, Vers 13 heißt, „uns selbst Gott zur Verfügung stellen als Lebende aus den Toten und unsere Glieder Gott zu Werkzeugen der Gerechtigkeit" (Elberfelder).

Die Notwendigkeit, uns in geistliche Gewohnheiten einzuüben, ergibt sich unmittelbar aus der Natur des Menschen als Ebenbild Gottes, über die wir ja bereits gesprochen haben. Wenn wir einmal durch göttliches Einwirken für Gott und sein Reich lebendig geworden sind, ist die Frage, inwieweit unser ganzes Sein mit diesem Reich in Einklang kommt, im Wesentlichen davon abhängig, wie sehr wir uns darum bemühen.

Natürlich wissen wir alle, dass der Mensch als Person ein überaus komplexes, dynamisches Gebilde mit einer körperlich-physischen, einer sozialen, einer psychologischen – und wir Christen würden noch hinzufügen, einer geistlichen – Dimension ist. Es ist von ausschlaggebender Bedeutung, dass wir verstehen, was der Entwicklung unseres geistlichen Lebens dient, und dass wir anfangen, dieses geistliche Leben aktiv zu gestalten. Dabei werden wir jedoch sehr bald die Erfahrung machen, dass es in uns Dinge gibt, die sich unserer bewussten Einflussnahme entziehen. Immer wieder müssen wir feststellen, wie schwer es ist, unser eigenes Selbst *wirklich* zu verstehen und mit Gottes Absichten in Einklang zu bringen. Zweifellos brauchen wir dazu Gottes Gnade, aber die Erfahrung lehrt, dass Gott uns diesen Prozess nicht abnehmen kann. Unser eigenes Engagement ist gefordert.

Die Frage nach dem Wie

Was sollen wir tun? Wie erreichen wir diese tieferen Ebenen und wie können wir uns wirksam verändern? Abhängig von unserem kirchlichen Hintergrund fallen uns verschiedene Lösungen ein, wie z. B. die regelmäßige Teilnahme am Gottesdienst, Treue in bestimmten religiösen Verbindlichkeiten, individuelle oder kollektive „Erfahrungen“ oder auch bestimmte Entschlüsse. Solche Dinge sind in der Tat oft hilfreich, und wir sollten uns alles zunutze machen, was uns weiterhelfen kann. Doch hat es sich immer wieder gezeigt, dass sie nur eingeschränkt hilfreich sind, wenn es darum geht, Christus ähnlicher zu werden.

Die meisten Menschen würden heute vermutlich davon ausgehen, dass irgendeine Form von psychotherapeutischer Begleitung am ehesten geeignet wäre, Menschen zu verändern, und nicht so etwas wie „geistliche Übungen“. Carl Gustav Jung z. B. sah das Selbst als eine innere Richtgröße an, die sich vom Bewusstsein unterscheidet und nur durch die Erforschung der eigenen Träume erfasst werden kann.[29]

Ich will gar nicht ausschließen, dass die Einsichten, die wir durch Traumanalyse oder durch andere Formen von Psychotherapie gewinnen, bei der Umgestaltung unseres Selbst von Nutzen sein können. Vielfach werden sie sogar notwendig sein. Wir brauchen uns nicht der Weltanschauung der Psychoanalytiker anzuschließen, um diesen Tatbestand anzuerkennen. Bevor die Psychotherapie auf der Bildfläche erschien, gehörte die Traumdeutung über Jahrtausende hinweg zum Aufgabenfeld der Propheten. Doch es gibt noch eine Fülle von anderen Hilfsmitteln, um die Abgründe unserer Persönlichkeit – den eigentlichen Gegenstand der Erlösung – zu erhellen und uns praktische Hilfestellungen zu geben, was wir dazu beitragen können. Dazu zählt natürlich nicht zuletzt die Bibel mit ihrem reichen Schatz an Porträts von Menschen, die Gottes Veränderungsprozesse durchlaufen haben.

Wie können uns solche biblischen Lebensbilder helfen? Wer immer die Bibel mit kritischen, realistischen Augen und einer Bereitschaft zu einer ehrlichen Bestandsaufnahme über sein eigenes Leben liest, der macht die Erfahrung, dass die Bibel die Abgründe des menschlichen Herzens mit schneidender Schärfe bloßlegt. Deshalb ist sie kulturgeschichtlich von so herausragender Bedeutung und deshalb ist sie ein so brauchbares Instrument für den Geist Gottes, um Menschen zu verändern (2 Tim 3,16–17).

In der Bibel lesen wir auch, dass es bestimmte Dinge gibt, die wir praktisch tun können. Dazu gehören unter anderem der Rückzug in die Einsamkeit, Gebet, Fasten und Feiern. Dies alles kann uns in Verbindung mit der Gnade Gottes helfen, einen göttlichen

Lebensstil zu entwickeln. Weitere Hilfe finden wir natürlich auch durch die Schriften von Theologen und großen Moralisten früherer Zeiten, die oft verblüffende Einsichten in die Tiefen der menschlichen Seele hatten. Wenn wir uns all diese Ressourcen in sinnvoller Weise zunutze machen und uns dabei ganz bewusst in eine lebendige Gemeinde einbinden, dann wird sich unser Verständnis für geistliche Dinge Stück um Stück erweitern, und wir erkennen, was unsere geistliche Entwicklung voranbringt.

Keine Instantlösungen

Etwas, das von allen Seiten immer wieder betont wird, ist die Tatsache, dass es keine Instantlösung gibt, mit der sich unser Zustand einfach und ein für alle Mal kurieren lässt. Der Prozess unserer Wiederherstellung ist langwierig und erfordert unsere ganze Kraft und Ausdauer. Das hören wir natürlich nicht gerne. Oft lassen wir uns durch Berichte über geistliche Durchbruchserfahrungen von bedeutenden gläubigen Männern und Frauen täuschen. Wir neigen dazu, ihre geistliche Größe auf diese einschneidenden Momente zurückzuführen, und übersehen dabei, dass auch sie viele Jahre lang nur langsam und unscheinbar geistlich gewachsen sind. Franz von Sales gibt uns den weisen Rat, in der Regel keine dramatische Veränderung von einem Moment auf den anderen zu erwarten, obwohl es Gott natürlich durchaus möglich ist, Menschen auf diese Weise zu verändern.

> *„Die einfache Reinigung und Heilung des Leibes oder des Geistes vollzieht sich nur Stück für Stück, indem wir mit Mühe und Geduld vom einen Grade zum nächsten voranschreiten. Die Engel auf der Jakobsleiter hatten wohl Flügel; und doch flogen sie nicht, sondern stiegen nacheinander Sprosse für Sprosse herauf und herab. Eine Seele, die sich aus der Sünde zur Hingabe an Gott erhebt, können wir mit dem Anbruch des Tages vergleichen, welcher bei seinem Herannahen die Dunkelheit nicht sofort vertreibt, sondern nur allmählich.“*[30]

Wir müssen verstehen, dass die Umkehr, wie sie in christlichen Kreisen normalerweise verstanden wird, nicht mit der notwendigen Umgestaltung des Selbst gleichzusetzen ist. Dafür ist ein langer Prozess der Veränderung nötig. Die Tatsache, dass es dennoch die Kraft Gottes ist, die diese Umgestaltung hervorbringt, bleibt davon unberührt. Einige sehr bekannte Begebenheiten aus dem Leben von Simon Petrus, einem der engsten Freunde Jesu, jenem „Fels", der zuweilen mehr wie eine Sanddüne wirkte, machen diese Tatsache sehr deutlich.

Das Beispiel von Petrus

Als die Kreuzigung nahte, teilte Jesus seinen engsten Freunden mit, dass er bald von ihnen genommen und getötet werden würde. Er sah tief in ihre Herzen hinein und kündigte ihnen an, dass sie ihn alle verlassen und davonlaufen würden, sobald er in die Hände seiner Feinde fiele. Nach meiner Überzeugung tat er das keineswegs, um ihnen einen Vorwurf zu machen. Es ging ihm vielmehr darum, sie auf den Moment ihres Scheiterns vorzubereiten und ihnen zu versichern, dass er wusste, wie es um sie bestellt war, und trotzdem an ihnen festhielt.

Simon Petrus bestand allerdings darauf, dass er Jesus nicht verlassen würde, auch wenn alle anderen ihm den Rücken kehrten. Um Petrus wissen zu lassen, dass er über alles, was geschehen würde, genauestens im Bilde war, sagte Jesus ihm auf den Kopf zu, dass dieser ihn, noch bevor der Hahn krähte, dreimal verleugnen würde. Petrus jedoch beharrte umso nachdrücklicher: „Und wenn ich mit dir sterben müsste, will ich dich nicht verleugnen. Das Gleiche sagten auch alle anderen Jünger" (Mt 26,35).

Die Stunden vergingen. Petrus war verwirrt und verängstigt angesichts der Dinge, die Jesus gesagt und getan hatte, und angesichts der Wendung, die sich abzuzeichnen begann. Sie waren vom Obergemach in den Garten Gethsemane gegangen. Dort hatte Jesus ihn und einige andere Jünger gebeten, mit ihm „zu wachen" – einfach wach zu bleiben und bei ihm zu sein. Doch Petrus schlief „vor Traurigkeit" (Lk 22,45) ebenso wie die anderen ein.

Jesus diagnostizierte mit scharfem Blick: „Der Geist ist willig; aber das Fleisch ist schwach" (Mt 26,41). Er erkannte an, dass ein Teil von ihnen *wirklich* auf Gott gerichtet war, „der Geist". Doch die natürlichen Kräfte ihres Körpers, „das Fleisch", war zu jener Zeit nicht im Einklang mit dem Geist, und folglich war das Fleisch zu schwach, um tatsächlich zu tun, wozu der Geist sie drängte.

Als die Soldaten zusammen mit dem Verräter kamen, um seinen Herrn festzunehmen, da erwachte Petrus, griff nach einem Schwert und tat, wozu sein „Fleisch“ sehr wohl in der Lage war: Er schlug um sich und haute einem Unglücklichen mit einem gezielten Hieb das Ohr ab. Jesus wies ihn scharf zurecht, weil jener das Einzige tat, was er in einer solchen Situation zu tun wusste. So geschah, was Jesus vorausgesagt hatte: „Da verließen ihn alle Jünger und flohen“ (Mt 26,56).

Doch Petrus floh nicht weit. Es scheint, als war er wirklich stärker als die anderen, denn er kehrte um und folgte den Soldaten in einiger Entfernung, sogar bis in den Palast des Hohenpriesters hinein, „um zu sehen, worauf es hinaus wollte“ (Mt 26,58). Schon bald wurde allerdings deutlich, dass der Geist wohl die Beine des Petrus beherrschte, nicht aber seinen Mund. Dreimal beschuldigte ihn jemand aus der Gruppe der Schaulustigen, zur Gefolgschaft Jesu zu gehören. Petrus stritt ab, zuletzt sogar mit äußerster Vehemenz: „Da begann er, sich zu verfluchen und zu schwören: Ich kenne den Mann nicht“ (Mt 26,74). Petrus hatte den Satz gerade beendet, da krähte der Hahn. „Da dachte Petrus an das Wort, das der Herr ihm gesagt hatte. [...] Und er ging hinaus und weinte bitterlich“ (Mt 26,75).

Obwohl er wirklich die besten Absichten hatte und obwohl Jesus ihn sogar erst einige Stunden zuvor ausdrücklich gewarnt hatte, war er doch ein Gefangener der *Gewohnheiten und Neigungen, die sein Fleisch beherrschten* und die durch die Macht der Umstände aktiviert wurden. Petrus erfuhr in jener Nacht wirklich am eigenen Leibe, was es heißt, wenn „die sündigen Leidenschaften [...] kräftig [waren] in unseren Gliedern, sodass wir dem Tode Frucht brachten“ (Röm 7,5).

Aber Gott war mit Simon Petrus keineswegs fertig. Er würde in der Tat einen „Fels“ aus ihm machen. In den darauffolgenden Stunden und Tagen geschah etwas mit ihm, das all die Erfahrungen, die er in den Jahren zuvor im Zusammensein mit Jesus gesammelt hatte, zu einem Ganzen verschmolz und sein „Fleisch“ tief veränderte.

Seinen Freund, den er selbst als Messias bekannt hatte, sah er auf elende Weise sterben. Er begegnete dem auferstandenen Christus und empfing in jener vierzigtägigen Zeit des Zusammenseins mit Jesus nach der Auferstehung von Neuem die Berufung, jene kleine Schar von Gläubigen zu leiten, „seine Schafe zu weiden" und „ihm nachzufolgen" (Joh 21,17.19.22). Er verstand nun, dass er ebenso wie die Kirche in der unsichtbaren Welt Macht besitzen sollte und nicht darauf angewiesen wäre, weltliche Macht und Herrschaft im rein menschlichen Sinne zu haben. Es war wirklich die „Herrschaft Gottes", an der sie hier Anteil hatten (Apg 1,6–8).

Diese Vollmacht sollte ihnen auf besondere Weise zuteilwerden, während sie in Jerusalem warteten. Sie würde direkt „vom Himmel" auf sie herabgesandt, von jenem Himmel, zu dem Jesus sichtbar aufgefahren war. So harrten sie zehn Tage lang in einem „Obergemach" aus – die Apostel, die Mutter Jesu und seine Brüder und die Frauen, die durch Jesu Dienst geistlich lebendig geworden waren (Apg 1,13–14).

Wer sich die Abfolge dieser Ereignisse einmal wirklich vor Augen hält, der beginnt zu ahnen, welch einen tiefen Eindruck all das auf Petrus und die anderen gemacht haben muss. Stellen Sie sich einmal vor, wie ein vergleichbares Erlebnis Sie und mich heutzutage verändern würde!

Jene Hand, die ganz automatisch nach dem Schwert griff, um zu töten, jene Beine, die spontan die Flucht ergriffen, jene Zunge mit ihrem schrecklichen Eigenleben, die jegliche Verbindung zu Jesus abstritt und Gott zum Zeugen anrief, gerade so, als wüsste sie nichts mehr von dem Bekenntnis, zu dem sie einst durch den Heiligen Geist inspiriert worden war – sie alle waren mit einem Mal von Grund auf verändert.

„In jenen Tagen trat Petrus auf unter den Brüdern", der kleinen Schar von Gesetzlosen, und ergriff die Führungsrolle (Apg 1,15). Und als die Kraft aus der Höhe, die Jesus ihnen zugesagt hatte, auf sie herabkam, den Raum erfüllte (Apg 2,2) und von da aus über die ganze Stadt Jerusalem hereinbrach, da stand Petrus fest auf beiden Beinen und war bereit, das Wort zu ergreifen, so wie der Geist ihn führte. „Da trat Petrus auf mit den elf" und „erhob seine Stimme" (Apg 2,14) und tat, wie von Jesus angekündigt, größere Werke als sein Herr jemals an jenem Ort vollbracht hatte:

> „Viele Zuhörer glaubten, was Petrus ihnen sagte, und ließen sich taufen. Etwa dreitausend Menschen wurden an diesem Tag in die Gemeinde aufgenommen. Diese ersten Christen ließen sich regelmäßig von den Aposteln unterrichten und lebten in brüderlicher Gemeinschaft, feierten das Abendmahl und beteten

miteinander. Eine tiefe Ehrfurcht vor Gott erfüllte sie alle. Er wirkte durch die Apostel viele Wunder und bestätigte auf diese Weise ihre Worte. Die Gläubigen lebten wie in einer großen Familie. Was sie besaßen, gehörte ihnen gemeinsam. Wer ein Grundstück oder anderen Besitz hatte, verkaufte ihn und half mit dem Geld denen, die in Not waren. Täglich kamen sie im Tempel zusammen und feierten in den Häusern das Abendmahl. In großer Freude und mit aufrichtigem Herzen trafen sie sich zu gemeinsamen Mahlzeiten. Sie lobten Gott und waren im ganzen Volk geachtet und anerkannt. Die Gemeinde wurde mit jedem Tag größer, weil Gott viele Menschen rettete" (Apg 2,41–47; Hoffnung für alle).

Nun ist er wirklich ein „Fels". „Petros". Oder sollten wir „Rocky" sagen? Das wäre so in etwa unser heutiges Äquivalent zu dem, was Jesus mit diesem neuen Namen meinte.

Leben in einer dynamischen Beziehung zu Gott und seinem Reich durch den Heiligen Geist – die neue Kirche musste einfach auf den Widerstand derer stoßen, die meinten, sie seien der religiöse Nabel der Welt. Früher oder später brach Verfolgung aus und Blut floss. Die Kirche wurde zerstreut, „mit Ausnahme der Apostel" (Apg 8,1).

Angriffe in aller Öffentlichkeit, Schläge, Haft und Todesdrohungen brachten Petrus nicht von seinem Weg ab. Er war bei Weitem noch nicht vollkommen, wie wir z. B. im Brief an die Galater nachlesen können (Gal 2,11–14), aber von wenigen Ausnahmen abgesehen, blieb sein Fleisch im Großen und Ganzen auf der Seite des Geistes. Und die Überlieferung besagt, dass, als er schließlich in Rom seinen Weg zum Kreuz antrat, er darum bat, auf dem Kopf stehend gekreuzigt zu werden, weil er sich selbst nicht für würdig befand, auf dieselbe Weise zu sterben wie sein alter Freund und Herr Jesus Christus.

Wir sehen am Beispiel von Petrus, was wirklich aus uns Menschen werden kann. Wir bekommen einen kleinen Eindruck davon, wie die Wiederherstellung unseres geistlichen Lebens uns unsere göttliche Bestimmung zur Herrschaft über diese wunderbare Erde wieder aufschließt – zum Wohl der Schöpfung und zum Lob der Herrlichkeit Gottes.

Kapitel 6

Leben im Geist: Erfüllung für den Leib

„Tief im Staub liegen des Menschen rasendes Herz
und rastloser Verstand,
bis sie, von Gott geschaffen, sich von Neuem
zu ihm erheben."[31]
Henry Montague Butler

„Wie der Geist so sehnt sich nun auch
der Leib danach, den Weg der Erlösung zu beschreiten,
der nach Golgatha führt. Auch er will sich der sengenden
Sonne der Heiligkeit Gottes aussetzen.
Früher war das Ziel die Vergeistlichung, heute
geht es darum, das menschliche Leben als Ganzes zu
formen und umzugestalten. Wir sehen die Inkarnation Christi
mit ihrer Bedeutung für das christliche Leben
auf der Erde in einem neuen Licht."[32]
Josef Goldbrunner

Unser kulturgeschichtliches Erbe verleitet uns allzu leicht zu der Annahme, dass das geistliche Leben sich gegen den Leib richtet und dass wir im Idealfall ein Leben führen, das den Leib völlig verneint. Viele Menschen meinen, wir könnten erst nach unserem Tod wirklich geistlich sein. „Geistlich" zu sein, so die allgemeine Auffassung, ist etwas für alte Leute und für Menschen, die vom Leben ohnehin nichts erwarten. Dieser Gedanke, dass das geistliche Leben für den Leib eine Last ist, ja ihm sogar schadet, durchzieht die ganze westliche Kulturgeschichte. In allem, was wir hier bislang über den Geist und das Leben im Geist gesagt haben, war freilich keine Rede davon, dass wir unseren Leib unterjochen müssten, und das ist kein Zufall. Eine solche Auffassung ist dem Menschenbild des Evangeliums völlig fremd.

Man könnte Bücher darüber schreiben, welchen Schaden eine leibfeindliche Spiritualität in der Kirchengeschichte angerichtet hat und welches Leid vielen Menschen dadurch zugefügt wurde. Unsere geistliche und unsere leibliche Existenz sind keineswegs gegensätzliche Pole unseres Menschseins, sie ergänzen sich vielmehr. Ich möchte mich an dieser Stelle ganz klar von jeder gegensätzlichen Position distanzieren. Nur im Leben aus dem Geist findet unser Leib – und somit auch unser Menschsein als Ganzes – seine Erfüllung.

Wie ist diese Erfüllung möglich? Sie geschieht durch jenes Zusammenwirken unserer körperlichen Kräfte mit Gott und seinem Reich, für das unser Körper ganz explizit geschaffen wurde. Wenn unser Leib durch Anbetung, Reflexion und Aktion an die geistliche Welt angeschlossen ist, dann findet er auch zu Heil und Gesundheit.

So kommt Paulus zu der kühnen Aussage, dass „der Leib [...] für den Herrn [ist] und der Herr für den Leib" (1 Kor 6,13; Einheitsübersetzung) und dass „unsere Leiber Christi Glieder sind" (1 Kor 6,15). Wir werden in einem der folgenden Kapitel noch genauer darauf zu sprechen kommen, dass Paulus den Leib sowohl als Gegenstand als auch als Werkzeug im Prozess der Erlösung ansieht. Doch bevor wir uns diesem Thema widmen, wollen wir noch einen Moment bei der Feststellung verweilen, dass der Leib seine Erfüllung durch das Leben im Geist findet. Es besteht eine enge Verbindung zwischen der Persönlichkeit eines Menschen und seinem Leib. In gewisser Hinsicht, die wir noch näher erläutern werden, kann man sagen, dass eine Person und ihr Leib ein und dasselbe sind.

Ein Blick in die Psychologie

Vor einiger Zeit bemühte sich eine Gruppe von Psychologen, die in der Tradition der Humanistischen Psychologie stand, die „spirituelle" und die biologische Dimension des Menschseins miteinander zu verbinden. Obwohl ich nicht in allem mit den humanistischen Gedanken von Abraham Maslow zum „spirituellen" Leben übereinstimme – insbesondere nicht mit seiner Vorstellung, dass der Mensch dabei ohne Hilfe von außen auskommt –, kann man doch seinen Ansatz durchaus mit einem biblischen Standpunkt in Einklang bringen:

„[...] *die sogenannte spirituelle oder ‚höhere' Dimension des Lebens liegt auf demselben Kontinuum (ist von derselben Art) wie die ‚niedere' Dimension des physisch-körperlichen, die auch bei Tieren zu finden ist. Unsere biologische Existenz schließt die spirituelle Dimension ein. Das Spirituelle ist ihre höchste Ausprägung, aber es gehört dennoch zu ihr. Die spirituelle Dimension gehört zur Essenz unseres Menschseins. Sie ist ein Kennzeichen des menschlichen Wesens, und ohne sie wäre unser Menschsein nicht das, was es ist. Sie ist Teil unseres wirklichen Selbst, unserer Identität, unseres inneren Wesenskerns, unserer Art, dessen, was vollgültiges Menschsein ausmacht.*"[33]

Es kann gar nicht anders sein. Aus christlicher Sicht müssen wir einen solchen Standpunkt freilich sauber gegen eine naturwissenschaftlich-reduktionistische Interpretation abgrenzen, wonach alles durch die Gesetze der Physik, der Chemie und der Biologie erklärbar sein soll. Auf der anderen Seite müssen wir uns klarmachen, was dies bedeutet, wenn wir verhindern wollen, dass das geistliche Leben vom „richtigen" Leben getrennt wird. Wer das Geistliche vom Leiblichen trennt, der verleugnet, dass Jesus wirklich Mensch war, und lässt uns ohne jegliche Hoffnung auf Erlösung.

Der Schlüssel zum Verständnis dieser Realitäten liegt in dem, was bereits in unserer Betrachtung der Schöpfungsgeschichte zur Sprache kam: Der menschliche Körper wurde als Schnittstelle zur geistlichen Welt geschaffen und diese Verbindung kann durch die Intervention Gottes wiederhergestellt werden. Sie entwickelt sich dann durch die geistlichen Übungen im Zusammenwirken von Gott und der Person zur vollen Reife.

„Wahre Spiritualität"

Auf dieser Grundlage ist klar, dass es bei Menschen, die von Gott getrennt sind, keine echte Spiritualität geben kann. Wir sollten uns auch davor hüten anzunehmen, dass Spiritualität etwas sei, das sich nur im Inneren eines Menschen und auch nur zwischen Gott und dem Betreffenden abspielt.

Spiritualität ist eine ganzheitliche Sache, die das ganze Leben umfasst, so wie es von Gott geplant war, mit der Beziehung zu ihm als Mittelpunkt. Zur „wahren Spiritualität" bemerkt Francis Schaeffer:

> *„Jene innere Wirklichkeit muss sich nach außen hin sichtbar manifestieren, und zwar nicht allein darin, dass wir bestimmten Dingen ‚abgestorben' sind; es muss eine Liebe zu Gott sichtbar sein, wir müssen für ihn leben und Gemeinschaft mit ihm haben, hier und in diesem Augenblick. Ebenso müssen wir die Menschen lieben, müssen als Mensch für sie da sein und echte persönliche Beziehungen zu anderen aufbauen, hier und in diesem Augenblick."*[34]

Doch diese „Muss"-Sätze bleiben kraftlose, realitätsferne Appelle, wenn wir nicht wirklich verstanden haben, dass „innere Wirklichkeit" und „äußere Manifestation" untrennbar zusammengehören. Sie sind Teil desselben Prozesses, der jeden, der in Gott lebendig geworden ist, in jedem Bereich seines Lebens völlig erfasst. Eine so lebensbejahende Sicht des geistlichen Lebens, wie Schaeffer sie hier präsentiert, kann nur dann wirklich Bestand haben, wenn wir anerkennen, dass das Geistliche ein integraler Bestandteil unserer biologischen (und somit auch sozialen) Existenz ist.

Die Überzeugung, dass unser Alltag und unser geistliches Leben zwei unterschiedliche Dinge sind, wird eines Tages ebenso abwegig erscheinen wie die Annahme, dass Gegenstände aus Metall nicht auf dem Wasser schwimmen oder durch die Luft fliegen können. Um das Lebendige besser zu verstehen, müssen wir es einfach unter allen denkbaren Bedingungen genau beobachten. Das bedeutet, dass wir als Menschen in unserem Leben mit Gott Offenheit, Mut zum Wagnis und die Bereitschaft zur Reflexion brauchen. Nur dann werden wir herausfinden, welche Möglichkeiten wirklich in uns verborgen sind. Von Erzbischof William Temple stammt der Satz: „Wir wissen nur, was in der Materie steckt, wenn der Geist in ihr wohnt; wir wissen nur, was im Menschen steckt, wenn Gott in ihm wohnt."[35]

Spiel und geistliches Leben

Ich muss wahrscheinlich nicht näher erläutern, wie sehr die Beziehung zwischen unserer Spiritualität und unserer leiblichen Existenz im Allgemeinen missverstanden wird. Vor einiger Zeit lief ein Film im Kino, der viele Leute schockierte. In einer Szene in diesem Film war Jesus zu sehen, wie er mit einer Reihe von Männern Ball spielte. Dabei rannte er doch tatsächlich herum, sprang nach dem Ball und rempelte andere an!

„Richtige Christen spielen doch nicht!", denkt man im Allgemeinen. Zum einen sind sie viel zu ernst, um sich mit etwas so Profanem abzugeben. Es ist ja gerade ein Zeichen ihrer geistlichen Reife, dass sie sich niemals von ihren geistlichen Betätigungen ablenken lassen. Zum anderen ist Spielen ja etwas, das möglicherweise Vergnügen bereiten könnte. Geistliche Menschen können zwar so etwas wie Freude empfinden, aber von puren Vergnügungen sollten sie sich doch wohl lieber fernhalten. Auch wenn es an sich vielleicht gar nicht unbedingt etwas Schlechtes ist, so könnte es sie doch übermäßig in seinen Bann schlagen – denken wir.

Haltungen wie diese prägen die Vorstellung von geistlichem Leben in den Augen der Welt: Es handelt sich dabei lediglich um fruchtlose Selbstkasteiungsbemühungen seltsamer Menschen und ist heute einfach nicht mehr angebracht. Und Jesus, der gekommen ist, um den Menschen Leben in Fülle zu bringen, ist folglich so „geistlich", dass er während seines irdischen Daseins ohne die normalen Körperfunktionen auskam und sicherlich niemals eine Frisbeescheibe geworfen oder sogar mit richtigem Körpereinsatz Ball gespielt hätte.

Gott hat aber gar nichts gegen das ganz normale menschliche Leben mit all seinen alltäglichen Nöten und Vergnügungen einzuwenden. Im Gegenteil, er hat sogar sehr viel dafür übrig. Es ist für uns einfach schwer vorstellbar, obwohl es durchaus eine ganze Reihe von bekannten christlichen Lehrern gibt, die gerade diesen Punkt besonders betonen. So bemerkt Lewis Sperry Chafer in seinem Buch *He That Is Spiritual*, dass der Gedanke, man müsse, um geistlich zu sein, Spiel, Zerstreuung und sogar gesunde Vergnügungen in jeglicher Form vermeiden, eine morbide Irrlehre ist. Sie ist nicht nur völlig unbiblisch, sie ist ein Instrument Satans, um jungen Menschen den Spaß an den Segnungen Gottes zu verleiden. Wer das Negative überbetont, so Chafer, der erweckt den

Eindruck, dass Lebensfreude, Freiheit und Spontaneität im Widerspruch zum geistlichen Leben stehen.

> *„Geistliches Leben ist keine fromme Pose. Es ist kein ‚Du sollst nicht', es ist ein ‚Du sollst'. Es öffnet die Türen zum ewigen Segen, zu den Kraftquellen Gottes. Es ist ein ernstes Vergehen, dem Menschen Spiel und Entspannung zu rauben. Sie sind ein lebenswichtiger Faktor im Leben jedes Menschen, und ohne sie können wir körperlich, seelisch und geistlich nicht normal funktionieren. Gott hat dafür gesorgt, dass wir Freude in Fülle haben."*

Chafer fährt fort mit einer eindringlichen Bemerkung darüber, wie die geistliche Seite unseres Lebens immer mehr Raum einnimmt:

> *„Im Übrigen ist es eines der Merkmale echter Spiritualität, dass sie alle untergeordneten Wünsche und Anliegen auf die Plätze verweist. Sie ist das biblische Heilmittel für ‚Weltlichkeit' unter Christen. Wenn das Leben erfüllt und das Herz mit dem Segen Gottes gesättigt ist, dann ist der Mensch freudig ausgelastet und hat gar keinen Sinn für ungeistliche Dinge* [...]. *Das tote Blatt hat keinen Halt mehr, wenn die neue Knospe hervorsprießt. Ebenso wenig ist Raum für Weltlichkeit, wo der Segen des Geistes strömt."*[36]

Mit „ungeistlichen Dingen" ist nicht einfach das Materielle oder Körperliche gemeint. Es ist alles, das aus seinem Zusammenhang innerhalb der geistlichen Ordnung Gottes und seiner Schöpfung gerissen wird. Nichts ist in sich „ungeistlich", im Sinne unserer Definition des „Geistlichen" im letzten Kapitel, denn alle Dinge sind letztlich auf die geistliche Welt zurückzuführen. Von dieser Warte aus können wir verstehen, wie es möglich ist, was Paulus in Titus 1, Vers 15 schreibt: „Den Reinen *ist* alles rein; den Unreinen aber und Ungläubigen ist *nichts* rein [...]."

Die Tatsache, dass wir „untergeordnete" Wünsche übergehen, wenn ihre Erfüllung nicht angemessen ist, bedeutet nicht, dass sie generell falsch sind, sondern dass sie ihren Platz in der allgemeinen Schöpfungsordnung Gottes haben. Das bedeutet, dass sie unter Umständen in ihre Schranken verwiesen werden und unerfüllt bleiben müssen, doch nie in dem Bewusstsein, dass wir einen schweren Verlust erleiden oder Schaden nehmen. Weil wir in unserem Innersten „freudig ausgelastet" sind, wie Chafer es ausdrückt, empfinden wir den Verzicht nicht als Last.

Abschreckende Beispiele

Wir sollten uns darüber im Klaren sein, dass es hier keineswegs nur um moralphilosophische Erwägungen oder psychologische Erklärungsmodelle geht. Welchen Standpunkt wir hierzu einnehmen, hat tiefe Auswirkungen darauf, wie wir unseren Glauben praktisch leben und welche Wirkung dies auf die Menschen in unserer Umgebung hat. Allzu viele Menschen sind vom christlichen Glauben abgeschreckt, weil es Christen gibt, die gefühllos, steif, unnahbar, langweilig, zwanghaft und unzufrieden sind. Leider finden sich solche Christen überall. Was ihnen fehlt, ist jener ganzheitliche Lebensstil voller Vitalität, Ausgewogenheit und Freiheit, den wir bekommen, wenn wir in Gottes liebevollen Ordnungen leben.

Wenn es uns nicht gelingt, zu einer tiefen Zufriedenheit durchzudringen, dann führt das zwangsläufig dazu, dass uns falsche Handlungen als gut und richtig und erfüllend erscheinen. Darin liegt die Macht der Versuchung. Das Gleiche gilt, wenn unser Versagen darauf zurückzuführen ist, dass wir versuchen, falsche Standards zu erreichen, die wir als „geistlich" ansehen. Im Normalfall wird es uns leichterfallen, der Versuchung zu widerstehen, wenn wir zufrieden und erfüllt sind. Wenn wir uns jedoch alle Freuden und Vergnügungen versagen, die ja ein normaler Teil unserer Existenz sind, weil sie uns als „ungeistlich" erscheinen, dann wird dies dazu führen, dass wir uns selbst in unserem Bemühen, das Richtige zu tun, sogar *schwächen*. Wir verlieren die Schönheit des Guten aus den Augen und haben keine Möglichkeit mehr, Kraft daraus zu ziehen.

Verfehlungen im Bereich von Sexualität und Partnerschaft gehören zu den häufigsten Sünden, die man im Allgemeinen unter Christen antrifft. Es ist schon fast sprichwörtlich: der Pastor, der sich in seine Organistin oder irgendeine andere Mitarbeiterin verliebt, mit ihr ein Verhältnis anfängt, dann seine verärgerte und verstörte Gemeinde zurücklässt und sich schließlich fragt, wie es jemals dazu kommen konnte.

In diesen Fällen ist es oft so, wie Agnes Sanford treffend beschreibt, dass der Pastor „nicht daran gedacht hatte, dass er Staub ist [...], was Gott gnädigerweise nie vergisst!" Der Pastor hat aus den Augen verloren, dass es da tief in ihm eine „Schattenseite" gibt, wie sie es nennt, „die Gott einfach mal für eine Weile vergessen und Golf spielen gehen wollte". Auch diese Seite ist in Gottes Augen heilig. Er gab sie dem Menschen „als Ausgleich, damit wir beim Drahtseilakt unserer Existenz nicht die Balance verlieren".[37]

In diese Richtung geht auch eine Warnung, die uns im Buch Prediger mitgegeben wird: „Sei nicht allzu gerecht und allzu weise, damit du dich nicht zugrunde richtest" (Koh 7,16). Eine falsch verstandene und falsch gelebte „Geistlichkeit" ist eine der Hauptursachen für menschliches Leid und Rebellion gegen Gott.

Inwieweit ist der Mensch mit seinem Körper gleichzusetzen?

Wir können Leib und Seele nicht voneinander trennen. Wenn wir unsere Seele reinhalten wollen, dann kommen wir nicht umhin, für den Leib zu sorgen, dessen Teil sie ist.

> *„Ein Priester kam einmal zu Meister Eckhart und sprach: ‚Ich wünschte, ich hätte Eure Seele in meinem Leib.' Darauf antwortete dieser: ‚Da wäret Ihr reichlich töricht. Das würde Euch nichts Gutes einbringen – ebenso wenig, wie es Eurer Seele nutzen würde, in meinem Leibe zu sein. Keine Seele kann irgendetwas tun, außer durch den Leib, an den sie gebunden ist.'"*[38]

Die Einheit zwischen geistlichem Leben und dem Leben als Ganzes ist letzten Endes Ausdruck der Tatsache, dass wir als Menschen untrennbar mit unserem Körper verbunden sind. Es ist sehr schwierig, darüber in allgemein verständlicher Weise zu schreiben, und es gibt hier eine Fülle von Missverständnissen. Doch wir brauchen einen gewissen Zugang zu dieser Thematik, wenn wir verstehen wollen, welche Rolle unser Körper bei unserer Erlösung spielt.

Im materialistischen und behavioristischen Menschenbild ist kein Raum für eine solche Einheit. Hier wird behauptet, dass der

Mensch sich auf das physikalisch und chemisch Messbare reduzieren lässt. Aus christlicher Sicht ist eine solche Sichtweise natürlich völlig inakzeptabel, weil die geistliche Dimension des Menschseins für Christen von ganz zentraler Bedeutung ist.

Auch die mehr phänomenologischen oder existenzialistischen Autoren aus der jüngeren Vergangenheit lehnen die Vorstellung ab, der menschliche Körper sei etwas „rein Physikalisches", eine Art Maschine, bei der das nicht materielle oder spirituelle Selbst eine mehr oder weniger belanglose Randerscheinung ist. Aus der Sicht dieser Autoren ist die Einheit zwischen Körper und Geist die Antithese zum materialistischen Menschenbild. Es gibt hier durchaus vielversprechende Parallelen zum christlichen Verständnis unserer menschlichen Natur.

Dies gilt insbesondere dann, wenn man Querverbindungen zu neueren theologisch-anthropologischen Ansätzen herstellt, die ebenfalls die Leiblichkeit des Menschen betonen. Sie gehen sogar noch weiter: Hier wird angezweifelt, dass die „Unsterblichkeit" der Seele sich allein auf die nicht materiellen oder geistlichen Anteile des Menschen bezieht; dies wird als eine Verfremdung des biblischen Menschenbildes angesehen, die aus dem platonischen Denken heraus stammt. Für die Vertreter dieser Sichtweise wäre die Auferstehung dann der Übergang des Menschen in seine eigentliche Seinsform, jenseits des Todes.

Aber was meinen wir eigentlich damit, wenn wir behaupten, dass eine Person und ihr Körper ein und dasselbe sind? Das Ganze hört sich fast ein wenig paradox an, aber es wird klarer, wenn wir uns einige ganz alltägliche Erfahrungen ins Gedächtnis rufen, die jeder von uns macht.

So gibt es nichts, kein Wissen, keine Erfahrungen, bei dem unser Körper nicht zumindest eine gewisse Rolle spielt. Alles, was wir mit uns selbst und mit anderen erleben, hat auf die eine oder andere Weise auch etwas mit unserem Körper zu tun. Wenn ich einen Tisch betrachte, dann entscheidet die Position meines Körpers im Raum darüber, was ich wahrnehme. Ich kann die Unterseite des Tisches nicht sehen, weil mein Kopf höher ist als die Tischplatte. Durch die Wahrnehmung meiner Umgebung schließe ich auf die Lage meines Körpers im jeweiligen Augenblick.

Es ist vielleicht nicht ganz so offensichtlich, aber selbst in unserem abstrakten Denken greifen wir sehr häufig auf Wortschöpfungen, Bilder und Symbole zurück, die sich auf unseren Körper beziehen. Wir verwenden unsere zehn Finger als Hilfsmittel für Rechenoperationen, und auch sonst kommen wir beim Rechnen meist nicht aus, ohne in irgendeiner Weise unseren Körper zu gebrauchen.

Bestimmte Emotionen sind jeweils mit spezifischen Teilen unseres Körpers verknüpft, wie z. B. Gesicht, Magen, Genitalien, Arme, Herz, Schultern. Die berühmte James-Lange-Theorie der Emotionen, die man in den Einführungsseminaren des Psychologiestudiums lernt, versuchte diesem Sachverhalt Rechnung zu tragen, indem sie behauptete, dass sich jedes Gefühl allein auf die Wahrnehmung bestimmter körperlicher Erregungsvorgänge reduziert.[39]

Was wir in einer bestimmten Situation tun, hängt ganz wesentlich von unseren Körperempfindungen ab. Wenn wir das Gleichgewicht verlieren oder wenn uns schwindelig wird, dann bedeutet dies in erster Linie, dass wir die Körperbeherrschung verlieren. „Desorientierung" ist eine allgemeine Bezeichnung für die Unfähigkeit, uns als körperliche Wesen in unserer physischen und sozialen Umwelt zurechtzufinden.

Nicht nur für unsere Selbsterfahrung ist unser Körper ausschlaggebend, auch im Umgang mit anderen beruhen unsere Einschätzungen ganz wesentlich darauf, wie wir sie rein äußerlich erleben.

Die Schriftstellerin Pearl Buck wuchs als Tochter von Missionaren in China auf. Sie erinnert sich daran, dass ihr kleiner Bruder wie so viele Missionarskinder an Fieber erkrankte und starb. Freunde versuchten ihre Mutter zu trösten, indem sie sagten: „Es ist doch nur sein Körper, der gestorben ist." Für die Mutter war das überhaupt kein Trost. In ihrem Schmerz rief sie aus, sie habe schließlich diesen kleinen Körper in sich getragen und zur Welt gebracht, ihn angezogen und gefüttert und für ihn gesorgt, und sie liebe *diesen Körper!*

Man müsste schon hoffnungslos blind dafür sein, was es bedeutet, als Mensch in dieser Welt zu leben, um nicht zu verstehen, was diese verzweifelte Mutter damit meinte. Ihr Kind war für sie kein körperloses Geistwesen. Bei allen Einschränkungen und Erläuterungen, die hier sicherlich nötig sind, müssen wir doch feststellen, dass es schlicht und ergreifend unmöglich ist, einen anderen Menschen zu lieben, ohne seinen Leib irgendwie in diese Liebe mit einzuschließen. Ebenso können wir nicht liebevoll für den Leib eines Menschen sorgen, ohne dadurch zugleich dem Menschen als Ganzes Liebe zu erweisen.

Aus allem bisher Gesagten wird klar, dass nichts von dem, was unser Menschsein ausmacht, unsere Persönlichkeit, unsere Erfahrungen, unsere Gewohnheiten und unser Denken, von unserem Körper zu trennen ist. Wenn wir uns einen Eindruck von einer Person verschaffen wollen, dann fragen wir sie danach, wie groß sie ist, wo sie geboren wurde, wo sie zur Schule ging, wer ihre Eltern sind und wo sie heute lebt – Fragen, die mehr oder weniger auch etwas mit ihrem Körper zu tun haben.

Die Persönlichkeit eines Menschen lässt sich in unserem Bewusstsein nicht von seinem Körper trennen. Wir tragen dem Rechnung, indem wir annehmen, dass eine Person und ihr Körper eins sind. Daraus ergibt sich für uns die Notwendigkeit, unseren Körper durch geistliche Übungen in den Prozess der Erlösung mit einzubeziehen.

Die Tatsache, dass wir nicht in der Lage sind, menschliches Verhalten, das menschliche Gemeinwesen, unser Menschsein an sich, allein mittels chemischer und mechanischer Konzepte zu begreifen, zeigt, dass unser Körper keineswegs nur ein physikalisches Gebilde ist. Um noch einmal Schrödinger zu zitieren: „Nach allem, was wir über die Strukturen der lebenden Materie gelernt haben, können wir uns nicht der Erkenntnis verschließen, dass sie sich in ihrer Funktionsweise nicht auf die Gesetze der Physik reduzieren lässt.“[40]

Der Leib als Schlachtfeld

Wir haben nun festgestellt, dass die Person des Menschen mit ihrem Leib gleichzusetzen ist. Innerhalb der leiblichen Person gibt es darüber hinaus noch eine Reihe von sehr unterschiedlichen Kräften, die das Innenleben eines Menschen zu einem Schlachtfeld machen. Wir sahen schon am Beispiel von Simon Petrus, dass der Körper mitunter ein Eigenleben zu führen scheint und dass er unseren bewussten Gedanken und Absichten widersprechen kann. Jeder von uns hat sicher bereits die Erfahrung gemacht, dass unsere triebhaften Bedürfnisse, z. B. nach Nahrung, Schlaf oder Sex, mit unseren sonstigen Verhaltensmaßregeln in Konflikt geraten können. Dies gehört zu den Grunderfahrungen, die jeder Mensch macht.

Aus der Sicht des Christentums besteht der primäre Konflikt des Menschen freilich in der Trennung von Gott, der jeder Einzelne zunächst ausgesetzt ist. Aber im Lichte dessen, was wir über die ursprüngliche Rolle des Menschen in der Schöpfung gesagt haben, besteht hier überhaupt kein Widerspruch. Wir wurden geschaffen, um Gott aus unserem freien Willen heraus zu dienen, doch wir rebellierten gegen Gott, und in unserer Rebellion wendeten wir unsere autonome (körperliche) Energie gegen Gott.

Durch unsere Lebenswende haben wir wieder Frieden mit Gott (Röm 5,1). Nach unserer Versöhnung mit Gott verlagert sich das Problem der Erlösung auf unser Selbst, jene beiden Anteile in uns, die das Neue Testament als „Fleisch" und „Geist" bezeichnet. Wie? Nach der Umkehr schlagen sich unser Wille und unsere Absichten auf die Seite des „Geistes" oder Gottes, wie wir bei Simon Petrus gesehen haben. Doch all die Erfahrungen, die wir im Laufe des Lebens in einer Welt, die ohne Gott lebt, angesammelt haben, werden durch diesen Bewusstseinsumschwung nicht sofort und vollständig „umgepolt". Unser Organismus behält all seine „eingefleischten" Eigenarten und Verhaltensmuster zunächst bei.

In diesem Zustand „richtet sich das Begehren des Geistes aber gegen das Fleisch; beide stehen sich als Feinde gegenüber, sodass ihr nicht imstande seid, das zu tun, was ihr wollt" (Gal 5,17; Einheitsübersetzung). Hier gibt uns der Apostel Paulus mit der ihm eigenen analytischen Schärfe eine Beschreibung dessen, was in Petrus vor sich ging – bis zu dem Moment, da das Fleisch mit dem Geist so in Einklang gebracht war, dass er sich gemäß seiner Bekehrung zu verhalten vermochte.

Diesen inneren Widerstreit zwischen Fleisch und Geist erfährt jeder, der eine Entscheidung für Gott fällt. Manchmal dauert er länger, manchmal geht es schneller. Genau hier liegt die Bedeutung der geistlichen Übungen. Diese sind im Grunde altbewährte Methoden, die es uns nach unserer Wiedergeburt ermöglichen, unserem Geist im Ringen um die Herrschaft über unser verkörpertes Selbst zunehmend zur Oberhand zu verhelfen. Sie sind ein Hilfsmittel, um die schädlichen Gewohnheiten unseres alten Selbst durch einen göttlichen Lebensstil zu ersetzen.

Ein Wort zu Ehren des Fleisches

Es scheint mir an der Zeit, eine Lanze für das Fleisch zu brechen, das immer wieder so üblen Missverständnissen und falschen Beschuldigungen ausgesetzt ist. Mit „Fleisch“ im biblischen Sinne ist nur selten unser Körper gemeint. An einigen wenigen Stellen steht der Begriff als Bezeichnung für Fleisch als Nahrungsmittel (vgl. 2. Mose 12,16; 3. Mose 7; Ps 78,20-21; Mi 3,2-3; Röm 14,21; 1 Kor 8,13). Im Allgemeinen jedoch steht Fleisch in der Bibel als etwas Aktives, eine spezifische Energie oder Ansammlung von Energien, die einem bestimmten Körper zugeordnet ist und die auf bestimmte Ausdrucksformen beschränkt ist.

So heißt es von den Tieren: „[...] das ging alles zu Noah in die Arche paarweise, von allem Fleisch, darin Odem des Lebens war. Und das waren Männchen und Weibchen von allem Fleisch, und sie gingen hinein, wie denn Gott ihm geboten hatte. Und der Herr schloss hinter ihm zu“ (1. Mose 7,15–16). An anderer Stelle lesen wir: „[...] ich werde mich nicht fürchten; was sollte Fleisch mir tun?“ (Ps 56,5; Elberfelder). Weiterhin: „Denn Ägypten ist Mensch und nicht Gott und seine Rosse sind Fleisch und nicht Geist“ (Jes 31,3). Und schließlich: „Aber der von der Magd ist nach dem Fleisch gezeugt worden“ – ohne Zutun der „Verheißung“ Gottes, der Geist ist (Gal 4,23).

Diese Schriftstellen, neben vielen anderen, verdeutlichen, was mit dem biblischen Begriff „Fleisch“ gemeint ist. Es wird nicht unterstellt, dass Fleisch etwas Böses ist, sondern lediglich eine begrenzte Kraft, die bis zu einem gewissen Grade von Gott unabhängig ist.

Nicolas Berdayev gibt uns eine sehr treffende Beschreibung des Fleisches:

„Dieses niedere Wesen ist an sich nicht böse, solange es seinen angemessenen Platz in der Hierarchie des Universums einnimmt; es ist Teil der göttlichen Weltordnung. Nur wenn es sich einen Platz anmaßt, der ihm nicht zusteht, wird es sich selbst untreu und bekommt etwas Böses. Die Welt der Tiere hat zweifelsohne ihren Platz auf der Skala Gottes und eine ewige Bestimmung, doch wenn sie vom Menschen Besitz ergreift und wenn der Mensch einem niederen Wesen Kontrolle über seinen Geist einräumt, dann wird das Tier zu etwas Bösem. Das

Böse liegt nicht in der Natur eines Wesens selbst, sondern darin, ob es sich der vom Geist vorgegebenen Richtung unterordnet.“[41]

Wenn wir über das Wesen des Fleisches sprechen, dann sind zwei Aspekte besonders wichtig: seine spezifischen Neigungen und seine Begrenzungen – was es kann und was es nicht kann. Diese Neigungen und Begrenzungen sind natürlich je nach Lebewesen sehr unterschiedlich. Das „Fleisch“ des Menschen ist durch eine erstaunliche Bandbreite an intellektuellen und sozialen Möglichkeiten gekennzeichnet, und es verfügt über eine einmalige Fähigkeit, zu Gott in Beziehung zu treten. Es kann sowohl Böses als auch Gutes verkörpern (Ez 11,19–20). Es kann in etwas umgestaltet werden, sodass die körperliche Existenz des Individuums schließlich einen „himmlischen“ Leib erhält. Der Mensch aus vergänglichem Fleisch kann so Unvergänglichkeit anziehen. Dies ist die Botschaft des Neuen Testaments (1 Kor 15).

Der unvergängliche Leib

In seinen Briefen greift Paulus auf Unterscheidungsmerkmale zurück, die sich erstmals in den ersten Kapiteln des 1. Buches Mose finden. In einer sehr ausgefeilten Beschreibung der fortgeschrittenen Stadien im Prozess der Erlösung bemerkt er: „Nicht alles Fleisch ist das gleiche Fleisch, sondern ein anderes Fleisch haben die Menschen, ein anderes das Vieh, ein anderes die Vögel, ein anderes die Fische“ (1 Kor 15,39). Zu dieser Unterscheidung zwischen unterschiedlichen Arten des Fleisches fügt Paulus noch ein weiteres Unterscheidungsmerkmal hinzu. Es ist zutiefst in der Geschichte der Menschheit mit Gott verwurzelt, wie sie im Alten und Neuen Testament zu finden ist: „Und es gibt himmlische Körper und irdische Körper; aber eine andere Herrlichkeit haben die himmlischen Körper und eine andere die irdischen“ (1 Kor 15,40). Durch die Verklärung Jesu und die Erscheinung des auferstandenen Jesus in seinem Auferstehungsleib bekam diese Unterscheidung für die Christen eine völlig neue Dimension. Darüber hinaus warf dies ein ganz neues Licht auf eine Reihe von Ereignissen im Alten Testament, die aus dieser Perspektive ebenfalls als Christusoffenbarungen erscheinen müssen (1 Kor 10,1–4).

Das „lebendige Wesen“ namens Mensch, „der erste Adam“, bestand aus Fleisch in seiner höchsten und reinsten Form. Er war sozusagen die „Quintessenz des Staubes“.[42] Als höchste Form des Staubes ist er auch imstande, wie in der Vision des Paulus, von einer Form des Leibes (dem „irdischen“) in eine andere Form (die des „himmlischen“) überzuwechseln – dies ist der „verherrlichte“ Leib Jesu nach seiner Auferstehung (Phil 3,21).

So ist es letzten Endes richtig, dass „Fleisch und Blut das Reich Gottes nicht ererben können“ (1 Kor 15,50). Aber die *Person* aus Fleisch und Blut kann es mithilfe Gottes und seines Geistes sehr wohl (1 Kor 15,54; 1 Petr 1,4; Phil 3,11).

Fleisch und Blut können freilich ebenso gut dafür sorgen, dass das Denken und Handeln einer Person allein auf das Fleisch gepolt ist, bis es schließlich stirbt. Diese Person richtet alle ihre Hoffnungen ausschließlich auf ihre eigenen natürlichen Kräfte und Möglichkeiten – auf das, was ihr Leib ohne Zugang zu Gott zu tun vermag –, bis sie schließlich am Ende „Vergänglichkeit erntet“. Es bedarf hier einer Entscheidung und eines entsprechenden Lebensstils.

Eine Entscheidung fällen

Paulus selbst konfrontiert uns mit diesem beunruhigenden Sachverhalt:

> „Denn alle, die vom Fleisch bestimmt sind, trachten nach dem, was dem Fleisch entspricht, alle, die vom Geist bestimmt sind, trachten nach dem, was dem Geist entspricht. Das Trachten des Fleisches führt zum Tod, das Trachten des Geistes aber zu Leben und Frieden. Denn das Trachten des Fleisches ist Feindschaft gegen Gott; es unterwirft sich nicht dem Gesetz Gottes und kann es auch nicht. Wer vom Fleisch bestimmt ist, kann Gott nicht gefallen“ (Röm 8,5–8; Einheitsübersetzung).

> „Täuscht euch nicht: Gott lässt keinen Spott mit sich treiben; was der Mensch sät, wird er ernten. Wer im Vertrauen auf das Fleisch sät, wird vom Fleisch Verderben ernten; wer aber im Vertrauen auf den Geist sät, wird vom Geist ewiges Leben ernten. Lasst uns nicht müde werden, das Gute zu tun; denn wenn

wir darin nicht nachlassen, werden wir ernten, sobald die Zeit dafür gekommen ist" (Gal 6,7–9).[43]

Die Folgen dieser Entscheidung sind gravierend, und wir müssen sehr sorgfältig darauf achten, dass wir richtig verstehen, was mit diesen beiden Alternativen gemeint ist. Ich versuche in diesem Buch darauf hinzuweisen, dass unsere Entscheidung sich auf sehr *konkrete Schritte* bezieht, *die entweder zu geistlicher Reife oder aber zu geistlichem Verfall führen*. Auch die Dinge, die Gott für uns tut, werden dieses Gesetz nicht außer Kraft setzen.

Wir täuschen uns gewaltig, wenn wir meinen, das Fleisch als solches sei minderwertig oder sündig. Dies entspricht einfach nicht dem biblischen Menschenbild und dem biblischen Gnadenverständnis. Wir sollten diesen Fehler vermeiden, wenn wir die Aufgabe ernst nehmen wollen, die uns Paulus in seinem Brief an die Römer gegeben hat: dass wir „unsere Glieder hingeben an den Dienst der Gerechtigkeit, dass sie heilig werden" (Röm 6,19). Ansonsten haben wir ein falsches Verhältnis zu unserem Leib und erkennen nicht, dass auch er ein Hilfsmittel ist, wenn wir so leben wollen, wie Gott uns geschaffen hat.

Fleisch – nicht „gefallenes" Menschsein

Im Hinblick auf unseren Leib gibt es eine Reihe von Gesichtspunkten, die wir uns vergegenwärtigen sollten. Der Leib kann nicht zu jener wichtigen Ressource für unser geistliches Leben werden, die er nach Gottes Willen sein soll, wenn wir ihn lediglich als Ausdruck unseres „gefallenen Menschseins" ansehen. Vielfach findet man den Standpunkt, der Begriff „Fleisch" stehe für „die menschliche Natur nach dem Sündenfall des ersten Menschen, verkrüppelt, gestört, unfähig, sich einem normalen Maß an Kontrolle zu unterwerfen, und deshalb von jeher eine Quelle der Rebellion, etwas, das der Mensch ohne Hilfe von außen nicht zu beherrschen vermag. Sich selbst überlassen ist dieses gefallene Menschsein unweigerlich eine Quelle von Sünde."[44] Dies ist so einfach nicht richtig.

Ohne Zweifel ist das unerlöste Fleisch (die Materie, aus der unser Körper besteht, und unsere Kräfte und Fähigkeiten) nach dem Fall des Menschen die hauptsächliche Quelle der Sünde.

Dennoch müssen wir immer im Auge behalten, dass unsere „Gefallenheit“ als Menschen nicht in unserem Fleisch selbst begründet liegt, sondern in seinem zutiefst zerrütteten Zustand. In diesem Zustand widersetzt sich das Fleisch dem Geist, neigt dem Bösen zu und kann nur dadurch überwunden werden, dass es ans Kreuz genagelt wird (Gal 5,16.19 f.).

Leider gab es über die ganze Kirchengeschichte hinweg nur wenige, die erkannten, wie verhängnisvoll es ist, wenn man das Fleisch mit der Gefallenheit des Menschen gleichsetzt. Einer von ihnen war George Fox, der Begründer der Quäker. Die Dinge, die er erkannt hatte, brachten ihm oft bittere Opposition vonseiten seiner Zeitgenossen ein. Über eine jener Auseinandersetzungen schrieb er einmal:

> *„Dann meinten die Professoren, der äußere Leib sei ein Leib des Todes und der Sünde. Auch hierin überführte ich sie ihres Irrtums; denn auch Adam und Eva hatten einen äußeren Leib, noch bevor der Leib des Todes sich ihrer bemächtigte. Die Menschen werden auch dann noch einen Leib besitzen, wenn der Leib der Sünde und des Todes abgetan sein wird und wenn sie wiederum erneuert werden zur Ebenbildlichkeit Gottes in Christus Jesus, die sie hatten, bevor sie in Sünde fielen.“*[45]

Fox verstand, dass es sich beim „alten sündigen Leben“ (Kol 2,11; Hoffnung für alle) und „dem alten Menschen“ (Eph 4,22), die wir „ablegen sollen“, nicht einfach um unsere körperliche Existenz handeln kann, denn diese können wir nicht ablegen – es sei denn, wir begingen Selbstmord.

Soweit wir erkennen können, hatten die ersten Menschen bereits einen Leib, bevor sie Gott ungehorsam waren, und somit ist klar, dass das Fleisch eben nicht mit dem gefallenen Menschsein gleichzusetzen ist. Die biblische Entsprechung des gefallenen Menschseins ist eher der Begriff „Welt“: „Denn alles, was in der Welt ist, die Begierde des Fleisches und die Begierde der Augen und der Hochmut des Lebens, ist nicht vom Vater, sondern von der Welt“ (1 Joh 2,16; Elberfelder). Mit dem „gefallenen Menschsein“ ist die Art und Weise gemeint, in der die guten Kräfte, die Gott bei der Schöpfung in uns hineingelegt hat, verkehrt und gegen Gott gerichtet werden. Dies betrifft sowohl das einzelne Individuum als auch Gesellschaft und Kultur.

Die eigentliche Auswirkung des Sündenfalls besteht darin, dass wir dazu verführt wurden, allein auf das Fleisch zu vertrauen und „es für nichts zu achten, Gott zu vertrauen" (Röm 1,28). Da wir annehmen, dass es keinen Gott gibt, mit dem man rechnen müsste, ziehen wir es vor, die Sache selbst in die Hand zu nehmen. Das ist gemeint, wenn es heißt, wir seien „fleischlich gesinnt". Es ist die fleischliche Gesinnung, nicht das Fleisch selbst, die gegen das Gesetz rebelliert und Feindschaft gegen Gott hegt.

Dagegen ist uns von alters her verheißen, dass Gott seinen Geist auf alles *Fleisch* ausgießen würde (Joel 2,28; Apg 2,17). Das Fleisch kann nach Gott verlangen (Ps 63,1), zu Gott kommen (Ps 65,3), sich an Gott freuen (Ps 84,3) und seinen heiligen Namen loben (Ps 145,21). So kommt es, dass das Herz sogar an einen Punkt gelangen kann, an dem es „die Verwesung nicht sieht" (Apg 2,31). Über die „Welt" dagegen wurde nie etwas Vergleichbares gesagt.

Die Bedeutung der geistlichen Übungen bei der Erlösung des Menschen

Nachdem ich mich bislang damit beschäftigt habe, was nun überhaupt das „Fleisch" ist, soll es in den folgenden Kapiteln um die Bedeutung der geistlichen Übungen gehen. Die Erlösung, so wie sie im Neuen Testament dargestellt wird, ist nur dann wirklich umfassend und vollständig, wenn der Bezug zu unserer leiblichen Existenz und zu den Absichten Gottes für die Schöpfung hergestellt wird.

Bei der Schöpfung stattete Gott den Menschen mit bestimmten Fähigkeiten aus, die er zur Erfüllung seiner schöpfungsgemäßen Bestimmung braucht. Hierzu zählt die Fähigkeit, bei der Ausübung seiner Herrschaft über die untergeordneten Bereiche der Schöpfung in Kommunikation mit dem übergeordneten Bereich des Reiches Gottes zu treten, aber vor allem ist die Willensfreiheit von Bedeutung, die Gott uns Menschen gegeben hat. Der Mensch besitzt einen Körper, damit er Mittel und Wege zur Verfügung hat, um als Person mit Gott in Beziehung zu treten und mit ihm zusammenzuwirken.

Der Körper eines jeden Menschen ist in einer bestimmten Weise ausgestattet und durch persönliche Lernerfahrungen geformt. Im

Prozess der Wiederherstellung erneuert Gott durch sein lebensspendendes Wort unsere ursprüngliche Fähigkeit zur Interaktion mit ihm, aber dennoch sind wir in einem bestimmten Rahmen selbst dafür verantwortlich, wie unser Charakter geformt wird. Unser Körper wird nur durch die Dinge verändert, die wir tagtäglich aus eigenem Entschluss heraus tun.

Mit anderen Worten: Die göttliche Gnade allein ist noch keine Garantie, dass wir die richtigen Schritte tun, damit Christus in uns Gestalt gewinnt. Wir müssen unseren Beitrag zum Prozess der Transformation unseres Leibes leisten, denn unser Körper wird eben nicht nur durch Gottes Gnade, sondern auch durch unser Handeln zum Werkzeug des Guten wie des Bösen geformt.

Was also ist die spezifische Rolle der geistlichen Übungen in diesem Prozess? Sie sollen dieses Selbst in einer bestimmten Weise prägen und formen. Unser Anteil am Prozess der Erlösung besteht darin, dem Drängen des Geistes nachzugeben, der uns in eine neue Form bringen will.

Wir sollten diese Aufgabe sehr ernst nehmen und alles daransetzen, unseren Teil zu tun, denn niemand, nicht einmal Gott, wird uns diese Arbeit abnehmen können. Sie fällt in den Bereich unserer Freiheit und Verantwortung. Nur dann werden wir in der Lage sein, in der richtigen Weise und mit der nötigen Ausdauer in jener Haltung von geistlicher Disziplin zu leben, „die zu allen Dingen nütze ist und die Verheißung dieses und des zukünftigen Lebens hat“ (1 Tim 4,8).

Kapitel 7

Erlösung am Beispiel von Paulus

„Wisst ihr nicht, dass die Läufer im Stadion zwar alle laufen, aber dass nur einer den Siegespreis gewinnt? Lauft so, dass ihr ihn gewinnt. Jeder Wettkämpfer lebt aber völlig enthaltsam; jene tun dies, um einen vergänglichen, wir aber um einen unvergänglichen Siegeskranz zu gewinnen. Darum laufe ich nicht wie einer, der ziellos läuft, und kämpfe mit der Faust nicht wie einer, der in die Luft schlägt; vielmehr züchtige und unterwerfe ich meinen Leib, damit ich nicht anderen predige und selbst verworfen werde."

1. Korinther 9,24–27 (Einheitsübersetzung)

„In Paulus machte die griechische Philosophie zum ersten Mal seit Aristoteles wieder einen wirklichen Schritt nach vorn."[46]

Sir William Ramsey

Gibt es ein Beispiel, das uns helfen kann zu verstehen, wie geistliche Übungen in der Praxis aussehen?

Geistliche Übungen sind im wahrsten Sinne des Wortes „Übungen zur Gottseligkeit", zu einem gottgefälligen Lebensstil. So drückt es Paulus selbst in seinem ersten Brief an Timotheus aus (1 Tim 4,7) und spricht damit zugleich ein zentrales Thema an, das sowohl in seiner Theologie als auch in seinem eigenen Leben einen großen Stellenwert besaß. Aus diesem Grund können wir den Weg, den der große Heidenmissionar in der Nachfolge Jesu ging, zu einem Prüfstein für all das machen, was wir über den Lebensstil unter dem sanften Joch gesagt haben. War diese „Übung zur Gottseligkeit", von der Paulus hier schreibt, lediglich abstrakte Theorie ohne Bezug zu seinem Alltag? Oder hatte sie für ihn wirklich Bedeutung und war Ausdruck eines Lebensstils, den er selbst mit ganzer Hingabe lebte und den er auch anderen nahebringen wollte?

Natürlich trifft Letzteres zu. Das war in seinen Augen und in den Augen seiner damaligen Leser offenbar so selbstverständlich, dass er es nicht für nötig befand, ein Buch über geistliche Übungen zu schreiben, um im Einzelnen zu erläutern, worauf er hier anspielte.

Doch seither ist eine lange Zeit vergangen – und es gab hier viele Missverständnisse. Wir haben im Laufe der Geschichte so viele Fehlentwicklungen erlebt, dass es uns heute schwerfällt zu verstehen, was Paulus meinte, wenn er davon sprach, seinen Leib „zu töten“. Wir werden im nächsten Kapitel noch näher auf die Geschichte der geistlichen Übungen eingehen. Im Folgenden wollen wir einen Blick darauf werfen, wie Paulus in der Nachfolge lebte.

Der rätselhafte Paulus

Der Apostel Paulus ragt als eine Person aus der Weltgeschichte heraus, die wie nur wenige andere dazu beigetragen hat, den Gang der Geschichte zu beeinflussen und das Denken der Menschheit nachhaltig zu prägen. Und doch bleibt er überaus rätselhaft, wenn man ihn allein von unserer heutigen Warte aus betrachtet. Das gilt auch, und vielleicht sogar in besonderem Maße, für diejenigen, die bei ihm ein Vorbild für ihr geistliches Leben suchen.

Die verächtliche Beschreibung, die wir bei Friedrich Nietzsche über Paulus finden, bringt in sehr extremer Weise zum Ausdruck, was viele moderne säkulare Denker von ihm halten. Nach Auffassung Nietzsches war Paulus „einer der ehrgeizigsten Menschen überhaupt, dessen Aberglaube nur noch durch seine Gerissenheit übertroffen wurde; ein Mensch, der viele Qualen ertrug und sehr zu bedauern ist, ein überaus unangenehmer Mensch sowohl für sich selbst als auch für andere“.[47]

Unter christlichen Gelehrten dagegen besteht weitgehend Uneinigkeit darüber, ob die Genialität von Paulus ihren Ausdruck eher in seiner Eigenschaft als systematischer Theologe, als Gemeindegründer und Organisator, als Moraltheologe, als visionärer Mystiker oder als asketischer Heiliger findet. Vermutlich wird Paulus von den meisten am ehesten als derjenige gesehen, der die

Grundlagen der christlichen Dogmatik gelegt hat – James S. Stewart bezeichnet dies als die „größte Ungerechtigkeit, die die Geschichte ihrem größten Heiligen angetan hat".[48]

In seinem bemerkenswerten Buch über Paulus, *A Man In Christ*, macht Stewart deutlich, wo das Zentrum seines Lebens und seiner Botschaft lag: Paulus betonte die Notwendigkeit und die Möglichkeit, Christi leibhaftige Gegenwart beständig zu erfahren. So hilfreich dieses Buch von Stewart auch ist, wie so viele Abhandlungen über Paulus in den letzten Jahrhunderten hat es einen gravierenden Mangel. Dieser Mangel besteht darin, dass der Leser keinerlei Hilfestellung findet, was er praktisch tun kann, um dem Beispiel des Apostels auf dessen Weg mit Christus zu folgen, wie Paulus selbst in seinem ersten Brief an die Korinther anregt (1 Kor 4,16; 11,1). So bleiben die Erfahrungen von Paulus in seinem Leben in Christus, die Stewart so hervorragend beschreibt, für den Leser in der Praxis weitgehend unerreichbar.

Im 2. Kapitel sprachen wir über die Unfähigkeit der heutigen Kirche, aus der Kirchengeschichte und aus der Botschaft der Bibel zu lernen, wie man jenes echte „Wachstum in der Gnade und Erkenntnis des Herrn Jesus" in den Menschen hervorbringt. Irgendwie scheint uns entgangen zu sein, wie Jesus selbst sein Leben lebte – und nicht nur er, sondern auch die vielen, die seinem Ruf zur Nachfolge folgten (vgl. Lk 16,16; Mt 11,12). Offenbar sind wir mit Blindheit geschlagen, sodass uns einige ganz zentrale Aspekte der Evangelien verborgen bleiben, die uns eigentlich Orientierung geben sollten. Aus unserer begrenzten Perspektive heraus erscheinen uns bestimmte Dinge für unser eigenes Leben als irrelevant, obwohl Jesus und auch Paulus sie ganz bewusst praktizierten.

Irrelevant – das ist keineswegs eine zu scharfe Formulierung. Der Begriff impliziert freilich, dass man einen Gegenstand wirklich erforscht und durchdacht hat, bevor man sein Urteil fällt. Wir aber gehen über die alltäglichen Dinge im Leben Jesu oder im Leben eines Paulus allzu leichtfertig hinweg – ganz im Gegensatz zu ihren Lehren und Anweisungen, die wir sorgfältig abwägen. Die alltäglichen Dinge sind uns gleichgültig, sie scheinen für unser eigenes Leben keine Bedeutung zu haben. So fragen wir uns: „Was hat diese lange Zeit des Fastens und der Einsamkeit, die Jesus nach seiner Taufe begann, mit mir zu tun? Bin ich Jesus? Und die Tatsache, dass Paulus sich seinen Leib untertan machte, mag für seinen Dienst wichtig gewesen sein, aber ich komme eigentlich ganz gut ohne eine so übermäßige Disziplin aus."

So bleiben alle Bekundungen, dass wir Jesus nachfolgen oder uns Paulus in seiner Nachfolge Jesu zum Vorbild nehmen wollen, nichts als leeres Gerede und ohne jede Bedeutung für unser *wirkliches* Leben. Sie haben keine Konsequenzen für unseren Alltag. Relevanz erhalten sie allenfalls als Glaubensartikel im Katechismus oder in einigen seltenen, besonderen Lebenslagen. So kommt es, dass uns der Erfahrungshorizont von Jesus oder Paulus merkwürdig fremd bleibt. Sie lebten ein völlig anderes Leben, als wir es tun. Aber auch ihr tagtägliches Handeln wurde eben weitgehend durch ihre Erfahrungen bestimmt, und ihre Erfahrungen wiederum hingen ganz wesentlich davon ab, wie sie ihr Leben gestalteten. Da wir ihre Erfahrungen in aller Regel nicht teilen, bleibt es dabei, dass wir über sie reden und versuchen, irgendwie Bezüge zwischen ihren Worten und unserem Leben herzustellen. Es gibt nur einen Weg, diese Fremdheit zu überwinden: Wir müssen anfangen, uns die Dinge, die Jesus und Paulus taten, selbst zu eigen zu machen und Teil unseres eigenen Lebens werden zu lassen.

Geistliche Übungen zur Zeit des Neuen Testaments

Wenn Paulus davon sprach, „sich in der Gottseligkeit zu üben", dann hatte dies einen sehr realen zeitgeschichtlichen Hintergrund. Paulus gibt hier seinem geistlichen Ziehkind Timotheus Anweisungen, wie er seinen Dienst als Leiter erfolgreich ausüben kann. In diesem Zusammenhang gebraucht er das griechische Wort *gymnaze*, von dem wir unser Wort „Gymnasium" ableiten (im Griechischen ist damit eine Sporthalle gemeint). Paulus weist seinen jugendlichen Freund an, im „geistlichen Gymnasium" zu trainieren, anstatt seine Zeit damit zu vergeuden, gottlosen Mythen und Legenden nachzuhängen: „Übe dich aber zur Gottseligkeit; denn die leibliche Übung ist zu wenigem nütze, die Gottseligkeit aber ist zu allen Dingen nütze, weil sie die Verheißung hat des Jetzigen und des Zukünftigen" (1 Tim 4,7–8; Elberfelder).

Körperliches Training war Paulus und seinen Zeitgenossen in der hellenistischen Welt etwas sehr Vertrautes. Als Timotheus die Leitung der Gemeinde in Ephesus übernahm, war sportliche Betätigung eine jahrhundertealte Tradition, und jeder verstand, was es bedeutete, seinen Körper für sportliche Höchstleistungen zu trainieren. In seinem Brief an Timotheus greift Paulus auf diese Analogie zurück und zeigt, dass es im geistlichen Bereich einige sehr interessante Parallelen dazu gibt. Es ist in der Tat eine sehr brauchbare Analogie zum geistlichen Leben. Ebenso wie im körperlichen Bereich, so gibt es auch im geistlichen Bereich bestimmte Aktivitäten, um die wir nicht herumkommen, wenn wir unsere Kräfte stärken wollen. Dazu gehören Training und Mut zur Praxis. Ein Sportler mag noch so enthusiastisch sein, er mag genau wissen, worauf es ankommt, aber das allein bringt ihm keine Medaille ein. Purer Enthusiasmus ohne das nötige Wissen oder ohne praktische Erfahrung reicht niemals zum Sieg. Um im geistlichen Leben etwas zu erreichen, ist intensives Training mit der richtigen Methodik nötig.

Paulus brauchte dies nicht näher zu erläutern oder gar zu beweisen. Es war für die damaligen Christen ebenso wie für ihr kulturelles Umfeld, sei es nun jüdisch, griechisch oder römisch geprägt, eine Selbstverständlichkeit.

Wieso? Wir können uns im geistigen Klima der heutigen westlichen Welt kaum noch vorstellen, wie normal es für die Christen in der Antike klang, wenn Paulus sie aufforderte, zu fasten, sich in die Einsamkeit zurückzuziehen, zu studieren, zu geben usw. Wenn wir so etwas hören, dann denken wir zuerst an asketische Exzesse, wie es sie in der Geschichte immer wieder gegeben hat, etwa im „finsteren Mittelalter" in Europa oder heutzutage noch im „heidnischen Indien". Dies ist jedoch ein völlig verdrehtes Bild. Wir sind einfach der Illusion verfallen, dass jeder natürliche Impuls an sich etwas Gutes ist und dass wir ein uneingeschränktes Recht auf die Erfüllung unserer Wünsche haben, „solange es niemandem schadet".

Aber die gebildeten und religiösen Menschen des Altertums vom Ganges bis zum Tiber wussten, dass es einer strengen körperlichen und geistlichen Disziplin bedurfte, um dem Menschen zu einigermaßen annehmbaren Lebensumständen zu verhelfen. Die Tatsache, dass Paulus dies nicht ausdrücklich erwähnte, sollte uns nicht zu der Annahme verleiten, er habe nichts davon gewusst und die geistlichen Übungen seien eine Erfindung verschrobener Mönche des Mittelalters. Das Wissen um diese Dinge ist einfach ein Stück des jahrtausendealten kollektiven Erbes der Menschheit. Es ist noch nicht einmal eine spezifisch religiöse Erkenntnis, wenn auch alle bedeutenden Religionen der Welt darauf in der einen oder anderen Weise zurückgreifen. Für die religiöse Erfahrung mag es sicherlich von besonderer Bedeutung sein, aber im Grunde ist es etwas, das sich schlicht und einfach aus der Natur des Menschen ergibt.

Woher kommt diese „Tu, was dir Spaß macht"-Mentalität, der wir heutzutage verfallen sind? Der schrankenlose Hedonismus unserer Tage geht zurück auf das 18. Jahrhundert mit seiner Idealisierung der Freude. Im England des 19. Jahrhunderts erwuchs daraus eine Ideologie, nach der Genuss das höchste menschliche Gut ist. Die moderne „Wohlfühl"-Gesellschaft ist ein Ergebnis dieser Strömung, die tragischerweise unsere ganze Kultur bis hinein in das heutige Christentum nachhaltig geprägt hat.

Ist es heute nicht das wichtigste Kriterium für den Erfolg eines Gottesdienstes, ob sich die Teilnehmer während des Gottesdienstes und danach gut fühlen? Diese Vorherrschaft der „Wohlfühl"-Mentalität in unserer Welt macht es vielen Menschen geradezu unmöglich, auch nur eine Vorstellung davon zu bekommen, was für Paulus und die Menschen seiner Zeit eine Selbstverständlichkeit war. Die Kirche und unsere Gesellschaft als Ganze sind angefüllt mit Menschen, die durch die beständige Abhängigkeit von ihrem Befinden gelähmt sind. Drogenmissbrauch und andere Suchtprobleme haben erschreckende Ausmaße angenommen, weil unsere Kultur das Wohlbefinden des Einzelnen zum Prinzip erhoben hat.

Das geistliche Leben der frühen Christen

Falls die Empfänger von Paulus' Briefen, die die Notwendigkeit eines disziplinierten Lebensstils grundsätzlich befürworteten, noch nähere Erläuterungen benötigt hatten, so konnten sie im Leben von Paulus und ihrer anderen Leiter reichlich Anschauungsmaterial finden. Auch die Beispiele von Jesus und Johannes dem Täufer, die beide ein überaus hoch entwickeltes geistliches Leben führten, hatten sie ständig vor Augen. Wo immer die frühen Christen also hinschauten, sahen sie Beispiele für Einsamkeit, Fasten, eigenständiges und gemeinschaftliches Studium, Anbetung, Hingabe im Dienst und Opferbereitschaft im Geben, um nur die nach außen sichtbaren geistlichen Übungen zu nennen.

Diese frühen Christen lebten ihr Leben in der Tat ganz anders als ihre nicht christlichen Nachbarn – und als die meisten modernen Christen. Es geht hier um ihren ganz alltäglichen Lebensstil, nicht darum, wie sie auf Druck und Bedrohung reagierten, wo sie sich in der Regel ebenfalls erstaunlich anders verhielten. Dies ist einfach eine Tatsache und schon eine oberflächliche Betrachtung der Bibel und anderer Schriften aus jener Zeit lässt dies überdeutlich werden. Man braucht nur einmal Paulus' Briefe an die Epheser und an die Philipper bewusst zu lesen, um festzustellen, dass der Autor sein Leben wirklich aus einer völlig anderen Sicht der Dinge heraus führte als wir.

Einsamkeit als Beispiel für eine geistliche Übung

Ein Beispiel für die geistlichen Übungen, die den Christen damals ständig vor Augen waren, ist der Rückzug in die Einsamkeit, den Jesus und seine Jünger regelmäßig praktizierten. Wie wir in einem späteren Kapitel noch sehen werden, ist die Einsamkeit eine der extremsten geistlichen Gewohnheiten. Im Strafvollzug gelingt es, durch Einzelhaft selbst den stärksten Willen zu brechen. Die Wirkung dieser Übung beruht darauf, dass eines der existenziellen Grundbedürfnisse des Menschen, die Interaktion mit anderen, völlig unterbunden wird. Das Leben in der Trennung von Gott bricht in sich zusammen, wenn ihm die Unterstützung der Welt entzogen wird. Das Leben im Einklang mit Gott wird dagegen durch solche Zeiten der Abgeschiedenheit gestärkt.

Johannes der Täufer verbrachte ebenso wie viele andere Propheten vor ihm viel Zeit allein in der Wüste. Jesus suchte regelmäßig die Einsamkeit, von seiner Taufe an bis zu jener Nacht im Garten Gethsemane vor seinem Tod, als er sich sogar von seinen engsten Vertrauten, die er gebeten hatte, mit ihm zu wachen und zu beten, zurückzog (Mt 26,38–42). Nur in der Einsamkeit eröffnet sich uns die Möglichkeit, in eine solche radikale Gottesbeziehung hineinzukommen, dass sie allen äußeren Einflüssen bis hin zum Tod und darüber hinaus standhält.

„Rückzug ist das Laboratorium des Geistes. Es besteht aus zwei Flügeln: Stille und innere Abgeschiedenheit. Alle großen Werke nehmen ihren Ausgang in der Wüste, selbst die Erlösung der

Welt. Ob Vorläufer, ob Nachfolger, ja sogar der Meister selbst, alle unterwarfen sie sich demselben Gesetz. Propheten und Apostel, Prediger und Märtyrer, Pioniere der Wissenschaft und inspirierte Meister der Künste, einfache Menschen und der Gott-Mensch zollten der Einsamkeit, dem Leben in der Stille und Abgeschiedenheit ihren Tribut."[49]

Jesus fand in der Einsamkeit Stärke

Heutzutage fassen wir Rückzug in die Einsamkeit eher als Zeichen von Schwäche, von Krankheit oder Versagen auf und nicht als Ausdruck von Stärke, Freude und Gesundheit. Aus diesem Glauben neigen wir auch dazu, die Hintergründe der Versuchung Jesu im Anschluss an seine Taufe (Mt 4) gründlich zu missverstehen. Wir lesen, dass der Geist ihn in die Wüste führte, damit er durch den Teufel versucht werden konnte. Diente diese Rosskur – dass Jesus allein und ausgehungert 40 Tage in der Wildnis verbringen musste – nicht dazu, ihn für die Konfrontation mit Satan so weit wie möglich zu schwächen? Die meisten Leute, mit denen ich darüber gesprochen habe, sind überrascht, wenn ich behaupte, dass die Wüste mit all ihrer Einsamkeit und Entbehrung Jesus eigentlich stärkte. Der Heilige Geist führte Jesus an diesen Ort der Stärke – so wie er es auch mit uns tun würde –, um sicherzugehen, dass er zur Stunde seiner Versuchung in der bestmöglichen Verfassung wäre.

In der Einsamkeit der Wüste fastete Jesus mehr als einen Monat lang. Erst dann, keinen Moment früher, wurde es Satan gestattet, sich ihm zu nähern, um ihm seine verführerischen Angebote zu unterbreiten: Brot, Berühmtheit und Macht. Erst nach dieser Zeit der Vorbereitung war Jesus auf der vollen Höhe seiner Kraft. Die Wüste war seine Festung, der Ort seiner größten Stärke. Sein ganzes Leben lang suchte Jesus als Zeichen der Unterordnung seines Leibes unter die Gerechtigkeit Gottes immer wieder die Einsamkeit auf (z. B. Mk 1,35; 3,13; 6,31; 6,46). Er suchte sie nicht um ihrer selbst willen, sondern als etwas, das ihm Kraft zum Guten verlieh. Alle, die Jesus nachfolgten, wussten, dass Jesus sich in die Einsamkeit zurückzog, und über die Jahrhunderte hinweg wurde dies immer wieder nachgeahmt.

Einsamkeit, Fasten und Geben im Leben von Paulus

„Was ihr gelernt und empfangen und gehört und gesehen habt an mir, das tut; so wird der Gott des Friedens mit euch sein" (Phil 4,9).

Paulus war einer jener Menschen, die Jesus nachfolgten. Zur Zeit seiner Umkehr war Paulus bereits weit über das normale Maß der Frömmigkeit seiner jüdischen Landsleute hinausgewachsen, er „eiferte über die Maßen für die Satzungen der Väter", wie er selbst sagte (Gal 1,14). An anderer Stelle schrieb er, er sei „nach der Gerechtigkeit, die das Gesetz fordert, untadelig gewesen" (Phil 3,6). Erinnern Sie sich noch an jenen selbstgerechten Pharisäer im Lukasevangelium? Wenn dieser Mann zweimal wöchentlich fastete und von all seinen Einnahmen den Zehnten gab, dann können wir davon ausgehen, dass Saulus noch disziplinierter und asketischer war.

So war Paulus, schon lange bevor er Jesus nachfolgte, ein Mann mit einem hohen Maß an Selbstkontrolle und Disziplin, und daran änderte sich nach seiner Umkehr sicherlich nichts. Seine Disziplin hatte nun lediglich eine andere Bedeutung; sie war nicht mehr die Grundlage seiner Gerechtigkeit vor Gott (Phil 3,7–8). Aus diesem Grund zieht sich das Thema der Selbstdisziplin wie ein roter Faden durch sein ganzes Leben und seine Schriften. Allein in den ersten beiden Kapiteln seines Briefes an Titus spricht er fünfmal davon.

Vergegenwärtigen wir uns einmal die Begegnung von Paulus mit Jesus. Sofort nach jenem Vorfall auf dem Weg nach Damaskus fastete und betete er; drei Tage lang aß und trank er nicht (Apg 9,9–11). Kurze Zeit später floh er in die Wüste, wo er längere Zeit zubrachte und „sich nicht mit Fleisch und Blut besprach". In der Abgeschiedenheit der Wüste auf der Halbinsel Sinai[50] suchte er weiter die Gegenwart Gottes, bis er bereit war, nach Damaskus, nach Jerusalem und schließlich in seine Heimatstadt Tarsus zurückzukehren.

John Pollock vermittelt ein faszinierendes Bild dieser „verborgenen Jahre", die Paulus in Tarsus und Umgebung zubrachte. Er ordnet die fünf Male, in denen Paulus von den Juden Schläge erhielt („vierzig Schläge weniger einen"), dieser Zeit zu. Paulus spricht in 2. Korinther 11, Vers 24 davon. Pollock vermutet, die örtliche Synagoge habe versucht, ihren abgefallenen Bruder wieder zurechtzubringen, um ihn nicht exkommunizieren zu müssen. Ihre Bemühungen waren jedoch erfolglos, Paulus blieb seinem auferstandenen Herrn, Erlöser und Gefährten treu.

„Nachdem er Haus, Annehmlichkeiten und seine soziale Stellung eingebüßt hatte, verschwand Paulus im karstigen Hügelland am Fuße des Taurusgebirges, wo er vermutlich in jener Höhle, die heute ‚St.-Pauls-Höhle' genannt wird, eine Offenbarung von Gott hatte, die so heilig war, dass er 14 Jahre lang kein Wort darüber verlor und auch danach nur in verdeckter Form, in der dritten Person: ‚Ich kenne einen Menschen in Christus; vor 14 Jahren – ist er im Leib gewesen? Ich weiß es nicht; oder ist er außer dem Leib gewesen? Ich weiß es auch nicht; Gott weiß es –, da wurde derselbe entrückt bis in den dritten Himmel.'"[51]

Etwa 15 Jahre, nachdem Paulus Jesus auf der Straße nach Damaskus begegnet war und nachdem er eine Zeit lang in der Gemeinde in Antiochia in Syrien mitgearbeitet hatte, wurden die Leiter der dortigen Gemeinde vom Heiligen Geist geführt, ihn und Barnabas für einen besonderen missionarischen Dienst auszusondern. Sie fasteten und beteten, legten ihnen die Hände auf und sandten sie aus (Apg 13,2). In den folgenden Monaten kam es durch den Dienst von Paulus und Barnabas in vielen Städten Kleinasiens zu einer Vielzahl von Bekehrungen. Es formierten sich jeweils Gruppen von Gläubigen und auf dem Weg zurück nach Antiochia setzten sie an jedem dieser Orte unter Fasten und Gebet Leiter ein (Apg 14,23). Der Segen, der auf dem Leben von Paulus lag, ist ohne sein Fasten, sein Gebet und die Zeiten in der Einsamkeit einfach nicht zu erklären.

Dienst an anderen

Doch sein Leben und seine Arbeit waren ebenso durch ein hohes Maß an Selbstaufopferung, Einfachheit und Sparsamkeit geprägt. Die meiste Zeit arbeitete Paulus, um sich seinen Lebensunterhalt zu finanzieren, während er Gemeinden gründete und aufbaute. Er lehnte jede Vergünstigung ab, die ihm in seinem Amt als Apostel zugestanden hätte (1 Kor 9,12) und die andere ohne

Zögern annahmen, so auch Petrus und Jakobus, der Bruder Jesu (1 Kor 9,5).

Was Paulus damit bezweckte, wird klar, wenn wir näher auf die Beziehungen zwischen körperlichen und geistlichen Übungen eingehen. An einer Stelle spricht er sehr deutlich darüber, wie er mit seinem Körper umgeht, und wer Paulus in seiner Nachfolge Christi beobachtet, der sieht die Umsetzung dessen: „Ich bezwinge meinen Leib und zähme ihn" (1 Kor 9,27). Dies ist zugleich eine sehr praktische Anleitung, wie wir selbst mit unserem Leib zu verfahren haben.

Erinnern wir uns daran, was Paulus sagte, als er sich von Ephesus, dem Ort, an dem er einige der bedeutendsten und fruchtbarsten Jahre seines Dienstes verbracht hatte, endgültig und für immer verabschiedete:

> „Ihr wisst, wie ich vom ersten Tag an, da ich die Provinz Asien betreten habe, die ganze Zeit in eurer Mitte war und wie ich dem Herrn in aller Demut diente unter Tränen und vielen Prüfungen. [...] Silber oder Gold oder Kleider habe ich von keinem verlangt; ihr wisst selbst, dass für meinen Unterhalt und für den meiner Begleiter diese Hände hier gearbeitet haben. In allem habe ich euch gezeigt, dass man sich auf diese Weise abmühen und sich der Schwachen annehmen soll, in Erinnerung an die Worte Jesu, des Herrn, der selbst gesagt hat: Geben ist seliger als nehmen" (Apg 20,18–19.33–35; Einheitsübersetzung).

Der Mann, der von Gott dazu ausersehen war, die Fundamente der Kirche bei den Heiden zu legen, entschied sich, für seinen Unterhalt und den seiner Mitarbeiter selbst zu sorgen, während er zur gleichen Zeit ein Werk von überragender historischer Bedeutung ausführte (1 Thess 2,8–9; 2 Thess 3,8–9). In seiner Genialität erkannte Paulus, dass dieser Umstand keineswegs einen Konflikt bedeutete, sondern dass er im Gegenteil sogar seiner Arbeit eine besondere Kraft verlieh. Er wusste um das Geheimnis seines Herrn und Meisters, dass derjenige der Größte ist, der zum Diener aller wird, und er machte sich genau diesen Grundsatz zur Richtschnur seines Lebens (Mt 20,26–27; 1 Kor 9,19). Mit seinem ganzen Leben wollte er der Diener aller sein, ebenso wie Jesus, und aus diesem Grunde wurde ein Werk dieser Tragweite *ihm* anvertraut und nicht anderen.

Aus diesem Grund sollten wir die Dinge, die Paulus uns in seinen Schriften mit auf den Weg gegeben hat, vor dem Hintergrund seines eigenen Lebens sehen. Wenn er uns dazu auffordert, durch den Geist die Werke unseres sterblichen Leibes „zu töten" (Röm 6,13) oder „die Glieder, die auf Erden sind, zu töten" (Kol 3,5), dann können wir dies nur im Lichte dessen richtig verstehen, wie Paulus selbst gelebt hat. Und wenn wir uns dies vor Augen halten, dann kann überhaupt kein Zweifel daran bestehen, dass Paulus auch uns dazu anweist, dieselben grundlegenden Dinge zu tun, die nötig sind, um unseren natürlichen Lebensstil in einen gottgefälligen Lebensstil umzuwandeln. Und wer die Kirchengeschichte näher betrachtet, wird unschwer erkennen können, was diese Dinge sind: Es sind unter anderem Einsamkeit, Fasten, Wachen, Stille, Gebet, Studium der Bibel, das Opfer von Zeit, Kraft und Gütern in verschiedenen Formen des Dienstes an anderen, Anbetung, einfaches Leben sowie Unterordnung unter die geistliche Gemeinschaft und ihre Leitung.

Wir neigen dazu, uns Jesus oder Paulus wie einen unserer heutigen Pastoren vorzustellen. Aus diesem Grund können wir nur wenig damit anfangen, wenn wir in der Bibel von ihrem strengen Lebenswandel lesen und davon, dass sie ihre Nachfolger aufforderten, es ihnen gleichzutun. „Das klingt ja gerade so, als wären wir Christen nicht in der Kirche, sondern in der Armee!", sagen wir uns. „Wenn es wirklich das war, was Paulus gemeint hat, als er davon sprach, dass wir unseren Körper in Zucht nehmen sollten, warum sagte er es dann nicht gleich *so?"*

Nichts anderes tat er doch aber! Mit all den Aussagen, die wir hier zitiert haben, und vielen anderen Aussagen in seinen Briefen hat Paulus genau das gemeint.

Paulus fordert uns auf: „Folgt meinem Beispiel, wie ich dem Beispiel Christi!" (1 Kor 11,1). Er sagt: „Was ihr gelernt und empfangen und gehört und gesehen habt an mir, das tut; so wird der Gott des Friedens mit euch sein" (Phil 4,9). Aus unserer modernen Lebensphilosophie heraus versuchen wir zu erklären, wie wir in der Tat dem Beispiel des Paulus folgen, so wie er dem Beispiel Jesu Christi. Glauben und verkünden wir denn nicht dieselben Dinge wie er? Aber unser Leben entspricht mitnichten dem von Paulus. Was seinen Erfolg ausmachte, war ja gerade das Leben, das er führte. Paulus trug das sanfte Joch Christi und lebte ein siegreiches Leben, weil er sich wirklich aus dem Glauben heraus den Lebensstil Jesu zu eigen machte. Und dabei erlebte er, wie die Gnade Gottes ihn trug. Hierin liegt der Schlüssel zum Verständnis seines Lebens, seiner Lehre und seines Erfolges.

Des Rätsels Lösung

> „Ich möchte nichts anderes mehr kennen als Christus, damit ich die Kraft seiner Auferstehung erfahre, so wie ich auch sein Leiden mit ihm teile. Ich sterbe mit ihm seinen Tod und habe die feste Hoffnung, dass ich auch an seiner Auferstehung teilhaben werde" (Phil 3,10–11; Gute Nachricht).

Der Schlüssel zum Verständnis des Paulus liegt darin, dass er sich bei aller Schwachheit und all seinen persönlichen Mängeln und trotz allen Versagens völlig dem Ziel widmete, ganz so wie sein Herr zu werden. Tag für Tag lebte und praktizierte er genau die Dinge, die auch Christus gelebt und praktiziert hatte. Paulus lebte ein Leben der völligen Hingabe. Er war völlig davon überzeugt, das Richtige zu tun, und aus dieser Einheit mit Jesus heraus erlebte er einen beständigen Zustrom von Kraft. So konnte er auch andere dazu auffordern, seinem Beispiel zu folgen. Seine Taten, sein Charakter, seine Motive und die erstaunliche Kraft, die die Welt veränderte, all das ist eine Frucht seines Lebenswandels. Es ist nur vor dem Hintergrund dieser einen Tatsache begreiflich: Paulus folgte Jesus, indem er so lebte, wie Jesus gelebt hatte. Wie tat er dies? Er übte einen Lebensstil ein, durch den er so von Jesus abhängig wurde, wie Jesus vom Vater abhängig war.

Mit anderen Worten: Paulus war ganz so wie sein Herr, ein Mensch mit einer immensen Vollmacht, der mit ungetrübtem Blick erkannte, wie falsch die Wege der Welt waren, die anderen völlig normal erschienen. Mit ruhiger Besonnenheit und Gottes Blick dafür, wie die Dinge eigentlich sein sollten, wandte er sich, genauso wie Jesus es getan hatte, vor allem einer Gruppe von Menschen zu: jenen „Letzten, die die Ersten sein werden", von denen in den Evangelien immer wieder gesprochen wird. Tief verwurzelt in den Ordnungen Gottes, lebte Paulus wie Jesus auch ein Leben der Entbehrung und Selbstaufopferung. Hierin erkannte er die höchste Bestimmung, die es in diesem Leben geben kann.

Durch diesen Lebensstil empfing Paulus ebenso wie Jesus von Gott jene „Kraft unzerstörbaren Lebens“ (Hebr 7,16), mit der sie beide den ihnen zugewiesenen Auftrag erfüllten und die Macht des Todes überwanden. Beide waren ihrem irdischen Leben nach eher einfache Menschen von bescheidener Herkunft, die äußerlich mit der Pracht und dem Pomp derer, die in den Augen der Welt das Sagen hatten, nicht mithalten konnten. So wurden sie von den Mächtigen unter ihren Zeitgenossen auch zumeist verkannt. Uns ergeht es nicht anders, solange wir nicht anfangen, ihren Lebenswandel im Glauben nachzuahmen.

Kein Zugang zu den lebensverändernden Kräften

Wir dagegen sind heutzutage gegen eine solche Sicht der Dinge immun. Wir versichern uns gegenseitig, dass ein so radikaler Lebensstil für uns als Christen in unserer Zeit nicht notwendig ist – er erscheint uns nicht praktikabel, ja, sogar schädlich. In jedem Falle wird ein solcher Lebensstil in unserer Umgebung für Unmut und Aufregung sorgen, vor allem unter unseren Mitchristen, die allzu häufig kein Interesse daran haben, ihr Leben wirklich radikal zu ändern. So deuten wir Äußerungen, die von Paulus ganz praktisch gemeint waren, um und beziehen sie nur noch auf innere Haltungen. Oder aber wir sehen in ihnen erhabene theologische Ausführungen darüber, wie Gott sich zu uns Menschen stellt. In manchen Kreisen werden die Briefe von Paulus als Aufforderung interpretiert, jeglicher weltlicher Unterhaltung und allen körperlichen Vergnügungen völlig zu entsagen. Wir picken uns irgendetwas heraus, was gerade auf dem Grabbeltisch der Ideen und religiösen Trends kursiert, und behaupten, dies sei es, was Paulus unserer Zeit zu sagen hätte. Nur leider gelang es dieser Strategie bislang offenbar nicht, uns einen gesunden und praktikablen Weg zu echter Jesus-Ebenbildlichkeit aufzuzeigen.

Evelyn Christenson schreibt hierzu:

„Manchmal greifen wir einen Begriff aus der Bibel heraus (wie z. B. ‚Sühne‘, ‚Leiden‘, ‚Unterordnung‘, ‚Heilung‘, ‚Gerechtigkeit Gottes‘), ziehen das Reservoir unserer eigenen

Vorstellungen heran und beginnen, sie fein säuberlich, Schicht für Schicht, um den Begriff herumzuspinnen. Wir gehen stillschweigend davon aus, dass all diese Vorstellungen in der ursprünglichen Bedeutung dieses Begriffs enthalten waren.“[52]

Nirgendwo ist diese Versuchung jedoch größer und sind die Auswirkungen schädlicher als etwa bei jener Bibelstelle, in der Jesus über den Preis der Nachfolge spricht (z. B. Lk 14), oder bei den Stellen, an denen Paulus sich darüber äußert, wie wir mit unserem Leib umgehen sollen, um geistlich zur Reife zu gelangen (Röm 6,13.19; 8,13; 1 Kor 9,27; 2 Kor 4,10; Gal 2,20; 5,24; Phil 1,20–22; Kol 3,5). Christen und Nichtchristen neigen fast unweigerlich dazu, diese Passagen so auszulegen, dass sie sich gut mit der Lebensweise von „anständigen“ Menschen unserer Tage in Einklang bringen lassen, weniger dagegen mit dem Lebensstil eines Paulus oder Jesus. Wir sprechen darüber, wie man anders leben kann, aber wir haben schon die Kunstgriffe in der Hinterhand, die es uns ermöglichen, die Texte nicht zu extrem auslegen zu müssen. Mit diesen Tricks reden wir uns aus allen praktischen Konsequenzen heraus und verbauen uns die Chance, tatsächlich zu Bürgern einer anderen Welt zu werden.

Die reale Bedeutung von Paulus' Worten

Wenn wir sorgfältig nachlesen, hilft uns gerade der unverbrämte Realismus, den wir in der Wortwahl bei Paulus finden, dabei zu verstehen, was er meint. Zwischen uns und Paulus liegen viele Jahrhunderte, in denen die Worte von Paulus und anderen biblischen Autoren auf kunstvolle Weise vergeistigt oder sentimental verklärt wurden. Seine viel zitierten Worte „Ich sterbe täglich“ wurden zum Beispiel als Ausdruck einer radikalen Bereitschaft zur Demut und Selbstaufopferung verstanden. Eine Betrachtung des Kontexts lässt jedoch keinen Zweifel daran, dass es hier nicht um charakterliche Haltungen ging, sondern um ganz handfeste tagtägliche Herausforderungen: Wie wir in 1. Korinther 15, Verse 30 bis 32 lesen, sah sich Paulus tatsächlich Tag für Tag mit dem Tod konfrontiert und akzeptierte, dass er den Tag unter Umständen nicht überleben würde.

Wenn Paulus über sein eigenes Leben oder das typische Leben eines Jüngers spricht, dann ist natürlich nicht immer alles wortwörtlich zu verstehen, aber die Worte, die er wählt, werden uns immer ein realistisches Bild vermitteln. Wenn er also schreibt, dass diejenigen, die Christus angehören, ihr Fleisch samt den Leidenschaften und Begierden gekreuzigt haben (Gal 5,24), dann meint er damit selbstverständlich nicht, dass das Fleisch buchstäblich an ein Kreuz genagelt wird. Dennoch beschreibt er damit eine sehr reale Handlung, die der Gläubige vollzieht, um die Herrschaft seiner menschlichen Wünsche und Gefühle in seinem Leben zu brechen. Jesus spricht in diesem Zusammenhang davon, dass wir uns selbst verleugnen und unser Kreuz auf uns nehmen.

Es geht hier also um sehr reale Erlebnisse im Leben eines Christen, die bestimmte erfahrbare Auswirkungen haben. Sie können für jeden von uns zu einem festen Bestandteil des Lebens werden. Die Ausführungen von Paulus beruhen auf einem reichen Schatz an Erfahrungen, an Dingen, die er am eigenen Leibe erlebt und bei anderen Gläubigen gesehen hatte. Paulus hatte die Schule der Selbstverleugnung mit *summa cum laude* absolviert, und er wusste, wovon er sprach. Er kreuzigte sein Fleisch durch Einsamkeit, Fasten, einfaches Leben, Dienen und andere Dinge, die alle zum Lehrplan in dieser Schule der Selbstverleugnung gehören und die uns direkt an die vorderste Front des geistlichen Kampfes versetzen (vgl. Mk 8,34–36; Lk 7,33).

Was bedeuten nun solche Aussagen, wie man sie bei Paulus immer wieder lesen kann? Wir haben uns im religiösen Kontext so daran gewöhnt, dass uns ihre ursprüngliche Bedeutung, jener ungeschminkte Realismus, den Paulus an den Tag legt, gar nicht mehr bewusst ist. Wenn wir diese Worte heute gebrauchen – falls wir es überhaupt tun –, dann haben wir gewiss nicht das im Sinn, was Paulus aus seiner alltäglichen Erfahrung heraus damit meinte.

Paulus sprach von geistlichem Leben und geistlichem Tod, er sprach davon, das Fleisch zu kreuzigen, den alten Menschen abzulegen und den neuen Menschen anzuziehen, eins mit Christus zu werden, aus dem Heiligen Geist heraus zu dienen, mit Christus zu sterben und aufzuerstehen, uns selbst als lebendiges Opfer darzubringen usw. Doch all das hat wenig oder gar nichts mit unserem eigenen Erleben zu tun – weder in unserem persönlichen Leben noch im Leben unserer Gemeinden. Diese Worte sind reine

Theorie, ohne jegliche Bedeutung für die Wirklichkeit. Sie eignen sich nicht als praktischer Wegweiser, wie wir Jesus ähnlicher werden können.

Das gilt freilich nicht allein für Paulus und seine Schriften, es trifft vielleicht sogar in noch höherem Maße auf Johannes zu. Wenn er in seinem Evangelium von der Einheit des Gläubigen mit Christus spricht (z. B. Joh 14,10–20; 15,1–10; 17,20–26), dann ist die Rede von ganz realen persönlichen Erfahrungen mit sehr konkreten Auswirkungen. Für die meisten von uns ist es jedoch sehr schwierig, eine Aussage wie: „Wenn ihr in mir bleibt und meine Worte in euch bleiben" in unsere alltägliche Wirklichkeit zu übertragen. Aber genau *darum* kommen wir nicht herum. Darin liegt die wichtigste Aufgabe der geistlichen Leiter. Es geht nicht um Eigentümlichkeiten in der Wortwahl bei Paulus oder bei Johannes, es geht um die Kernbestandteile des neuen Lebens. Unser größtes Versäumnis besteht heutzutage darin, dass wir nicht mehr vorleben, wie das Leben Jesu praktisch aussehen kann. Ich glaube, dies liegt daran, dass wir den Anschluss an die Realität der biblischen Botschaft verloren haben.

Die biblische Botschaft und das moderne Christentum

Dass wir die biblische Botschaft heute nicht mehr in allem wörtlich verstehen, hat nicht zuletzt etwas mit dem Vordringen einer Ideologie zu tun, die nicht nur die moderne professionelle Psychologie beherrscht, sondern die auch viele hervorragende christliche Autoren seit der Reformation maßgeblich beeinflusst hat. In ihrem Bemühen, den Anforderungen eines bestimmten Wissenschaftsverständnisses zu genügen, sieht die Psychologie religiöse Erfahrungen und Verhaltensweisen nicht als gleichwertige psychische Realitäten an, die ebenso zu ihrem Gegenstandsbereich gehören wie andere psychische Phänomene. Viele Psychotherapeuten, die sich der psychoanalytischen Tradition nach Sigmund Freud zurechnen, betrachten ihre Therapie nach wie vor als gescheitert, wenn ihr Klient seinen Glauben an Gott nicht aufgegeben hat. Viele christliche Psychologen lassen sich bis heute noch durch den naturwissenschaftlichen Anspruch der Psychologie einschüchtern, sodass es ihnen nicht gelingt, christliches Erleben und Verhalten zum Gegenstand einer soliden empirischen Forschung zu machen.

Auch wenn sie auf sehr viel Kritik stößt, hat die freudsche Tradition bis heute einen erheblichen Einfluss auf das Selbstverständnis der Psychologie. Hierauf ist es im hohen Maße zurückzuführen, dass religiöse Erfahrungen bislang nur wenig in der Forschung thematisiert worden sind. Merton P. Strommen, der Empfänger des William-James-Preises für Religionspsychologie, bemerkte: „Obwohl die meisten Menschen in Amerika Religion als wichtig ansehen, wird ihr Beitrag zum Wohlbefinden auf persönlicher Ebene wie auf gesellschaftlicher Ebene unter Wissenschaftlern weitgehend ignoriert. In den Augen der meisten Psychologen ist dieser Aspekt menschlichen Verhaltens als Forschungsgegenstand nicht opportun, und man zieht es vor, ihn zu vermeiden."[53]

Diese kritische Einstellung dem religiösen Erleben gegenüber, die in der Gesellschaft vorherrscht, überträgt sich zwangsläufig auf die Haltung zur Bibel, selbst bei überzeugten Christen. Dies macht es uns unmöglich nachzuvollziehen, wie Paulus die Erlösung versteht, nämlich als ein fortschreitendes Wechselspiel zwischen unserem Handeln und Gottes Handeln, das nach und nach zu einer Transformation unseres Leibes und unseres Denkens führt. In seinen Augen war dies ein absolut reales Geschehen, Dinge, die wir tun und die so sehr zu einem Teil unseres Lebens werden, dass für uns überhaupt kein Zweifel an ihrer Echtheit besteht. Leider ist es nicht nur die moderne Psychologie, die Zweifel anmeldet, dass so etwas möglich ist.

Die Kirche hat die Realität dieser Erfahrungen über die Jahrhunderte eingebüßt. Wir erleben Jesus nicht mehr so wie Paulus; auch das hat zum Sinneswandel in unserer Kultur beigetragen. Somit haben auch die Schriften von Paulus, in denen er Orientierungshilfen für das Leben als Jünger Jesu gibt, für uns ihre Bedeutung verloren.

Auch einige der größten Werke der englischen Literatur haben das Ihre dazu beigetragen, dass die biblische Botschaft ihre reale Kraft für uns eingebüßt hat. Sowohl der Kampf zwischen Gut und Böse als auch das Ringen des Christen in der Nachfolge wird in den Werken von Autoren wie Milton oder Bunyan rein allegorisch gedeutet. Diese Art der Bibelinterpretation griff so um sich, dass ganze Generationen mit einem reichen Schatz an Bildern im Kopf aufwuchsen, aber keine Vorstellung mehr davon hatten, wie der Weg der Nachfolge und das Leben als erlöster Mensch praktisch aussieht. Schlimmer noch, es wird der Eindruck erweckt, Fortschritte auf dem Weg würden sich im Laufe des Lebens schon ganz von selbst einstellen, solange die Person in der Nachfolge nur unbeirrbar an bestimmten Glaubensüberzeugungen festhält.

Ich will natürlich diesen Werken nicht grundsätzlich ihren Wert absprechen. Doch leider sind sie Teil einer allgemeinen Tendenz innerhalb des Protestantismus. Aus einer Überreaktion gegen alles, was auch nur einen Hauch von Askese oder geistlicher Übung zu haben scheint, wurde der Weg der Nachfolge stillschweigend „verkopft". Anstelle echter Charakterveränderung trat ein vergeistigtes Schwelgen in theologischen Erkenntnissen und gefälligen bildhaften Schriftdeutungen.

Doch das neue Leben in Christus ist nichts „Innerliches". Es lässt sich weder auf Glaubensüberzeugungen noch auf bildhafte Vorstellungen reduzieren, auch wenn diese durchaus vom Geist inspiriert sein mögen. Es ist etwas Ganzheitliches, das den ganzen Menschen samt seinem sozialen Umfeld erfasst. Die großartige Offenbarung, die Petrus erhielt, dass Jesus der Messias ist, war authentisch. Doch die nachfolgenden Ereignisse ließen deutlich werden, dass diese Erkenntnis allein das Leben des Petrus nicht veränderte. Die Veränderung geschah durch die Dinge, die er *durchlebte*, so wie es auch bei Jesus der Fall gewesen war, der „an dem, was er litt, Gehorsam gelernt" hat (Hebr 5,8). Wenn wir uns wirklich mit dem Thema Erlösung beschäftigen wollen, müssen wir diesen zentralen Punkt berücksichtigen, und nur vor diesem Hintergrund lassen sich auch die Schriften von Paulus richtig verstehen, und nicht allein sie – der Rest der Bibel ebenso.

Spiritualität und Gewohnheiten

Die fundamentalen psychologisch-theologischen Einsichten, die Paulus in seinen Briefen uns mitteilt, beziehen sich auf den menschlichen Körper als Träger von bestimmten Tendenzen zum Guten und zum Bösen, oder, anders gesagt, darauf, wie sich unsere Spiritualität in unseren Gewohnheiten ausdrückt.

In den „Dienstanweisungen für einen Unterteufel" von C. S. Lewis macht Screwtape seinem Lehrling Wormwood heftigste Vorwürfe, weil dieser es zugelassen hat, dass sein „Patient" Christ wird. Doch sogleich fügt er hinzu: „Es ist ja noch kein

Grund zur Verzweiflung vorhanden. Hunderte von erwachsenen ‚Bekehrten' konnten wieder zurückgewonnen werden und sind nun sicher bei uns, nachdem sie sich eine kurze Weile im Lager des Feindes aufgehalten hatten. Alle geistigen und körperlichen Gewohnheiten des Patienten sprechen immer noch zu unseren Gunsten."[54] So weit Screwtapes Einsichten in die Psychologie der Erlösung. Wenn die Gewohnheiten eines Christen sich nicht verändern, dann wird das neue Leben in Christus in ihnen keinen Fuß fassen können.

Paulus wusste um diese Tatsache. Seine Genialität als christlicher Psychologe tritt in Römer 6–8 am deutlichsten zutage. Hier spricht er davon, wie die Glieder unseres Leibes zu Dienern Gottes werden, indem an die Stelle der alten sündigen Gewohnheiten neue Gewohnheiten der Gerechtigkeit treten.

Gewohnheiten können sich durch ein Zusammenspiel zwischen uns selbst und der Gnade Gottes verändern. Doch wie genau funktioniert dieses Zusammenspiel und was müssen wir dabei tun? Die Antwort darauf finden wir in Römer 6, Vers 13: „Auch gebt nicht der Sünde eure Glieder hin als Waffen der Ungerechtigkeit, sondern gebt euch selbst Gott hin als solche, die tot waren und nun lebendig sind, und eure Glieder Gott als Waffen der Gerechtigkeit." Was ist damit gemeint? Um diese Aufforderung richtig zu verstehen, müssen wir wissen, worin unser Beitrag zur Veränderung unserer alten Gewohnheiten besteht. Aus dem Kontext dieses Verses heraus können wir drei Phasen in einem psychologischen Prozess der Erlösung unterscheiden.

Phase 1: in Christus hineingetauft werden

Paulus beginnt das 6. Kapitel des Römerbriefs, indem er eine Frage in den Raum stellt, die sich dem Leser nach der Lektüre seiner Darlegungen über Sünde und Gnade in den ersten fünf Kapiteln möglicherweise aufdrängt: „Sollen wir denn in der Sünde beharren, damit die Gnade umso mächtiger werde?" Er beantwortet diese Frage mit der erstaunlichen Feststellung, dass wir auf der Sünde nicht beharren können, weil wir ihr ja gestorben sind. Oder – um eine etwas vergröbernde technische Metapher zu gebrauchen – unser Motor läuft nicht mehr mit Sünde, er wurde auf einen hochwertigeren Treibstoff umgestellt. Wir können nicht durch beide Treibstoffe zugleich angetrieben werden. Anders ausgedrückt: Wir können uns nicht von Christus und zugleich von der Sünde nähren.

Wir wurden in Christus getauft und in eine „erfahrbare Einheit mit ihm" versetzt. Was ihm widerfuhr, das widerfährt nun durch unsere Gemeinschaft mit ihm auch uns. Das beinhaltet auch, dass wir mit ihm dem Einfluss der „Welt" nicht mehr ausgeliefert sind. So wie sie nicht die treibende Kraft in seinem Leben war, so ist sie es auch nicht in unserem. Wir erhalten Anteil an jener neuen Lebensform in Jesus, die so kraftvoll ist, dass sie den leiblichen Tod überwindet. Denken Sie daran: Es geht hier um einen real erfahrbaren Tatbestand. Diese neue Lebensform bringt nicht nur neue Motive in uns hervor, sie verändert im Zuge unseres geistlichen Wachstums auch unsere Neigungen und Wünsche.

Diese alten Neigungen und Wünsche sind nicht an sich schlecht. Sie standen lediglich unter der Kontrolle der Sünde und waren durch die Sünde entstellt. Wenn die Sünde jetzt über uns keine Macht mehr besitzt, bedeutet dies nicht, dass wir diese natürlichen Wünsche verlieren, sondern dass uns nun eine echte Alternative offensteht. Das sündige System der Welt ist nicht mehr die treibende Kraft, die unsere Motive und natürlichen Bedürfnisse reguliert. In unserem neuen Leben können wir uns außerhalb der Reichweite der Sünde platzieren; wir haben die Möglichkeit, uns frei zu entscheiden, und sind somit unabhängig von der Sünde – wir sind ihr „gestorben". Natürlich ist es uns auch weiterhin grundsätzlich möglich zu sündigen, aber die Sünde hat für uns ihren Reiz verloren. Die psychologischen Auswirkungen des Lebens Jesu in unserem Inneren – die wir als sehr real erfahren – ermöglichen es uns, den „alten Menschen" als Kraftzentrum unserer leiblichen Existenz zu überwinden.

Selbst wenn wir gelegentlich schwanken und zum „alten Selbst" zurückkehren, sind wir doch grundsätzlich imstande, uns anders zu entscheiden. Menschen, die kein neues Leben haben, sind an den alten Menschen gebunden. Doch wir haben ein neues Kraftzentrum in uns, das uns zur freien Entscheidung befähigt. In diesem Sinne sind wir frei von der Sünde, auch wenn wir nicht sündenfrei sind. In dem Maße, in dem die Gnade in uns mehr Raum einnimmt, sehnen wir uns immer mehr danach zu tun, was gut und richtig ist, und es fällt uns auch zunehmend leichter.

Phase 2: „dafürhalten" – eine neue Haltung einnehmen

Der zweite Schritt in diesem Prozess der vollständigen Erlösung des Individuums erfordert einen bewussten Willensakt unsererseits, der nach und nach zu einer bleibenden Haltung wird. In unserer neu gewonnenen Freiheit müssen wir „dafürhalten" – das heißt bewusst annehmen –, „dass wir der Sünde gestorben sind und Gott leben in Christus Jesus" (Röm 6,11). Denken Sie daran, dass es hier um eine reale Erfahrung geht. Was auch immer bis dahin gewesen sein mag, hier geht es um etwas, das wir aktiv *tun*. Gott wird uns das nicht abnehmen. Wir selbst suchen diese Erfahrung aus freien Stücken. Wie Oswald Chambers schrieb: „Wir wachsen nicht in den Stand der Heiligkeit hinein, sondern wir sind im Stand der Heiligkeit und müssen in ihm wachsen."[55]

Wir stellen uns also unser „altes Selbst" bewusst vor und distanzieren uns mit ganzer Entschlossenheit von ihm. Wir sagen im Vertrauen auf Gott und auf das neue Leben in uns: „Das bin ich nicht und das will ich auch nicht sein." Was die Überreste von Sünde in mir betrifft, jene negativen Gefühlsregungen und Verhaltensmuster, die in bestimmten Situationen automatisch anspringen (das „Gesetz der Sünde, das in meinen Gliedern ist" [Röm 7,23]), so stelle ich fest, „dass nicht ich es tue, sondern die Sünde, die in mir wohnt" (Röm 7,17). Paulus verstand genug von Psychologie, um zu verstehen, dass nicht jede Regung im menschlichen Selbst Ausdruck einer willkürlichen Bewusstseinsentscheidung ist und dass wir uns im Interesse unserer Gedankenhygiene und mentalen Gesundheit aktiv von unseren sündhaften Regungen distanzieren müssen.

Mit der Lehre vom „Dafürhalten" behandelt Paulus ausführlich eine der ersten Auswirkungen des Evangeliums in unserer Persönlichkeit. Durch das neue Leben, das in uns hineingekommen ist, haben wir nun eine wirkliche Alternative zur Sünde vor Augen, die zutiefst anziehend und belebend auf uns wirkt. Auf dieser neuen Perspektive und in der Kraft, die wir daraus beziehen, beruht die Freiheit, selbst zu entscheiden, wer wir sein wollen.

Auf dieser Grundlage kann die Herrschaft der Sünde in unserem Leben überwunden werden. Das Evangelium spricht uns die Kraft zu, in einer bestimmten Weise zu denken und uns auf diese Weise neue Haltungen gedanklich anzueignen. Paulus lehrt uns, dass wir uns selbst als neue Menschen ansehen können, für die die sündigen Anreize der Welt völlig belanglos geworden sind. Sie sind für uns tot, weil in uns eine Vision jenes neuen und anderen Lebens in Christus lebendig ist. Wenn wir uns dieses Denken zu eigen machen, dann befähigt sein Leben uns dazu, uns von den Wertmaßstäben der Welt abzukoppeln. Wir sterben ihnen ab.

Wir wissen, dass alte Gewohnheiten nur schwer zu durchbrechen sind, aber im Blick auf Jesus haben wir die Freiheit zur Entscheidung, bei einem bestimmten Gedanken zu verweilen oder eben nicht.

Evagrius Ponticus (gestorben im Jahre 399) lehrte Folgendes:

> *„Es gibt acht Hauptgedanken, aus denen alle anderen Gedanken abstammen. Der erste ist der Gedanke der Völlerei; der zweite der der Unzucht; der dritte der Gedanke der Habsucht; der vierte der der Ruhmsucht; der fünfte der des Zorns; der sechste der Gedanke der Traurigkeit; der siebte der der Prahlerei; der achte der des Stolzes. Ob diese Gedanken unserer Seele zusetzen oder nicht, steht außerhalb unserer Macht; doch ob sie in uns verweilen dürfen und in unserem Inneren Leidenschaften wecken oder nicht – das liegt sehr wohl an uns.“*[56]

Jener anonyme christliche Autor, der Mitte des 14. Jahrhunderts die Schrift *The Cloud of the Unknowing* („Die Wolke des Unwissens“) verfasste, wies seine Leser dazu an, jeden Gedanken und jede Regung in ihrem Inneren sofort abzuwägen. Sie sollten „mit Fleiß darum ringen, den ersten Gedanken und die erste Regung zu bezwingen“, wann immer sie etwas in ihnen zur Sünde verführen will.[57]

Luther wird der Ausspruch zugeschrieben, er könne die Vögel nicht daran hindern, über seinem Kopf zu kreisen, aber er könne sie sehr wohl daran hindern, ihr Nest in seinen Haaren zu bauen. Die paulinische Lehre vom „Dafürhalten“ erinnert uns daran, dass wir die Kraft haben, destruktive Gedanken zu erkennen, uns von ihnen zu distanzieren und ihnen auf diese Weise durch Gottes Gnade zu entgehen.

Phase 3: unsere Glieder zu Gliedern der Gerechtigkeit machen

Dies nun führt uns zurück zu Römer 6,13 und zu unserem Anteil bei der Erlösung unseres „verkörperten Selbst". Wenn wir „dafürhalten, dass wir der Sünde gestorben sind und Gott leben in Christus Jesus", wie es in Römer 6, Vers 11 heißt, dann stellen wir fest, dass wir den Impulsen unserer sündhaften Gewohnheiten nicht mehr Folge leisten müssen. Wir haben unser „altes Selbst" in den Tod gegeben und eine verlässliche neue Existenz in Jesus gefunden. Infolgedessen sind wir nun imstande, unseren Leib Gott zur Verfügung zu stellen als ein Werkzeug der Gerechtigkeit.

Im dritten Stadium dieses Prozesses der Erlösung erziehen wir unseren Leib ganz bewusst so, dass er eines Tages ganz „automatisch" der Gerechtigkeit folgt, ebenso wie er zuvor ganz automatisch der Sünde gefolgt ist.

Wie im vorangegangenen Stadium stehen wir auch hier wieder vor einem Schritt, den uns Gott nicht abnehmen wird, wenn wir auch auf seine liebevolle Unterstützung zählen dürfen, wo unsere eigenen Kräfte nicht ausreichen. Oswald Chambers formuliert dies sehr treffend. Er schreibt, wenn wir Wiederherstellung erlebt hätten, dann dürften wir nicht nur darüber reden, wir müssten aktiv werden und ausleben, was Gott in uns hineingelegt hat. Man muss es „an unseren Fingerspitzen, an unserer Zunge und an unserem Umgang mit anderen ablesen können. Wenn wir uns darauf einlassen, Gott gehorsam zu sein, dann entdecken wir einen Reichtum an Kraft in unserem Inneren." Indem wir es praktizieren, wird es zu einem Teil von uns.

> *„Eine ganz entscheidende Frage ist die, wie wir auf der Grundlage der Gnade Gottes neue Gewohnheiten ausformen. Wer sie außer Acht lässt, der gerät unweigerlich in das Fahrwasser der Pharisäer: Er lobt die Gnade Gottes, er lobt Jesus Christus, er lobt die Erlösung, aber im Alltag bleibt dies ohne praktische Konsequenzen. Wenn wir es versäumen zu praktizieren, was wir empfangen haben, dann liegt es nicht daran, dass Gott ungnädig mit uns wäre. Wenn wir in eine Krise geraten, haben wir es uns selbst zuzuschreiben. Wenn die Krise über uns kommt, dann bitten wir Gott um Hilfe, aber er kann uns nicht helfen, wenn wir*

es versäumt haben, uns die Natur zum Verbündeten zu machen. An uns ist es, nicht an Gott, das Empfangene umzusetzen. Gott stellt uns wieder her und macht uns seine göttlichen Ressourcen zugänglich, aber er kann uns nicht zwingen, ihm wohlgefällig zu leben.“[58]

Wenn wir dem Geist gefügig gewesen sind und alles umgesetzt haben, was Gott uns ins Herz gelegt hat, so Chambers weiter, dann hätten wir, wenn die Zeit der Krise kommt, nicht nur Gottes Gnade zum Beistand, „sondern auch unsere eigene Natur“. Die Krise geht vorüber, ohne in eine Katastrophe einzumünden, und unsere Seele wird nicht zerstört, sondern sogar gestärkt.

Das Endergebnis dieses Prozesses – immer bestehend aus Gottes Part und unserem eigenen Beitrag – wird in Römer 6, Verse 17 bis 18 erwähnt, wo Paulus schreibt: „Gott aber sei gedankt, dass ihr Knechte der Sünde gewesen seid, aber nun von Herzen gehorsam geworden der Gestalt der Lehre, der ihr ergeben seid. Denn indem ihr nun frei geworden seid von der Sünde, seid ihr Knechte geworden der Gerechtigkeit.“ Wenn wir es uns zur Gewohnheit gemacht haben, Gott zu vertrauen und seine Ziele zu verfolgen, dann wird die Sünde überflüssig, unerwünscht, ja, sogar anstößig, ebenso wie die Gerechtigkeit nicht anziehend war, als wir noch in der Sünde gefangen waren. Unsere Wünsche und Vorlieben sind von Grund auf verändert, weil unsere Einstellungen und unser Handeln nunmehr aus unserem Wissen um die Wirklichkeit des Reiches Gottes heraus motiviert sind.

Zurüstung zu Größerem

Wenn wir uns darin einüben, ein gerechtes Leben zu führen, dann geht es nicht allein darum, einfach mechanisch *genau die* Dinge zu tun, die uns die Bibel aufträgt. Es geht um weit mehr. Wir müssen Mittel und Wege suchen, unseren geistlichen Standard zu verbessern, um unseren gerechten Lebenswandel dynamischer, effizienter und freudiger zu gestalten. Und genau hier kommen die geistlichen Übungen ins Spiel.

Geistliche Übungen haben die extrem wichtige Funktion, unseren Körper und seine Glieder auf indirekte Weise zur Gerechtigkeit zu erziehen. Wie? Ich erziehe z. B. meine Zunge dazu, ein Instrument der Gerechtigkeit zu sein, wenn ich sie dazu benutze, diejenigen zu segnen, die mich verfluchen, und für sie zu beten, auch wenn die Zunge ganz „automatisch" dazu neigen würde, zurückzuschlagen und Vergeltung an denen zu üben, die mich verletzt haben. Ich unterstelle Gott meine Beine als Werkzeuge der Gerechtigkeit, wenn ich sie für andere in den Dienst nehme, um z. B. „die zweite Meile mit jemandem zu gehen", dem ich eigentlich lieber in den Hintern treten würde. Ich erziehe meinen Leib dazu, ein Werkzeug der Gerechtigkeit zu sein, wenn ich Gutes tue, ohne dass jemand davon erfährt, auch wenn alles in mir danach lechzt, den Kopf hochzurecken und auch ja dafür zu sorgen, dass es jeder erfährt. Wenn ich darauf verzichte, mache ich meinen Leib zum Schauplatz des göttlichen Erlösungswerks. Ich biete mich selbst Gott dar, so wie Abraham sein Opfer zubereitete, wobei er selbst nicht einmal Feuer gehabt hätte, um es zu entzünden, wäre nicht Gott selbst mit Feuer gekommen.

Natürlich handeln wir nicht gerecht, um erlöst zu werden, sondern weil wir bereits erlöst sind. Unsere Augen und unser ganzes Sein sind auf Gott ausgerichtet, der uns von allem frei macht, was seinen Platz in uns beansprucht, selbst von der Annahme, wir müssten etwas tun, um gerettet zu werden. So „säen wir auf den Geist", um die Worte von Paulus zu verwenden, indem wir „allen gegenüber das Gute wirken, am meisten aber gegenüber den Hausgenossen des Glaubens" (Gal 6,9–10; Elberfelder). Um es noch einmal anders mit den Worten dieses ungenierten Wohltäters Paulus auszudrücken: Wir sind „fest, unerschütterlich, allezeit überreich in dem Werk des Herrn, da [wir wissen], dass [unsere] Mühe im Herrn nicht vergeblich ist" (1 Kor 15,58; Elberfelder). Durch einen solchen Lebensstil sind wir ständig an die Kraftquellen des Reiches Gottes angeschlossen, durch die uns die Freude der Gerechtigkeit zufließt.

Unsere Bemühungen, Gutes zu tun, haben sicherlich auch etwas Erzieherisches. Dennoch sind sie weit mehr Ausdruck des geistlichen Lebens, das bereits in uns ist, als Erziehungsmaßnahmen, um erst noch geistliches Leben in uns hervorzubringen. Eine Übung dient dazu, uns mittelbar auf eine Tätigkeit vorzubereiten, die weit über sie hinausreicht. Wir machen keine Klavierübungen, damit wir in unseren Übungen immer virtuoser werden, sondern um Klavier spielen zu lernen. Die oben erwähnten Beispiele für geistliches Leben sind freilich nicht nur Übungen. Sie sind die

Werke der Gerechtigkeit, die wir erreichen wollen, aber indem wir sie tun, üben wir uns zugleich in ihnen.

Allerdings fällt es uns schwer, unsere Glieder auf Anhieb so ganz und gar einem Lebensstil der Gerechtigkeit zu verschreiben. Dies trifft insbesondere da zu, wo unsere Glieder – Gehirn, Mimik, Zunge und andere – noch auf die alten Gewohnheiten eingefahren sind; Paulus nennt sie „das Gesetz der Sünde in unseren Gliedern". So ist unser Fleisch in vielen Bereichen noch schwach, obwohl unser Geist wirklich willig ist. An diesen Stellen kommen die geistlichen Übungen zum Tragen.

In der Hektik des Alltags mag es mir vielleicht schwerfallen, immer die Wahrheit zu sagen. Als geistliche Übung könnte ich dann ganz bewusst zu den Leuten hingehen, die ich angelogen habe, und ihnen sagen, dass ich sie getäuscht oder irregeführt habe. Aus dieser Erfahrung heraus werde ich bei der nächsten Gelegenheit viel weniger Mühe haben, bei der Wahrheit zu bleiben. Vielleicht esse ich viel zu gerne und habe größte Mühe, mal eine Mahlzeit ausfallen zu lassen, weil ich, sobald ich es versuche, nur noch ans Essen denken kann. Vielleicht kann ich es mir zur Gewohnheit machen, immer dann, wenn sich Hungergefühle und innere Unruhe einstellen, für eine bestimmte Person oder ein Anliegen zu beten und auf diese Weise dem Impuls zu essen aus dem Weg gehen.

Unter Umständen fallen mir jedoch selbst einfachste Schritte schwer. Dann muss ich in die Tiefe gehen und versuchen, an einen Punkt zu gelangen, wo ich die Freiheit habe, Gott die Herrschaft über mein Leben anzuvertrauen: Hier sind die radikalen, lebensverändernden Erfahrungen von Einsamkeit, Stille, Fasten, Studium und Opferbereitschaft eine große Hilfe. Was immer es mich kosten mag, von schädlichen Verhaltensweisen freizukommen, ich muss es versuchen. Ich habe durch Gottes Gnade Anteil am neuen Leben erhalten und dies ist nun meine Aufgabe im Prozess der Erlösung. Gott wird uns dies ebenso wenig abnehmen, wie er es einem Mose, Elia oder Paulus, ja selbst seinem Sohn Jesus abgenommen hat. Wenn ich mich nicht auf entsprechende geistliche Übungen in einer Weise einlasse, die meiner Persönlichkeit entspricht, dann wird das kraftvolle neue Leben für mich nicht zu einer erfahrbaren Realität werden können.

Neue einfache Wege zu Weisheit und einem guten Lebensstil werden heute an fast jeder Straßenecke angeboten. Doch sowohl die Geschichte als auch unsere eigene Erfahrung weisen in eine andere Richtung.[59] Der schnelle Weg zur Weisheit ist auch nur eine neue Spielart der heutigen Zeit, alles auf eine einfache, schnelle Art und Weise zu erlangen, die durch das in der Verfassung verbriefte Recht auf das Streben nach Glück (Artikel 1 der amerikanischen Verfassung) noch beflügelt wird. Irgendwie sind wir der Meinung, dass uns ein guter Lebensstil einfach zufallen muss. Die Erfahrung lehrt aber, dass fast alles im Leben, was wirklich von Wert ist, zu Anfang überaus mühselig erscheint, und dass die Dinge, die wir als erstrebenswert ansehen, niemals so schnell zur Verfügung stehen, wie wir es uns wünschen würden.

Denken Sie mal an all die guten Vorsätze und angefangenen Projekte, bei denen wir nicht bis zum Ziel durchgehalten haben. Es ist leicht, sie anzufangen, aber schwierig, bis zum Schluss durchzuhalten. Die meisten kommen nicht sehr weit, selbst wenn ihnen eine Sache sehr wichtig ist. Beim Sport oder bei künstlerischen Fähigkeiten ist es ganz offensichtlich, aber es betrifft ebenso alle anderen Bereiche, seien es soziale Fertigkeiten oder der Umgang mit Geld, sei es die Leitung einer Gruppe oder die Zucht von Honigbienen. *Auch sind wir von dieser Regel nicht ausgenommen, wenn wir in das Reich der Gnade Gottes hineinkommen*. So bleibt uns keine andere Wahl, als diesen Grundtatbestand des Menschseins anzuerkennen und der unbequemen Tatsache ins Auge zu schauen, dass der Weg zu einem guten Lebensstil unweigerlich steinig ist. Wenn wir die Aufforderung von Paulus ernst nehmen wollen, „uns zu reinigen“, sodass wir ein „Gefäß zum ehrenvollen Gebrauch [sind], geheiligt, für den Hausherrn brauchbar und zu allem guten Werk bereitet“ (2 Tim 2,21), dann müssen wir uns damit abfinden und uns darauf einstellen, dass Disziplin letztendlich der Schlüssel zum sanften Joch und zur Freude in Christus ist.

Depot und Durchgangsstation der Kraft Gottes

Ist es nicht erstaunlich, wozu der Leib imstande sein kann, wenn er „fit“ ist? Wann immer ich das Neue Testament lese, wundere ich mich über die Kraft, die Jesus und die Apostel an den Tag legten. Und vielleicht ist Ihnen auch schon einmal aufgefallen, dass „Händeauflegen“ in Hebräer 6, Verse 1 bis 2 auf einer Ebene steht mit so zentralen Grundpfeilern des Glaubens wie Umkehr, Glaube,

Auferstehung der Toten und dem ewigen Gericht? Wenn wir uns jedoch vor Augen halten, dass die Bibel die Erlösung wirklich als eine reale Transformation unseres Selbst ansieht, dann wird dies verständlich.

Ich habe bereits in einem früheren Kapitel darauf hingewiesen, dass die Erlösung, so wie sie im Neuen Testament dargestellt wird, sowohl jedem Einzelnen als auch der Kirche als Ganze ein erhebliches Maß an Vollmacht über das Böse einräumt. Das Vorhandensein von Kräften ist immer ein Zeichen von Leben, und neues Leben bringt zwangsläufig neue Kräfte mit sich. Nach dem Verständnis des Neuen Testaments sind diese Kräfte *buchstäblich* im Körper der erlösten, geistlich erweckten Person beheimatet. Sie sind sogar noch in einem weitaus größeren Maße präsent, wenn diese Person in der Gemeinschaft der Berufenen Gottes ist, der *ecclesia* (vgl. Mt 18,18–20; 1 Kor 5,4–5).

Nirgends wird die Tatsache, dass diese Kraft in uns lebt, deutlicher als in den Evangelien. Jesus (und später auch die Apostel) übte seine Vollmacht in bemerkenswertem Maße durch Berührung und Körperkontakt aus. Insgesamt 14 der Wunder Jesu im Neuen Testament beinhalten körperliche Berührungen.

Am deutlichsten wird dies am Beispiel der „blutflüssigen Frau" (Mk 5,25–30). Sie hatte ihren ganzen Besitz in Ärzte investiert, aber ihr Zustand hatte sich mit den Jahren immer weiter verschlechtert. Als sie jedoch von Jesus hörte, sagte sie sich: „Wenn ich nur seine Kleider berühren könnte, so würde ich gesund." Sie drängte sich durch die Menge und fasste nach seinem Gewand. „Sogleich versiegte die Quelle ihres Blutes, und sie spürte es am Leibe, dass sie von ihrer Plage geheilt war." Jesus spürte sofort, dass „eine Kraft *(dynamin)* von ihm ausgegangen war". Er drehte sich um und fragte, wer ihn berührt habe. Körperkontakt war ein charakteristisches Merkmal des Heilungsdienstes von Jesus und auch in der Urgemeinde war dies nicht anders.

Auch bei der Handauflegung wird eine Verbindung zu einer körperlichen Kraftquelle hergestellt. Paulus ermahnt Timotheus, die Gabe in sich nicht zu vernachlässigen, „die dir gegeben ist durch Weissagung mit Handauflegung der Ältesten" (1 Tim 4,14). Zugleich warnt Paulus: „Die Hände lege niemandem zu bald auf; habe nicht teil an fremden Sünden! Halte dich selber rein!" (1 Tim 5,22). Der Gedanke, der hinter beiden Aussagen steht, ist der, dass durch die Handauflegung etwas, das eine Person *in* sich trägt, auf eine andere Person übertragen wird, etwas, das diesen Menschen die Kraft gibt, Dinge zu tun, die ihnen sonst nicht möglich wären. Sie können diese Kraft aber auch vernachlässigen oder missbrauchen.

Natürlich war sich Paulus der Kraft bewusst, die in ihm lag, und er forderte die Korinther auf, sich zu besinnen, bevor er zu ihnen käme, damit er nicht in die Verlegenheit käme, diese Kraft gegen sie zum Einsatz zu bringen (2 Kor 13,10). Er sagte dies, nachdem er bereits zuvor (13,2) angedroht hatte, dass er bei seinem nächsten Besuch keine Nachsicht mit denen haben würde, die sich weiterhin uneinsichtig zeigten. Berichte, wie es z. B. dem Zauberer Elymas ergangen war (Apg 13,8–12), als er sich Paulus entgegenstellte, mögen dazu beigetragen haben, seiner Drohung das nötige Gewicht zu verleihen.

Auch im Hinblick auf Hymenäus und Alexander nahm er kein Blatt vor den Mund. Er schrieb Timotheus, dass er sie „dem Satan übergeben habe, damit sie in Zucht genommen werden und nicht mehr lästern“ (1 Tim 1,20). Im Falle des Mitglieds der Gemeinde in Korinth, das eine sexuelle Affäre mit seiner Stiefmutter unterhielt, wies Paulus die Gemeinde an, „wenn ihr in dem Namen unseres Herrn Jesus versammelt seid und mein Geist samt der Kraft unseres Herrn Jesus bei euch ist, soll dieser Mensch dem Satan übergeben werden zum Verderben des Fleisches, damit der Geist gerettet werde am Tage des Herrn“ (1 Kor 5,4–5).

Ananias und Saphira mussten erleben, was es bedeutet, mit der entfesselten Kraft Gottes aneinanderzugeraten (Apg 5,1–11). So wurde offenbar allgemein angenommen, dass Krankheit und Tod über all jene kommen, die als Glieder der *ecclesia* die Kraft Gottes grob missachten (1 Kor 11,30; 1 Joh 5,16).

Aus unserer heutigen Perspektive ist eine solche Machtentfaltung, wie sie bei Jesus, bei den Aposteln und in der frühen Kirche offenbar an der Tagesordnung war, oft schwer zu verstehen. Wir haben einfach zu wenig Erfahrung mit diesen Dingen und es wird heutzutage auch nur wenig darüber gelehrt. Wen wundert es, dass in einer Welt, die durch und durch rationalistisch geprägt ist, wo die Säkularisierung bis in den letzten Winkel vorgedrungen ist und selbst die Kirche längst erfasst hat, viele gelehrte Köpfe bemüht sind, solche Manifestationen irgendwie wegzudiskutieren oder uns weiszumachen, dass sie für *uns heute* nicht mehr wichtig sind?

So sind wir vielleicht versucht, solche biblischen Berichte als Mythen abzutun. Doch wir dürfen nicht vergessen, dass wir es hier mit einer neuen Art von Leben zu tun haben. Wenn wir die Kräfte dieses neuen Lebens verleugnen, dann leugnen wir letztlich die Realität dieses Lebens als solche. Wer hier von Mythen spricht, der will das neue Leben in Christus ohne die Manifestation der neuen Kräfte, die dieses Leben ausmachen. So etwas ist völlig absurd. Bereits Paulus warnte vor den Vertretern dieser Haltung: „Sie haben den Schein der Frömmigkeit, aber deren Kraft verleugnen sie; solche Menschen meide!" (2 Tim 3,5).

„Leib", nicht „Leib Christi"

Wenn die Dinge, die wir in den Briefen von Paulus lesen, für uns keine erfahrbare Wirklichkeit mehr sind, dann werden uns große Teile seiner Schriften belanglos erscheinen. Wir werden ein völlig verdrehtes Bild von Paulus bekommen. In seinem Buch *The Body: A Study of Pauline Theology* stellt John A. T. Robinson fest, dass der „Leib" bei Paulus der eigentliche Grundpfeiler seiner Theologie ist.[60] Nach seinem Dafürhalten lässt sich das moderne Ideal individueller und gesellschaftlicher Freiheit nur über einen angemessenen Umgang mit dem Leib realisieren, und gerade hier kann Paulus ganz entscheidende Wegweisung geben. Robinsons Ausführungen über die Begriffe von „Fleisch" und „Leib" im ersten Kapitel seines Buches gehören zum Besten, was darüber geschrieben wurde. Im weiteren Verlauf tritt eine andere Ausdeutung des Leibbegriffs bei Paulus in den Vordergrund.

Es ist nicht mehr von der „verkörperten", d. h. tatsächlich individuell erfahrenen Erlösung die Rede, sondern vom „Leib" Christi, also der Kirche.

Für Robinson reduziert sich das Problem der Erlösung darauf, das Individuum aus den Klauen der anonymen Gesellschaft zu befreien und in eine neue Form der Existenz, eingebettet in den Organismus des „Leibes" Christi, hineinzuführen. Dies ist das zentrale Thema seines Buches. Auf die Frage, wie das praktisch geschehen kann, findet der Leser leider keine Antwort. Aus der Sicht von Paulus ist aber die Erfahrung der Erlösung *in unserem eigenen Körper* ein ganz wesentlicher und unverzichtbarer Faktor, der die Einbettung in den Leib Christi überhaupt erst ermöglicht. Ganz zentrale Aussagen von Paulus über seinen eigenen Leib, ebenso wie eine Reihe von Anweisungen, wie wir als Gläubige mit unserem Leib umgehen sollen, bleiben unverständlich, wenn wir nicht erkennen, dass die sündige und schließlich die erlöste Existenz des Leibes noch eine sehr viel „handgreiflichere" Dimension haben, als es Robinson hier in Betracht zieht.

Was Robinson zum Ausdruck bringt, ist nichts anderes, als dass „praktizierter Glaube" innerhalb unserer jeweiligen denominationellen Vereinigung ausreicht, um uns in den Leib Christi hineinzuversetzen und jenen Lebensstil der Freiheit und Vollmacht hervorzubringen, der für Paulus kennzeichnend war. Das wird in den meisten Denominationen angenommen. Doch die Tatsache, dass es in unseren Gemeinden nur wenige Menschen gibt, die auch nur annähernd an einen Paulus heranreichen, sollte uns nachdenklich machen. Vielleicht sind unsere Erwartungen hier doch unrealistisch. Es bedarf viel mehr als nur der Zugehörigkeit zu einer Gemeinde – aber es ist möglich. Was wir brauchen, ist ein geistlich disziplinierter Lebensstil, so wie auch Paulus ihn praktizierte.

Ohne Frage gehört auch die Dimension der Gemeinschaft als wesentlicher Bestandteil zum geistlichen Leben hinzu. Natürlich sollten wir nicht die Augen vor sozialen Ungerechtigkeiten verschließen und uns für Veränderungen einsetzen, wo immer dies sinnvoll ist. Natürlich sollten wir die Gemeinschaft mit anderen Christen nicht gering schätzen. Wir sollten sie vielmehr auferbauen. Doch wie kann dies geschehen? Der konkrete Ort, an dem ich „den guten Kampf des Glaubens kämpfen und das ewige Leben ergreifen" kann (1 Tim 6,12), ist in meinem eigenen Leib, indem ich ihn mit Weisheit und Strenge verwalte und mit Gottes Hilfe weiterentwickle.

Heutzutage findet man fast nirgends wirklich brauchbare Hilfestellungen, wie man ganz praktisch den Fußspuren eines Paulus folgen und sein Modell umsetzen kann. Wer annimmt, die heute übliche Glaubenspraxis in irgendeiner größeren Denomination sei geeignet, wirkliche Befreiung von der Sünde zu bewirken, muss sich von den Tatsachen eines Besseren belehren lassen. So etwas anzunehmen ist theologisch unhaltbar, nicht schriftgemäß und stellt die psychologischen Fakten auf den Kopf. Wen verwundert es angesichts dieser verdrehten Denkweise, dass die Kirche keine wirklichen Veränderungen in den Menschen hervorbringt?

Die Schlusssätze von A. B. Bruce in seinem Buch *The Training of the Twelve* zeigen auf, welche Auswirkungen im Gegensatz dazu die Zeit hatte, die die Jünger mit Jesus verbrachten. Das Training, das sie bei Jesus durchliefen,

„war geeignet, um die Jünger zu dem zu machen, was sie als Apostel einer weltumspannenden geistlichen Bewegung sein mussten: aufgeklärt im Denken, voller Barmherzigkeit und aufgeschlossen für alle Menschen, mit einem zutiefst empfindsamen Gewissen für die Pflichten, die sich aus ihrer Berufung ergaben, und dennoch frei von abergläubischen Ängsten. Sie waren befreit von den Fesseln der Tradition und von jeglichem menschlichen Regelwerk. Ihr Naturell war gereinigt von Stolz, Eigenwille, Ungeduld, Ärger, Rachsucht und Verbitterung. Wir haben keinen Hehl daraus gemacht, dass sie nur langsam und mühselig lernten, und sie waren auch dann, als der Meister von ihnen ging, keineswegs vollkommen. Und doch besaßen sie eine herausragende Konstitution, von der man erwarten durfte, dass sie einen außergewöhnlich edlen Charakter an den Tag legen würden, wenn sie nach einer so langen Zeit des Zusammenseins mit Jesus auf eigenen Füßen stehen mussten."[61]

Andere Vorbilder

Es hat beinahe etwas Amüsantes – wenn es nur nicht so tragisch wäre –, einmal genauer zu untersuchen, wie die Anhänger von „großen" Christen Auswege und Erklärungen finden, um nicht die Dinge tun zu müssen, die ihre Vorbilder in ihrem eigenen Leben als unverzichtbar ansehen. Menschen, die wir bewundern und zu denen wir aufschauen, ganz zu schweigen von Jesus, den wir sogar als Gott verehren, erlegten sich ein Maß an persönlicher Disziplin auf und praktizierten ganz regelmäßig Dinge, die wir heute leichtfertig als unnötig abtun.

Einen John Wesley oder John Knox, einen Martin Luther oder George Fox bewundern wir genauso, wie wir einen Paulus bewundern. Doch in Wirklichkeit scheinen wir sie wohl eher für ein wenig fanatisch oder verrückt zu halten, denn nur wenigen von uns scheint ihr Beispiel nachahmenswert genug, um ihrem Vorbild auch in der Praxis zu folgen.

Solche Menschen und auch viele andere, die wir als große Vorbilder ansehen, waren schlicht und ergreifend realistisch genug, den Gesetzmäßigkeiten des geistlichen Lebens ins Auge zu schauen und die nötigen Konsequenzen daraus zu ziehen, selbst wenn ihre Bemühungen zuweilen wirr und unvollkommen aussahen. Doch inmitten ihrer Bemühungen begegneten sie Gott und wurden durch seine Gnade berührt; und das Ergebnis spricht trotz aller Unzulänglichkeiten für sich. Die Auswirkungen haben die Jahrhunderte überdauert.

Die Wirkungen eines Lebensstils, der geistliche Disziplin vermissen lässt, sprechen eine ebenso deutliche Sprache. Wo sind die Beispiele von geistlichen Vorbildern in der Kirchengeschichte, wo die bedeutenden geistlichen Bewegungen, die nicht durch geistliche Disziplin angetrieben gewesen wären? Wenn es keine Beispiele dafür gibt, wie kommen wir dann auf die Idee, wir seien die Ausnahme von der Regel und könnten ein Leben in der Kraft Gottes leben, ohne durch einen entsprechenden Lebensstil die Voraussetzungen dafür zu schaffen? Wie sollten wir etwas anderes anstreben als genau die Dinge, die Jesus selbst für nötig erachtete, ebenso wie die besten seiner Nachfolger in der Geschichte?

Es ist einfach, die großen Vorbilder zu verehren, denn aus der Distanz heraus verblasst leicht die Realität dessen, was sie praktizierten. Wenn wir dagegen in unserer direkten Umgebung Menschen erblicken, die deren Beispiel folgen wollen, dann werfen wir mit Steinen nach ihnen, genauso wie es Jesus angekündigt hat (Mt 23). Warum reagierten die Pharisäer damals so? Weil die Radikalität der echten Nachfolger allen Heuchlern einen Spiegel vorhält. Wenn wir nicht bereit sind, so zu leben wie Jesus, dann sind unsere Bekundungen nichts als Lippenbekenntnisse. Allein die Anwesenheit derer, die Jesus wirklich beim Wort nehmen, fordert uns heraus, dass auch wir unseren Worten Taten folgen lassen.

Paulus als Philosoph

Das Evangelium bietet uns als Menschen die Möglichkeit zu einer wirklich grundlegenden Veränderung unserer Lebenswirklichkeit. Die zu Anfang dieses Kapitels zitierte Aussage von Sir William Ramsey trifft den Nagel auf den Kopf. Aus seiner eigenen Erfahrung der Realität des Reiches Gottes heraus griff Paulus jene uralte prophetische Schau wieder auf: eine Welt, die von einem Volk regiert wird, das Gott gehört, da er in ihnen wohnt.

In ihrer ursprünglichen jüdischen Form hatte diese Vision ihre Kraft eingebüßt, weil der Segen Gottes für eigennützige nationalistische Zwecke missbraucht worden war. Bei Paulus offenbart sich die allumfassende Perspektive, wie die menschliche Gesellschaft aussehen könnte, wenn ihr Gesicht von Menschen bestimmt wird, die in der Fülle Christi leben. Sie könnte einen Weg aufzeigen, wie das Grundproblem menschlicher Regentschaft zu lösen wäre. Jede menschliche Regierung, die auf Gewaltanwendung bis hin zur Androhung des Todes vertraut, um ihre Herrschaft durchzusetzen, wird unweigerlich von bestimmten sozialen und politischen Gruppierungen dominiert. Diese Form der Regentschaft könnte endlich durch ein Königtum der Liebe und Wahrheit ersetzt werden, das durch jene ausgeübt wird, die Jesus Christus in sich tragen. Diese umfassende Vision für das Leben des Menschen, sowohl auf individueller wie auf gesellschaftlicher Ebene, ist es, die Paulus zu einem Philosophen macht.

Bislang ist es keiner Philosophie gelungen, Menschen hervorzubringen, die genug Größe und Weisheit hatten, um zu herrschen und zugleich Herrschaft über sich zu akzeptieren. Keine hat eine Antwort auf diese Probleme gefunden.

Es ist eine Sache, wie Thomas Jefferson von einem „Adelsstand der Tugendhaften und Begabten“ zu sprechen, die das Rückgrat einer Gesellschaft bilden und die Freiheit und Anstand im Land überhaupt erst ermöglichen. Eine ganz andere Sache ist es, solche Menschen in ausreichender Zahl hervorzubringen. Dies ist nur im Reich Gottes möglich, wenn wir als Nachfolger Christi in seine Fußstapfen treten. Paulus hatte dies erkannt, und für ihn bestand kein Zweifel daran, dass „die Heiligen die Welt richten werden“ (1 Kor 6,2). Damit überragt Paulus als Philosoph des menschlichen Daseins selbst Aristoteles. Im Schlusskapitel werden wir auf dieses Thema noch zu sprechen kommen.

Kapitel 8

Geistliche Übungen in der Geschichte

„In der theologischen Diskussion unserer Tage ist das Wort ‚Askese' zu einem Reizwort geworden, dem viel Negatives anhaftet, das wir selbst erlebt haben oder das wir in der Kirchengeschichte sehen. Neue theologische Strömungen, die ein verstärktes Augenmerk auf Körperlichkeit, Verspieltheit und Freiheit zu einer gesunden Sexualität legen, verstärken den Niedergang des Asketischen.
Wir werfen heute alle historischen Formen von Askese in einen Topf und verdammen sie in Bausch und Bogen als masochistische Auswüchse. Auf diese Weise bekommen wir ein stark verzerrtes und verkürztes Bild, eine bloße Karikatur dessen, was Askese wirklich bedeutet.
Eine noch gravierendere Konsequenz dieses leichtfertigen Umgangs mit den historischen Ausdrucksformen von Askese ist der völlige Verlust asketischer Lebensformen als Mittel zur Heilung und Pflege für Leib und Seele."[62]

Margret R. Miles

„Wir beginnen zu verstehen, dass Askese nicht nur ein wichtiger Bestandteil des Religiösen ist, sondern überhaupt jedes bedeutenden Werkes."[63]

Elton Trueblood

Woher kommt unsere negative Einstellung gegenüber geistlichen Übungen? Die weitverzweigten Tentakel der Geschichte reichen bis tief in unsere Köpfe hinein. Sie lassen uns die Dinge so sehen, wie sie einfach sein *müssen*, nicht so, wie sie wirklich sind. Ein Blick auf die Art und Weise, wie geistliche Übungen im Verlauf der Geschichte praktiziert wurden, wird uns helfen zu verstehen, wie es zu diesen heute so verbreiteten Vorurteilen kommen konnte.

Die Gegenwart: ein „glückliches Leben", und zwar sofort

Die Menschen in der westlichen Welt wachsen in dem Glauben auf, dass jeder Mensch das *Recht* hat zu tun, was er will und wann immer er es will, sich gut zu fühlen sowie Erfolg und ein erfülltes Dasein zu haben. In aller Regel verstehen wir darunter ein Leben voller Wohlstand und mit der Möglichkeit zur Selbstverwirklichung. Dies ist nach unserem Verständnis der Inbegriff eines erfüllten Lebens, ja des zivilisierten Lebens an sich geworden. Allerorten wird dies als die natürliche Lebensform des Menschen dargestellt.

Unsere kommerzialisierte Umwelt treibt es damit zuweilen ein wenig zu weit. Die Vision vom vollkommenen Glück wird auf das niedrigste vorstellbare Niveau zurechtgestutzt. So gab es in der *Los Angeles Times* einmal eine Anzeige, die den Leser aufforderte: „Verfolgen Sie Ihr Glück mit einem Auto, das schnell genug ist, um es einzufangen!" In der Zeitschrift *Atlantic* stand im Oktober 1983 eine Anzeige für eine Brandy-Marke mit dem Titel: „Schmecken Sie das glückliche Leben!" Auf der Westside von Los Angeles gibt es eine Zeitschrift, die genau diesen Namen trägt: „Glückliches Leben". Dem Inhalt nach zu urteilen besteht das glückliche Leben aus Abnehmen, Essen (paradoxerweise), Frisuren, Unterhaltung, berühmten Leuten, ausgefallenen Autos und Badewannen. Das ist alles.

Diese Momentaufnahmen aus der Alltagswelt unserer Kultur zeigen sehr deutlich, wie oberflächlich unser Lebensstil und unser Denken heute sind. Wenn wir unser Recht auf absolute „Freiheit" und vollkommenes „Glück" nicht so in Anspruch nehmen, wie es dem Trend unserer Zeit entspricht, dann nehmen wir quasi automatisch an, dass irgendwo etwas nicht stimmt. Entweder haben wir etwas falsch gemacht oder andere Leute (oder auch widrige Umstände) haben uns übel mitgespielt. Wenn wir uns weigern, bei dieser Jagd nach „Erfolg und Glück" mitzumachen, dann werden wir von anderen schnell als verschrobene Sonderlinge oder, schlimmer noch, als „Heilige" abgetan.

Angesichts der erdrückenden Allgegenwart des modernen Lebensentwurfs muss uns der Ruf, alles zu verlassen und „sogar sein eigenes Leben zu hassen" (Lk 14,26), was ja das Tor zur echten Nachfolge Jesu ist, völlig unverständlich erscheinen. Die allermeisten Menschen, die im ideologischen Klima unserer Welt aufgewachsen sind, wissen mit diesem Ruf überhaupt nichts anzufangen, er lässt sich einfach nicht mit unserer Lebensphilosophie vereinbaren. Die Weisheit Jesu, dass jeder, der sein Leben erhalten will, es verlieren muss, will uns einfach nicht in den Kopf, obwohl sie im Einklang mit den großen religiösen Traditionen des Christentums und den moralischen Fundamenten unserer Kultur steht. Die allgegenwärtige Stimme der Weisheit unserer aufgeklärten Welt macht uns glauben, dass diese althergebrachten Gebräuche einfach nicht mehr zeitgemäß sind und dass wir heute in einer Epoche leben, in der „der Mensch die Dinge nach seiner natürlichen unvoreingenommenen Vernunft beurteilt, ohne die irreführenden Schleier von Aberglaube und Religion".[64]

Das Zeitalter der Aufklärung

Die Worte des schottischen Philosophen David Hume sind ein sehr anschauliches Beispiel für die Weltanschauung, die dem modernen Verständnis des „glücklichen Lebens" zugrunde liegt:

> *„Zölibat, Fasten, Sühne, Kasteiung, Selbstverleugnung, Demut, Stille, Einsamkeit, der ganze alte Zopf von mönchischen Riten: Warum wenden sich verständige Menschen von ihnen ab, es sei denn, weil diese zu nichts nütze sind? Dem, der sie befolgt, bringen sie keinen Wohlstand noch machen sie ihn zu einem wertvolleren Mitglied der Gesellschaft; sie befähigen ihn nicht, Gäste zu unterhalten, noch machen sie das Leben erquicklicher. Im Gegenteil, wir stellen fest, dass sie all jenen wünschenswerten Bestrebungen zuwiderlaufen. Alles Wohlgestaltete verfinstern sie, verderben die Laune, machen die Sinne benommen und das Herz bitter.* [...] *Ein düsterer, hirnversehrter Fanatiker mag nach seinem Tode einen Ehrenplatz auf dem Kalender bekommen, doch er wird kaum die Gesellschaft und Freundschaft der Lebenden genießen, abgesehen von jenen, die ebenso wie er, dem Wahn und Trübsinn verfallen sind."*[65]

Diese Aussage bedürfte allenfalls einiger Aktualisierungen, vielleicht den einen oder anderen Verweis auf Badewannen und andere moderne Wohlstandsattribute, und sie passte ohne Weiteres in „Glückliches Leben“, unser kalifornisches „Lifestyle“-Magazin. Dieser Vertreter der Aufklärung, ebenso wie so viele seiner Geistesverwandten in unserer Zeit, hatte eigentlich keine Ahnung, wovon er sprach. Was den Nutzen „mönchischer Riten“ anbelangt, ist er weniger aufgeklärt als voller Vorurteile. Doch auch seine Einstellung ist nur das Resultat jahrhundertealter Vorurteile, die zum einen auf die konfessionellen Auseinandersetzungen zwischen Protestanten und Katholiken in Europa zurückgehen, zum anderen auf den scheinbaren Antagonismus zwischen finsterem Mittelalter und dem Zeitalter der Aufklärung. Er selbst sieht seinen eigenen Standpunkt naturgemäß als die einzig vernünftige und sinnvolle Sicht der Dinge.

Hume konnte natürlich nicht durchschauen, welches komplexe Gefüge sozialer und geschichtlicher Einflüsse ihn dazu veranlasste, so zu denken. Er erkannte nicht, dass geistliche Disziplin im Sinne Jesu in Wirklichkeit eben jenen Übeln entgegenwirkt, die man ihnen heute im Allgemeinen zuschreibt. Er erkannte nicht, dass diese Übel keineswegs das Produkt eines geistlich disziplinierten Lebensstils sind, sondern im Gegenteil sogar eine Folge dessen, dass das geistliche Leben weithin vernachlässigt oder missverstanden wurde. Wie sollte er also verstehen, dass geistliche Übungen, richtig verstanden und praktiziert, sogar eine unerlässliche Voraussetzung dafür sind, dass das menschliche Leben richtig funktioniert?

Das Prinzip des Protestantismus

Heutzutage, 200 Jahre später, ist das Vorurteil sogar eher noch stärker ausgeprägt als zu Humes Zeiten. Der Protestantismus bzw. das Voranschreiten der Aufklärung hat heute mehr denn je den Gedanken verdrängt, das Christentum könnte zur Errettung des Menschen irgendwelche geistlichen Übungen voraussetzen. Nicht nur Philosophen und Gelehrte, die ganze westliche Welt lehnt Disziplin als notwendigen Teil eines praktizierten christlichen Glaubens ab.

Wozu, so fragen wir uns, sollten solche geistlichen Übungen dienen, wenn nicht dazu, uns durch Selbstverleugnung und Leiden Vergebung und Ansehen bei Gott zu *verdienen?* Wird uns nicht von allen Seiten mit Überzeugung verkündet, dass das Prinzip des Protestantismus – die Rechtfertigung allein aus Glauben und nicht durch Werke – „dem Mönchtum und aller Selbstkasteiung das Wasser abgegraben habe"?[66] Leider wird dabei geflissentlich übersehen, dass Selbstkasteiung – also Selbstverleugnung, die Beherrschung der eigenen natürlichen Strebungen – ein ganz zentrales Anliegen des Neuen Testamentes ist.

Die große Bedeutung, die der Protestantismus erlangt hat, führte dazu, dass diese ablehnende Haltung sogar bis in die Glaubenspraxis der katholischen Kirche hinein vorgedrungen ist. In der Folge herrscht heute ein weit verbreitetes Unverständnis darüber, was geistliche Übungen überhaupt sind. Passagen in der Bibel, in denen davon die Rede ist, dass wir unser „Fleisch kreuzigen" sollen, werden übergangen, gesetzlich entstellt oder auf die eine oder andere Weise vergeistlicht. So oder so wird die Aussage unseren jeweiligen Neigungen und Bedürfnissen angepasst.

Fast jeder könnte sicher einige spezifische Haltungen oder Praktiken nennen, die irgendwie den Anschein haben, „geistlich" zu sein. Wir denken vielleicht an das Gelöbnis von Armut, Zölibat und Gehorsam, wie es in zahlreichen katholischen Ordensgemeinschaften praktiziert wird und das den meisten nur durch Bücher oder Darstellungen in der Kunst bekannt ist. Aus der Lektüre der Bibel fallen uns in diesem Zusammenhang möglicherweise auch noch Fasten, Almosen und regelmäßiges Gebet ein. Die meisten Christen, mit denen ich spreche, haben jedoch ein überaus mystisches Verständnis von diesen Praktiken.

Irrwege im Umgang mit geistlichen Übungen

Es ist unschwer zu erkennen, warum die geistlichen Übungen in den Augen der Welt ihren Sinn verloren haben – und nicht nur hier, auch in den Augen der nominell Religiösen, die in Wirklichkeit ohnehin mehr von der Welt geprägt sind als vom Christentum. Doch wer ein wenig besser mit der Bibel vertraut ist, der weiß, dass all diese Dinge auch aus verschiedensten falschen Motiven heraus praktiziert werden können. Unter Umständen können sie tatsächlich für das geistliche Leben völlig fruchtlos bleiben oder gar schädlich sein.

Dies ist die Hauptursache für die verbreitete Abneigung gegen geistliche Übungen. Irregeleitete Fasten- und Anbetungsrituale wurden ja auch von den Propheten im alten Israel häufig angegriffen und als nutzlos oder falsch gebrandmarkt (Jes 58,59; Mt 23). Doch beim Lesen dieser Texte entgeht uns allzu leicht, dass hier nicht die Praxis an sich angeprangert wird, sondern lediglich ihr Missbrauch. Allzu oft waren die Übungen lediglich Ausdruck von Angst und Hass auf die materielle Welt oder der Versuch, Gott und andere Menschen zu manipulieren. Anstatt uns bei der Interaktion mit dem Reich Gottes zu helfen, wurden sie – und werden bis heute – immer wieder zu Ausdrucksformen menschlichen Aberglaubens und Erfindungsreichtums. In der Regel dienen sie weder dazu, uns mit dem Reich Gottes vertrauter zu machen, noch dazu, Gottes Pläne mit der Welt zu fördern.

Wie in so vielen Fragen gebührt auch hier wiederum Paulus das letzte Wort. Er schreibt in 1. Korinther 13, Vers 3: „Und wenn ich alle meine Habe den Armen gäbe und ließe meinen Leib verbrennen, und hätte die Liebe nicht, so wäre mir's nichts nütze." Ob eine geistliche Übung förderlich ist oder nicht, kann nicht allein aufgrund der äußeren Handlungen entschieden werden. Ebenso wie bei der Beschneidung im Judentum geht es auch bei den geistlichen Übungen darum, dass die Handlung und die zugrunde liegende Motivation übereinstimmen. Die äußere Handlung erhält ihren Sinn allein als Ausdruck einer inneren Haltung. Wer also geistliche Übungen in jeder Form rundweg ablehnt, geht am eigentlichen Kern des Problems vorbei.

Missverständnisse im Umgang mit geistlichen Übungen

Eines der weitverbreiteten Missverständnisse im Zusammenhang mit geistlichen Übungen besteht in der Annahme, es ginge darum, sich selbst oder anderen Schmerzen zuzufügen. Diese Annahme beruht auf einem realen historischen Hintergrund. Solche Praktiken gab es im Mittelalter in der Tat. So kam es in bestimmten Orden über Jahrhunderte hinweg vor, dass zur Läuterung des Leibes bei Bußübungen eine Peitsche eingesetzt wurde, die man „Geißel" (engl. *discipline*) nannte. In der Frühzeit verwendete man hierzu Dornzweige, Eisenketten oder Lederriemen, an deren

Enden man Eisen- oder Knochenstücke einflocht. Mit der Zeit wurde das Instrument nach und nach verändert, bis es schließlich aus mehreren kurzen Seilstücken bestand, die jeweils am Ende einen Knoten aufwiesen. Ab dem 13. Jahrhundert wurde die Geißelung auch bei Bußprozessionen von Laien angewandt. Sie blieb bis ins 19. Jahrhundert, stellenweise sogar bis ins 20. Jahrhundert hinein, verbreitet. Oftmals wurde die Geißelung als Mittel angesehen, um Jesus ähnlicher zu werden, der ja auch in seinen letzten Stunden gegeißelt wurde. Auch in nicht christlichen Religionen, z. B. bei bestimmten Prozessionen im Islam, kommen Geißelungen vor. Es ist wohl unnötig zu betonen, dass solche Praktiken mit echter Nachfolge Jesu nichts zu tun haben. Er selbst tat nichts dergleichen.

Ist das Judentum eine asketische Religion?

Um ein angemessenes Bild der Gegenwart zu bekommen, müssen wir sie vor dem Hintergrund der Vergangenheit betrachten. Der erste Irrtum, den wir ausräumen müssen, ist der, dass Askese im Judentum unbekannt war. Ich brauche diesen Gedanken kaum weiter mit Beispielen zu belegen, weil man ihm in der Literatur allenthalben begegnet. Da das Christentum aus dem Judentum hervorgegangen ist, wollen wir trotzdem versuchen, nachzuvollziehen, wie es zu dieser Einschätzung kam.

Am ehesten ist damit vielleicht gemeint, dass all jene negativen Vorstellungen, die wir im Allgemeinen mit Askese assoziieren, nicht aus der hebräischen Tradition stammen – die Verdammung des Leibes nicht und auch die Sühne von Schuld durch körperliche Schmerzen nicht. Das Judentum kennt Askese weder als „gerechtfertigte Wüstenerfahrung" noch als Strafe oder als Mittel, um sich bei Gott etwas zu verdienen. In diesem Sinne ist die Behauptung, das Judentum sei nicht asketisch, sicher zutreffend. Wenn wir uns jedoch die großen Gestalten der jüdischen Religion anschauen – Abraham, Mose, David, Daniel, Johannes der Täufer, bis hin zu Jesus selbst und schließlich Paulus –, dann stellen wir fest, dass sie alle fasteten, beteten, Zeiten der Einsamkeit suchten, dass sie also Gott und Menschen gegenüber eine Form der Hingabe praktizierten, die man mit Fug und Recht als asketisch bezeichnen kann. Sie alle sind Anschauungsmodelle für einen asketischen Lebensstil.

Vor dem Hintergrund dessen, was wir bereits über das Wesen des menschlichen Lebens gesagt haben, muss *jede* Religion in einem gewissen Grade asketisch sein, ob nun offen oder verdeckt, ob in Form eines konsistenten Systems oder nicht. Versuchen Sie sich doch nur einmal vorzustellen, es wäre nicht so. Die Dinge, die das Wesen des Religiösen ausmachen, wären dann auch auf dem Wege der „natürlichen" Entwicklung, durch schlichte Eingebung oder durch unsere eigene Willenskraft, erreichbar, dann bedürfte es weder gezielter Anstrengungen noch langwieriger Übungen.

Genau dahin hat uns jedoch eine missverstandene Lehre von der Errettung aus Gnade im modernen Protestantismus gebracht. Der gegenwärtige Zustand widerspricht allem, was wir über das Leben wissen – das geistliche Leben eingeschlossen –, und macht es uns nahezu unmöglich, Nachfolge so zu gestalten, dass sie für unser Leben relevant wird. Ein solcher Standpunkt ist weder mit dem Judentum noch mit irgendeiner Religion in Einklang zu bringen, auch wenn wir heutzutage allzu leicht dem Glauben verfallen, es sei doch so.

War Jesus ein Asket?

Wir hatten ja bereits von der asketischen Seite Jesu gesprochen, vor allem von Fasten, Gebet und Rückzug in die Einsamkeit, die er regelmäßig praktizierte. Jesus war sich bewusst, dass man ihn in der Öffentlichkeit mit Johannes dem Täufer verglich: „Johannes ist gekommen, aß nicht und trank nicht; so sagten sie: Er ist besessen. Der Menschensohn ist gekommen, isst und trinkt; so sagen sie: Siehe, was ist dieser Mensch für ein Fresser und Weinsäufer, ein Freund der Zöllner und Sünder!" (Mt 11,18–19).

Um diese Bemerkung auch wirklich zu verstehen, müssen wir uns einige Dinge vor Augen halten. Zum einen war der Vergleich durchaus nicht völlig belanglos. Offenbar führte Johannes der Täufer ein Leben, das in mancher Hinsicht extremer war und in den Augen der Menschen zur damaligen Zeit deutlichere „asketische" Züge aufwies als das Leben, das Jesus führte. Nach außen hin erschien das Leben Jesu „normaler", auch wenn es regelmäßige und längere Phasen von Fasten, Gebet und Abgeschiedenheit enthielt und obwohl sich Jesus Armut, Heimatlosigkeit und Keuschheit auferlegt hatte.

Zweitens stammten die eben zitierten Aussagen über ihn selbst und den Täufer vermutlich von Pharisäern, die sich in ihrem durch rigide Gesetzlichkeit geprägten Verständnis von Sitte und Moral beleidigt fühlten. Jesus war natürlich weder ein Trunkenbold noch war er der Völlerei ergeben, aber er hatte seine eigene klare Auffassung über die gesetzlichen Speisevorschriften der Pharisäer. Und er begab sich ganz bewusst in „schlechte Gesellschaft" – die von verhassten Steuereintreibern, von Leuten mit freizügigen Moralvorstellungen, von Fresssüchtigen und Alkoholikern.

Ein Meister des geistlichen Lebens

Niemand hat sein geistliches Leben so perfekt geführt wie Jesus. Darum ist es absolut unerlässlich, dass wir uns an Jesus orientieren, wenn wir verstehen wollen, was geistliche Übungen sind und wozu wir sie brauchen. Jesus zeigte uns, dass geistliche Kraft nicht darin besteht, sein Leben mit geistlichen Übungen zu füllen. Sie zeigt sich vielmehr gerade darin, *dass man nur wenige geistliche Übungen braucht und trotzdem ein Leben in geistlicher Fülle lebt.* Hier liegt der grundlegende und fatale Fehlschluss christlicher Askese überhaupt, angefangen von der Zeit der Wüstenväter bis hin zur Reformation. Wenn wir uns am Beispiel Jesu orientieren, dann werden wir einen wesentlichen Grundsatz nicht aus den Augen verlieren: Geistliche Übungen haben keinen Selbstzweck. Der Sinn unseres geistlichen Lebens besteht nicht darin, zu fasten, zu beten, Choräle zu singen, einfach zu leben und so weiter. Es geht vielmehr darum, sich Gott und Menschen in gelebter Liebe hinzugeben, voller Freude, inmitten der alltäglichen Umstände, in die wir hineingestellt sind. Die Person, die auf dem geistlichen Weg fortgeschritten ist, erkennt man nicht daran, dass sie besonders viele geistliche Übungen praktiziert, ebenso wenig wie man ein gut erzogenes Kind daran erkennt, dass es wenig zurechtgewiesen oder bestraft wird.

Wer meint, er sei geistlich reifer, weil er regelmäßig fastet, Zeiten der Stille einhält oder einen einfachen Lebensstil praktiziert, der liegt völlig daneben. Im Gegenteil – wer viele geistliche Übungen praktiziert, der gesteht gerade ein, dass er *schwach* ist. Als einfache Grundregel könnten wir festhalten, dass eine Übung, die uns leicht fällt, ihren Übungscharakter für uns verloren hat – wir haben sie vermutlich nicht mehr nötig. Wir müssen uns bei der Auswahl unserer Übungen vielmehr darauf konzentrieren, wo wir noch Schwächen haben und was uns schwerfällt.

Der Baseballspieler Pete Rose wurde einmal danach gefragt, worauf er seinen phänomenalen Erfolg zurückführt. Er sagte: „Ich konzentriere mich im Training konsequent auf meine Schwächen. Die meisten tun beim Training lieber Dinge, die sie schon können." Dieselbe Erfolgsregel gilt auch für unser geistliches Leben.

Wenn wir uns das Leben Jesu genauer anschauen, stellen wir unweigerlich fest, dass er sich ein hohes Maß an Strenge und Disziplin auferlegte, aber es handelte sich um einen Lebensstil von Askese *mit Bedacht*, im oben beschriebenen Sinne. Dasselbe gilt für seine Gefolgschaft, sowohl zu seinen Lebzeiten als auch nach seiner Verherrlichung (vgl. Mt 8,18–22; 20,26–28; Joh 13,4–17; Mk 4,19; Lk 9,57–62; 10,3–8; 14,25–35).

Wenn wir einen Blick in jenes „Obergemach" in Jerusalem werfen, wo die kleine Schar seiner Anhänger sich in der Zeit zwischen Himmelfahrt und Pfingsten aufhielt, sehen wir zum ersten Mal, welche Fortschritte sie gemacht hatten. Diejenigen, die einige Wochen zuvor „nicht eine Stunde" mit Jesus wachen konnten, führten die Gruppe nun in eine Zeit anhaltenden Gebets, die zehn Tage dauerte. Sie verfügten zu diesem Zeitpunkt über die geistliche Disziplin, die sie benötigten, um in Jerusalem ausharren und warten zu können, bis sie „mit Kraft aus der Höhe" ausgerüstet würden (Lk 24,49). Ihr Lebensstil hatte Bestand, auch nach Pfingsten. Er ist im ganzen Neuen Testament zu erkennen und machte noch weit darüber hinaus Geschichte.

Das Mönchtum

Es gibt wohl kaum etwas, das dem Anliegen der Askese – im eben genannten Sinne als gutem und notwendigem Bestandteil des geistlichen Lebens – in der heutigen Zeit mehr schadet als die Tradition des Mönchtums. Ohne Zweifel waren die Gründe, die ursprünglich zu dessen Entstehung führten, durchaus lobenswert. Es steht auch außer Frage, dass es unter Ordensleuten viele sehr ernst zu nehmende Christen gab, von denen ein großes Maß an Segen ausging. Jeder, der das Leben Jesu und seiner Nachfolger in der frühen Kirche näher betrachtet, wird erkennen, dass ein

Antonius oder ein Benedikt ohne jeden Zweifel in ihrer Tradition stehen. Niemand wird jedoch bezweifeln können, dass es innerhalb der verschiedenen Ordensbewegungen mit der Zeit zu Auswüchsen kam. Geistliche Disziplin verkam zu wüster, sinnloser, ja destruktiver Selbstkasteiung. Unterstützt wurden diese Exzesse durch eine ausufernde Leibfeindlichkeit und den Glauben, das Erdulden von Leid, das man sich selbst zufügt oder das man vonseiten seiner geistlichen Autoritätspersonen erduldet, sei dem eigenen Seelenheil förderlich. Diese Überzeugungen werden heute mit Recht zurückgewiesen. Aus der Reaktion auf diese Auswüchse heraus ist es jedoch heute für viele sehr schwer geworden, geistliche Übungen überhaupt noch als einen wichtigen Bestandteil ihres Lebens – nicht nur des geistlichen – zu sehen.

Die Entstehung

Wie kam es zur Idee des Mönchtums? Die Antwort auf diese Frage finden wir, wenn wir die frühe Kirchengeschichte betrachten. Unter der Führung des Heiligen Geistes und durch die einsetzende Verfolgung wurden die frühen Christen zunehmend zerstreut. Wo immer sie hinkamen, fanden sie sich zusammen und gründeten Gemeinschaften, die sich die „Herausgerufenen" *(ecclesia)* nannten. Einige Historiker meinen, während der ersten drei Jahrhunderte habe allein schon die blutige Verfolgung, der sich die Christen immer wieder ausgesetzt sahen, ausgereicht, um jenes Selbstverständnis als Abgesonderte in ihnen lebendig zu halten. Sie konnten niemals aus den Augen verlieren, dass sie Bürger des Himmels waren (Phil 3,21), dass sie zwar in der Welt lebten, aber nicht von der Welt waren (Joh 17,16), dass sie hier keine bleibende Stadt hatten, sondern Gäste und Fremdlinge auf der Erde waren (Hebr 11,13–16).

Mit der Bekehrung des römischen Kaisers Konstantin zum Christentum und der Verkündung seines Toleranzedikts im Jahre 311 n. Chr. wurde das Christentum legalisiert, mehr noch, es wurde sogar durch den Kaiser selbst protegiert. Nachdem die Kirche offiziell anerkannt war und nun auf einmal hohes Ansehen genoss, wandelte sich das Selbstverständnis der Christen. Das Leben in der Welt wurde in den Augen der meisten Christen zu etwas, das sich mit der Nachfolge Jesu durchaus in Einklang bringen ließ. Schon bald gab es jedoch Christen, die diese Vermischung unerträglich fanden. Als Einzelne oder in kleinen Gruppen sonderten sie sich ab, um einen Lebensstil zu praktizieren, der nach ihrem Empfinden mehr dem christlichen Ideal des geistlichen Lebens entsprach.[67]

Zur selben Zeit gewannen die Lehren des Kirchenvaters Origines von Alexandrien (gest. 254), in denen sich griechisches, jüdisches und christliches Gedankengut miteinander verband, einen weitreichenden Einfluss. Er rief die Nachfolger Jesu mit allem Nachdruck zu einem Lebensstil der Vollkommenheit auf, zur mystischen Vereinigung mit Gott in einer radikalen Absonderung vom normalen Leben in der Welt:

> *„Origines war daran gelegen, das Leben in der Nachfolge als ein vernunftgeleitetes, geordnetes Streben nach Vollkommenheit darzustellen, das ganz im Einklang mit den anerkannten Lehren der Philosophie stand. Nach Auffassung von Origines war es Aufgabe des Menschen, beim Prozess seiner Heiligung, dem Ziel der Vereinigung mit Gott, mitzuwirken. Dieser Prozess der Vervollkommnung und Vereinigung mit Gott verlief nach seiner Vorstellung stufenweise. Dem Menschen oblag es, die nötigen Schritte zu tun, und der Weg dazu führte unweigerlich über einen Lebensstil der Askese.“*[68]

Die Unzufriedenheit über den geistlichen Zustand der Christenheit und den zunehmenden sozialen und politischen Verfall des Römischen Reiches führte dazu, dass es immer mehr Menschen in ihrer Sehnsucht nach Gott in die ägyptische Wüste zog, wo sie Zuflucht vor der Welt nahmen, um nach Heiligkeit und Verbundenheit mit Gott zu suchen. Abscheu gegen die Welt vermischte sich hier mit dem Streben nach Gott und nach einem Leben in Reinheit. Hinzu kam eine gehörige Portion von romantischen Vorstellungen und das Ergebnis war eines der erstaunlichsten Phänomene der Weltgeschichte.

Von Syrien bis hinab nach Ägypten fanden sich Menschen, die sich einem ganz besonderen Lebensstil verschrieben und zu Eremiten wurden, Menschen, die in völliger Abgeschiedenheit in der Wüste lebten. Schon bald war dies als eine legitime Form der Nachfolge anerkannt. Viele dieser christlichen Eremiten, die dem Beispiel eines Antonius (gest. 396) folgten und in die Wüste gingen, fielen räuberischen Angriffen von Mensch und Tier zum

Opfer, andere verzweifelten, verhungerten oder starben an Krankheit und Auszehrung.

Um diesen Gefahren zu begegnen, begann Pachomonius, ein Zeitgenosse und Landsmann von Antonius, Gemeinschaften von Eremiten zu schaffen (auch wenn dies vielleicht wie ein Widerspruch in sich klingt), und begründete somit die ersten klösterlichen (von lat. *claustro*, „abgeschieden“) Gemeinschaften. Jeder Mönch hatte seine eigene Bleibe und war somit ein Eremit. Um die Ansammlung herum wurde eine gemeinsame Schutzmauer errichtet. Bedingt durch gemeinsame Arbeit, Gottesdienste und Lehrveranstaltungen gab es ein Minimum an Kontakt untereinander, doch konnten die Mönche nun geschützt vor den Gefahren der Wüste ihrem Leben mit Gott nachgehen. Auf diese Weise kam es zur Entstehung von Ordensgemeinschaften.

Verzehrende Askese

Das Mönchtum hat, angefangen vom 4. Jahrhundert bis in unsere Zeit, eine Fülle von Segen gebracht, nicht nur für zahllose Einzelne und für die Kirche, sondern für unsere ganze Zivilisation.[69] Es kann auch kein Zweifel daran bestehen, dass das Leben in einem Orden für den einen oder anderen auch heute noch eine durchaus legitime Form der Nachfolge Jesu ist. Doch kann man sicherlich nicht verleugnen, dass das Mönchtum, so wie es tatsächlich praktiziert wurde, immer wieder allzu deutlich vom Lebensmodell Jesu und der frühen Christen abwich.

Jesus und seine Jünger lebten eindeutig ein asketisches Leben. Otto Zockler stellte in seiner Arbeit zum Thema Askese folgende Behauptung auf: „Das Christentum ist keine Religion der Askese, sondern vielmehr des Glaubens und der Liebe.“[70] Wer so spricht, der hat nicht begriffen, welch innige Verbindung zwischen Askese und der Fähigkeit zu Glauben und Liebe besteht, so wie Jesus und seine Jünger sie lebten. Doch auch wenn Jesus und seine Jünger ein asketisches Leben führten, kann man klar sagen, dass sie keineswegs Mönche waren. Ihr Lebensstil war dank ihrer geistlichen Disziplin voll von Gottes Gnade, aber sie wandten sich nicht von der Welt ab, wie viele Mönche es taten, sondern sie blieben mitten in der Welt – bewahrt durch Gott, den Vater, so wie Jesus gebetet hatte (Joh 17), und hielten fest am Wort des Lebens (Phil 2,15–16).

Wohl niemand, der sich näher mit dem Leben Jesu und der Apostel befasst, könnte sich vorstellen, dass sie so merkwürdige Dinge taten wie ein Macarius von Alexandria, ein Serapion oder ein Pachomius: sieben Jahre lang nur rohe Speisen zu sich zu nehmen, sechs Monate in einem Sumpf zu schlafen und den nackten Körper den Stichen giftiger Fliegen auszusetzen, 40 oder 50 Jahre lang niemals im Liegen zu schlafen, viele Jahre lang kein Wort zu sprechen, voller Stolz die Jahre zu zählen, seitdem man keine Frau mehr gesehen hat, schwere Gewichte zu schleppen, wo immer man hingeht, oder in eisernen Ketten zu leben und dabei einen offensichtlichen Konkurrenzkampf auszutragen, wer die härtesten Selbstkasteiungen auf sich nimmt.[71]

Simeon Stylites (390–459) beispielsweise baute sich in der syrischen Wüste eine drei Meter hohe Säule, auf der er einige Zeit lebte. Doch schon bald machte er sich Vorwürfe, dass die Säule zu niedrig war, und suchte nach einer höheren Säule. Er fand eine 20 Meter hohe Säule. Seinen Lebensraum von einem Meter Durchmesser sicherte er mit einem Geländer, um im Schlaf nicht herunterzufallen.

„Auf diesem Hochsitz lebte Simeon ohne Unterbrechung 30 Jahre lang und war gleißender Sonne ebenso wie Regen und Kälte schutzlos ausgesetzt. Eine Leiter ermöglichte es seinen Jüngern, zu ihm zu gelangen, um ihm Nahrung zu bringen und seine Abfälle zu beseitigen. Er band sich mit einem Seil an der Säule fest. Mit der Zeit überwucherte seine Haut das Seil, wurde wund und faulte schließlich. Fiel einmal ein Wurm von seinen Schwären herab, hob Simeon ihn auf, setzte ihn zurück an seinen Platz und sagte: ‚Iss nur, was Gott dir gegeben hat.'“[72]

Das Vordringen des Mönchtums nach Europa

Im 5. und 6. Jahrhundert breitete sich die mönchische Form der Askese gen Norden und Westen nach Europa aus, bis sie schließlich selbst die abgelegensten der Britischen Inseln im äußersten Westen erreichte. Die strengen Selbstkasteiungen der irischen Mönche sind ebenso beachtlich wie die der Mönche des Ostens. Von St. Finnchua wird berichtet, er habe sich sieben Jahre lang mit Eisenketten unter den Achseln aufgehängt, um anstelle dessen, was er auf Erden aufzugeben meinte, einen Platz im Himmel zu erlangen. Er, ebenso wie auch St. Ite, sollen ganz bewusst Käfer an sich herangelassen haben, um sich in ihren Körper hineinzufressen. St. Ciaran mischte Sand in seinen Brotteig, und von St. Kevin heißt es, er habe sieben Jahre lang stehend zugebracht. Man könnte die Reihe solcher fantastischen Zeugnisse immer weiter fortsetzen.

In den Orden von St. Pachomius und von St. Benedikt (der häufig mit einer Rute in der Hand dargestellt wird) wurden Verstöße gegen die Ordensregeln mit schweren Strafen geahndet, nicht selten wurden die Betroffenen bis aufs Blut ausgepeitscht. Ab dem 12. Jahrhundert war schließlich die Geißelung zunehmend auch als Mittel der Selbstkasteiung in Gebrauch. St. Petrus Damianus (gest. 1072) drängte seine Ordensbrüder, sie sollten die „Geißelung" als Mittel zur „Nachahmung Christi" ausüben. In einigen Orden wurde die Selbstgeißelung praktiziert, in anderen übernahm dieses Amt ein leitender Ordensbruder. Die Geißelung fand häufig in der Kirche statt, wobei Bußpsalmen rezitiert wurden.

Insgesamt war das frühe Mönchtum in dieser Hinsicht weniger streng als das spätere, wenn auch sicherlich nichts an die Entsagungen der frühen Eremiten heranreichte. In der Benediktinischen Ordensregel sind noch keine der gewalttätigeren Buß- und Sühnepraktiken enthalten wie Selbstgeißelung, das Tragen eines Hemdes aus Haaren oder die *inclusio*, bei der die Mönche für längere Zeit in einer sehr kleinen Zelle isoliert wurden. Ab dem 12. Jahrhundert nahmen jedoch solche extremen Formen der Askese an Häufigkeit und Strenge zu. Es gab Bestrebungen, sie auf die Kirche als Ganzes auszuweiten und auch die gemeinen Gläubigen mit einzubeziehen, die nicht von sich aus zu solchen Mitteln greifen würden. Es gab regelrechte Epidemien von Selbstgeißelung, unfreiwilligen rituellen Tänzen und Stigmatisierungen, Letzteres insbesondere unter Franziskanern und Dominikanern.

Askese um der Askese willen?

Wenn man hört, wie Menschen um ihres geistlichen Lebens willen solche extremen Entbehrungen auf sich nehmen, dann kommt man nicht umhin, sich zu fragen, ob das Ziel hier nicht ein wenig verfehlt wurde. Man fühlt sich unweigerlich an Menschen erinnert, die exzessiv Diät halten oder Bodybuilding betreiben und bei denen es längst nicht mehr allein darum geht, gesund zu leben oder den Körper in Form zu halten, sondern um Selbstherrlichkeit, Selbstgerechtigkeit, ja Selbstbesessenheit.

In Bodybuilding-Clubs erleben wir einen Kult, bei dem der Muskel um des Muskels willen trainiert wird. Ebenso sehen wir in den asketischen Exzessen eine Verherrlichung der Askese um ihrer selbst willen. Menschen, die sich dieser Form der Selbstentäußerung verschrieben haben, sind im Grunde gar nicht wirklich asketisch. Ihnen geht es gar nicht um echte Einheit mit Jesus, der ein gesundes Leben führte, der aufgeschlossen und gesellig war und der sich selbst ebenso liebt wie die ganze Schöpfung Gottes.

Die frühen Formen der Askese und ihre Ausprägungsformen im Mönchtum versagten, weil viele ihrer Anhänger offensichtlich süchtig danach wurden und Askese als Selbstzweck verfolgten, wie der Marathonläufer, dem es längst nicht mehr in erster Linie um die Förderung seiner Gesundheit und Leistungsfähigkeit geht, sondern der allein das Hochgefühl sucht, das jenseits der Erschöpfung liegt. In diesem Sinne hätte Hume sich in seiner Schmährede auf die „mönchischen Riten" im Grunde sogar auf das Evangelium selbst berufen können. Hier geht es tatsächlich um die Freude am Schmerz. In Wirklichkeit ist eine solche Form der Askese lediglich eine neue Variation desselben Themas: Narzissmus und Selbstbesessenheit. Wer sich ihr verschreibt, der verliert sein Leben im Bemühen, es zu erhalten. Nichts könnte von wahrer Anbetung und echtem Dienst für Gott weiter entfernt sein.

Der Übergang zum Protestantismus

Wie nicht anders zu erwarten, verkam die Askese im Mönchtum mit monotoner Regelmäßigkeit zu bloßer Dekadenz. Das Ideal des geistlichen Lebens, das hier verfolgt wurde, ging bei aller Hingabe und Leidenschaft im Kern am Leben in Jesus vorbei. Ab dem 9. Jahrhundert gab es eine Reihe von Reformbewegungen, die zum Teil neue Ordensgemeinschaften hervorbrachten. Doch das eigentliche Missverständnis hinsichtlich der Bedeutung asketischer Praktiken blieb. Es ging um Vergebung, Strafe und Anerkennung bei Gott statt um „Einübung in die Gottseligkeit" – einem Lebensstil, der Gott Raum gibt. So endete die Praxis der Askese immer früher oder später, je nach den örtlichen Gegebenheiten, in Missbrauch und schließlich Niedergang.

Hier setzte die protestantische Reaktion gegen das Asketische an: Sie stellte die Berechtigung geistlicher Übungen als Teil des Erlösungsprozesses in *jeder* Form infrage. Durch den massiven Druck, den sie ausübte, hat die protestantische Reformation vielleicht mehr zur Förderung einer Besinnung auf wahre Askese in den Ordensgemeinschaften beigetragen als alle internen Reformbewegungen zusammengenommen. Nichts vermag mehr Disziplin und Einheit in einer Gruppe oder Institution hervorzubringen, als Druck und Ablehnung von außen, wie sie Martin Luther heraufbeschwor, als er die Formen der Askese kritisierte, die man ihm als junger Ordensbruder beigebracht hatte. In *Here I stand* schreibt Roland Bainton:

„Zeitweise fastete er mehr als drei Tage lang; ohne auch nur einen Krümel zu sich zu nehmen. Die Fastenzeiten waren für ihn befriedigender als die Zeiten, in denen er üppige Mahlzeiten zu sich nahm. Die Passionszeit erfüllte ihn mit mehr Freude als die Osterzeit. Er erlegte sich Nachtwachen und Gebete auf, die noch über das hinausgingen, was in der Ordensregel vorgeschrieben war. Er verzichtete auf die spärlichen Decken, die die Ordensbrüder sich gestatteten, und kam dabei sogar dem Erfrierungstod nahe. Zuweilen kam Stolz in ihm auf über seinen heiligen Lebenswandel und er sagte: ‚Heute habe ich keine Sünde getan.' Dann kamen Bedenken in ihm auf: ‚Hast du genug gefastet? Bist du arm genug?' Dann entäußerte er sich allem, bis auf das, was zu behalten ihm der Anstand gebot. In seinen späteren Jahren glaubte er, dass er seiner Verdauung durch seine strengen Entsagungen bleibenden Schaden zugefügt hätte.“[73]

Luther war überzeugt, dass er sich durch seine Nachtwachen, Gebete, Lesezeiten und andere Aktivitäten zu Tode gebracht hätte, wenn er damit noch länger fortgefahren wäre.

Der Irrweg im Protestantismus

Wir haben gesehen, dass das Mönchtum nicht imstande war, geistliche Übungen in einer Weise zu praktizieren, die theologisch und zugleich psychologisch fundiert war, weil es versuchte, durch eigenes Bemühen Vergebung der Sünden und Anerkennung bei

Gott zu erwirken. Doch zu unserer Verwunderung müssen wir feststellen, dass es auch dem Protestantismus nicht gelang, hier grundlegend andere Wege zu beschreiten. „Werke" ebenso wie die katholischen Sakramente wurden als wesentliche Bestandteile auf dem Weg des Heils von vornherein ausgeklammert. Doch dem Protestantismus gelang es nicht, neue Maßstäbe zu formulieren, wie wir als Menschen ganz praktisch dazu beitragen können, durch Gottes Gnade das Leben zu führen, zu dem Jesus uns berufen hat.

Im reformierten Zweig des Protestantismus, mit Johannes Calvin als Vordenker, wurde Disziplin hauptsächlich als das definiert, was die Kirche ausübt, um ihre Gläubigen im Einklang mit der Lehre der Kirche zu halten. Im Methodismus, der etwa 300 Jahre nach dem Calvinismus entstand, wurde ein Buch *The Discipline* genannt, das die grundlegenden methodistischen Glaubenssätze und Lebensregeln enthält. Viele Dinge, die wir unter der Rubrik geistliche Übungen zusammengetragen hatten, werden hier als „Gnadenmittel" bezeichnet. In der Ausgabe von 1924 sind die Gnadenmittel aufgeteilt in solche, die in der Bibel erwähnt werden, und solche, die wir aus eigener Umsicht heraus befolgen. Zu den in der Schrift eingesetzten Gnadenmitteln gehören Gebet, Erforschung der Schrift, das Abendmahl, Fasten und „christliche Zusammenkünfte". Zu den Gnadenmitteln aus Umsicht heraus zählen „Wachen, Selbstverleugnung, unser Kreuz aufnehmen und die Einübung in die Gegenwart Gottes".[74] Unter rein logischen Gesichtspunkten ist es sicherlich schwierig, eine solche Aufteilung vorzunehmen.

Die Methodisten wurden ursprünglich vor allem deshalb so genannt, weil sie davon überzeugt waren, dass methodische „Übungen im göttlichen Leben" der beste Weg zu geistlicher Reife sind. Das Leben von John Wesley ebenso wie seine Schriften sind die beste Illustration dafür, wie der „methodische" Lebensstil der Methodisten im Einzelnen aussieht. Heutzutage wird freilich fast nichts dergleichen mehr praktiziert. Die Methodistische Kirche ist geradezu ein Musterbeispiel dafür, wie große christliche Leiter der Vergangenheit mit Worten gepriesen werden, während doch niemand auf den Gedanken zu kommen scheint, sich an ihrem Leben für das Reich Gottes ein Beispiel zu nehmen.

Luther und seine Nachfolger waren offenbar der Überzeugung, dass Predigt und Lehre des Evangeliums, zusammen mit der

Austeilung der Sakramente ausreichten, um geistliches Leben hervorzubringen. So heißt es im Augsburger Bekenntnis:

> *„Die Kirche ist die Versammlung der Heiligen, in der das Evangelium in Reinheit verkündet und die Sakramente in rechter Weise ausgeteilt werden. Für die Einheit der Kirche ist es ausreichend, wenn hinsichtlich der Lehre des Evangeliums und der Austeilung der Sakramente Übereinstimmung besteht.“*

Später kamen die verschiedenen baptistischen und pfingstlerischen Gruppierungen hinzu. Sie gingen noch einen Schritt weiter, und nun verloren auch noch die Sakramente ihren Charakter als Grundelemente des Glaubens. Man kann sagen, dass Luthers Sichtweise hierzu heute fast in allen protestantischen Gruppen dominiert. In einem theologischen Wörterbuch wird dies recht drastisch formuliert: „Die Aufrechterhaltung korrekter dogmatischer Anschauungen und der Ausübung der erwünschten Glaubenspraxis aufseiten der Gemeindeglieder durch die Kirchenleitung, die früher sehr ernst genommen wurde, ist nunmehr bloßer moralischer Überzeugungskunst und geistlicher Einflussnahme gewichen.“[75] Mit anderen Worten: Anstelle der Erwartungen, die früher an die Gemeindeglieder gestellt wurden, ist heute fast ausnahmslos eine weitgehende Unverbindlichkeit getreten, abgesehen vielleicht gerade noch von der Teilnahme am Gottesdienst.

Doch auch diese Erwartung ist inzwischen häufig schon zu weitgehend. Elton Trueblood machte vor einigen Jahren auf Folgendes aufmerksam:

> *„Es gibt nicht eine einzige charakteristische Eigenart, die den Durchschnittschristen einer protestantischen Kirche in seinem alltäglichen Leben kennzeichnen würde, ebenso wie es auch wenig gibt, das einen durchschnittlichen Katholiken kennzeichnen würde. Man kann nichts voraussetzen: nicht, dass sie irgendetwas mit großer Regelmäßigkeit tun, und auch nicht, dass sie ihren Zehnten spenden. Wir haben noch nicht einmal eine Vorstellung, welche Überzeugungen sie im Bezug auf bestimmte kontroverse gesellschaftliche Fragen hegen.“*[76]

Der Irrtum besteht darin, dass an die Stelle der Errettung (das neue Leben, das wir in Christus haben) eine ihrer Auswirkungen bzw. einer ihrer Aspekte (die Vergebung der Sünden) getreten ist. Diese Verschiebung in der Perspektive dominierte nicht nur das Mönchtum, sondern auch die Gegenreaktion darauf, von der die Kirche bis heute bestimmt wird. Um der Sünde Herr zu werden, wurde im Mönchtum völlige Weltabgewandtheit praktiziert. Man versuchte, sich Vergebung durch die Erduldung von Schmerz und Mühsal zu verdienen. Und man versuchte, die Welt ganz und gar hinter sich zu lassen, um nicht mehr Teil von ihr sein zu müssen.

Dabei hatte Paulus den Christen in Korinth schon lange zuvor deutlich gemacht, dass es nicht nötig sei, die Menschen zu meiden, die nicht Teil der Familie Gottes sind, „sonst müsstet ihr ja aus der Welt auswandern" (1 Kor 5,10; Einheitsübersetzung). Damit gab er zu verstehen, dass dies gerade nicht Sinn der Sache sei. Auch Jesus betete nicht, dass Gott seine Freunde aus der Welt nehme, sondern dass er sie *in der Welt* vor dem Bösen bewahre (Joh 17,15).

Im Mönchtum zeigte sich, dass man aus der Welt auswandern und dabei sehr wohl noch Teil von ihr bleiben kann. Die Exzesse, die über die Jahrhunderte immer mehr zunahmen, sind nur ein Indikator dafür, dass ein solches Ansinnen völlig absurd und aussichtslos ist. So lieferten die Mönche geradezu den Beweis, dass es eben nicht möglich ist, sich völlig von der Welt zu lösen (es sei denn durch den Tod), und dass jegliches Bestreben, es doch zu tun, unweigerlich zum Scheitern verurteilt ist, weil man selbst darin noch „weltliche" Maßstäbe und Motive an den Tag legt. Der Protestantismus machte sich genau diesen Tatbestand zum Leitsatz und ging nun seinerseits an einem schriftgemäßen Verständnis vorbei, indem er völlig auf die geistlichen Übungen als Kernbestandteil des geistlichen Lebens verzichtete. Dennoch gelang es ihm nicht, einen eigenen Ansatz zu entwickeln, worin unser eigener Beitrag zu unserer Erlösung besteht.

Askese mal ganz anders

Wenn wir verstehen wollen, was nach neutestamentlichem Verständnis geistliche Übungen sind, dann müssen wir zunächst einen eingehenderen Blick auf die linguistischen und historischen Hintergründe des Wortes selbst werfen. Paulus sagte: „Darin übe [griech. *asko*] ich mich, allezeit ein unverletztes Gewissen zu haben vor Gott und den Menschen" (Apg 24,16). Dies ist das einzige Mal, wo das griechische Wort *asko* im Neuen Testament erscheint, von dem wir im Deutschen den Begriff Askese ableiten. Wenn es um „Übung" geht, wird im griechischen Urtext weit häufiger das Wort *gymnaso* gebraucht, das nicht nur in 1. Timotheus 4, Vers 7 auftaucht, sondern auch in 2. Petrus 2, Vers 14 sowie in Hebräer 5, Vers 14 und Kapitel 12, Vers 11.

Dem deutschen Wort „asketisch" entspricht das griechische Adjektiv *askateos*, das sich vom Verb *askein* (üben, ausüben, sich mühen, sich anstrengen, arbeiten oder auch bereitstellen, einrichten, schmücken) ableitet.

Im Alten Testament ist die Umsetzung des Gesetzes das hauptsächliche Mittel der Askese. In Josua 1, Vers 8 lesen wir: „Das Buch dieses Gesetzes sei allezeit auf deinen Lippen; sinne darüber Tag und Nacht, dass du darauf achtest, nach allem zu handeln, was darin geschrieben ist. Dann hast du Glück in deinem Unternehmen, dann wird es dir gelingen" (Herder-Übersetzung). Das Gesetz soll beständig „auf den Lippen" sein. Die Juden sollten das Gesetz auswendig lernen und während ihrer täglichen Verrichtungen vor sich hin rezitieren.

Psalm 119 ist eine Ode auf das Leben, das in uns wächst, wenn wir „das Wort Gottes in unserem Herzen bergen" (Vers 11). Psalm 1 spricht davon, wie es dem ergeht, der sich der Welt zuwendet, im Gegensatz zu dem, der „seine Lust hat am Gesetz des Herrn und sinnt über seinem Gesetz Tag und Nacht".

Wir können freilich das Gesetz nicht „im Herzen bergen" und beständig darüber nachsinnen, ohne dass unser Körper auf irgendeine Weise daran beteiligt ist – das wird jeder bestätigen können, der sich darin übt. Der Beitrag, den unser Körper hierbei zu leisten hat, unterliegt unserem Einfluss. Diese sehr konkreten Bemühungen tragen ihre Früchte auf unterschiedliche, oft ganz indirekte Weise, sodass wir sind „wie ein Baum, gepflanzt an den Wasserbächen, der seine Frucht bringt zu seiner Zeit, und seine Blätter verwelken nicht. Und was er macht, das gerät wohl“ (Ps 1,3).

Wenn wir unser ganzes Sein mit den Ordnungen Gottes in Einklang bringen wollen, dann erfordert dies die ganze Kraft unseres Leibes *und* unseres Verstandes. In meiner Eigenschaft als Lehrer, Pastor und Seelsorger habe ich oft beobachten können, wie allein das Meditieren und Auswendiglernen der Bibel erstaunliche Veränderungen im Leben von Menschen hervorbringt. Ich selbst könnte mir nicht vorstellen, wie man in der Gemeindearbeit oder in christlichen Bildungseinrichtungen ohne das Auswendiglernen ausgewählter Bibeltexte auskommt.

Was der Psalmist in den eben zitierten Versen unter der Inspiration des Heiligen Geistes zum Ausdruck bringt, sind Grundtatbestände des geistlichen Lebens, die man allgemein beobachten kann und denen wir uns nicht entziehen können, ohne gravierenden Schaden zu verursachen – an uns selbst und an denen, die unter unserer geistlichen Fürsorge stehen. Selbstverständlich geht es hier um weit mehr als um natürliche Fähigkeiten und ihre Auswirkungen. Und doch ist der Vorgang selbst letzten Endes nicht geheimnisvoller, als wenn wir uns eine Telefonnummer merken, indem wir sie laut vor uns hersagen, oder wenn wir Nahrung zu uns nehmen, damit unser Körper Energie für seine Aufgaben hat. Richtig verstandene Askese hat überhaupt nichts „Mystisches“ an sich, sie hat dafür aber umso mehr mit gesundem Menschenverstand zu tun.

Eine abschließende Bemerkung

Lassen Sie uns also festhalten, was geistliche Disziplin *nicht* ist: Sie ist weder das rein äußerliche Abspulen bestimmter Handlungsmuster noch Ausdruck von Selbstverachtung. Sie ist auch kein Weg, um durch irdisches Leiden Ansehen bei Gott zu erlangen. Zum Abschluss möchte ich aber noch einige letzte Klarstellungen zum wahren Wesen geistlicher Disziplin machen, indem wir Bezüge zum Wesen des Menschseins und zum Ideal des geistlichen Lebens herstellen.

Betrachten wir dazu noch einmal die Begebenheit im Garten Gethsemane, wo Jesus die letzten Stunden mit seinen Jüngern zubrachte. Die Jünger waren voller bester Absichten, aber Jesus wusste um ihre Begrenzung. Deshalb wies er sie an, Vorsorge zu treffen: „Wachet und betet, dass ihr nicht in Anfechtung fallt! Der Geist ist willig; aber das Fleisch ist schwach“ (Mt 26,41).

Jesus gab seinen Freunden in ihrer Angst und Erschöpfung also eine ganz praktische Hilfestellung, wie sie in dieser Situation ein Maß an geistlicher Empfindsamkeit erlangen konnten, das ihnen sonst nicht zur Verfügung stünde: durch Verzicht auf Schlaf in Verbindung mit Gebet. Petrus und die anderen Jünger waren unter normalen Umständen nicht imstande, der bevorstehenden Konfrontation mit den Feinden Jesu standzuhalten. Hätten sie jedoch die Aufforderung Jesu beherzigt und gewacht und gebetet, dann wären sie vorbereitet gewesen. Sie wären körperlich und geistig in der Verfassung gewesen, die Hilfe ihres himmlischen Vaters zu empfangen und durchzuhalten. Überall gilt dasselbe Prinzip – im geistlichen Leben genauso wie in jedem anderen Lebensbereich auch: Das Kennzeichen eines disziplinierten Menschen besteht darin, dass er die Fähigkeit besitzt zu tun, was nötig und wann immer es nötig ist.

Der freie Wille

Die Frage der Disziplin reduziert sich also im Wesentlichen darauf, wie wir unseren freien Willen einsetzen, dass uns, wenn nötig, auch solche Handlungsziele zugänglich werden, die unter normalen Umständen außerhalb unserer Reichweite liegen.

In *allen* Lebensbereichen, das geistliche Leben eingeschlossen, bedeutet Vorbereitung im Wesentlichen, dass wir unseren Körper für bestimmte Zwecke trainieren. Zu „wachen“ – auf Schlaf zu verzichten – ist beispielsweise zunächst vor allem eine körperliche Angelegenheit. Natürlich betrifft es nicht ausschließlich unseren Körper, aber man irrt, wenn man es als eine rein „geistliche“ oder „mentale“ Aufgabe ansieht. Rein mentale Dinge verändern unser Innerstes nicht.

Einer der größten Irrtümer in der Praxis des christlichen Glaubens ist die Annahme, es käme allein auf unsere Empfindungen, Gedanken, Überzeugungen und Absichten an. Dies ist ein tief sitzendes Missverständnis der psychischen Tatsachen des Menschseins, das immer wieder dazu führt, dass die Erlösung durch Jesus etwas Theoretisches bleibt, ein verkopftes System von

Glaubenssätzen mit einem Körper, der der Sünde wehrlos ausgesetzt ist.

Screwtape sagt einige bemerkenswerte Dinge darüber, was geschieht, wenn beim Glauben der Körper außer Acht gelassen wird. Er gibt Wormwood im Umgang mit seinem „Patienten" folgende Anweisung:

> „[...] *dass du in ihm die Erinnerung oder die vermeintliche Erinnerung an nachgeplapperte Gebete seiner Kindheit weckst. Als Reaktion dagegen kann man ihn vielleicht dazu bringen, etwas völlig Spontanes, Innerliches, Form- und Regelloses anzustreben. Für einen Anfänger bedeutet das in Wirklichkeit, dass er sich bemüht, in seinem Innern eine verschwommene, andachtsvolle Stimmung hervorzubringen, die mit wirklicher Sammlung von Wille und Geist nichts mehr zu tun hat. Einer ihrer Dichter, Coleridge, sagte, er ‚bete nicht mit bewegten Lippen und gebeugten Knien', sondern er ‚versetze sich in einen Zustand vollkommener Liebe' und überlasse sich dem Gefühl der ‚Anbetung'. Das ist es, was wir brauchen. Da diese Gebetshaltung oberflächlich gesehen Ähnlichkeit hat mit dem stillen Gebet jener, die im Dienste des Feindes schon weit vorangeschritten sind, so können auf diese Weise gescheite und träge Patienten für längere Zeit genarrt werden. Wenigstens können wir sie davon überzeugen, dass die körperliche Haltung für ihr Beten gleichgültig sei, denn sie vergessen stets, was dir jedoch nie entgehen darf, dass sie Tiere sind und dass alles, was ihr Körper tut, auch ihre Seele beeinflusst.*"[77]

Natürlich gibt es keinen festen Methodenkatalog, der uns dabei hilft, schließlich ein Leben zu führen, wie Gott es für uns geplant hat. Aber es ist auch ein Irrtum zu glauben, dass sorgfältige und gezielte Vorbereitung im Widerspruch steht zu Freiheit, Spontaneität und einer persönlichen Beziehung zu Gott. Im Gegenteil, wer optimal vorbereitet ist, der wird das größte Maß an Freiheit und Spontaneität genießen können. Das geistliche Leben ist ein Leben der Interaktion mit einem persönlichen Gott, und es wäre dumm zu meinen, wir könnten es auf die leichte Schulter nehmen. Aus unserer Bereitschaft, seinen Willen zu tun, kann nur dann Realität werden, wenn wir alles tun, um uns in jeder Situation ganz auf ihn einzulassen.

Schritte gehen – was können wir tun?

Bei den geistlichen Übungen geht es zunächst einfach darum, dass wir aktiv werden. Wer glaubt, dass er generell auf geistliche Übungen verzichten kann, der behauptet im Grunde, dass geistliches Wachstum ganz von selbst geschieht. Ich kann verstehen, wenn jemand meint, die klassischen geistlichen Übungen, von denen ich bislang gesprochen habe – Einsamkeit, Fasten, Dienen u. a. –, seien für den geistlichen Wachstumsprozess nicht wirklich wichtig, doch wer diesen Standpunkt vertritt, der muss sich fragen lassen, wodurch er sie zu ersetzen gedenkt.

Vielleicht gibt es tatsächlich Alternativen. Damit eine geistliche Übung Sie jedoch in Ihrem Leben mit Gott wachsen lässt, muss sie Körper und Verstand mit einbeziehen. Sie muss in der Lage sein, Sie als ganze Person in Einklang mit den Ordnungen Gottes zu bringen, sodass Ihre Perspektive sich über Ihren eigenen Horizont hinaus weitet und Ihnen Kräfte zuströmen, die Ihre eigenen übersteigen.

Die Normalität einüben

Dr. William Vries, der das erste künstliche Herz in einen menschlichen Körper verpflanzt hat, erzählte einmal, wie oft er diese Operation vorher an Tieren geübt hatte. Er gab eine simple und zugleich zutiefst einleuchtende Begründung dafür: „Man übt zuvor so viele Male, weil man dadurch lernt, die Dinge automatisch immer wieder genau gleich zu machen."[78]

Diese quasi „automatische" Bereitschaft meint Jesus, wenn er davon spricht, dass wir bei unseren guten Taten unsere linke Hand nicht wissen lassen sollen, was die rechte tut. Nur wenn die rechte Hand ganz unbewusst das Richtige tut, das ihr zur Gewohnheit geworden ist, kann sie es so tun, dass es, gewissermaßen als Nebenprodukt, vor dem Bewusstsein verborgen bleibt.

Dieses Prinzip zieht sich durch alle Bereiche unseres Lebens, vom Flötespielen bis hin zum Fürbittegebet. Wir sollten das bewusste Bemühen natürlich nicht vollkommen außer Acht lassen, aber das allein reicht nicht. Warum nicht? Solange wir nicht die notwendigen Schritte unternehmen, damit die Bereitschaft zum Guten zu einem festen Bestandteil unseres Handelns wird, bleibt es lediglich bei der vagen Absicht. Das ist so, als wollten wir Japanisch lernen, ohne wirklich darauf hinzuarbeiten, die Sprache einmal mühelos zu sprechen.

Noch ein Gedanke zur Vergebung der Sünden: Vergebung ist ein Geschenk an diejenigen, die neues Leben in sich tragen, ein Leben im liebenden Vertrauen auf Gott. Ein untrügliches Zeichen dieses Lebens ist die feste Absicht, ihn zu lieben und ihm ähnlicher zu werden. Für solche Menschen ist die Beziehung zu Gott eine erfahrbare psychische Realität, und Gott stellt sich zu ihren Absichten und befähigt sie, seine Absichten auszuführen. Jesus sagt: „Wer meine Gebote hat und hält sie, der ist's, der mich liebt" (Joh 14,21). Gehorsam ist das natürliche Resultat von Glaube und Liebe.

Kapitel 9

Geistliche Übungen ganz praktisch

„Deshalb setzt alles daran und beweist durch einen vorbildlichen Lebenswandel, dass ihr an Gott glaubt. Jeder soll sehen, dass ihr Gott kennt. Diese Erkenntnis Gottes zeigt sich in eurer Selbstbeherrschung. Selbstbeherrschung lernt man nur in Geduld und Ausdauer und dadurch wieder kommt man zur wahren Liebe und Ehrfurcht vor Gott. Wer Gott liebt, wird auch seine Brüder lieben, und schließlich werden alle Menschen diese Liebe zu spüren bekommen. Wenn ihr diesen Weg geht und dabei weiter vorankommt, wird euer Christsein nicht leer und wirkungslos bleiben."

2. Petrus 1,5–8 (Hoffnung für alle)

Von Staub und den Spinnweben der Geschichte befreit sind geistliche Übungen nichts anderes als Dinge, die wir tun, um uns mit Gott und seinem Reich in Einklang zu bringen. Wenn wir einmal verstanden haben, dass Gnade *(charis)* ein Geschenk *(charisma)* ist, dann wird klar, dass wir, wenn diese Gnade in uns immer mehr Raum einnimmt, in dem wachsen, was Gott uns von sich selbst gegeben hat. Geistliche Übungen dienen im Grunde nur dazu, dass die Gnade Gottes und seine Geschenke auf fruchtbaren Boden fallen. Geistliche Übungen sollen uns befähigen, mehr von seinem Leben und seiner Kraft zu empfangen.

Auch wenn wir es vielleicht selbst gar nicht wahrnehmen, praktizieren wir Tag für Tag eine Menge „Übungen". Diese kleinen alltäglichen „Übungen" sind Hilfestellungen, die einem übergeordneten Zweck dienen, den wir ohne sie nicht erfüllen könnten. Wenn ich z. B. eine Telefonnummer laut vor mir hersage, nachdem ich sie in meinem Adressbuch nachgeschlagen habe, dann hilft mir das, sie so lange zu behalten, bis ich die Nummer gewählt habe. Ohne diese kleine „Übung" könnte ich es vermutlich nicht. Wenn ich intensiv trainiere, dann schaffe ich es irgendwann, 130-Kilo-

Gewichte zu stemmen; ohne Training wird mir dies nie gelingen. Unser Leben ist voller Übungen, die uns helfen, unsere alltäglichen Aufgaben zu bewältigen.

Dasselbe gilt für unser geistliches Leben. Wenn es mir gelingt, andere von Herzen zu segnen, obwohl sie mir nur schaden wollen, wenn ich ohne Unterlass beten kann, wenn es mir nichts mehr ausmacht, für meine Leistungen keine Anerkennung zu bekommen, oder wenn ich das Böse, das mir begegnet, mit Gutem überwinden kann, dann ist das eine Frucht ständiger Übung. Nur ein geistlich disziplinierter Lebensstil schafft die Voraussetzung dafür, dass ich in einer intensiven Verbindung mit dem lebendigen Gott stehe.

Geistliche Übungen

Welche Übungen gibt es nun im Einzelnen und woher wissen wir, welche Übungen wir praktizieren sollten, um unser geistliches Wachstum zu fördern?

Wir müssen nicht erst eine vollständige Liste aller geistlichen Übungen zusammenstellen, um diese Frage zu beantworten. Auch sollten wir uns vor dem Gedanken hüten, dass die Auswahl, die wir für uns persönlich treffen, automatisch auch für andere richtig ist. Es gibt natürlich eine Reihe von Übungen, die allgemein bekannt und weit verbreitet sind und um die man bei seinen Überlegungen kaum herumkommen wird. Andere wiederum sind überaus hilfreich, obwohl sie entweder überhaupt nicht als geistliche Übung angesehen werden oder in Vergessenheit geraten sind. Ich denke zum Beispiel an die *peregrinatio,* das freiwillige Exil, eine Übung, die erstmals vom irischen Mönch St. Brenden (geb. 484) beschrieben wurde und die in den folgenden Jahrhunderten große Bedeutung erlangte.[79] Wir hatten bereits mehrfach die *Vigil* oder „Nachtwache“ erwähnt, eine Übung, bei der man auf Schlaf verzichtet, um sich auf geistliche Dinge auszurichten. Das Führen eines Tagebuchs ist auch heute noch eine populäre Übung, die von vielen Christen als wichtige Hilfestellung angesehen wird, auch wenn es vermutlich nicht auf der Liste der gängigen geistlichen Übungen auftaucht. Auch die Einhaltung des Sabbats, die im Alten Testament beschrieben wird, erweist sich als eine überaus segensreiche Übung. Selbst körperliche Arbeit kann eine geistliche Übung sein, insbesondere für den, der sonst eher Einsamkeit, Fasten, Studium und Gebet praktiziert (vgl. 1 Thess 4,11–12).

Es gibt jedoch auch andere Übungen, die eher unkonventionell sind: Menschen, die ansonsten mehr „auf der Sonnenseite des Lebens" leben, können bestimmte Erledigungen – z. B. Einkäufe, Bankgeschäfte – ganz bewusst in ärmeren Gegenden der Stadt tun. Dies ist eine etwas ungewöhnliche geistliche Übung, die aber enorme Auswirkungen auf unsere Einstellung und unser Verhalten gegenüber unserem Nächsten hat. Wir begreifen auf einmal, was es ganz praktisch bedeuten kann, unsere Mitmenschen zu lieben und ihnen zu dienen.

Wenn wir also unsere persönliche Liste von geistlichen Übungen erstellen wollen, sollten wir uns vor Augen halten, dass natürlich einige davon wichtiger sind als andere, dass es aber nur sehr wenige Übungen gibt, auf die man überhaupt nicht verzichten kann. Aus diesem Grund sollte man eine Reihe von geistlichen Übungen praktizieren. Wenn sich später herausstellt, dass für uns einige Übungen wichtiger sind als andere, können wir immer noch umschwenken.

Zunächst möchte ich eine Reihe von geistlichen Übungen auflisten, die seit langer Zeit erprobt sind. Beten Sie darüber und seien Sie dann einfach experimentierfreudig. Die folgende Liste unterscheidet zwischen „Übungen der Enthaltsamkeit" und „Übungen der Hingabe". Ich werde später auf jede der genannten Übungen noch näher eingehen und erläutern, inwieweit sie zu unserem geistlichen Wachstum beitragen kann.

Übungen der Enthaltsamkeit:
Einsamkeit
Stille
Fasten
einfaches Leben
Keuschheit
Verschwiegenheit
Opferbereitschaft

Übungen der Hingabe:
Studium
Anbetung
Feiern
Dienen
Gebet
Gemeinschaft
Beichte
Unterordnung

Die Übungen der Enthaltsamkeit

„Enthaltet euch von fleischlichen Begierden, die gegen die Seele streiten" (1 Petr 2,11).

R. W. Inge erinnert uns daran, dass das Wort „Askese" im Griechischen so viel wie „Training" bedeutet. Seiner Auffassung nach kommt keiner um die Übungen der Enthaltsamkeit herum, der die Gaben, die Gott ihm anvertraut hat, pflegen möchte.

> *„Wenn wir den Eindruck haben, dass eine Gewohnheit, mag sie in sich selbst noch so harmlos sein, uns von Gott trennt und uns tiefer mit der Welt verbindet, wenn wir feststellen, dass Dinge, die andere unbeschadet tun können, uns selbst zum Fallstrick werden, dann ist Enthaltsamkeit der einzig richtige Weg. Allein die Abstinenz vermag den wahren Wert jener Sache, die uns zu Fall gebracht hat, wiederherzustellen.* [...] *Wir müssen den festen Entschluss fassen, alles aufzugeben, was sich zwischen uns und Gott stellen will."*[80]

Wenn wir Übungen der Enthaltsamkeit praktizieren, verzichten wir in einem gewissen Maße und für eine bestimmte Zeit auf Genüsse, die wir sonst als normal und legitim ansehen. Dazu gehören vor allem natürliche Bedürfnisse wie Essen, Schlaf, körperliche Aktivität, Gemeinschaft, Neugier und Sexualität. Unter derselben Rubrik können freilich auch noch andere, weniger existenzielle Bedürfnisse stehen, z. B. nach Bequemlichkeit, Komfort, materieller Sicherheit, Bekanntheit und Anerkennung sowie nach Abwechslung.

Bei allen Erwägungen im Hinblick auf die Enthaltsamkeit sollten wir eines nicht vergessen: All diese Bedürfnisse sind an sich weder falsch noch schlecht, doch im Zustand der Gefallenheit, in dem sich die Menschheit heute befindet, besteht gerade bei diesen Grundbedürfnissen die Gefahr, dass sie uns zum Ungehorsam gegenüber Gott verleiten.

Dies wird klar, wenn wir uns einmal die wesentlichen Domänen der Sünde im menschlichen Leben vergegenwärtigen. Zu den sieben „Todsünden", die die ganze Kirchengeschichte hindurch immer wieder beschrieben wurden, gehören Stolz, Neid, Zorn, Faulheit, Geiz, Gier und moralische Zuchtlosigkeit. Gregor der

Große (540–604) nannte sie „eine Aufstellung der üblichen Gefahren, denen die Seele unter den normalen Bedingungen des Lebens in der Welt ausgesetzt ist".[81] Jeder von ihnen liegt ein natürliches Bedürfnis zugrunde, das in unserem gefallenen Zustand entgleist ist. Wenn wir uns um geistliche Disziplin bemühen, dann werden wir früher oder später zwangsläufig Neigungen auf die Spur kommen, die uns von Gott trennen. Wenn wir jedoch einen geistlich disziplinierten Lebensstil führen wollen, werden wir uns so verhalten, dass verzerrte natürliche Bedürfnisse in uns wieder unter die Ordnung Gottes kommen und ihren Platz im Gefüge unseres Lebens einnehmen.

Einsamkeit

Wir haben bereits gesehen, welche bedeutende Rolle die Einsamkeit im Leben Jesu spielte, ebenso im Leben der großen Männer und Frauen des Glaubens, die ihm nachfolgten. In der Einsamkeit entziehen wir uns absichtlich dem Umgang mit anderen Menschen. Wir enthalten uns damit die Gemeinschaft und all die anderen Vorteile vor, die der Umgang mit anderen mit sich bringt. Wir gehen in die Abgeschiedenheit – ans Meer, in die Wüste, in die Natur oder auch in die Anonymität inmitten der Menschenmassen einer Großstadt. Dabei geht es jedoch nicht darum, sich in der Natur zu erholen und zu erfrischen, auch wenn dies durchaus ein Nebenprodukt sein kann, das unserem geistlichen Leben sehr zugutekommt. *Einsamkeit heißt, sich willentlich von anderen zurückzuziehen, um von dieser Erfahrung der Isolation zu profitieren.*

Einsamkeit befreit uns. Daraus erklärt sich ihre überragende Bedeutung unter allen geistlichen Übungen. Im normalen Rhythmus unserer alltäglichen Beziehungen sind wir mit unseren Gedanken, Empfindungen und Handlungsweisen fest in bestimmte Muster eingebunden, die darauf ausgerichtet sind, in einer Welt zu bestehen, die von Gott getrennt ist. Der Rückzug in die Einsamkeit kann uns helfen, hier zur Freiheit durchzudringen und die Muster abzustreifen, die unserem Leben mit Gott im Wege stehen.

In der Einsamkeit finden wir den nötigen Abstand, der es uns ermöglicht, Dinge, die uns sonst ängstigen und belasten, im Licht der Ewigkeit zu sehen. Thomas Merton schreibt dazu:

„Das ist der einzige Grund, warum es mich in die Einsamkeit zieht – um allen geschaffenen Dingen den Rücken zu kehren, ja ihnen abzusterben, um sie ganz und gar zu vergessen, weil sie mich beständig an die Getrenntheit von dir erinnern: Du bist so weit von ihnen entfernt, obwohl du ihnen innewohnst. Du hast die Dinge geschaffen und deine Gegenwart erhält sie am Leben und doch verbergen sie dich vor mir. Ich sehne mich danach, sie hinter mir zu lassen und außerhalb von ihnen zu sein. O beata solitudo!"[82]

Wie alle geistlichen Übungen ist die Einsamkeit nicht ganz ohne Risiko. In der Einsamkeit wird die Seele mit all ihren dunklen Seiten und inneren Konflikten konfrontiert, die ihr verborgen bleiben, solange sie mit anderen Menschen zusammen ist. „Die Einsamkeit ist eine schreckliche Prüfung, denn sie sprengt die Schale unserer oberflächlichen Sicherheiten. Sie legt den schrecklichen Abgrund in unserem Inneren frei. [...] Voller Entsetzen stellen wir fest, dass es in diesen Abgründen unreine Geister gibt."[83] Wir können in der Einsamkeit nur dann bestehen, wenn wir uns ganz fest an Jesus halten. Doch wenn wir ihn in dieser Einsamkeit gefunden haben, kehren wir als freie Menschen in die Welt zurück.

Wenn wir uns in die Einsamkeit zurückziehen, dann hat dies oft auch für unsere Familie und unsere Freunde etwas Bedrohliches. Der Schriftsteller Jessamyn West bemerkt dazu: „Es ist nicht einfach, einsam zu sein, es sei denn, man ist von Geburt aus völlig hart und unempfindsam. Wer sich zurückzieht, der wird dadurch zwangsläufig andere vor den Kopf stoßen."[84] Jeder ist darum bemüht, sein Leben im Gleichgewicht zu halten, und wenn wir uns in die Einsamkeit zurückziehen, dann werden die Menschen in unserer Umgebung ebenfalls mit ihren inneren Abgründen konfrontiert. Natürlich brauchen sie Gott viel mehr als uns, aber es ist möglich, dass sie das zunächst nicht verstehen. Wir müssen ihre Schwierigkeiten respektieren, für sie beten und unser Möglichstes tun, um ihren Bedürfnissen entgegenzukommen. Es ist wichtig, dass wir versuchen, ihnen zu vermitteln, was wir hier tun und warum wir es tun.

Der Rückzug in die Einsamkeit ist die grundlegendste von allen Übungen der Enthaltsamkeit. Sie sollte als Erstes kultiviert und im Zuge unseres geistlichen Wachstums immer weiter entwickelt werden. Die gefallene Welt, deren Gemeinschaft uns wie ein Gefängnis umgibt, macht es uns völlig unmöglich, so in der Gnade zu wachsen, wie wir es eigentlich brauchen. Das wird jeder feststellen, der versucht, zu fasten, zu beten, zu dienen und zu geben, ja selbst zu feiern, ohne sich zugleich in der Stille darauf vorzubereiten. Ohne Vorbereitung in der Stille werden uns die Dinge schnell zur Last, und nicht selten geben wir auf, ohne das Ziel zu erreichen.

Wir müssen die Kraft aus der „Wüste" oder aus dem „stillen Kämmerlein" wieder ganz neu entdecken. Von hier fließt uns zuallererst die Kraft zu, die wir brauchen; das gilt für den Anfänger im Glauben ebenso, wie es für Jesus oder Paulus zutraf. An ihrem Beispiel können wir erkennen, wie wichtig die Zeit der Stille ist. Im Alleinsein werden wir ruhig und erkennen, dass der Herr Gott ist (Ps 46,10). Wir sind so lange und intensiv in der Gegenwart Gottes, dass es dauerhafte Spuren in uns hinterlässt – unser Herz bekommt Festigkeit, Beständigkeit und ein tiefes Vertrauen auf ihn (Ps 112,7–8) –, Spuren, die selbst dann noch Bestand haben, wenn wir wieder in unseren Alltag zurückkehren, in unsere Werkstatt, unser Büro oder in unsere Familie.

Thomas von Kempen gehört zu denen, die den wahren Sinn der Berufung des Mönchtums am tiefsten verstanden hatten. Er schrieb Folgendes:

> *„Die größten Heiligen sind dem geräuschvollen Umgang mit anderen sooft sie nur konnten ausgewichen; es war ihnen weit lieber, Gott im Stillen zu dienen. Jemand hat den wahren Ausspruch getan: ‚Sooft ich unter Menschen war, bin ich als geringerer Mensch heimgekehrt.'* [...] *Gewöhne dich gleich im Anfange deines Ordenslebens daran, die Zelle fleißig zu hüten; dann wird sie dir nach und nach eine liebe Freundin und die Stätte reichsten Trostes werden. Stille und innere Ruhe – das bringt die fromme Seele im Guten weiter, das lehrt sie die Geheimnisse der Schrift verstehen.* [...] *Lass den Eitlen, was eitel ist.* [...] *Schließ deine Tür hinter dir zu und lade Jesus, deinen Geliebten, zu dir. Bleib bei ihm in der Zelle; denn draußen wirst du nirgends so viel Frieden finden."*[85]

Henry David Thoreau erkannte, dass selbst unsere weltliche Existenz durch einen Mangel an Stille verkümmert. Konversation verkommt zu bloßem Geschwätz. Die Menschen, mit denen wir zusammenkommen, wissen nichts zu sagen als das, was sie von anderen gehört haben. Das Einzige, was uns von unserem Nachbarn unterscheide, sei die Nachrichtensendung, die er gesehen hat und wir nicht. Das ist treffend ausgedrückt. Wenn es unserem Leben an einem Fundament in der Stille fehlt, dann „warten wir voll unruhiger Erwartung auf die Post", doch „der Ärmste, der voller Genugtuung den dicksten Stapel aus dem Briefkasten holt, hat meist schon seit langer Zeit nichts mehr von sich selbst gehört. [...] Vielleicht sollten wir nicht so oft ‚Die Zeit' lesen, sondern ‚Die Ewigkeit'", so sein Fazit.[86]

Stille

In der Stille schließen wir unsere Seele gegen „Geräusche" ab, sei es nun Lärm, Musik oder Worte. Völlige Stille gibt es nur sehr selten. Was wir heute als Stille bezeichnen, ist in der Regel nur ein mehr oder weniger stark eingeschränkter Lärmpegel. Es gibt nicht wenige Menschen, die niemals wirkliche Stille kennengelernt haben und die sich dessen noch nicht einmal bewusst sind. Zuhause und Arbeitsplatz sind erfüllt vom Surren und Brummen, Pfeifen und Klingeln, Dudeln und Quasseln all der zahllosen Apparate, die unser Leben angenehmer machen sollen. Seltsamerweise wirkt der Geräuschpegel, der uns ständig umgibt, sogar beruhigend auf uns. Völlige Stille erschreckt uns, weil sie uns das Gefühl gibt, dass nichts geschieht. Was könnte in einer rastlosen Welt wie der unseren schlimmer sein?

Die Stille geht noch einen Schritt weiter als die Einsamkeit und ohne sie bringt die Einsamkeit nur wenig Nutzen. Henri Nouwen schreibt: „Durch die Stille wird Einsamkeit erst zur Realität."[87] Doch die Stille hat etwas zutiefst Bedrohliches, denn sie entblößt uns, wie kaum etwas sonst und konfrontiert uns schonungslos mit den Wirklichkeiten des Lebens. Sie erinnert uns an den Tod, der uns irgendwann aus der Welt fortreißen wird, sodass uns nichts bleibt außer uns selbst und Gott. Was aber, wenn uns die Realität dieses „Wir selbst und Gott", die uns in der Stille begegnet, öde und leer erscheint? Unsere innere Leere zeigt sich darin, dass wir das Radio oder den CD-Spieler aufdrehen, kaum dass wir allein sind, nur um das Gefühl zu haben, dass um uns herum etwas geschieht.

Es heißt, das Gehör sei der letzte unserer Sinne, der ausfällt, wenn wir sterben. Geräusche gehen tief und wühlen unser Innerstes auf. Aus diesem Grund ist es so wichtig, dass wir Radio, Stereoanlage und Telefon von Zeit zu Zeit abstellen, uns vom Straßenlärm so weit wie möglich abschirmen und ausprobieren, wie still es wirklich werden kann.

Normalerweise gehen Stille und Einsamkeit Hand in Hand. So wie die Einsamkeit durch Stille erst zur Realität wird, braucht es die Stille, um die Einsamkeit vollkommen zu machen. Nur wenigen gelingt es, in Gegenwart anderer wirklich still zu sein.

Nun sind wir jedoch in aller Regel ständig von Menschen umgeben. Wie kann unter diesen Umständen die Übung der Stille praktisch aussehen? Es gibt hier durchaus Möglichkeiten. Um wirkliche Stille zu erleben, hat es sich z. B. manch einer zur Gewohnheit gemacht, den Nachtschlaf für eine Weile zu unterbrechen und mitten in der Nacht für eine Weile aufzustehen. In der Stille der Nacht ist es oft leichter, zu beten oder zu studieren, ohne dass es für andere störend wirkt. Schließlich können wir, so unwahrscheinlich es klingt, auch ohne Einsamkeit, inmitten des Familienlebens, ein gewisses Maß an Stille erleben. Oft ist es sogar eine große Hilfe, wenn wir gemeinsam miteinander still sind.

Wie alle geistlichen Übungen sollten wir auch die Stille aus dem Gebet heraus angehen und experimentierfreudig sein, voll Vertrauen, dass wir mit der Hilfe des Heiligen Geistes den richtigen Zugang dazu finden werden. Die Stille ist eine grundlegende geistliche Übung, die sehr nachhaltige Auswirkungen auf unser ganzes Leben hat. Sie ist der Schlüssel zu einer Intensität der Begegnung mit Gott, die uns bis in die Tiefen unseres Seins verändert. Nur in der Stille hören wir die sanfte Stimme des Gottessohns, der „nicht streiten noch schreien [wird], noch wird jemand seine Stimme auf den Straßen hören" (Mt 12,19; Elberfelder). Es ist derselbe Gott, der uns sagt, dass „in Stille sein und Vertrauen unsere Stärke ist" (Jes 30,15; Elberfelder).

Stille kann auch einfach bedeuten, dass wir darauf verzichten zu sprechen. Jakobus lehrt uns in seinem Brief, dass jeder, der meint, er diene Gott, jedoch nicht imstande ist, seine Zunge im Zaum zu halten, sich selbst betrügt, und dass sein Dienst für Gott nichtig ist (Jak 1,26). Er schreibt, dass der Mensch, der es fertigbringt, mit dem, was er sagt, keinen Schaden anzurichten, vollkommen ist und seinen ganzen Leib unter Kontrolle zu halten vermag (Jak 3,2).

Wenn wir uns darin üben, nichts zu sagen, dann lernen wir, unser Mundwerk im Zaum zu halten, sodass es uns nicht mehr einfach so „durchgeht". Wir lernen, ein gesundes Maß an innerer Distanz und Geistesgegenwart zu wahren, die es uns ermöglichen, unsere Worte abzuwägen und uns zu überlegen, was wir sagen, bevor wir es sagen.

Schließlich lernen wir auf diese Weise auch, zuzuhören und andere Menschen besser wahrzunehmen. Wir alle sehnen uns danach, dass uns jemand wirklich zuhört, doch wie selten kommt es vor, dass das auch tatsächlich geschieht! Oft frage ich mich, ob das der Grund für unsere Wut und unseren Zorn ist. Jakobus schreibt: „Ein jeder Mensch sei schnell zum Hören, langsam zum Reden, langsam zum Zorn" (Jak 1,19). Wo eine schnelle und scharfe Zunge ist, da folgt der Zorn oft auf dem Fuß. Eine Redensart besagt, Gott habe uns zwei Ohren und einen Mund gegeben, damit wir doppelt so viel zuhören, wie wir reden. Dennoch reden wir immer noch zu viel.

Wenn wir von Jesus Zeugnis geben, dann glauben wir, dass es hier in erster Linie darum geht, etwas zu erzählen – das ist ein Irrtum! Es klingt vielleicht paradox, aber es stimmt. Wenn wir einfach still sind und wirklich zuhören, ist das oft das stärkste Zeugnis für unseren Glauben. Wir denken oft, das Hauptproblem in der Evangelisation sei es, Christen dazu zu bringen, ihren Mund aufzumachen. Mindestens ebenso nötig scheint es mir, die Christen zum Schweigen zu bringen, die mit ihrem dauernden Geplapper eine tiefe Lieblosigkeit und einen Mangel an Vertrauen zu Gott an den Tag legen. Miguel de Unamuno schrieb sehr treffend: „Wir sollten weniger darauf achten, was Leute uns sagen wollen, und mehr darauf, was sie uns sagen, ohne es zu wollen."[88]

Wie kommt es, dass wir so auf das Reden fixiert sind? Ich denke, wir machen oft deshalb so viele Worte, weil wir uns im tiefsten Inneren unsicher sind, was andere von uns denken. Eberhard Arnold bemerkt: „Menschen, die einander lieben, können miteinander schweigen."[89] Wenn wir aber mit Leuten zusammen sind, in deren Gegenwart wir uns nicht wirklich sicher fühlen, dann versuchen wir, uns durch Worte ins rechte Licht zu rücken und uns auf diese Weise ihre Anerkennung zu sichern. Andernfalls, so befürchten wir, könnte man unsere Schwachpunkte „missverstehen", während unsere Stärken nicht die gebührende Aufmerksamkeit bekommen. Wenn wir dagegen auf verbale Selbstdarstellung verzichten, dann überlassen wir es Gott, wie wir auf andere wirken (oder sollten wir vielleicht zutreffender sagen, was aus uns wird?). Das ist natürlich nicht einfach. Doch warum sollte es uns kümmern, was andere von uns denken, wenn Gott für uns ist und Jesus Christus zur Rechten Gottes ist und für unsere Interessen eintritt (Röm 8,31–34)?

Die allermeisten von uns sehnen sich danach, aber nur wenige von uns leben aus einem solchen stillen Vertrauen heraus. Diese innere Stille ist ein Geschenk, das wir empfangen, wenn wir uns darin einüben, auf das Reden zu verzichten. Und wenn wir es selbst besitzen, können wir anderen helfen, es auch zu bekommen, indem wir diejenigen, die bei uns nach Anerkennung und Bestätigung fischen, dazu anregen, ihre Netze in tieferen Wassern auszuwerfen, um ihr tiefstes Inneres zur Ruhe zu bringen.

Hier der Erfahrungsbericht eines jungen Mannes, der angefangen hat, sich in die Praxis von Einsamkeit und Stille einzuüben:

> *„Je mehr ich diese Übung praktiziere, desto kostbarer wird mir die Kraft, die ich aus der Stille beziehe. Je weniger skeptisch und kritiksüchtig ich werde, desto weniger Anstoß nehme ich an den unangenehmen Eigenarten von anderen und desto leichter fällt es mir, andere Menschen als einzigartige Geschöpfe Gottes zu sehen. Je weniger ich rede, desto gewichtiger sind die Worte, die zur rechten Zeit gesprochen werden. Je mehr ich andere wertschätzen kann, desto mehr diene ich im Kleinen und desto mehr genieße ich das Leben. Je mehr ich das Leben genieße, desto mehr wird mir bewusst, dass Gott mich wunderbar beschenkt, und desto weniger Sorgen mache ich mir um meine Zukunft. All die Dinge, die Gott mir unaufhörlich schenkt, nehme ich dankbar an. Allmählich, so scheint es mir, fange ich an, Gott selbst zu genießen."*[90]

Fasten

Beim Fasten verzichten wir für eine Weile auf Essen, möglicherweise auch auf bestimmte Getränke. Bei dieser Übung lernen wir sehr schnell einiges über uns selbst. Wir stellen nämlich sehr schnell fest, wie sehr unser Wohlbefinden vom Essen abhängt. Möglicherweise merken wir auch, dass wir die Befriedigung, die uns das Essen vermittelt, ganz gezielt einsetzen, um all die Beschwerden zu lindern, die das Resultat eines schädlichen Lebensstils und einer falschen inneren Haltung sind: Mangel an Selbstwertgefühl, stupide und sinnlose Arbeit, ein unerfülltes Dasein, Mangel an körperlicher Bewegung oder Ruhe. In jedem Falle werden wir sehr schnell einen Eindruck davon bekommen, wie geschickt und machtvoll unser Körper seine Bedürfnisse anmeldet, selbst wenn wir noch so fest entschlossen sind, ihn in seine Schranken zu weisen.

Es gibt viele Arten und Abstufungen des Fastens. Die frühen Eremiten lebten häufig längere Zeit von Brot und Wasser. Natürlich dürfen wir nicht vergessen, dass ihr Brot viel nahrhafter war als unser heutiges. Daniel und seine Freunde verweigerten die Speisen und den Wein vom Tisch des Königs; sie nahmen nur Gemüse und Wasser zu sich (Dan 1,12). Zu einem anderen Zeitpunkt schrieb Daniel: „Köstliche Speise aß ich nicht, und weder Fleisch noch Wein kamen in meinen Mund; und ich salbte mich nicht, bis drei volle Wochen um waren“ (Dan 10,3). Jesus schließlich schien während seiner Vorbereitungszeit in der Wüste 40 Tage lang auf jegliche Nahrung zu verzichten (Mt 4).

Im Fasten bekennen wir unsere völlige Abhängigkeit von Gott und bekunden, dass er die eigentliche Quelle unseres Lebens ist, die wir noch viel dringender brauchen als unsere Nahrung. Wir erfahren am eigenen Leibe, dass das Wort Gottes selbst ein Nahrungsmittel ist und dass wir nicht vom Brot allein leben, sondern ebenso von jedem Wort, das von Gott ausgeht (Mt 4,4). Wir erleben, dass auch wir eine Speise haben, von der die Welt nichts weiß (Joh 4,32.34).

Als uns Jesus die Anweisung gab, beim Fasten nicht niedergedrückt und grimmig dreinzuschauen (Mt 6,16–18), meinte er damit nicht, wir sollten unsere Umgebung darüber hinwegtäuschen, dass wir fasten. Er beschrieb vielmehr, wie wir uns dabei fühlen, nämlich dass wir letztendlich keineswegs niedergeschlagen sein würden. Wir entdecken, dass das Leben aus weit mehr besteht als aus üppigem Essen (Lk 12,23). Unser Bauch soll nicht zum Götzen werden, wie es bei so vielen Leuten der Fall ist (Phil 3,19; Röm 16,18); er soll vielmehr ein freudiger Diener Gottes und unserer selbst sein (1 Kor 6,13).

Das Fasten ist eine Möglichkeit, wie die Selbstverleugnung praktisch werden kann, die uns als Nachfolger Christi aufgetragen ist (Mt 16,24). Beim Fasten lernen wir es, fröhlich Mangel zu ertragen, während wir uns an Gott sättigen. Und es ist eine gute Übung, denn wir *werden* im Laufe dieses Lebens in jedem Falle Leid ertragen, egal, was uns sonst noch widerfahren mag. Thomas von Kempen merkt dazu an: „Wer sich am besten auf das Leiden versteht, der wird größeren Frieden haben, der ist Sieger über sich selbst, der ist Herr über die Welt, ist Christi Freund und Erbe des Himmels."[91]

Menschen, die es gewohnt sind, regelmäßig zu fasten, werden mit den Quellen vertraut, die ihnen in Gott zur Verfügung stehen. Das wiederum hilft ihnen, Entbehrungen *jeder* Art zu ertragen. Es wird ihnen am Ende gar keine Mühe mehr bereiten. Thomas von Kempen schreibt dazu: „Zügle die ungezähmte Begier nach Speise und Trank, und du wirst dadurch alle Fleischeslust leichter bändigen."[92] Im Fasten lernen wir Mäßigkeit und Selbstbeherrschung, und das kommt uns im Umgang mit allen unseren elementaren Bedürfnissen zugute. Bei der dominierenden Rolle, die das Essen in unserem Leben spielt, werden wir die Früchte des Fastens in jedem Lebensbereich ernten. Inmitten von Not und Bedürftigkeit werden wir doch gestillt und befriedigt sein wie das kleine Kind an der Brust seiner Mutter (Ps 31,2). „Die Gottseligkeit mit Genügsamkeit aber ist ein großer Gewinn", heißt es in 1. Timotheus 6, Vers 6.

Es ist nicht einfach zu fasten, ohne dass es unsere ganze Aufmerksamkeit in Beschlag nimmt. Wenn das Fasten unser Gebet oder unseren geistlichen Dienst begleiten soll, können wir das jedoch nicht zulassen. Wollen wir also das Fasten zu einem Teil unseres geistlichen Lebens machen, dann ist es wichtig, dass wir es regelmäßig praktizieren und uns darin einüben. Nur dann wird es uns wirklich eine Hilfe sein, wenn wir es zur Unterstützung unseres Gebets oder unseres Dienstes einsetzen.

Einfaches Leben

Im Folgenden möchte ich mich mit einer Reihe von Übungen der Enthaltsamkeit beschäftigen, die für den Prozess der Erlösung auf den ersten Blick vielleicht nicht so wesentlich erscheinen wie die Einsamkeit, die Stille und das Fasten. Und doch haben sie einen sehr hohen Stellenwert, denn sie machen uns auf Verhaltensmuster aufmerksam, die uns in unserem Dienst behindern oder sogar scheitern lassen können.

Bei der Übung des einfachen Lebens verzichten wir darauf, unser Geld und Gut dafür einzusetzen, unser Bedürfnis nach Status, äußerer Schönheit oder Luxus zu befriedigen. Wenn wir einen Lebensstil der Einfachheit praktizieren, dann beschränken wir uns auf Dinge, die wirklich notwendig sind und die im Einklang mit dem Leben stehen, zu dem Gott uns berufen hat.

Dass es möglich ist, einzugrenzen, was zum Lebensnotwendigen gehört, zeigt sich darin, dass es von der Antike bis in die Neuzeit hinein Gesetze gegen Verschwendungssucht gab. So war es den Spartanern untersagt, Einrichtungsgegenstände zu besitzen, für deren Herstellung man komplexere Werkzeuge als Säge und Axt benötigte. In Rom gab es häufiger Gesetze, die die Ausgaben für Vergnügungen beschränkten, und in England erließ man in früheren Zeiten Vorschriften, welche Nahrung und Bekleidung für unterschiedliche soziale Stände zulässig war.

In unserer modernen westlichen Welt sind solche Beschränkungen völlig undenkbar. Heutzutage gilt ein aufwendiger Lebensstil nicht mehr als anstößig, sondern allenfalls als unkonventionell. Wer sich etwas gönnt, übt lediglich sein unantastbares Grundrecht aus: das uneingeschränkte „Streben nach Glück". Doch weder das Alte noch das Neue Testament lassen einen Zweifel daran, wie Gott zu Habgier und Verschwendungssucht steht. In Jakobus 1, Vers 5 heißt es: „Und nun, ihr Reichen: Weint und heult über das Elend, das über euch kommen wird!" Jakobus tadelt die Reichen nicht wegen ihres Reichtums, sondern weil sie „geschlemmt auf Erden und geprasst" und ihre „Herzen gemästet" haben (Jak 5,5).

Ein reifer Mensch weiß, dass ungehemmte Verschwendung die Seele verdirbt, sodass sie schließlich kein Interesse mehr daran hat, auf Gott angewiesen zu sein, ihn anzubeten und ihm zu dienen. Ein Leben in Einfachheit befreit uns von einer Vielzahl von Sorgen und rettet uns vor Wünschen, die es uns unmöglich machen, wie es in Micha 6, Vers 8 heißt, „Recht zu üben und Güte zu lieben und demütig zu gehen mit deinem Gott". Es ermöglicht uns, wie Maria, das „Eine, das not ist", im Blick zu behalten und „das gute Teil" zu erwählen (Lk 10,42).

In unserer heutigen Zeit besteht die Freiheit eines einfachen Lebensstils zu einem guten Teil darin, dass wir von der Gebundenheit verschont bleiben, die finanzielle Schulden mit sich bringen. Schulden macht man oft, um Dinge zu kaufen, die man nicht wirklich braucht. Je nach Ausmaß der Verschuldung wird unser Selbstwertgefühl beeinträchtigt, wir verlieren die Hoffnung und werden stumpf und unempfindsam für die Nöte anderer. Paulus ermahnt uns: „Seid niemand etwas schuldig, außer, dass ihr euch untereinander liebt" (Röm 13,8). Dies ist ein sehr weises Prinzip, nicht nur in finanzieller, sondern auch in geistlicher Hinsicht.

John Joseph Surin wurde einmal gefragt, wie es kommt, dass nur so wenige Menschen einen wirklich heiligen Lebenswandel führen, wo doch so viele in den Augen Gottes groß sein wollen. „Der Hauptgrund", so Surin, „besteht darin, dass unwichtige Dinge in ihrem Leben einen zu breiten Raum einnehmen."[93] Wenn wir uns zu einem einfachen Lebensstil entschließen, dann halten wir damit unser Leben von unwichtigen Dingen frei. *Schlichtheit* (die Ausrichtung des Lebens auf einige wenige dauerhafte Anliegen, wobei alles, was nicht dem Wohl der Menschen dient, außen vor bleibt) und *Armut* (der völlige Verzicht auf Eigentum), soweit sie überhaupt als geistliche Übungen anzusehen sind, sind Ausdrucksformen eines einfachen Lebensstils. Im nächsten Kapitel werden wir darauf noch einmal explizit zurückkommen.

Keuschheit

Auf der Suche nach einem Begriff für eine geistliche Übung, die in besonderer Weise auf unsere Sexualität abzielt, müssen wir feststellen, dass es diesen im Grunde nicht gibt. So behelfen wir uns mit dem Begriff „Keuschheit", obwohl dieser, ähnlich wie schon „Einfachheit", mehr die Frucht eines Lebens unter der Gnade beschreibt als die entsprechende Übung selbst. Bei der geistlichen Übung der „Keuschheit" klammern wir in unseren Beziehungen zu anderen – mitunter sogar innerhalb der Ehe – die sexuelle Dimension absichtlich aus.

Die Sexualität ist eine der stärksten und zugleich subtilsten Kräfte unseres Menschseins. Es ist erschreckend zu sehen, wie viel menschliches Leid allein dieser Bereich verursacht. Die Tatsache, dass mit Sexualität so viel Missbrauch getrieben wird, innerhalb wie außerhalb der Ehe, zeigt, wie wichtig es ist, dass „ein jeder lerne, seinen Leib in Heiligkeit und Ehrbarkeit zu besitzen" (1 Thess 4,4; Herder). Ein wesentlicher Teil dieses Lernprozesses besteht darin, dass wir lernen, unseren Sexualtrieb in gesunde Schranken zu weisen und unsere Sexualität so zu leben, dass wir nicht von ihr beherrscht werden.

Innerhalb der Ehe empfiehlt Paulus sexuelle Enthaltsamkeit im gegenseitigen Einvernehmen als Hilfe zum Fasten und Gebet (1 Kor 7,5). Im Gegensatz zur heute allgemein vorherrschenden Auffassung ist es für eine partnerschaftliche Beziehung sehr schädlich, wenn die sexuelle Befriedigung zu sehr im Mittelpunkt steht. Gelegentliche Perioden freiwilliger Enthaltsamkeit helfen uns, unseren Partner als ganze Person zu sehen, wobei die Sexualität lediglich ein Aspekt ist. Außerhalb der Partnerschaft hilft uns Enthaltsamkeit, in Beziehungen zu anderen Menschen zu leben, ohne dabei in sexuelle Verstrickungen zu geraten. Keuschheit hat also eine wichtige Funktion innerhalb der Ehe, doch ihre hauptsächliche Bedeutung besteht darin, unsere Sexualität in die richtigen Bahnen zu lenken. Wenn wir als Kinder Gottes und Geschwister Jesu Christi leben wollen, dann können wir es nicht zulassen, dass unser Leben von unserer Sexualität beherrscht wird.

Heißt das nun, dass wir das Sexuelle in jeder Form meiden müssen? Das ist völlig unrealistisch. Wir sind als sexuelle Wesen geschaffen: „[...] als Mann und Frau schuf er sie" (1. Mose 1,27; Elberfelder). Demnach ist also unsere Sexualität ein integraler Bestandteil unserer Gottesebenbildlichkeit. Sie gehört zu den schöpfungsgemäßen Energien, mit denen wir Gott dienen sollen. Das „einander erkennen", die Vereinigung zweier Personen in inniger Vertrautheit miteinander, ist eines der zentralen Wesensmerkmale Gottes, an dem er uns in Form unserer Sexualität teilhaben lässt. In der sexuellen Vereinigung öffnen sich zwei Menschen mit ihrem ganzen Körper rückhaltlos füreinander. Dieses Geschehen ist so tief, dass es so etwas wie unverbindlichen Sex nicht geben kann; es ist ein Widerspruch in sich. Das meinte der Apostel Paulus, als er schrieb, dass Unzucht eine Sünde gegen den eigenen Leib ist (1 Kor 6,18).

Die Sexualität reicht bis an den tiefsten Grund unseres Seins. Deshalb kann es nicht das Ziel der Keuschheit sein, uns zu asexuellen Menschen zu machen. Wer so etwas anstrebt, der richtet unweigerlich großen Schaden an. Dies ist ein ganz entscheidender Gesichtspunkt, den man kaum deutlich genug betonen kann. Natürlich entsteht sehr großer Schaden dadurch, dass sexuelles Verlangen aus den Fugen gerät, aber ungesunde Formen von sexueller Enthaltsamkeit können ebenfalls fatale Konsequenzen haben.

In keinem anderen Bereich unseres Lebens trifft das Sprichwort mehr zu, wonach „hingezogene Hoffnung das Herz krank macht" (Spr 13,12). Oftmals scheint es so, als würde nicht nur das Herz, sondern auch der menschliche Verstand in Mitleidenschaft gezogen. Jesus wies darauf hin, dass äußerliche sexuelle Enthaltsamkeit noch lange keine Garantie dafür ist, dass wir nicht in unseren Gedanken auf Abwege geraten – er sprach hier u. a. von „Ehebruch im Herzen" (Mt 5,28) – und dass es um in rechter Weise Enthaltsamkeit üben zu können, einer speziellen Befähigung bedarf (Mt 19,11–12). Derselbe Realismus im Hinblick auf ungesunde sexuelle Enthaltsamkeit findet sich auch bei Paulus wieder, der schreibt, es sei „besser zu heiraten als sich in Begierde zu verzehren" (1 Kor 7,9).

Mit „sich verzehren" ist freilich nicht nur eine verborgene innere Angelegenheit gemeint, sondern etwas sehr Schwerwiegendes, das sich in der Praxis ganz unterschiedlich bemerkbar machen kann: in schwerwiegenden gedanklichen und emotionalen Verirrungen, in einer Unfähigkeit zu normalen sexuellen Beziehungen, in Abscheu und Hass gegen das andere Geschlecht bis hin zu Kindesmissbrauch, sexueller Perversion und Sexualmorden. Eine richtig verstandene Keuschheit als Teil eines Lebensstils, der in Gott seine Erfüllung und Befriedigung gefunden hat, nimmt der sexuellen Entsagung ihre destruktive Wirkung und beugt den krankhaften und pervertierten Ausdrucksformen von Sexualität vor, die in unserer heutigen Welt grassieren.

Dietrich Bonhoeffer bemerkte, „das Wesen der Keuschheit ist nicht die Unterdrückung von Lust, sondern die völlige Ausrichtung des Lebens auf ein Ziel hin".[94] Eine gesunde Enthaltsamkeit durch einen Lebensstil der Keuschheit kann nur gelebt werden, wenn man zugleich in konstruktive Beziehungen zum anderen Geschlecht eingebunden ist. Wer sich dem anderen Geschlecht entfremdet, der riskiert, dass destruktive Begierden das entstehende Vakuum füllen. Es ist wichtig, dass Keuschheit immer mit Barmherzigkeit gepaart ist und dass Isolationstendenzen vermieden werden. Wenn unsere Familien so wären, wie sie sein sollten, dann wären die Beziehungen zwischen Mutter und Sohn, zwischen

Vater und Tochter und zwischen den Geschwistern ein positives Lernfeld, das gesunde und liebevolle Beziehungen zum anderen Geschlecht hervorbringt. Tätige Liebe macht uns wirklich zu Liebenden, die einander nichts Böses antun können. Wenn wir also Keuschheit üben wollen, dann müssen wir zuallererst Liebe üben und das Beste für all die Personen des anderen Geschlechts wollen, mit denen wir zusammenkommen, sei es zu Hause, am Arbeitsplatz, in der Schule, in der Gemeinde oder in unserer Nachbarschaft. Das befreit uns dazu, Keuschheit zu praktizieren, so wie sie sein soll, in einer Weise, die uns und anderen zum Segen dient.

Verschwiegenheit

Bei der Übung der Verschwiegenheit – ebenfalls ein Begriff, der dem, was wir hier zum Ausdruck bringen wollen, nicht hundertprozentig gerecht wird – verzichten wir darauf, unsere guten Taten und unsere Qualitäten an die große Glocke zu hängen. Dies kann sogar bedeuten, dass wir sie aktiv vor anderen verbergen, sofern wir damit niemanden in die Irre führen. Um unseren Hunger nach Anerkennung zu bezwingen, bedarf es oft eines hohen Maßes an göttlicher Gnade. Wenn wir jedoch diese Übung praktizieren, dann wird es uns immer mehr zu einem Bedürfnis, verborgen und unbekannt zu bleiben. Wir lernen sogar, es hinzunehmen, dass wir missverstanden werden, ohne dabei unseren inneren Frieden, unsere Freude und unsere Entschlossenheit zum Guten zu verlieren.

Es gibt wohl kaum etwas, das besser geeignet wäre, um uns auf dem Weg der Nachfolge zu festigen. Indem wir verschwiegen sind, erleben wir, wie die Beziehung zu Gott uns wichtiger wird als die Meinung anderer Menschen. „Du verbirgst sie im Schutz deines Angesichts vor den Verschwörungen der Menschen; du birgst sie in deiner Hütte vor dem Gezänk der Zungen", so heißt es in Psalm 31, Vers 21.

Thomas von Kempen schreibt über den „großen Herzensfrieden" derer, die über Lob und Tadel erhaben sind:

> *„Du bist nicht besser, wenn man dich lobt, und nicht schlechter, wenn man dich lästert. Was du bist, das bist du, und alle Worte der Menschen können dich nicht größer reden, als du im Urteile Gottes wirklich bist.* [...] *Immer recht tun vor Gottes Auge und*

> *doch gering in seinem eigenen sein, das ist der rechte Prüfstein einer demütigen Seele. Wenn du dir keinen Trost mehr von den Geschöpfen holen magst, so ist das ein sicheres Zeichen großer Lauterkeit und inneren Vertrauens.*"[95]

Es ist ein großer Irrtum und zugleich ein Zeichen von Unglaube, wenn wir meinen, wir müssten unsere Leistungen und unsere Charakterstärke bekannt machen, damit sie gesehen werden. Geistliche Leiter oder christliche Werke, die sich wichtig machen und lautstark Werbung für sich betreiben, offenbaren damit nur ihren eklatanten Mangel an wirklicher Substanz und Vertrauen zu Gott. Jesus sagte sicherlich nicht ohne ein Quäntchen Humor, dass eine Stadt auf dem Berge nicht verborgen bleiben kann (Mt 5,14). Ich würde niemanden um die Aufgabe beneiden, Jerusalem oder Paris oder sei es nur Wiesbaden verstecken zu müssen. Die Evangelien berichten immer wieder, wie sehr Jesus und die Jünger darum bemüht waren, Menschenmassen zu meiden, und wie selten es ihnen gelang. Offen gesagt, wenn es möglich ist, unseren Glauben und unsere Werke im Verborgenen zu halten, dann ist das möglicherweise ein Hinweis darauf, dass sie besser verborgen bleiben *sollten*. In diesem Falle sollten wir unsere Bemühungen eher darauf richten, ein Glaubensleben zu kultivieren, das sich nicht mehr verborgen halten lässt (Mk 7,24).

Wenn wir aus einer richtig verstandenen Verschwiegenheit heraus leben, dann können wir unsere Abteilung für Öffentlichkeitsarbeit getrost an Gott abgeben. Er hat das Licht in uns entzündet, um uns zu Lichtern in der Welt zu machen, nicht um uns unter einen Scheffel zu stellen. Wir sollten es ihm überlassen, wann er uns ans Licht der Öffentlichkeit kommen lässt.

Wenn wir uns in Verschwiegenheit üben, lernen wir Liebe und Demut vor Gott und anderen Menschen. Aus dieser Liebe und Demut heraus werden wir die Menschen, mit denen wir zusammenarbeiten, voller Wohlwollen anschauen, bis wir uns sogar wünschen, dass sie mehr Erfolg haben und besser dastehen als wir selbst. Plötzlich wird es uns wirklich möglich, dass wir, wie es im Brief an die Philipper heißt, „nichts aus Eigennutz oder um eitler Ehre willen tun, sondern in Demut einer den anderen höher achten als uns selbst" (Phil 2,3). Wenn Sie einen Strom von Liebe erleben wollen, wie Sie ihn noch nie zuvor gekannt haben, dann beten Sie doch bei nächster Gelegenheit einmal für diejenigen, die mit Ihnen konkurrieren, dass sie stärker und besser sind und mehr Anerkennung bekommen als Sie selbst und dass Gott durch diese Menschen stärker wirkt als durch Sie. Legen Sie sich richtig ins Zeug für sie und freuen Sie sich über ihre Erfolge. Wenn wir Christen überall so miteinander umgingen, dann wäre die Welt bald erfüllt von einer Erkenntnis der Herrlichkeit Gottes wie nie zuvor. Der Türöffner dazu ist die Übung der Verschwiegenheit.

Doch das ist nicht alles. Es ist möglich, dass wir von Gott mit allem versorgt werden, was wir in unserem Dienst für ihn brauchen, ohne dass wir uns selbst an andere wenden, sondern es ihm überlassen, Menschen auf unsere Bedürfnisse aufmerksam zu machen. Vor über hundert Jahren gab es in Bristol in England einen Mann namens George Mueller, der ein riesiges Werk leitete, zu dem unter anderem eine Anzahl von Waisenhäusern gehörte, ohne um Spenden zu bitten. Inspiriert wurde er dazu durch das Beispiel von August Herrmann Francke in Halle, Anfang des 18. Jahrhunderts. Es ging Mueller darum, vor den Augen der Welt und der Kirche zu dokumentieren, dass Gott treu für alle sorgt, die ihm vertrauen. Er dachte sich:

> *„Wenn nun ich, ein armer Mann, nur durch Gebet und Glauben, ohne jemanden darum zu bitten, von Gott die Mittel erhalte, um ein Waisenhaus zu gründen und zu unterhalten, dann sollte das mit Gottes Gnade dazu dienen, den Glauben der Kinder Gottes zu stärken und vor den Unbekehrten Zeugnis für den wahrhaftigen Gott abzulegen.“*[96]

Unser Glaube an die Gegenwart und Fürsorge Gottes wird stärker, wenn wir es erleben, wie Nöte erfüllt werden, indem wir nur Gott darum bitten. Wenn wir jedoch immer anderen Leuten davon erzählen, was wir brauchen, dann wird sich unser Glaube an Gott nur wenig entwickeln, und unser ganzes geistliches Leben wird dadurch um eine wichtige Erfahrung beraubt.

Opferbereitschaft

Bei dieser geistlichen Übung verzichten wir auf den Genuss bzw. den Besitz bestimmter Dinge, die wir eigentlich zum Leben brauchen. Sie geht also noch über Einfachheit hinaus, bei der wir lediglich auf mehr oder weniger Überflüssiges verzichten. Wenn wir Opfer bringen, dann verzichten wir darauf, unsere Bedürfnisse mit unseren eigenen Mitteln zu erfüllen, und begeben uns in völlige Hingabe an Gott. Wir treten über den Abgrund hinaus und halten am Glauben und an der Hoffnung fest, dass Gott uns auffängt und trägt. Abraham lernte ein so radikales Gottvertrauen, als er bereit war, Isaak zu opfern. Er vertraute darauf (vgl. Hebr 11,19), dass Gott Isaak von den Toten auferwecken würde, um die Verheißung zu erfüllen, die er über seiner Nachkommenschaft ausgesprochen hatte. Die arme Witwe vertraute sich, indem sie ihre letzte Habe hingab, im Glauben der Fürsorge Gottes an. Deshalb bedeuteten ihre zwei Pfennige in den Augen Gottes mehr als all die großzügigen (und natürlich steuerlich voll absetzbaren) Spenden, die die wohlhabenden Herrschaften um sie herum machten (Lk 21,2–4).

Es ist eine merkwürdige Sache mit dem Opfer. Obwohl es zunächst eher wie ein Dienst an Gott aussieht, ist es in Wirklichkeit doch eine geistliche Übung. Wir haben es unendlich viel nötiger, Gott zu geben, als er es nötig hat, von uns zu empfangen. Bei Gott ist alle Fülle. Doch wie wichtig sind für unseren Glauben die Zeichen der Fürsorge Gottes, die er uns als Antwort auf unsere Opferbereitschaft gibt. Wer aus Sorge, nur ja nicht den Ast abzusägen, auf dem er sitzt, niemals etwas wagt, der erlebt auch nicht, dass abgesägte Äste im Reich Gottes seltsamerweise an ihrem Platz gehalten werden.

Vor vielen Jahren, als ich noch zur Universität in Wisconsin ging, entschlossen meine Frau und ich uns, alles wegzugeben, was noch übrig war, nachdem wir Anfang des Monats unsere Rechnungen bezahlt hatten. Es war nicht allzu viel, was da übrig blieb, doch wir taten es, ohne jemandem ein Sterbenswörtchen davon zu sagen. „Zufälligerweise" fanden wir ein paar Tage später einen 20-Dollar-Schein, den jemand mit einem Tesastreifen ans Lenkrad unseres Autos geklebt hatte! Da Hamburger damals nur 39 Cent das Pfund kosteten, kamen wir nicht nur fürstlich über die Runden, wir fühlten uns wie Königskinder, die vom himmlischen Vater selbst versorgt werden. Die Übung des Opferns eröffnet uns eine neue Dimension des Glaubens und nicht selten erleben wir dabei Gottes Versorgung auf überaus wundersame Weise.

„Steh auf, nimm dein Bett und geh heim" (Mk 2,11). Zu den Übungen der Enthaltsamkeit gehören Übungen der Hingabe hinzu. Enthaltsamkeit und Hingabe gehören im geistlichen Leben untrennbar zusammen wie Ein- und Ausatmen. Auch die Hingabe bedarf bestimmter geistlicher Übungen, damit sie fester Bestandteil unseres Lebens wird. Ganz allgemein kann man sagen, dass wir Übungen der Enthaltsamkeit benötigen, um Tatsünden auszuweichen, und Übungen der Hingabe, um Unterlassungssünden zu begegnen. Wie wir bereits gesehen haben, beziehen wir unsere Energie zum Wachstum nicht aus dem Rückzug von der Welt, sondern aus dem, was wir tun – aus unserer Hingabe.

Enthaltsamkeit schafft Raum zur Hingabe. Wenn die Bindungsstellen in unserem Blut, an denen sich Sauerstoff bindet, mit Kohlenmonoxidmolekülen besetzt sind, dann sterben wir an Sauerstoffmangel. Ganz ähnlich verhält es sich mit dem geistlichen Leben. Wenn die Bindungsstellen in unserer Seele, die Gott und den Belangen des Reiches Gottes vorbehalten sind, durch Essen, Sex und andere weltliche Dinge belegt sind, dann verkümmern oder sterben wir, weil es uns an der Beziehung zu Gott fehlt und weil unsere Beziehungen zu unseren Mitmenschen geschädigt sind.

Studium

In der geistlichen Übung des Studiums setzen wir uns vor allem mit dem geschriebenen und gesprochenen Wort Gottes auseinander. Dies ist der wichtigste positive Gegenpol zur Übung der Einsamkeit. So wie die Einsamkeit die wesentlichste Enthaltsamkeitsübung während der Frühphase unseres geistlichen Lebens ist, so ist das Studium die wesentlichste Übung der Hingabe in dieser Phase.

Gerade zu Beginn unseres geistlichen Lebens fühlen wir uns vielleicht so angefüllt mit neuen Erfahrungen, dass wir gar nicht auf die Idee kommen, dass wir Zeit zum Bibelstudium brauchen. Doch wie in jeder Beziehung, so müssen auch wir unseren Beitrag aktiv leisten. Calvin Miller bemerkt sehr zutreffend: „Mystiker, die sich nicht dem Bibelstudium hingeben, sind nichts als geistliche Romantiker. Sie wollen Beziehung, ohne etwas dafür einzusetzen."[97]

Wir haben schon oft betont, wie wichtig das Bibelstudium als geistliche Übung ist. David Watson, der vor vielen Jahren an einer Krebserkrankung starb, berichtet darüber, wie er die Tage vor seiner Tumoroperation verlebte:

> *„Ich verbrachte viel Zeit damit, die zahllosen Zusagen und Verheißungen im Wort Gottes in mich aufzusaugen, und mein Glaube an den lebendigen Gott wurde dadurch zu einem kraftvollen Anker meiner Seele. Gottes Reden, insbesondere wenn der Heilige Geist durch die Bibel zu uns spricht, ist der wichtigste Nährstoff für unseren Glauben. Wenn wir unsere Seele regelmäßig mehrmals am Tag mit dem Wort Gottes nähren, dann werden wir geistlich stark, so wie unser Körper gestärkt wird, wenn wir jeden Tag mehrmals eine Mahlzeit zu uns nehmen. Nichts ist wichtiger, als das Wort Gottes zu hören und ihm zu gehorchen.“*[98]

Beim Studium entdecken wir, wie das Wort Gottes im Leben anderer Menschen, in der Kirchengeschichte und in der Natur wirkt. Es geht nicht allein darum, zu lesen und zu hören und nachzuforschen, sondern auch darum, intensiv über die Dinge, die wir erkennen, nachzudenken und sie in der Stille vor Gott auf uns wirken zu lassen. So erschließt sich uns ihr Sinn und unser ganzer Mensch wird durch den Heiligen Geist in der Tiefe verändert. Wenn wir studieren, sollten wir Gott bitten, dass er auf persönliche Weise zu uns spricht, denn letztendlich ist es Gott selbst, der sich uns durch sein Wort mitteilen will.

Das hört sich vielleicht sehr theologisch an. Doch Studium ist keineswegs nur etwas für Fachleute. Es setzt allerdings voraus, dass wir uns regelmäßig viel Zeit nehmen, um die Bibelpassagen zu meditieren, die für unser geistliches Leben besonders bedeutsam sind und darüber hinaus, um die Bibel im Gesamtzusammenhang zu lesen. Außerdem sollten wir uns bemühen, regelmäßig gute biblische Lehre zu bekommen, die uns das Wort Gottes in der Tiefe aufschließen kann. Dies wird uns immer mehr in die Lage versetzen, das Wort Gottes für uns selbst zu studieren. Darüber hinaus sollten wir uns intensiv mit dem Leben von Menschen beschäftigen, die uns auf dem Weg der Nachfolge vorausgegangen sind; sie werden dabei zu kostbaren Freunden und unschätzbaren Weggefährten.

Anbetung

Bibelstudium führt zu den nächsten Übungen der Hingabe: zur Anbetung und zum Feiern. In der Anbetung geben wir uns der Größe, Schönheit und Güte Gottes hin. Wir betrachten und bestaunen sie mit Worten, mit bestimmten Handlungen und symbolischen Akten. Dies tun wir für uns allein ebenso wie in Gemeinschaft mit anderen. Gott anzubeten heißt so viel wie ihn wertzuschätzen, ihm einen großen Wert zuzuschreiben.

Hier ein Beispiel für Anbetung: „Herr, unser Gott, du bist würdig, zu nehmen Preis und Ehre und Kraft; denn du hast alle Dinge geschaffen, und durch deinen Willen waren sie und wurden sie geschaffen" (Offb 4,11). Oder auch: „Das Lamm, das geschlachtet ist, ist würdig, zu nehmen Kraft und Reichtum und Weisheit und Stärke und Ehre und Preis und Lob. [...] Dem, der auf dem Thron sitzt, und dem Lamm sei Lob und Ehre und Preis und Gewalt von Ewigkeit zu Ewigkeit!" (Offb 5,12–13). Wenn wir Gott so anbeten, wenn wir unsere Aufmerksamkeit darauf richten, wer er ist und was er getan hat, dann wird das, was wir betrachten, immer mehr zu einem Teil von uns. Unser Glaube wächst und wir werden ihm ähnlicher.

In der Anbetung begegnen wir Gott selbst. Er ist mit seiner Größe, Schönheit und Güte in diesem Moment wirklich gegenwärtig. Unsere Gedanken und Worte werden zum Ausdruck dessen, was wir von ihm wahrnehmen und erleben. Dies hat einen unmittelbaren und dramatischen Einfluss auf unser Leben. So geschah es auch Jesaja, der in der Anbetung einmal Gott sah: „[...] sah ich den Herrn sitzen auf einem hohen und erhabenen Thron, und sein Saum füllte den Tempel." Um ihn herum standen Seraphim, die einander zuriefen: „Heilig, heilig, heilig ist der Herr Zebaoth, alle Lande sind seiner Ehre voll!" (Jes 6,1–3). Viele andere haben in der Anbetung ähnliche Erfahrungen gemacht.

Dennoch ist die leibhaftige Begegnung mit Gott in der Anbetung nicht das, was das Wesen von Anbetung ausmacht. Sie kann auch unabhängig davon geschehen, so wie es Elia, Hesekiel und Paulus erlebten. *Es ist unsere Aufgabe, Gott anzubeten*, auch wenn der Heilige Geist uns dabei behilflich ist, und deshalb ist es durchaus angebracht, die Anbetung als eine geistliche Übung anzusehen.

In der Praxis ist es hilfreich, wenn wir uns in der Anbetung Jesus vor Augen halten und Gott durch ihn anbeten. Wir richten unsere Gedanken und unser Herz ganz auf ihn aus und bestaunen ihn, die Dinge, die er tat und sagte, sein Leiden und Sterben, die Realität seiner Auferstehung und seine erhabene Stellung zur Rechten Gottes, wo er für sein Volk einsteht. Um mit den Worten von Albertus Magnus (gest. 1280) zu sprechen, in Jesus „finden wir Gott durch Gott selbst; will heißen, wir dringen durch das Menschliche hindurch zum Göttlichen vor, durch die Wunden des Menschseins zu den Tiefen seines göttlichen Wesens".[99] Gott ist so anbetungswürdig, dass wir mit unserer Anbetung niemals zum Ende kommen werden. Und indem wir ihn anbeten, wird unser Leben mehr und mehr von Gott durchdrungen.

Feiern

Das Feiern ist eine der wichtigsten Übungen der Hingabe, die jedoch oft übersehen und missverstanden wird. Wir feiern, weil wir Gottes Größe erfahren haben, die sich in seiner unendlichen Güte zeigt. So gesehen ist Feiern die Vollendung der Anbetung. Aus unserem Glauben heraus und im Vertrauen auf Gottes Größe, Schönheit und Güte können wir uns selbst, unser Leben und die Welt genießen und uns daran freuen. Im Feiern betrachten wir unser eigenes Leben und die Welt als Gottes Schöpfung und als sein Geschenk an uns.

Normalerweise kommen wir dabei mit anderen Menschen zusammen, die ebenfalls Gott kennen, um zu essen und zu trinken, zu singen und zu tanzen und einander zu erzählen, was Gott für uns getan hat. In der Bibel sind die Berichte von Miriam (2. Mose 15,20), Debora (Ri 5) und David (2 Sam 6,12–16) sehr anschauliche Beispiele dafür, ebenso wie die Hochzeit in Kana, wo Jesus sein erstes Wunder in der Öffentlichkeit vollbrachte (Joh 2), oder auch die periodisch wiederkehrenden Festtage Israels. Bis heute gibt es spezielle Festzeiten in der Kirche, insbesondere in den traditionelleren protestantischen Denominationen, in der katholischen und in der orthodoxen Kirche.

Göttliche Freude ist ein hervorragendes Gegenmittel zu Depression und Verzweiflung, eine Quelle echter Dankbarkeit – eine Dankbarkeit, die tief in unserem Bauch anfängt, die sich ausgehend von unserem Zwerchfell über unsere Atemwege und

Stimmbänder Luft macht und die auf dem Weg hinauf zu unserem himmlischen Vater unsere Arme hochschnellen lässt und unser Gesicht zum Strahlen bringt.

In 5. Mose 14 finden wir eine Anleitung zum Feiern, wie es ausgelassener kaum sein kann. Ganz Israel sollte nach Jerusalem reisen und dort aus dem zehnten Teil eines ganzen Jahresertrages ein Festmahl zur Ehre Gottes feiern. Falls der Weg zu weit war, um die Erträge dorthin zu bringen, sollten die Güter „zu Geld gemacht" werden. Mit dem Geld sollte man dann nach Jerusalem reisen – jetzt halten Sie sich fest! – und dort, so heißt es: „[...] gib das Geld für alles, woran dein Herz Lust hat, es sei für Rinder, Schafe, Wein, starkes Getränk oder für alles, was dein Herz wünscht, und iss dort vor dem Herrn, deinem Gott, und sei fröhlich, du und dein Haus, und der Levit, der in deiner Stadt lebt" (5. Mose 14,26–27). Das „starke Getränk", von dem hier die Rede ist, wird sicher kaum Kräutertee gewesen sein! Und dennoch ging es in dieser Übung darum, „dass du fürchten lernst den Herrn, deinen Gott, dein Leben lang" (5. Mose 14,23).

Auch das Buch Prediger ermahnt uns in eine ähnliche Richtung. Dort heißt es: „So habe ich nun gesehen, dass es gut und fein sei, wenn man isst und trinkt und guten Mutes ist bei allem Mühen, das einer sich macht unter der Sonne in der kurzen Zeit seines Lebens, die ihm Gott gibt; denn das ist sein Teil. Denn wenn Gott einem Menschen Reichtum und Güter gibt und lässt ihn davon essen und trinken und sein Teil nehmen und fröhlich sein bei seinem Mühen, so ist das eine Gottesgabe. Denn er denkt nicht viel an die Kürze seines Lebens, weil Gott sein Herz erfreut" (Koh 5,17–20; vgl. auch Koh 2,24; 3,12–13).

Ich will damit nicht Trunkenheit propagieren oder gar als geistliche Übung hinstellen. Alkoholmissbrauch ist ein gravierendes Problem und das Leben und das geistliche Leben im Besonderen bestehen ja keineswegs nur aus Feiern. Wir brauchen das harmonische Ineinandergreifen komplementärer geistlicher Übungen, um Extreme zu vermeiden und ein ausgewogenes Leben zu führen. Doch diese Welt ist für das menschliche Herz ein ganz und gar feindseliger Lebensraum. Leid und Lebensangst werden uns bis ans Ende begleiten, unabhängig davon, wie „geistlich" wir auch sind. Und aus eben diesem Grunde kann echter und tiefer Glaube nur gedeihen und Bestand haben, wenn wir inmitten all dieser Widrigkeiten Gottes Größe und Güte, die er *uns* erwiesen hat, feiern. „Weinen hat seine Zeit, lachen hat seine Zeit; klagen hat seine Zeit, tanzen hat seine Zeit" (Koh 3,4). Es geht darum, im Glauben zu ergreifen, was die jeweilige Zeit mit sich bringt, auch die Zeiten der Freude.

Für viele von Ihnen klingt dies vielleicht zu hedonistisch. Doch wir machen Gott auch Unehre, wenn wir aus Angst jegliches Vergnügen ablehnen, wie wenn wir maßlos und vergnügungssüchtig sind. Lesen wir noch einmal, was Screwtape in seinen Dienstanweisungen zu sagen hat. Er rügt seinen Lehrling Wormwood, dass er es seinem „Patienten" gestattet hat, ein Buch zu lesen, das ihm wirklich gefiel, und einen Spaziergang in der Natur zu machen, der ihm wohltat. „Mit anderen Worten", so Screwtape, „du hast ihm zwei wirkliche, vollkommene Freuden zugestanden. Warst du wirklich so einfältig, die Gefahr darin nicht zu sehen?" Dann fährt er fort:

> *„Der Mensch, der sich wahrhaftig und uneigennützig an irgendeiner Sache in der Welt um der Sache selbst willen freut, ohne sich einen Deut darum zu kümmern, was die Leute darüber sagen, ist durch diese Tatsache allein von vornherein gewappnet gegen unsere raffiniertesten Angriffsmethoden. Du solltest deinen Patienten immer abzubringen versuchen von Menschen, Speisen oder Büchern, die ihm wirklich zusagen, zugunsten der ‚feinen Leute', der ‚korrekten' Speisen, der ‚wichtigsten' Bücher. Ich kannte einen Menschen, der vor einer starken Versuchung zu gesellschaftlichem Ehrgeiz durch seine noch größere Vorliebe für Kutteln mit Zwiebeln bewahrt wurde."*[100]

An anderer Stelle bemerkt Screwtape, dass Dämonen sich auf feindlichem Territorium befinden, wenn sie es mit normalen, gesunden Vergnügungen zu tun bekommen, die wirklich Befriedigung verschaffen. „Ich weiß, wir haben durch Vergnügungen schon manche Seele gewonnen. Trotzdem, die Freude ist seine Erfindung und nicht die unsrige. Er hat sie geschaffen; trotz unserer ganzen so weit entwickelten Forschung ist es uns bisher nicht gelungen, eine einzige wahre Freude hervorzubringen."[101]

Wenn wir Glauben feiern, dann überkommt uns mitunter eine überschäumende Freude, die uns von Kopf bis Fuß durchströmt, wenn wir wirklich anfangen zu begreifen, wie herrlich und liebevoll Gott mit *uns* ist. Selbst die Armen, die Niedergeschlagenen, die Verfolgten haben in seiner Gegenwart, in seinem Herrschaftsbereich, göttliche Privilegien, die ihnen niemand nehmen kann. Feiern, Tanzen, Singen und Loblieder kennen keine Grenzen mehr. Wir haben Grund zu singen: „Mit dir erstürme ich Wälle, mit meinem Gott überspringe ich Mauern“ (Ps 18,30; Einheitsübersetzung). „Da hast du mein Klagen in Tanzen verwandelt, hast mir das Trauergewand ausgezogen und mich mit Freude umgürtet. Darum singt dir mein Herz und will nicht verstummen. Herr, mein Gott, ich will dir danken in Ewigkeit“ (Ps 30,12–13; Einheitsübersetzung). Doch damit nicht genug. Berge und Hügel müssen in Jubel ausbrechen und Bäume auf dem Feld Beifall klatschen (Jes 55,12). Alles Geschaffene muss den Herrn preisen (Ps 148–150).

Wenn wir von Herzen feiern, dann werden unsere Entbehrungen und Sorgen auf einmal klein. Seine Güte wird uns so real, dass wir in allem die nötige Kraft finden, um den Willen Gottes zu tun.

Dienen

Wenn wir dienen, setzen wir unseren Besitz und unsere Kraft ein, um den Nöten anderer zu begegnen und Gottes Plan mit dieser Welt aktiv voranzutreiben. Hier sollten wir freilich eine wichtige Unterscheidung treffen. Nicht alles, was eine Übung im Dienen sein *kann*, *ist* es auch. Wenn ich etwas für andere tue, ist dies oft schlicht und einfach ein Akt der Liebe, der nicht unbedingt dazu dient, mich Jesus ähnlicher zu machen. Das macht diesen Dienst jedoch nicht weniger wichtig und oft ist geistliches Wachstum sogar ein positiver Nebeneffekt. Ich kann jedoch auch gerade deshalb dienen, um meinen Hochmut, meine Besitzansprüche, meinen Neid, meine Vorbehalte und meine Begehrlichkeiten abzulegen. In diesem Falle hat mein Dienen den Charakter einer geistlichen Übung.

Solche Übungen haben ihren Sinn vor allem für diejenigen, die – wie es für die meisten von uns zwangsläufig der Fall ist – mehr die „unteren“ Ränge einnehmen, sei es am Arbeitsplatz, in der Gemeinde oder in der Gesellschaft. Nur dadurch lernen wir, anderen in Liebe zu dienen, von Vorurteilen frei zu werden und die Stellung und Aufgabe, die uns gegeben sind, zu genießen, weil wir im Glauben sehen, welche Bedeutung unser Beitrag in den Augen Gottes hat.

Vielleicht ist der Dienst am anderen paradoxerweise gerade der Königsweg zur Freiheit von der Abhängigkeit von anderen. Er ermöglicht es uns, nicht mehr bloße „Augendienerei" zu betreiben, um „Menschengefällige" zu sein, denn selbst in den niedrigsten Dingen dienen wir Gott: „Ihr Sklaven, gehorcht in allem euren irdischen Herren, nicht in Augendienerei, als Menschengefällige, sondern in Einfalt des Herzens, den Herrn fürchtend! Was ihr auch tut, arbeitet von Herzen als dem Herrn und nicht den Menschen, da ihr wisst, dass ihr vom Herrn als Vergeltung das Erbe empfangen werdet; ihr dient dem Herrn Christus" (Kol 3,22–24; Elberfelder).

Lässt sich das auch auf eine alleinerziehende Mutter anwenden, die ihre vier Kinder unbeaufsichtigt in der Wohnung zurücklassen muss, um putzen zu gehen? Trifft das auf den Asylbewerber zu, der von Restaurant zu Restaurant geht, um seine Rosen zu verkaufen? Es gilt auch in diesen Fällen, unter der Voraussetzung, dass die Betreffenden sich von Herzen den Gesetzen des Reiches Gottes unterstellen. Dies kann und darf freilich niemals als Rechtfertigung dafür herhalten, wenn andere es versäumen, das ihnen Mögliche zu tun, um solchen Notsituationen abzuhelfen. Gott segnet jeden Menschen immer dort, wo er gerade steht. Dennoch brauchen wir klare Unterweisung, gelebte Beispiele und vor allem viel Praxis, wenn wir in der Übung des Dienens zu Meistern werden wollen.

Ich meine jedoch, dass die Übung des Dienens fast noch wichtiger ist, wenn wir als Christen in leitenden Positionen tätig sind, in denen wir Macht und Einfluss haben. Es ist eine der größten Herausforderungen in der Nachfolge überhaupt, eine Position innezuhaben, die einem ein hohes Maß an Anerkennung und Bedeutung verschafft, und dabei trotzdem ein dienendes Herz zu bewahren. Es ist umso schwerer, weil die Kirche sich dieser Gefahren oft nicht bewusst ist und es der Welt sogar törichterweise gleichtut, indem sie all diejenigen umschwärmt, die „es zu etwas gebracht haben". Oft herrscht sogar die Vorstellung, wer es in der Welt zu etwas gebracht habe, sei dadurch auch im geistlichen Bereich zur Leitung qualifiziert.

Eine der wichtigsten Aussagen Jesu überhaupt bezieht sich darauf, wie Menschen in Leitungspositionen leben sollen:

„Ihr wisst, dass die Herrscher ihre Völker niederhalten und die Mächtigen ihnen Gewalt antun. So soll es nicht sein unter euch; sondern wer unter euch groß sein will, der sei euer Diener; und wer unter euch der Erste sein will, der sei euer Knecht, so wie der Menschensohn nicht gekommen ist, dass er sich dienen lasse, sondern dass er diene und gebe sein Leben zu einer Erlösung für viele" (Mt 20,25–28).

Wenn wir diese Bibelstelle lediglich als Anleitung sehen, wie man vorankommt und Ansehen gewinnt, dann haben wir missverstanden, was Jesus hier sagen will. Es ist im Grunde genommen mehr eine Beschreibung, wie diejenigen, die Erste *sind*, sich verhalten sollen. „Groß" zu sein und zugleich das Leben eines Dieners zu führen, ist die größte geistliche Herausforderung überhaupt. Das jedoch ist genau die Form von Leiterschaft, nach der diese Schöpfung sich sehnt und ohne die es keine erträgliche Existenz auf der Welt geben kann. Wer dies will, der wird es nur durch die Übung des Dienens in der Kraft Gottes erlangen können. Allein das wird ihn dazu befähigen, ein hohes Maß an Macht auszuüben, ohne dass seine Seele dadurch Schaden nimmt. Deshalb forderte Jesus seine Jünger dazu auf, einander die Füße zu waschen, und gab ihnen darin selbst ein Beispiel (Joh 13,14). Doch wo an unseren Universitäten und theologischen Seminaren, die den Führungsnachwuchs für die Kirche und die Gesellschaft von morgen heranziehen, wird dies als ein erstrebenswertes Ideal gelehrt, geschweige denn praktisch vermittelt?

Der Dienst an anderen befreit uns zur Demut und macht die ganze Last des Schein-wahren-Müssens überflüssig. Wir können dadurch einfach so sein, wie wir sind – ein Stück lebendigen Tons im Dienste Gottes, der sich von diesem formen lässt. Die Erfahrung, dass unser Glaube ganz praktisch Liebe in uns freisetzt, wird uns im geistlichen Leben vor einer Unzahl von Fehlern bewahren.

Wir sollten uns aktiv darum bemühen, allen Menschen, denen wir in unserem Leben begegnen, aus einer dienenden Haltung heraus gegenüberzutreten – nicht mit Aufdringlichkeit und dienstbeflissenem Übereifer, sondern aus der Entspanntheit und inneren Gewissheit heraus, die wir haben dürfen, weil wir miteinander in der Hand Gottes ruhen.

Gebet ist Gespräch mit Gott. Wenn wir beten, sprechen wir mit Gott, mit hörbarer Stimme oder in Gedanken. Es liegt in der Natur der Sache, dass Gebet fast immer mit anderen geistlichen Übungen oder Aktivitäten unseres Glaubenslebens einhergeht, insbesondere Studium, Meditation und Anbetung, aber auch Einsamkeit und Fasten.

Unser geistliches Leben liefe jedoch auf Sparflamme, wenn unser Gebet nur eine geistliche Übung wäre und nicht ein Lebensstil, bei dem wir gemeinsam mit Gott daran arbeiten, Gutes zu tun und sein Reich in dieser Welt voranzubringen. Das Gebet kann aber auch den Charakter einer geistlichen Übung annehmen, sogar einer sehr wirksamen. Das können wir daran erkennen, dass Jesus seine Jünger in jener kritischen Stunde im Garten Gethsemane zum Gebet auffordert: „Wachet und betet, dass ihr nicht in Anfechtung fallt."

Die indirekten Auswirkungen unseres Gebetes auf unser Leben sind so augenfällig, dass man zuweilen geneigt ist, sie als den eigentlichen Zweck des Gebets anzusehen. Selbst wenn wir für Dinge beten, die mit unserem eigenen geistlichen Leben unmittelbar gar nichts zu tun haben, wird doch die Tatsache, dass wir uns dabei Gott nähern und in einen Austausch mit ihm treten, ihre Wirkung nicht verfehlen. Wenn wir beten, dann hat das eine positive Auswirkung in allen Bereichen unseres Lebens. Der Austausch mit Gott – wenn es wirklich ein Austausch ist – hinterlässt in uns tiefe Spuren, und unser Bewusstsein von ihm bleibt über die Begegnung hinaus lebendig.

O. Hardman beschreibt sehr treffend, wie es einem ergeht, wenn man aus der Begegnung mit Gott herauskommt und danach wieder der Welt begegnet mit ihren schädlichen Gewohnheiten, ihrem Streben nach Privilegien und Sicherheit, mit ihrem Misstrauen, ihrer Undankbarkeit und ihrer Abwehr gegen alles Gute:

„Auch nachdem er aus der unmittelbaren Begegnung mit Gott herausgekommen ist, wird er in einer Haltung des Gebets verharren und bereit sein, jedes vertretbare Risiko einzugehen, um das zu tun, was er als richtig erkannt hat, ohne Furcht vor den Konsequenzen. Er wird allen mit Liebe begegnen, seien sie für ihn oder gegen ihn. Er wird die Vision im Auge behalten und

dem Ansinnen auf der Spur bleiben, das das Gebet in ihm entfacht hat. Er wird die vielen verschiedenen Lager, in die seine Mitmenschen sich unterteilen, von einer erhöhten Warte aus schauen, die es ihm ermöglicht, das große Ganze zu sehen. Er wird darum bemüht sein, Trennungen zu überwinden, und dazu beitragen, die Einheit zu stiften, die er im Gebet, in der intimen Begegnung mit Gott im Voraus geschaut hat. Die schier unüberwindlichen Konflikte dieser Welt, seien sie ökonomischer oder sozialer, politischer oder ethnischer Art harren darauf, aus dem Gebet heraus gelöst zu werden. Einen anderen Weg gibt es nicht."[102]

Mit anderen Worten: Christen, die glauben, dass Gebet keine Berge bewegen kann, irren sich! Zweifellos wird vieles mit dem Etikett „Gebet" versehen, das in der Tat wenig Sinnvolles bewirkt. Aber nichts verändert soziale Verhältnisse durchgreifender als die Veränderungen, die das Gebet in uns und anderen hervorbringt.

Regelmäßiges Gebet schafft in uns eine Bereitschaft, auch spontan zu beten, wann immer es nötig ist. Je mehr wir beten, desto öfter wird es uns in den Sinn kommen zu beten, und wenn wir die Auswirkungen unseres Gebetes sehen, die Dinge, die unser himmlischer Vater auf unser Gebet hin tut, dann nimmt unser Glaube zu, und unser ganzes Leben wird davon angesteckt. Rosalind Goforth schreibt aus ihrem reichen Erfahrungsschatz im Gebet als Mutter und Missionarin, unter zuweilen grauenvollen Lebensumständen: „Das vielleicht Schönste in diesem Wechselspiel aus Bitten und Empfangen ist die Stärkung, die unser Glaube erfährt, wenn unser Gebet für ein spezifisches Anliegen erfüllt wurde. Was ist hilfreicher und inspirierender als ein herrliches Zeugnis, was Gott getan hat?"[103]

Das Gebet entfaltet seine wirkliche Kraft in uns erst in dem Moment, in dem wir lernen, ohne Unterlass zu beten (1 Thess 5,17; Phil 4,6).Wir können uns darin einüben, Gottes Gegenwart zu genießen, was immer wir gerade tun. Dies ist eine Erfahrungstatsache, die Menschen in der Nachfolge, angefangen von der Urkirche bis in unsere Zeit, bezeugen können. Gott wird uns in seiner Liebe begegnen, und die Erfahrung seiner Liebe wird uns immer wieder auf ihn hin ausrichten, so wie ein Magnet die Kompassnadel ausrichtet. Der beständige Austausch mit Gott wird uns zu einer kostbaren Gewohnheit, die Gottes Gegenwart in jeden

Bereich unseres Lebens hineinbringt. Das anhaltende Gebet wird uns ebenso wenig zur Last fallen, wie einem Vogel im Flug das Gewicht seiner Flügel zur Last fällt.

Doch das Gebet wird in uns nicht den Stellenwert bekommen können, den es braucht, damit unser Leben zur Entfaltung gebracht wird, solange wir nicht andere geistliche Übungen praktizieren, wie z. B. Einsamkeit und Fasten. In vielen Gemeinden wird gelehrt, dass Gebet und Bibelstudium die wichtigsten Elemente sind, um unser geistliches Leben zu beflügeln. Doch nur selten findet man Menschen, die das wirklich so erleben, und selbst diese finden es nicht selten mühselig und belastend. Es ist ein „offenes Geheimnis“ unter „bibelgläubigen“ Christen, dass nur ein verschwindend geringer Prozentsatz derer, die darüber reden, wie wichtig Gebet und Bibellesen sind, es auch tatsächlich tun. Die Mehrzahl der Christen in unseren Gemeinden hat nie gelernt, ihr Leben zu erneuern, indem sie es mit einem gesunden Maß an geistlicher Disziplin anreichern, sodass Gebet und Bibellese für sie wirklich zu einem Gewinn werden. Wenn man Menschen betrachtet, die es in ihrem persönlichen Bibelstudium und in ihrem Gebetsleben besonders weit gebracht haben, etwa einen David Brainerd oder einen Charles Finney, dann wird allzu leicht übersehen, dass die Kraft ihres Gebetslebens darauf beruhte, dass es in einen Lebensstil eingebunden war, der von geistlicher Disziplin geprägt war. Es ist wichtig, nicht aus den Augen zu verlieren, dass unser Gebet, wenn es so effektiv und kraftvoll sein soll, wie es Gottes Absicht entspricht, auf dem Fundament eines geistlichen Lebensstils ruhen muss. Dann aber ist es eines der kostbarsten Geschenke, die Gott für uns bereithält.

Gemeinschaft

In der Gemeinschaft kommen wir mit anderen zusammen, um Gott anzubeten, die Bibel zu studieren, zu beten, zu feiern und zu dienen. Es kann sich dabei um eine größere Gruppe von Menschen oder nur um eine kleine Schar handeln. Wenn viele verschiedene Persönlichkeiten zusammenkommen, dann kann Gott sich stärker offenbaren, und eine größere Zahl von Menschen kann mehr von der Kraft seiner Gegenwart tragen als einzelne Individuen. Die Feuerflammen schlagen höher, wenn man das Holz aufstapelt, weil die einzelnen Scheite sich gegenseitig aufheizen. Die unterschiedlichen Teile des Körpers müssen miteinander *verbunden* sein, damit sie ihre jeweilige Funktion füreinander wahrnehmen können. So ist auch unsere Erlösung nicht als eine individuelle Erfahrung gedacht, obwohl natürlich jeder Einzelne seine persönliche und einzigartige Beziehung zu Gott hat und vor ihm als Einzelner für sein Leben verantwortlich ist. Das Leben im Reich Gottes braucht den regelmäßigen und tiefen Austausch mit anderen, die dieses Leben teilen. Ohne diese Komponente fehlt etwas ganz Entscheidendes.

Die verschiedenen Geistesgaben, die jeder von uns besitzt, werden in der Gemeinschaft eingesetzt. So wird die Funktion des Leibes in Einheit dadurch gewährleistet, dass die einzelnen Glieder einander in ihren Nöten dienen und sich gegenseitig durch ihre Gaben ergänzen. Dies ist nicht nur eine Möglichkeit, es ist einfach eine Tatsache, weil das neue Leben so angelegt ist, und wir sollten einander auch nicht beständig ermahnen müssen, unseren Beitrag einzubringen.

> „Wie auch immer sich die Gaben des Heiligen Geistes bei jedem Einzelnen von euch zeigen, sie sind zum Nutzen der ganzen Gemeinde bestimmt. Dem einen schenkt er im rechten Moment das richtige Wort. Ein anderer kann durch den Heiligen Geist den Willen Gottes klar erkennen. Wieder anderen schenkt Gott durch seinen Geist unerschütterliche Glaubenskraft und dem nächsten die Gabe, Kranke zu heilen. Manchen ist es gegeben, Wunder zu wirken. Einige sprechen aus, was Gott ihnen zeigt oder sagt; andere erkennen, was es bedeutet und aus welchem Geist gesprochen wird. Einige beten in anderen Sprachen, und manche schließlich können dieses Gebet für die Gemeinde auslegen. Dies alles bewirkt ein und derselbe Geist. Und so empfängt jeder die Gabe, die Gott ihm zugedacht hat" (1 Kor 12,7–11; Hoffnung für alle).

Weil der Leib Christi auf gegenseitige Ergänzung hin angelegt ist, bedarf es der Gemeinschaft, damit wir jene Qualität des Lebens in Christus erleben können, die wir als Einzelne in aller Regel nicht erlangen können. Nur in der Gemeinschaft empfangen wir das volle Maß der Gnadengaben, die der Heilige Geist der Gemeinde zuteilwerden lässt.

Die Beichte ist eine Übung, die innerhalb der Gemeinschaft stattfindet. Dabei gewähren wir bestimmten Menschen, denen wir vertrauen, Einblick in unsere Schwächen und Verfehlungen. Dies kann eine große Stärkung für unseren Glauben sein, weil wir erfahren, dass Gott durch sein Volk für uns sorgt. Darüber hinaus hilft es uns, Demut zu lernen, und wir erleben, wie andere uns ihre Liebe und Unterstützung zeigen. In der Beichte geht es also darum, dass wir vor christlichen Freunden alle Masken ablegen und unser wahres Gesicht zeigen. Wir machen uns völlig verletzlich. Wenn wir uns nicht mehr verstecken, dann wird sehr viel Energie freigesetzt, die wir sonst darauf verwenden müssen, anderen etwas vorzuspielen. Auf einmal werden Begegnungen mit anderen in einer ganz neuen Tiefe möglich.

In der frühen Kirche ging man davon aus, dass Krankheiten unter Christen unter Umständen auf Sünde zurückzuführen seien, die dazu führe, dass der Erlösungsstrom des Lebens in Jesus nicht mehr ungehindert zu der betreffenden Person fließen kann. So heißt es im Jakobusbrief: „Bekennt also einander eure Sünden und betet füreinander, dass ihr gesund werdet. Des Gerechten Gebet vermag viel, wenn es ernstlich ist“ (Jak 5,16). Wir sollten also die Tatsache anerkennen, dass unbekannte Sünde ein Belastungsfaktor ist, der sowohl psychische als auch körperliche Auswirkungen im Leben eines Christen haben kann. Durch die geistliche Übung der Beichte und die anschließende Zusage der Vergebung wird diese Belastung aufgehoben.

Doch die Beichte hilft uns auch, Sünde zu *meiden*. In den Sprüchen heißt es: „Wer seine Sünde leugnet, dem wird's nicht gelingen; wer sie aber bekennt und lässt, der wird Barmherzigkeit erlangen“ (Spr 28,13). Das „Bekennen“ ist offensichtlich eine Hilfe dabei, sie danach auch zu „lassen“, denn innerhalb einer engen Gemeinschaft – und erst recht in den transparenten Beziehungen im Leib Christi – ist es nicht möglich, an Sünde festzuhalten, es sei denn, man versteckt sie. Man sagt, Beichte sei gut für die Seele, aber schlecht für das Ansehen bei anderen. Ein schlechtes Ansehen aber erschwert, wie wir alle wissen, das Zusammenleben mit anderen. Doch enge, vertraute Gemeinschaft miteinander und Beichte bezwingen die Sünde. Es gibt nichts, das ein Leben in der Gerechtigkeit mehr fördert als ein authentischer Lebensstil.

Erst wenn wir uns einem erfahrenen Christen oder auch einem Pastor oder Seelsorger gegenüber öffnen, können wir Gebet und praktische Hilfe empfangen, so wie wir es gerade brauchen. Wenn wir uns voreinander öffnen, werden tiefe Beziehungen überhaupt erst möglich, und die Tatsache, dass es zu wenige dieser engen Beziehungen gibt, ist der Grund dafür, warum es in christlichen Gemeinden oft so oberflächlich zugeht. Doch wie wird eine solche radikale Offenheit voreinander überhaupt erträglich? Durch Gemeinschaft. Beichte und Gemeinschaft gehören untrennbar zusammen.

Wo innerhalb einer Gemeinschaft voreinander gebeichtet wird, da wird man auch um *Wiedergutmachung* nicht herumkommen, die ihrerseits wiederum eine sehr segensreiche geistliche Übung ist. Es ist kaum möglich, Fehler nicht wieder gutzumachen, wenn sie einmal vor der Gemeinschaft offengelegt wurden. Natürlich bedarf nicht jede Sünde unbedingt der Wiedergutmachung. Doch wenn ich einem Mitchristen bekenne, dass ich ihm das Portemonnaie gestohlen oder ihn vor anderen schlechtgemacht habe, dann kann ich danach nicht einfach zur Tagesordnung übergehen, ohne in irgendeiner Weise für den entstandenen Schaden aufzukommen.

Im Allgemeinen gebietet uns das schon der Sinn für Anstand, der tief in jedem von uns verankert ist. Oftmals ist Wiedergutmachung keine angenehme Erfahrung, aber sie stärkt in uns die Entschlossenheit, das Richtige zu tun, was auch immer das für uns bedeutet. Die Beichte ist also eine der intensivsten und fruchtbarsten geistlichen Übungen. Sie kann jedoch leicht missbraucht werden, und es bedarf einer gewissen Reife und Erfahrung, sowohl aufseiten der betreffenden Person als auch aufseiten der jeweiligen Leiterschaft. Dies führt uns zu unserer letzten geistlichen Übung.

Unterordnung

Damit christliche Gemeinschaft in ihrer höchsten Ausprägung – in demütiger Achtung voreinander, radikaler Ehrlichkeit und Transparenz und wenn nötig mit Beichte und Wiedergutmachung – möglich ist, bedarf es der Übung der Unterordnung.

Im Hebräerbrief lesen wir: „Gehorcht euren Vorstehern, und ordnet euch ihnen unter, denn sie wachen über euch und müssen Rechenschaft darüber ablegen; sie sollen das mit Freude tun können, nicht mit Seufzen, denn das wäre zu eurem Schaden“

(Hebr 13,17; Einheitsübersetzung). Im 1. Petrusbrief werden die, die auf dem Weg mit Jesus schon weiter fortgeschritten sind, angewiesen, für die Herde Gottes zu sorgen, nicht aus Zwang, sondern aus Neigung, und auch nicht als Beherrscher, sondern als *Vorbilder für die Herde* (1 Petr 5,2–3). Diejenigen aber, die noch jünger im Glauben sind, sollen sich der sanften Führung ihrer Ältesten unterordnen, sodass alle einander als Diener im gegenseitigen Dienst unterstehen: „Alle aber begegnet einander in Demut! Denn Gott tritt den Stolzen entgegen, den Demütigen aber schenkt er seine Gnade“ (1 Petr 5,5; vgl. auch Eph 5,21).

Offensichtlich ist die Ordnung innerhalb einer erlösenden Gemeinschaft, so wie sie hier dargestellt ist, keine eiserne Hierarchie, die unwillige Mitglieder einschüchtert und unterjocht. Sie basiert auf der Kraft von Gnade und Wahrheit, die reife Persönlichkeiten besitzen, und ist Ausdruck jenes Reiches Gottes, das nicht von dieser Welt ist (Joh 18,36) und das sich dennoch in der Realität greifbar niederschlägt. Andernfalls bliebe uns nur die Alternative, auf das menschliche Herrschaftssystem zurückzugreifen, was in einigen christlichen Gruppierungen, die hier auf Abwege geraten sind, leider der Fall ist. Der christliche Glaube kennt keine Unterordnung, die nicht in den Kontext der *gegenseitigen* Unterordnung untereinander eingebettet ist (Eph 5,21; Phil 2,3).

Wenn wir uns anderen unterordnen, dann machen wir uns die Erfahrung derjenigen in unserer Mitte zunutze, die befähigt sind, uns in unserem geistlichen Wachstum zu unterstützen, und die die nötige Weisheit haben, unseren guten Willen in gesunde Bahnen zu lenken, sodass wir die Dinge tun, die wir uns wünschen, und von den Dingen Abstand nehmen, die uns schaden. Sie wachen darüber, dass das Leben in uns ebenso wie in der Gemeinde und im ganzen Leib Christi, der uns umgibt, nach Gottes Ordnungen gestaltet ist.

Diese Menschen werden sich selbst jedoch gar nicht als „Leiter“ sehen. Ihr Beispiel, dem wir uns unterordnen, ist lediglich der sichtbare Ausdruck *ihrer* Unterordnung unter ihre Aufgabe als *Diener*. Es ist „Leitung“ im wahrsten Sinne des Wortes, nicht jenes *Antreibertum*, das in der Welt und in manchen christlichen Gruppen so vorherrschend ist und wo sich niemand vorstellen kann, dass es auch anders geht.

Sind diese Übungen wirklich angemessen?

Dies sind nur einige geistliche Übungen. Wir hatten ja zu Beginn bereits angedeutet, dass es nach den Kriterien, die wir im letzten Kapitel aufgestellt haben, noch eine Vielzahl von anderen Aktivitäten gibt, die im Einzelfalle und unter geeigneten Umständen als geistliche Übungen fungieren können. Auf unserem Weg mit Jesus ist Raum für eine große schöpferische Vielfalt, ja es geht gar nicht ohne sie. Art und Ausmaß der Übungen werden zum einen durch unsere schädlichen Neigungen bestimmt, denen wir uns entgegenstellen müssen, zum anderen durch die Möglichkeiten, Gott und Menschen in Liebe zu dienen, die uns mit unserem jeweiligen Gabenspektrum in einer gegebenen Situation zur Verfügung stehen.

Welche Übungen wir in unserem Leben besonders praktizieren sollten, hängt also davon ab, welche Tat- oder Unterlassungssünden für uns in unserem alltäglichen Leben eine besondere Versuchung bzw. Bedrohung darstellen. Hochmut, Neid, Zorn, Faulheit, Geiz, Gier und sexuelle Zügellosigkeit, die sieben „Todsünden", die in der Kirchengeschichte und in der Weltliteratur immer wieder thematisiert worden sind, und noch eine Vielzahl von anderen sündhaften Neigungen, all das sind keine Hirngespinste oder Dinge, mit denen es sich spaßen lässt. Sie sind erschreckend real und wir können ihre furchtbaren Auswirkungen buchstäblich stündlich erleben. Um ihnen entgegenzutreten, bedarf es Gottes unendlicher Gnade. Wir selbst jedoch müssen eine Entschlossenheit und Zähigkeit aufbringen, die der Hartnäckigkeit dieser sündhaften Haltungen in nichts nachsteht.

Die oben aufgelisteten grundlegenden geistlichen Übungen stellen eine solche Antwort auf die Sünde dar. Wenn wir sie uns bewusst zu eigen machen, sie regelmäßig praktizieren und auf unsere jeweilige Situation anwenden, dann werden sie uns zu unschätzbaren Hilfsmitteln, um Jesus ähnlicher zu werden und um die Person hervorzubringen, die als Frucht der Nachfolge in uns entstehen soll.

Kapitel 10

Ist Armut ein Zeichen von Geistlichkeit?

„Der Bruder, der in niedrigem Stand lebt, rühme sich seiner hohen Würde, der Reiche aber seiner Niedrigkeit; denn er wird dahinschwinden wie die Blume im Gras."
Jakobus 1,9–10 (Einheitsübersetzung)

„Ermahne die, die in dieser Welt reich sind, nicht überheblich zu werden und ihre Hoffnung nicht auf unsicheren Reichtum zu setzen, sondern auf Gott, der uns alles reichlich gibt, was wir brauchen. Sie sollen wohltätig sein, reich werden an guten Werken, freigiebig sein und, was sie haben, mit anderen teilen. So sammeln sie sich einen Schatz als sichere Grundlage für die Zukunft, um das wahre Leben zu erlangen."
1. Timotheus 6,17–19 (Einheitsübersetzung)

Sollten wir lieber arm sein?

Geld und Besitz sind für viele Christen ein Reizthema. Nicht nur, dass sie sich fürchten, sie könnten ihrer Verantwortung, anderen mit dem zu helfen, was sie haben, nicht gerecht werden, sie werden von dem Gedanken verfolgt, dass ihr Leben Gott besser gefiele, wenn sie arm wären oder zumindest über ihre täglichen Bedürfnisse hinaus nichts weiter besäßen. Sie werden den Eindruck nicht los, dass allein die Tatsache, mehr als das absolut Notwendige an Geld oder Gütern zu besitzen, verwerflich ist.

Sie fragen sich, wie es richtig sein kann, dass sie selbst mehr haben, als sie brauchen, während es anderen am Allernotwendigsten fehlt. Wäre es nicht auch für ihren Glauben und ihr Vertrauen zu Gott ein großer Schritt vorwärts, wenn sie weniger materielle Güter hätten, die ihnen ein Gefühl der Sicherheit vermitteln?

Wären sie nicht viel freier, um Gott zu dienen, wenn sie nicht so viel Zeit damit zubringen müssten, ihr Hab und Gut zu pflegen? Selbst Adam Smith, der unumstrittene Vorkämpfer des frühen Kapitalismus, bemerkte, dass „der Bettler, der am Wegesrand in der Sonne liegt, die Sicherheit besitzt, um die Könige ringen".[104] Sollten wir nicht lieber wie die Vögel des Himmels sein, die nicht säen, nicht ernten und nicht in Scheunen sammeln (Mt 6,26)? *Das* ist doch wirkliches Leben im Glauben.

Wenn dem so ist, warum erscheint dann Armut nicht auf der Liste der grundlegenden geistlichen Übungen? Aus gutem Grund. *Die Idealisierung der Armut ist einer der gefährlichsten Fehlschlüsse der Christenheit.* Die richtige geistliche Übung im Umgang mit unserem Besitz ist die der Haushalterschaft, bei der es darum geht, mit unseren Ressourcen verantwortungsvoll umzugehen und freigebig zu sein.

Reichtum verantwortungsvoll einsetzen

Es steht sicherlich außer Zweifel, dass wir oft nicht so freigebig sind, wie wir eigentlich sein sollten. Dafür gibt es keine Entschuldigung, ebenso wenig wie für Verschwendungssucht und maßlosen Luxus. Einfaches Leben ist für uns Christen nicht nur eine geistliche Übung, sondern einer unserer Grundwerte. Dennoch sollten wir uns vor Augen halten, dass das Problem hier nicht der Besitz an sich ist, sondern unser Umgang damit. Die Frage nach Reichtum und Armut dagegen betrifft den Besitz an sich. Die Verdammung materiellen Besitzes ist biblisch unhaltbar und führt lediglich dazu, den rechten Umgang mit Reichtum zu erschweren.

Oft kommt uns hier freilich unsere Empörung über die soziale Ungerechtigkeit in unserer Welt in die Quere, vielfach in Verbindung mit einem abgehobenen Verständnis von Geistlichkeit, sodass wir Mühe haben, uns dieser Thematik unvoreingenommen zu nähern. Wenn wir uns mit Reichtum und Armut auseinandersetzen, dann müssen wir uns erstens klarmachen, was es heißt, etwas zu besitzen, zweitens, was es bedeutet, auch praktisch darüber zu verfügen, und drittens müssen wir verstehen, was es heißt, unser Vertrauen auf Reichtum zu setzen.

Wenn uns Reichtümer *gehören*, dann liegt es in unserer Verantwortung zu bestimmen, wie sie zu verwenden sind. Wenn wir darüber *verfügen*, dann entscheiden wir tatsächlich über ihre Verwendung, entweder indem wir sie verbrauchen oder indem wir sie einer anderen Person als Gegenwert für ein Gut oder eine Leistung überlassen. Der elementare Unterschied zwischen dem Eigentum an einer Sache und der Verfügungsgewalt darüber wird schnell klar, wenn wir uns vor Augen halten, wie wir mit Gütern umgehen, die uns nicht selbst gehören, oder wie wir zuweilen bestimmte Dinge tun, um Einfluss darauf zu nehmen, wie andere ihr Hab und Gut verwenden. Es ist also durchaus möglich, über Güter zu verfügen, die uns nicht gehören, ebenso wie es umgekehrt möglich ist, das Eigentum an Gütern zu haben, über die wir nicht verfügen wollen oder können.

Wenn wir auf Reichtümer vertrauen, dann erwarten wir, dass sie der Garant für all das sind, was wir wünschen und erstreben. Wir erwarten, dass sie uns Glück und Zufriedenheit verschaffen. Wenn wir die Reichtümer, auf die wir vertrauen, bereits besitzen, dann schafft dies in uns möglicherweise ein Gefühl der Sicherheit wie beim reichen Toren im Lukasevangelium (Lk 12,19) oder ein Gefühl der Überlegenheit über andere, die nur wenig besitzen. Wer dem Reichtum vertraut, der verfällt ihm; er wird zum Liebhaber und Diener seiner Besitztümer. Er wird sie in allen praktischen Erwägungen an die erste Stelle stellen, über alle anderen Werte und Ziele, sogar über Gott und das Leben mit ihm.

Armut und Ungerechtigkeit

Wir leben in einer Welt, in der eine Minderheit reich und mächtig ist, während die Mehrheit machtlos in Armut lebt. Manche von denen, denen es finanziell besser geht, bereichern sich aktiv auf Kosten anderer. Manche nehmen es lediglich billigend zur Kenntnis, dass andere Mangel leiden, während sie selbst im Überfluss leben, ohne zu teilen. Selbst lebensnotwendige Güter sind auf der Welt ungleich verteilt und sehr häufig ist der Grund dafür blanke Ungerechtigkeit. Wir alle wissen das nur zu gut.

Es ist auch offensichtlich, dass viele Wohlhabende ihre Reichtümer notorisch missbrauchen. So leben viele in Dekadenz und Überfluss und schauen auf die herab, die weniger haben. Andere erwerben und gebrauchen Reichtümer auf eine Weise, die ihnen selbst und anderen Menschen, die ihnen nahestehen, eher schadet.

Die Probleme, die sich aus der Verteilung von Reichtum und Armut auf der Welt ergeben, sind nicht nur theologischer oder moralischer Natur. Sie reichen bis an die Wurzel unserer Gesellschaftsordnung. Wir sprechen mit technokratisch abstrakten Begriffen von „Ökonomie“, doch dies verhüllt allzu leicht die Tatsache, dass es gerade ökonomische Belange sind, die immer wieder als Türöffner für alle möglichen Systeme repressiver Gewaltherrschaft fungieren.

Solche Herrschaftssysteme versprechen „Lösungen“, die nicht selten durch millionenfachen Mord erkauft werden – zehn Millionen oder mehr unter der Herrschaft der Nazis, zehn Millionen in der Ukraine, drei Millionen in Kambodscha. In der heutigen Zeit kommen solche Regime hauptsächlich aufgrund wirtschaftlicher Not an die Macht: Sie versprechen Ausgleich und soziale Gerechtigkeit. Doch früher oder später werden im Namen der „sozialen Gerechtigkeit“ menschliche Existenzen oder gar Menschenleben geopfert. In einem Falle ist es die „herrschende Klasse“, die ihre Pfründe verteidigt, im anderen Falle ist es irgendeine Revolution, für die „Opfer in Kauf genommen werden müssen“.

So ist es eigentlich nicht verwunderlich, wenn manche Menschen zu der Überzeugung gelangen, dass das eigentliche Problem im Überfluss von Gütern liegt und dass es im Grunde besser wäre, ganz auf Wohlstand zu verzichten. Oft wird dann Gott als Verbündeter gegen die Reichen herangezogen, und es wird behauptet, Überfluss sei „unchristlich“. So behauptet ein Theologe ganz unverblümt: „Das Neue Testament lehrt ziemlich eindeutig, dass die Reichen dieser Welt auf dem besten Weg zur Hölle sind.“[105] Und Pater Ernesto Cardenal, katholischer Priester und Kulturminister der sandinistischen Regierung in Nicaragua, interpretiert die bekannte Äußerung Jesu so, „dass die Reichen niemals in das Reich Gottes hineinkommen können“.[106] Ich denke, dass diese beiden sehr bekannten Persönlichkeiten lediglich laut aussprechen, was nach Überzeugung der meisten Menschen mit einem starken inneren sozialen Engagement zu den Kernbotschaften des Christentums gehört.

Doch diese Haltung ist keineswegs neu. Wie viele Menschen heutzutage, so war auch John Wesley (1703–1791) tief betroffen darüber, wie sich materieller Wohlstand und das Leben in der Nachfolge scheinbar gegenseitig ausschließen. Seine eigenen Anhänger stammten oft aus unteren sozialen Schichten. Er machte jedoch die Beobachtung, dass die Veränderungen, die seine Predigt im Leben der Leute hervorbrachte, häufig zu Wohlstand führte, worauf sie dann zunehmend selbstbezogen und nachlässig wurden und es an der notwendigen Bereitschaft zur Selbstverleugnung fehlen ließen. In seiner bewegenden Botschaft über „Die mangelnde Wirksamkeit des Christentums" ruft er aus: „Ich bin zutiefst bekümmert! Ich weiß nicht mehr weiter!" Er stellt fest, dass „echtes biblisches Christentum die Eigenschaft hat, sich mit der Zeit selbst zu unterhöhlen und zu zerstören". Es bringt Fleiß und einen maßvollen Lebenswandel hervor, der zu Reichtum führt. Reichtum wiederum „führt ganz natürlich zu Stolz, Liebe zur Welt und allen möglichen Neigungen, die im Widerspruch zum Christsein stehen".[107]

In all seiner Genialität kam Wesley nicht auf die Idee, dass sich geistliche Übungen auch auf den Umgang mit materiellem Überfluss beziehen können, die es den Leuten ermöglichen, Besitz und Einfluss zu haben, ohne dadurch negativ beeinflusst zu werden (1 Tim 6,17–19). Er konnte nicht glauben – vielleicht weil ihm der Gedanke daran einfach zu fremd war –, dass man Geld besitzen kann, *ohne* der Liebe zum Geld, der Wurzel allen Übels, zum Opfer zu fallen (1 Tim 6,9–10).

Doch es wird ihm sicher nicht entgangen sein, dass wohl niemand das Geld mehr liebt und mehr darauf vertraut, als jene, die nichts besitzen. Und er wird gewusst haben, dass „wenn ich alle meine Habe den Armen gäbe und ließe meinen Leib verbrennen, und hätte der Liebe nicht, so wäre mir's nichts nütze" (1 Kor 13,3). Freigebigkeit allein ist keine Garantie für eine geordnete Beziehung zu Gott. Dennoch schlug Wesley eine Lösung vor, die ebenso unsinnig ist: „Ich sehe nur einen Ausweg; wer kann, der möge einen anderen finden. Verdienst du, so viel du kannst, und sparst du, wo immer es dir möglich ist? Dann wirst du unweigerlich reich werden. Wenn du der Verdammnis der Hölle entkommen willst, dann *gib,* so viel du entbehren kannst; ansonsten habe ich für dein Seelenheil nicht mehr Hoffnung als für das des Judas Ischariot."[108]

Sind Sie voreingenommen?

Es gibt eine einfache Methode, wie Sie herausfinden können, ob Sie religiöse oder moralische Vorurteile gegen materiellen Wohlstand haben. Nehmen wir mal an, Sie hätten die Möglichkeit, durch einen großen Besitz auf die Dauer mehr Gutes zu tun und dem Reich Gottes mehr zu dienen, als wenn Sie ständig alles weggeben würden, was Sie nicht unbedingt benötigen, oder als wenn Sie Ihre Habe im Dienst für Gott einfach Stück für Stück aufbrauchen würden. Nehmen wir weiterhin an, Sie wären ein wohlhabender Industrieller, Geschäftsmann, Händler, Regierungsbeamter, Verleger, Landwirt oder leitender Mitarbeiter einer Universität, der mit seinem Einfluss eine Menge ausrichten kann, der unter seinen Mitarbeitern und den Menschen in seinem Verantwortungsbereich durch sein Leben ein Vorbild sein und die Realität Gottes bezeugen kann. Nehmen wir schließlich an, Sie müssten, um eine solche Position ausüben und um materielle Ressourcen, die dies mit sich bringt, auf vernünftige Weise verwalten zu können, einen gehobenen Lebensstandard pflegen. Nun die Frage, die sich dann stellt: Wären Sie dadurch automatisch heiliger als andere, und wären Sie ein besserer Haushalter der Gnade Gottes und Ihrer Güter, als wenn Sie sich einfach so schnell wie möglich all Ihrer Besitztümer entledigen würden?

Derselbe Test noch einmal für den gegenteiligen Fall: Nehmen wir mal an, ein wohlmeinender, hingegebener Christ sei arm und hätte gerade genug Geld, um über die Runden zu kommen. Ein anderer ebenso wohlmeinender und hingegebener Christ wäre dagegen ein erfolgreicher Geschäftsmann, der seine natürlichen Fähigkeiten auf ehrliche, aufrichtige Weise einsetzt und der seinen Reichtum weise und verantwortungsvoll zum Wohle anderer einsetzt. Ist nun die Person, die in Armut lebt, allein deshalb besser, weil sie gerade so ihr Auskommen hat?

Ich habe die Erfahrung gemacht, dass Menschen, wenn man sie mit dieser Fragestellung konfrontiert, umso eher geneigt sind, die arme Person für moralisch überlegen anzusehen, je stärker ihr soziales Gewissen ausgeprägt ist. Sie meinen, wenn die reiche

Person mit ihren Gütern *sehr* viel Gutes täte, das auf andere Weise nicht zu vollbringen sei, könne man ihr ihren Reichtum vielleicht nachsehen.

Wenn wir uns an dieser Stelle noch einmal die Aussagen von John Wesley vor Augen halten, dann sehen wir, dass seine Auffassung in etwa auf dieser Linie liegt. In seinem Tagebuch notierte er am 6. September 1750 eine Bemerkung zum Tod „eines unserer Prediger". Der Verstorbene hinterließ kaum genug Vermögen, um die Bestattungskosten davon zu decken. So stellte Wesley mit Genugtuung fest: „Warum sollte ein unverheirateter Prediger des Wortes seinen Testamentsvollstreckern mehr hinterlassen?!"

Für ihn war es eindeutig ein Verdienst, dass dieser Mann bei seinem Tod keinen größeren materiellen Besitz hinterließ. Doch wäre es nicht ebenso gut oder sogar besser gewesen, wenn er einen großen und wohlgeordneten Besitz hinterlassen hätte, mit dem er zu Lebzeiten anderen gedient und Gott verherrlicht hätte? Dies gilt vor allem dann, wenn er dadurch am Ende insgesamt mehr Gutes getan hat, als möglich gewesen wäre, wenn er alles sofort weggegeben hätte.

Armut bringt keine Vorteile

Ich denke, dass man den Armen im Allgemeinen am wenigsten dadurch hilft, dass man selbst arm ist. Und ich habe auch noch keinen Menschen getroffen, der allein durch seine Armut zu einem besseren Menschen geworden wäre. Es mag sein, dass Menschen durch ihre Armut manchmal von so mancher Dummheit verschont bleiben, die sie vielleicht begehen würden, wenn sie die Mittel dazu besäßen. Doch für den, der gar nicht nach solchen Gelegenheiten Ausschau hält, reduziert sich ihr potenzieller Nutzen auf null.

Auch mag es unter Umständen durchaus nobel und lobenswert sein, wenn man seinen Besitz verschenkt – vielleicht sogar alles, sodass man schließlich in materieller Armut zurückbleibt. Doch der eigentliche geistliche Wert hierbei liegt im Geben, nicht in dem Zustand der Armut, der daraus resultiert. Hat man einmal alles weggegeben, dann ist damit jede weitere Möglichkeit zum Geben ausgeschlossen, denn wir können ja nicht geben, wenn wir nichts haben. Wenn also Geben etwas Gutes ist, dann bedeutet dies, dass auch Besitz etwas Gutes sein muss – immer vorausgesetzt, dass das Leben in einem gesunden geistlichen Gleichgewicht bleibt. Wenn es also wünschenswert ist, viel zu geben und immer mehr zu geben, dann ist es auch wünschenswert, entsprechend viel und immer mehr zu haben.

Der Betrug des Reichtums

Natürlich ist Reichtum trügerisch (Mt 13,22). Wenn unser Leben nicht auf der Gewissheit basiert, dass wir in der Hand Gottes sind, dann schafft Reichtum zumeist eine Illusion von Sicherheit und Wohlbefinden, sodass wir schließlich mehr auf unseren Reichtum vertrauen als auf „Gott, der uns alles reichlich darbietet, es zu genießen" (1 Tim 6,17). Wer dieser Illusion verfallen ist, wird zwangsläufig zum Diener des Geldes – des Mammon – anstatt Gottes (Mt 6,24). In den Augen der Betroffenen erscheint es freilich so, als gebiete das der gesunde Menschenverstand.

Man kann sicherlich auch feststellen, dass die allermeisten reichen Menschen in der Tat dem Mammon vertrauen und ihm verfallen sind. So verwundert es nicht, wenn Jesus sagt: „Wie schwer werden die Reichen in das Reich Gottes kommen!" (Mk 10,23). Dies liegt jedoch nicht nur am trügerischen Charakter des Reichtums, sondern auch daran, dass die Kirche es weithin versäumt, den Reichen eine Perspektive zu eröffnen, wie ein Leben unter der Herrschaft Gottes für sie aussehen kann.

In jedem Falle besteht die Antwort auf den Betrug des Reichtums nicht darin, arm zu sein. Wie wir schon gesehen haben: Wir müssen Dinge nicht besitzen, um ihnen zu dienen und unser Vertrauen auf sie zu setzen. Der Anteil derer, die den Versprechungen des Reichtums verfallen sind, ist unter Wohlhabenden nicht höher als unter weniger Wohlhabenden. Die Wurzel des Übels ist nicht Geld oder materieller Gewinn, sondern Geldgier und Habsucht (1 Tim 6,10), und oft sind es die Armen, die darauf am meisten versessen sind, und die sich davon die Lösung all ihrer Probleme versprechen. Das sollten wir uns klar vor Augen halten, wenn wir die Geschichte vom „reichen Jüngling" lesen, die so oft herangezogen wird, um zu untermauern, dass wir als gute Christen unseren Besitz weggeben sollten.

In dieser Geschichte kommt ein reicher junger Mann zu Jesus, spricht ihn mit „guter Meister" an und fragt, was er tun solle, um ewiges Leben zu erlangen (Lk 18,18). Jesus entgegnet ihm, dass Gott allein gut ist, und weist ihn an, er solle die Gebote halten. In seiner Verblendung erwidert der junge Mann, genau dies habe er zeit seines Lebens getan. Er behauptet also, er habe Gott immer vor allen anderen Dingen verehrt, ihm gedient und ihm vertraut (2. Mose 20,3–6).

Um seine Selbsttäuschung aufzudecken, erlegt ihm Jesus nicht etwa ein weiteres Gebot auf, sondern er gibt ihm eine Anweisung, die deutlich zutage treten lässt, wo seine wahre Loyalität liegt: „Eines fehlt dir noch: Verkauf alles, was du hast, verteil das Geld an die Armen, und du wirst einen bleibenden Schatz im Himmel haben; dann komm und folge mir nach!" (Lk 18,22; Einheitsübersetzung). Da das Herz des jungen Mannes tatsächlich am Reichtum hängt, wendet er sich traurig ab. Die Worte Jesu halten ihm einen Spiegel vor und zeigen ihm, dass in Wirklichkeit das Geld sein Gott ist. Obwohl er offenbar ernsthaft bemüht ist, die Gebote zu halten und sogar den göttlichen Charakter Jesu anerkennt, ist er doch nicht bereit, seine Reichtümer hinter sich zu lassen, um Jesus nachzufolgen und somit dem ersten Gebot Folge zu leisten.

In der nachfolgenden Diskussion mit den Jüngern reflektiert Jesus über diesen Vorfall und erklärt, wie schwer es doch für Reiche sei, ins Reich Gottes zu kommen. Damit schockiert er die Jünger, denn zur damaligen Zeit glaubte man, dass die Wohlhabenden doch offensichtlich von Gott ganz besonders gesegnet werden – wie wir heute der Überzeugung sind, die Armen hätten das Wohlwollen Gottes. So fragen diejenigen, die Jesu Bemerkung mitangehört haben, voller Erstaunen: „Wer kann dann noch gerettet werden?" (Lk 18,26). Jesus antwortet, was nach menschlichem Ermessen unmöglich ist, sei doch möglich für Gott.

Heutzutage herrscht allgemein die Auffassung, Jesus habe damit sagen wollen, dass es für die Armen einfacher sei, gerettet zu werden, als für die Reichen. Doch davon hat Jesus nichts gesagt. Schauen Sie sich noch einmal genau an, was Jesus wirklich gesagt hat. Jesus vergleicht hier mit keinem Wort Arm und Reich miteinander. Was er schlicht und einfach zum Ausdruck bringen will, ist die Tatsache, dass es für die Reichen nicht leicht ist, sich der Herrschaft Gottes unterzuordnen.

Lassen Sie mich eines ganz klar sagen: Wer es nicht schafft, Gott über seinen Reichtum zu stellen, der sollte in der Tat zusehen, dass er sich davon trennt, *wenn* das dazu führt, dass er Gott dient und ihm vertraut. Wenn dies nicht geschieht, dann ist es im Grunde ziemlich sinnlos, alles wegzugeben. Und schließlich ist es ja auch noch die Frage, welche Auswirkungen das verschenkte Geld auf die Empfänger hat. Wer garantiert, dass sie davon wirklich profitieren und dass es ihnen nicht wiederum schadet?

Wir können sicher sein, dass Jesus sich dieser ganzen Problematik durchaus bewusst war. Ein geiziger, habgieriger Armer ist nicht besser als ein geiziger, habgieriger Reicher. Armut an sich ist weder eine besondere Gnade Gottes noch verschafft sie uns in seinen Augen einen Bonus.

Ein Zeugnis für die Welt

Sowohl auf den heiligen Antonius als auch auf Franz von Assisi machte die Geschichte vom reichen Jüngling einen starken Eindruck. Beide waren der Überzeugung, dass Gott ihnen dadurch persönlich zu verstehen gab, dass sie auf jeglichen Besitz verzichten sollten. Niemand außer ihnen selbst kann beurteilen, was es damit auf sich hatte, und ich würde niemals behaupten, dass es nicht so war. Darüber hinaus war ihr Armutsgelübde für die Menschen der damaligen Zeit ebenso wie für uns heute ein eindrucksvolles Zeugnis, wie radikal unabhängig von irdischem Besitz und wie radikal abhängig von Gott und seiner Fürsorge durch andere Christen wir sein können.

Die großartigen Dinge, die diese beiden Männer taten, waren ein kostbares Geschenk für Gott und für die ganze Kirche. Doch wenn wir hier von Armut sprechen, dann geht es um etwas ganz anderes, nämlich die Annahme, dass Armut erstens in sich heilig sei, dass sie zweitens eine geistliche Übung sei, die jeder sich zu eigen machen sollte, und dass sie drittens Gottes Plan sei, wie mit dem Reichtum dieser Welt zu verfahren ist.

Nehmen wir einmal an, wir hätten uns entschlossen, unser ganzes Geld zu verschenken. Es würde zwangsläufig irgendwo hinfließen und irgendwelche Auswirkung haben. Wir dürfen nicht vergessen, dass die Reichtümer dieser Welt, ob man sie nun als gut oder böse betrachtet, sich nicht einfach in Luft auflösen, wenn wir sie aus der Hand geben. Die Güter sind vorhanden und irgendjemand wird sich ihrer auf die eine oder andere Weise bedienen. Die Tatsache, dass wir keinen Einfluss mehr darauf haben, bietet keine Gewähr dafür, dass sie in anderen Händen besser aufgehoben sind. Wenn wir erkennen, dass unser Besitz Verantwortung bedeutet, und für seine rechte Verwaltung Sorge tragen, dann hat dies, offen gesagt, viel mehr den Charakter einer geistlichen Übung, als in Armut zu leben. Eröffnet uns unser Besitz nicht die Möglichkeit, dadurch Gottes Plan für diese Welt zu unterstützen? Er eröffnet Handlungsmöglichkeiten, die es ansonsten nicht gäbe. Wir sollten nicht zulassen, dass uns unsere Abneigung gegen die Verhaltensweisen mancher Reicher den Blick für diese positiven Möglichkeiten verstellt.

Wenn man Armut zum allgemein gültigen Prinzip erhebt, dann ändert dies gar nichts an der Habgier der Welt. Wenn wir von materiellem Reichtum frei sein wollen, ist dies weniger eine Frage, wie viel oder wie wenig wir äußerlich besitzen, sondern wie wir innerlich dazu stehen. Sie kann nur aus einer Glaubensperspektive heraus beantwortet werden. Das ist es, was Bonhoeffer meinte, als er anmerkte: „Keine Wünsche mehr zu haben ist ein Zeichen von Armut.“[109] Doch wenn wir die Güter dieser Welt in die Hände der Feinde Gottes fallen lassen, dann vernachlässigen wir unseren schöpfungsgemäßen Auftrag, über das Leben auf der Erde zu herrschen (1. Mose 1,26).

Kirchliche Wohlfahrtsinstitutionen und soziale Förderprogramme, so gut und wichtig sie auch sind, reichen bei Weitem nicht aus, um unsere Aufgabe als Christen ausreichend zu erfüllen. Wir machen uns etwas vor, wenn wir meinen, damit seien wir unsere Verantwortung los. Die Möglichkeiten und Ressourcen, über die sie verfügen, sind einfach viel zu eingeschränkt. Insbesondere können sie nicht das ersetzen, was zahllose geistlich reife Individuen ausrichten können, wenn sie sich ihrer Verantwortung stellen, die Güter dieser Welt unter der Leitung des Heiligen Geistes in die richtigen Bahnen zu lenken. Wenn die Nöte der Welt überhaupt bewältigt werden sollen, wenn wir die gesellschaftlichen Verhältnisse zum Positiven verändern wollen, dann müssen wir als Christen in der Kraft Gottes und in Einheit untereinander Einfluss auf die humanitären, wirtschaftlichen und politischen Entscheidungsprozesse nehmen. Wir sollten uns darum kümmern, dass die Menschheit wieder in ihre ureigenste Berufung als Haushalter über die Erde zurückfindet.

Diese schöpfungsgemäße Bestimmung, die Gott selbst in den Menschen hineingelegt hat, macht auch verständlich, warum Armut als Lebensstil sich letztlich niemals wirklich durchzusetzen vermochte. Der Armutskult von Franz von Assisi hatte sich bereits nach wenigen Jahrzehnten überlebt. Einige seiner Nachfolger, die „Fraticelli", wurden sogar als Häretiker geächtet und verbrannt, weil sie weiterhin am radikalen Armutsgebot festhielten.[110]

Das bedeutet freilich nicht, dass er im Irrtum war. Dennoch lässt sich nicht leugnen, dass die Tatsache, dass man das Materielle und das Heilige strikt voneinander trennte, dazu führte, dass die Reichtümer der Welt Satan überlassen wurden und diejenigen, die darüber verfügten, vom Dienst im Reich Gottes ausgeschlossen blieben. Dieser tragische Fehler – der übrigens nicht von Franz ausging – lässt sich nur rückgängig machen, indem wir uns darüber klar werden, dass Besitz und der richtige Umgang mit den Reichtümern dieser Welt ein wichtiger geistlicher Dienst sind. Aufgabe der Kirche muss es sein, Menschen auf diesen Dienst vorzubereiten.

Armut: Gelübde und Wirklichkeit

Dass Armut als Form des Lebens für Gott nicht funktionieren kann, sehen wir auch daran, wie Christen, die ein Armutsgelübde abgelegt haben, dies in der Praxis leben. Völlige Mittellosigkeit, so wie sie im radikalen Armutsgelübde gefordert ist, ist nämlich in der Realität ein allzu großes Hindernis, das den Dienst im Reich Gottes nahezu unmöglich macht. So kann man vieles von dem, was in der Kirchengeschichte unter dem Etikett der freiwilligen Armut lief, in Wirklichkeit gar nicht als solche bezeichnen. Wie Franz von Sales sehr scharf beobachtete: „Wo man die Armut preist, liebkost, wertschätzt, bejaht und unterstützt, sind oft Reichtümer nicht weit entfernt.“[111]

Die Armen dieser Welt wissen, was Armut wirklich bedeutet: erdrückende Entbehrung und Hilflosigkeit. Wer als Mitglied eines Ordens ein Armutsgelübde ablegt, genießt dagegen die Sicherheit und Fürsorge der Ordensgemeinschaft, die nur dadurch möglich wird, dass andere im Wohlstand leben. Mir geht es überhaupt nicht darum, diese Praxis anzuprangern. Im Gegenteil, es ist eine hervorragende Möglichkeit, einzelne Menschen für den Dienst im Reich Gottes freizusetzen. Doch für die *wirklich* Armen der Welt gibt es keine solche Unterstützung. So bedeutet das Armutsgelübde in der Praxis lediglich, dass man formal auf das Eigentum an Gütern verzichtet, nicht jedoch auf den Zugang zu ihnen. Dieser wird durch die Übereinkunft, die mit dem Armutsgelübde verknüpft ist, in aller Regel garantiert.

Diese Trennung von der Idee der Armut und der Realität des Armseins führt dazu, dass in vielen christlichen Kreisen ein romantischer Armutskult herrscht. Man findet heute sogar Modetrends, in denen der „Chic des Spartanischen“ zelebriert wird. Wesley, der sicherlich kein Befürworter des traditionellen Armutsgelübdes war, zählte die Habseligkeiten des verstorbenen Predigers auf. Neben seiner Kleidung, seinem Hut und seiner Perücke hinterließ er gerade einen Schilling und vier Pence. All dies zusammengenommen war nicht genug, um seine Beerdigungskosten in Höhe von einem Pfund, siebzehn Schilling und drei Pence zu decken. Dieser Prediger wird ohne Zweifel oft Mangel erlebt haben und der Wert seines aufopferungsvollen Lebens soll nicht geschmälert werden. Doch mangelte es ihm sicherlich nicht an Status innerhalb seiner Gemeinschaft, und er wird regelmäßig Unterkunft und Nahrung bekommen haben, für die er selbst nicht aufzukommen brauchte.

Armut ist nicht gleichbedeutend mit einfachem Leben

Bei der romantischen Verklärung der Armut spielt sicherlich auch die Tatsache eine Rolle, dass man sie oft mit einem einfachen Lebensstil gleichsetzt. Das Leben eines Menschen, der sein Dasein in Armut fristet, ist zwangsläufig einfach, wie auch der Tagesablauf eines Menschen, der in einer Zwangsjacke an einen Baum gefesselt ist. Ohne Freiräume ist keine Bewegung möglich. Niemand ist den vielfältigen Anforderungen und Veränderungen des Lebens schutzloser ausgesetzt als die Armen; sie haben ihnen nichts entgegenzusetzen. Hätte Adam Smith sein Leben als „Bettler, der am Wegesrand in der Sonne liegt", zubringen müssen, dann wäre ihm sehr schnell bewusst geworden, wie wenig man als Bettler in den Genuss jener „Sicherheit, um die Könige ringen", kommt. Und jeder, der sich damit herumschlagen muss, wie er die notwendigsten Lebenshaltungskosten wie Unterkunft, Nahrungsmittel, Krankenversicherung u. Ä. bestreiten soll, kann ein Lied davon singen, wie mühselig das Leben sein kann. Die Formalitäten, um eine einfache ärztliche Untersuchung für ein krankes Baby oder Verpflegung für ein paar Tage zu bekommen, kann leicht einen ganzen Tag oder mehr an Zeit in Anspruch nehmen. Eine der wenigen Vergnügungen, die alle Menschen, egal welcher Herkunft, miteinander teilen, besteht offenbar darin, sich auszumalen, wie viel besser es *andere* Leute haben, die das eigene Los nicht teilen.

Einfaches Leben als geistliche Errungenschaft auf der anderen Seite hat – ebenso wie die Armut, von der Bonhoeffer sprach – etwas mit unserem Inneren zu tun. Wer an den Punkt kommt, dass es ihm „zuerst um sein [Gottes] Reich und seine Gerechtigkeit geht" (Mt 6,33; Einheitsübersetzung), der praktiziert einen Lebensstil der Einfachheit. Wer sein Leben aus einer solchen göttlichen Perspektive heraus betrachtet, dem gelingt es, all den komplexen Anforderungen, die auf ihn einstürmen, den richtigen Stellenwert zu geben. So meistert er alle Dinge aus einer großen Ruhe, Zuversicht und inneren Harmonie heraus, die für Außenstehende oft verblüffend wirkt.

Im geistlichen Leben besteht überhaupt kein Widerspruch zwischen Einfachheit und Komplexität. In Armut zu leben heißt nicht, dass man keinen Besitz hat. So wie ein Lebensstil der Einfachheit die immense Komplexität des Lebens überhaupt erst erträglich macht, so ist Armut, im Sinne Bonhoeffers verstanden, der Garant dafür, dass uns Besitz nicht belastet, sondern zur Ehre Gottes Früchte trägt.

Aber sagte nicht Jesus selbst, dass die Reichen verflucht („Wehe euch") und die Armen gesegnet sind? Das stimmt, und Jesus gab uns damit ein ganz zentrales Anwendungsbeispiel für seinen oft wiederholten Grundsatz, dass die (nach menschlichem Verständnis) Ersten (bei Gott) die Letzten sein werden, während die (nach menschlichem Verständnis) Letzten (bei Gott) die Ersten sein werden.

Doch was damit im Einzelnen gemeint ist, verstehen wir nur, wenn wir uns vor Augen halten, auf welche *Art und Weise* Jesus lehrte. Dasselbe gilt im Übrigen für jeden anderen erfolgreichen Lehrer ganz genauso. Jesus präsentierte keine Allgemeinplätze, wie man ein erfolgreiches Leben führt. Er legte es darauf an, eingefahrene Denkweisen und Vorurteile aufzubrechen und neue Perspektiven und Handlungsrichtlinien aufzuzeigen. In seinen Lehren spiegelt sich die Realität der Herrschaft Gottes unmittelbar wider, und die Intensität der Begegnung mit ihm führt zu einem Lernprozess, der auf ganz unkonventionelle Weise geistliches Wachstum in uns hervorbringt.

In Lukas 14 z. B. erleben wir Jesus bei der Einladung zu einem Sabbatmahl. Die Gäste drängen sich um die besten Plätze am Tisch, die ihrem Status in gebührender Weise Geltung verschaffen. Jesus nimmt die Gelegenheit wahr, um ihnen einige Hinweise zu geben, wie sie mit ihrem Vorhaben zum erwünschten Ziel kämen. Er sagt ihnen, sie sollen sich auf den schlechtesten Platz setzen, den sie finden könnten, z. B. direkt an der Tür, draußen in der Küche oder am Klapptisch ganz hinten in der Ecke. Wenn dann der Gastgeber eintrifft und sie dort erblickt, würde er ihnen zurufen: „Was in aller Welt machst du denn auf so einem miserablen Platz! Komm und setz dich hier neben mich! Rückt alle zusammen und macht Platz, damit mein Freund neben mir sitzen kann."

Sicherlich hat Jesus ein wenig geschmunzelt, als er dann sagte: „Das wird für dich eine Ehre sein vor allen anderen Gästen. Denn wer sich selbst erhöht, der wird erniedrigt, und wer sich selbst erniedrigt, wird erhöht werden" (Lk 14,10–11; Einheitsübersetzung).

Dann wandte er sich an seinen Gastgeber – vermutlich lächelte er nun nicht mehr oder nur noch etwas – und riet ihm, in Zukunft statt seiner Freunde, Angehörigen oder honoriger Nachbarn (so wie er es zu diesem Fest getan hatte) lieber die Armen, die Krüppel, die Lahmen und Blinden einzuladen.

Stellen Sie sich die Situation einmal vor. Wenn Sie diese Passage lesen, ohne sich dabei vor Augen zu halten, wie Jesus üblicherweise lehrte, dann würden Sie die Dinge, die er sagte, zwangsläufig für bare Münze nehmen und eine Regel daraus ableiten. Es heißt ausdrücklich, wir sollten unsere Verwandten nicht zum Abendessen einladen, nicht wahr? Und wenn wir auf ein Fest kommen und uns nicht auf den schlechtesten Platz setzen, dann handeln wir eindeutig im Widerspruch zum Wort Gottes. Wir sollten uns vielmehr bei jeder Gelegenheit erniedrigen, auf dass wir am Ende erhöht werden können.

Und doch wissen wir, dass all das nicht gemeint ist. Die Begebenheit auf diesem Festmahl ist eine sehr gute Veranschaulichung dafür, wie Jesus lehrte. Wir geraten auf Irrwege, wenn wir aus den konkreten Umständen, auf die er Bezug nahm, und aus den Beispielen, die er zur Veranschaulichung gebrauchte, allgemeine Richtlinien ableiten. Es war hier gar nicht die Absicht Jesu, allgemeingültige Verhaltensmaximen aufzustellen, sondern die falschen Verhaltensmaximen und negative Motivation seiner Zuhörer anzuprangern. Wenn wir dies einmal begriffen haben, dann ist klar, dass Jesus keineswegs etwas dagegen einzuwenden hat, wenn wir unsere Familie zum Essen einladen, und dass ihm auch nicht daran gelegen ist, uns eine todsichere Methode zu zeigen, wie wir vor anderen zu Ehren kommen.

Die Begebenheit in Lukas 14 lässt auch keinen Zweifel daran, welche falschen Verhaltensweisen es sind, auf die Jesus hier in einer Weise anspielt, die seinen Zuhörern die Schamröte ins Gesicht getrieben haben muss: 1. Nimm bei Tisch immer den Platz ein, der dich in der gesellschaftlichen Hackordnung gegenüber anderen besser dastehen lässt. 2. Lade zum Abendessen nur solche Leute ein, bei denen es sich lohnt. Wenn du schon gastfreundlich bist, sollte wenigstens etwas dabei herausspringen. Jesus fordert uns dazu heraus, diesen „nichtigen Wandel der Väter“ (1 Petr 1,18) hinter uns zu lassen und uns an unserem Ansehen bei Gott gelegen sein zu lassen, dessen Reich sicherlich nicht auf solchen Regeln basiert.

Selig die Armen – wehe den Reichen?

Die ganzen Evangelien hindurch sehen wir, dass Jesus seine Lehre auf diese Weise präsentiert, ebenso in den Seligpreisungen und Weherufen in Matthäus 5 und Lukas 6.

„Selig seid ihr Armen!“ Glauben Sie wirklich, dass Armut einen Menschen selig macht? Stellen Sie sich einmal all die verschiedenen Gruppen von Menschen vor, die in Armut leben. Denken Sie an jene, die in bitterster Armut leben. Sie leben unter brutalsten und entwürdigendsten familiären und sozialen Umständen. Und dennoch sind sie selig? Hat der Arme etwa allein aufgrund seiner Armut Anteil am Reich Gottes? Sollte Jesus das gemeint haben? Es ist ganz klar, dass mit dieser Interpretation etwas nicht stimmen kann.

„Wehe euch Reichen!“ Eine Frau mit einem stattlichen Vermögen betet Gott aus ganzem Herzen an, lebt ihr Leben hingebungsvoll für Christus und will nichts anderes, als mit ihrem ganzen Sein Gott zu gehören. Sie ist sich der Tatsache vollkommen bewusst, dass ihr Wohlstand ein Geschenk Gottes ist, das sie als Haushalterin zu verwalten hat, und ist nach Kräften bemüht, andere damit zu segnen. Gilt dieses „Wehe“ auch Leuten wie ihr?

Auch Katharina Bovey war eine solche Frau. Zum Gedenken an sie sind folgende Worte in die Wand der Abtei von Westminster in London eingraviert:

> *„Es gefiel Gott, sie mit einem beachtlichen Vermögen zu segnen, welches sie mit freigebiger Hand, von Weisheit und Frömmigkeit geleitet, zu Gottes Ehre und zum Wohle ihres Nächsten verwendete. Ihren Haushalt führte sie mit Anstand und Würde, so wie es ihrem Stande angemessen war, doch zugleich mit einer Bescheidenheit, die es ihr erlaubte, großzügige Zuwendungen für alle möglichen wohltätigen Zwecke zu gewähren, zur Hilfe für die Notleidenden, zur Ermutigung der Strebsamen und zur Unterweisung der Unwissenden. Sie gab ihre Habe nicht nur gerne, sondern mit einer Freude, die den Niedergedrückten nicht selten zur Erhebung ihres Geistes gereichte, und oft vermochte sie ihre Tränen nicht zu verbergen, die Tränen eines Herzens, welches aufs Tiefste von Mitleid und Wohltätigkeit bewegt war.“*

Diese Frau kann freilich kaum mit dem Segen Gottes rechnen, allenfalls mit einem grimmigen „Wehe“, denn sie ist ja reich, nicht wahr? Wäre sie dagegen zufällig arm gewesen, egal, wie es um ihr Glaubensleben und ihren Charakter bestellt gewesen sein mag, wäre ihr die Seligkeit sicher.

Wollte man die Lehren Jesu absichtlich ins Lächerliche ziehen, so käme man diesem Ziel mit einer solchen Interpretation gewiss sehr nahe. So hoch gelehrt und moralisch aufrichtig die Befürworter einer solchen Sichtweise auch sein mögen, ihre Gesetzlichkeit unterscheidet sich durch nichts vom plumpen Moralismus derer, die meinen, Jesus schicke Menschen dafür in die Hölle, dass sie Lippenstift benutzen oder bunte Kleidung tragen, dass sie ab und an etwas Alkoholisches trinken oder auch dafür, dass sie in Sprachen beten (bzw. es gerade *nicht* tun). Es ist sehr wichtig, dass wir uns die Absurdität einer solchen Vorstellung klarmachen und sie nicht durch abgehobene Diskussionen über sozioökonomische Bedingungen, Klassengegensätze und wirtschaftlichen Imperialismus bemänteln – so ernst und wichtig diese Fragestellungen, auch in geistlicher Hinsicht, natürlich sind.

Was Jesus mit den Seligpreisungen und Weherufen vom Standpunkt des Reiches Gottes her angreift, sind unsere menschlichen Festlegungen, wer von der Seligkeit ausgeschlossen ist und wer sie mit Sicherheit „in der Tasche“ hat.[112] Unser Name muss nicht auf der Liste der Seligpreisungen vorkommen, damit wir die Ewigkeit mit Gott verbringen. Sie steht auch nicht in einem direkten ursächlichen Zusammenhang mit den genannten Eigenschaften oder Lebensumständen derer, denen die Seligkeit hier zugesagt wird. So ist nicht Armut, sei es nun geistliche Armut oder ein mageres Portemonnaie, der ausschlaggebende Grund für die Seligkeit, sondern die Tatsache, dass die betreffende Person ihr Wohnrecht im Reich Gottes hat. Das ist es, was Jesus lehrt. In seinen Lehren legt er die Axt an die Wurzel unserer falschen menschlichen Wertsysteme und erklärt die weltlichen Kriterien, wer gut dasteht und wer nicht, für null und nichtig.

Nur wenn wir aus tiefstem Herzen davon überzeugt sind, dass Reich und Arm in Gottes Augen gleichwertig sind, können wir uns den Armen gegenüber so verhalten, wie Jesus es tat, für den Besitz und Ansehen völlig belanglos waren. Sind wir es nicht, dann wird es uns schwerfallen, unvoreingenommen zu sein und unserer Verantwortung unserem Nächsten gegenüber nachzukommen. Das Neue Testament lässt keinen Zweifel daran, dass es unsere Aufgabe ist, jedermann zu ehren (1 Petr 2,17). Dazu gehören auch die Armen. Wir sollen sie ehren und ihnen auf jede nur erdenkliche Weise unsere Achtung erweisen. Dasselbe gilt freilich, nicht mehr und nicht minder, für unser Verhalten den Reichen gegenüber.

Die Unterscheidung zwischen Arm und Reich gehört untrennbar zum Leben dazu, auch wenn es manchen modernen Ideologien nicht passt. Menschen unterscheiden sich hinsichtlich ihrer familiären Herkunft und Geschichte ebenso wie in ihrer genetischen Ausstattung. Gott hat diese Unterscheidungen so gewollt, und dies ist auch der Grund, weshalb in der Bibel nie die Rede davon ist, dass Armut abgeschafft werden soll. Wir können uns auch gar nicht so recht vorstellen, was es bedeuten würde, wenn alle gleich viel besäßen, so wünschenswert es auch wäre, dass alle ausreichend Nahrung, Kleidung und eine anständige Unterkunft hätten. Mag es vielleicht noch vorstellbar sein, dass einmal alle Menschen ausreichend mit den Dingen versorgt sind, die sie zum Leben benötigen, so wird es doch sicherlich nie eine völlige Gleichverteilung geben. Keine politische Reform wird je alle materiellen Unterschiede völlig ausräumen können. Nichtsdestoweniger bleibt unendlich viel zu tun und zu verändern, um die fatalen *Auswirkungen* der Trennung zwischen Reich und Arm in dieser gefallenen Welt zu beseitigen, wie z. B. die Benachteiligung ethnischer Minderheiten.

Gott geht es im Gegenzug darum, dass wir für die Bedürftigen sorgen, die Armen vor Übervorteilung schützen und ihnen in allen Bereichen des Lebens Chancen einräumen. Das Alte Testament trifft eine Fülle von Vorkehrungen zum Schutz der Armen und legt großen Wert darauf, dass sie eingehalten werden. Das Neue Testament geht so weit, dass „ein reiner und unbefleckter Gottesdienst" voraussetzt, dass wir die Ärmsten der Armen, „die Witwen und Waisen in ihrer Trübsal besuchen" (Jak 1,27).

Das alles überragende Prinzip ist das der Liebe, und Liebe zeigt sich immer zuerst darin, dass wir einer Person unsere Aufmerksamkeit zuwenden. Deshalb dürfen wir die Armen nicht meiden, an den Rand und aus unserem Leben drängen. Wir müssen im Armen das Geschöpf Gottes erkennen, das in Gottes Augen genauso wichtig ist wie jedes andere seiner Geschöpfe. „Reiche und Arme begegnen einander; der Herr hat sie alle gemacht" (Spr 22,2).

Der Apostel Paulus schreibt: „Haltet in Einigkeit zusammen. Strebt nicht nach Ehre und Ansehen, sondern wendet euch den Geringen und Unterdrückten zu. Bildet euch nichts auf eure Erkenntnisse ein" (Röm 12,22; Gute Nachricht). Jesus Christus „war Gott gleich, hielt aber nicht daran fest, wie Gott zu sein, sondern er entäußerte sich selbst und wurde wie ein Sklave" (Phil 2,6–7; Einheitsübersetzung). Das Bewusstsein, dass wir in Jesus gerecht gemacht und über die Maßen gesegnet sind, drängt und befähigt uns als Christen dazu, Jesu Beispiel zu folgen. Aus dieser Sicht der Wirklichkeit heraus sind wir „untereinander so gesinnt, wie es dem Leben in Christus Jesus entspricht" (Phil 2,5; Einheitsübersetzung), und können Menschen jeder Herkunft unvoreingenommen begegnen.

Wenn wir von einem solchen Bewusstsein durchdrungen sind und das Beispiel Jesu uns lebendig vor Augen steht, dann wird uns dies davor bewahren, dass die Vorteile, die wir nach den weltlichen Wertvorstellungen genießen, uns in die Irre führen oder uns in unserem Umgang mit anderen belasten. Aus der Perspektive des Glaubens heraus fühlen wir uns in Gegenwart von Armen oder gesellschaftlich „Geächteten" weder unwohl noch haben wir es nötig, innerlich oder äußerlich zu ihnen auf Distanz zu gehen. Dasselbe gilt für den Umgang mit Reichen. Wir sind Menschen, genau wie sie, und haben es nicht nötig, einander etwas vorzumachen, so wie Jesus, dessen Geist wir in uns haben.

Menschen, die nicht zu Jesus gehören, müssen sich dagegen von anderen abgrenzen und Gräben aufwerfen, wie es niemand tun würde, der schon länger in der Nachfolge Jesu lebt. In ihrem Wertesystem haben Ärmere keinen gleichberechtigten Platz. Selbst in ihren größten Anstrengungen, „soziales Engagement" an den Tag zu legen, zeigt sich letztlich ihr tiefer Mangel an echter Solidarität. Sie sind natürlich nach Kräften bemüht, ihre Anstrengungen „ins rechte Licht zu rücken", aber im wirklichen Licht des erneuerten Lebens aus dem Geist, durch das Menschen zu einem lebendigen Geschenk füreinander werden, verblassen solche falschen Vorspiegelungen zu bloßer Augenwischerei. Wer aus dem Geist lebt, der braucht seine Taten nicht „ins rechte Licht zu rücken", weil gar nichts Besonderes daran ist. Die linke Hand weiß einfach nicht, was die rechte tut (Mt 6,3).

Der neue Blickwinkel

Das Hauptproblem ist nicht in erster Linie, wie wir die Armen sehen, sondern wie wir uns selbst sehen. Wenn wir immer noch meinen, dass zwischen uns und dem Menschen, der auf der Straße in einem Pappkarton haust, ein grundlegender Unterschied bestehe, dass wir etwas Besseres sein müssen, weil unsere Lebensumstände besser sind, dann sehen wir die Welt noch nicht wirklich aus der Perspektive des Kreuzes, unseren eigenen beklagenswerten Zustand eingeschlossen. Wir haben noch nicht erkannt, was es Gott gekostet hat, *uns* nahezukommen. Wir haben noch nicht gelernt, ohne Unterlass und voller Dankbarkeit im Schatten des Kreuzes zu leben. Nur aus diesem Blickwinkel heraus dürfen wir all das sehen, was wir anderen an Barmherzigkeit zuteilwerden lassen.

Wie reagieren wir auf den Menschen, der auf der Straße im Karton schläft? Ist es wirklich ein so großer Schritt, ihn überhaupt wahrzunehmen, ihn womöglich anzusprechen oder ihm mit seinen paar Habseligkeiten zu helfen? Haben wir etwa Angst vor ihm, auch dann, wenn die Umstände so sind, dass wir eigentlich nichts zu befürchten haben? Scheuen wir uns davor, dass uns jemand dabei sieht, wie wir ihm helfen? Schrecken uns Gestank und Dreck ab? Oder wie steht es um unseren Umgang mit Menschen, deren Umstände nicht ganz so extrem sind? Ist allein die Tatsache, dass ein Mensch arbeitslos oder ohne festen Wohnsitz ist oder dass er kein Auto hat, schon genug, dass wir ihm das Gefühl vermitteln, „anders" zu sein? Wenn dem so ist, dann haben wir unsere eigene verzweifelte Lage noch nicht wirklich erkannt, und das hindert uns daran, diesen Menschen von Herzen zu lieben.

Arm und Reich in der Gemeinde

Jakobus spricht einen Fall an, der uns auch heute noch allzu vertraut sein dürfte: „Wenn in eure Versammlungen ein Mann mit goldenen Ringen und prächtiger Kleidung kommt, und zugleich kommt ein Armer in schmutziger Kleidung [...]" (Jak 2,2). Der reiche Mann erhält viel Aufmerksamkeit und bekommt einen guten Platz zugewiesen, während der arme Besucher nur einen Stehplatz oder einen Platz auf dem Fußboden erhält. In einem solchen Falle, so Jakobus, beleidigen wir den Armen, den Gott erwählt und durch den Glauben reich gemacht hat (Jak 2,5), und versäumen es, unseren Nächsten so zu behandeln, wie wir selbst gerne behandelt werden möchten. So verletzen wir die „goldene Regel" der Nächstenliebe und stehen vor dem Gesetz auf einer Ebene mit Mördern und Ehebrechern (Jak 2,8–11).

Welch eine niederschmetternde Anklage! Dabei findet man nur selten Christen oder christliche Gruppierungen, die den Honorigen dieser Welt nicht jovial den Teppich ausrollen. Es bricht einem manchmal förmlich das Herz, dem entwürdigenden Schauspiel zuschauen zu müssen. Selbst biblisch fundierte Gemeinden machen sich der Voreingenommenheit schuldig, indem sie die Reichen und Angesehenen, die Berühmten und Erfolgreichen begünstigen, eben „Leute, die unserer Zielgruppe entsprechen".

Nun wird vielleicht manch einer den Einwand erheben, dass dies doch der Ausbreitung des Reiches Gottes nützt. Die Programme der Gemeinde, so heißt es, könnten einfach nicht weiterlaufen, wenn es nicht gelänge, die richtigen Leute zur Mitarbeit zu gewinnen und bei der Stange zu halten. Wer so denkt, der hat offenbar vergessen, dass es Aufgabe der Gemeinde ist, die falschen Leute zu gewinnen und sie dann zu den richtigen zu machen. Meistens sind diejenigen, die nach den Maßstäben der Welt – vielleicht sogar nach unseren Maßstäben – die „richtigen Leute" sind, in Gottes Augen gerade die falschen.

Umgang mit den Armen und Bedürftigen ganz praktisch

Die Hauptursache dafür, dass viele wohlsituierte Christen sich heutzutage unter Menschen unwohlfühlen, die nicht zu „ihresgleichen“ gehören, liegt darin, dass es uns Christen weithin an einer wirklichen Reich-Gottes-Perspektive fehlt. Infolgedessen ist unser Glaube blutleer und kraftlos. Doch wenn es uns durch entsprechende Predigt und Lehre gelingt, unsere Beziehung zu den Armen in einem neuen Licht zu sehen, entdecken wir, dass noch so viel mehr zu tun ist, und unser blutleerer Glaube bekommt eine belebende Bluttransfusion. Gelegenheiten, um hilfsbedürftigen Menschen zu dienen, bieten sich jeden Tag. Aus einer erneuerten Reich-Gottes-Perspektive heraus werden wir zunehmend sensibler, wo wir helfen können, und lernen, wie wir immer ein „Glas Wasser“ bereithalten können. Schließlich sind wir vielleicht sogar so weit, dass wir selbst aktiv nach Möglichkeiten suchen, wo wir helfen können, anstatt darauf zu warten, dass sie von außen an uns herangetragen werden.

All das wird auf ganz natürliche Weise vonstattengehen, die nicht gekünstelt und aufmerksamkeitsheischend ist. Wenn wir uns immer wieder vergegenwärtigen, dass wir selbst nicht weniger hilfsbedürftig sind als diejenigen, denen wir dienen, und dass es seliger ist, zu geben als zu nehmen, dann werden wir ganz selbstverständlich darauf bedacht sein, uns nicht unnötig in den Vordergrund zu stellen. Vielleicht finden wir sogar Möglichkeiten, auf eine Weise zu helfen, die es uns ermöglicht, als Helfer anonym zu bleiben, so wie es in Matthäus 6,4 heißt, dass „unser Almosen verborgen bleiben“ soll.

Eine mögliche Art und Weise, wie wir uns einem solchen Verständnis annähern können, besteht darin, uns der Realität der Armut auszusetzen. Was dies im Einzelfall bedeuten kann, lässt sich nicht pauschal sagen. Es kann freilich niemals darum gehen, so zu tun, als ob man arm wäre, wenn man es in Wirklichkeit gar nicht ist. Eine Möglichkeit, was wir tun können, wurde bereits in einem vorangegangenen Kapitel erwähnt: Wir könnten z. B. zu bestimmten Einkäufen und ganz normalen Besorgungen in eine der ärmeren Gegenden unserer Stadt fahren. Wir könnten auch ab und zu einmal das Auto stehen lassen und öffentliche Verkehrsmittel benutzen. Einer der sozialen Gräben, die sich in vielen Teilen der

Welt zwischen Reich und Arm auftun, trennt jene, die ein eigenes Auto haben, von denen, die auf öffentliche Verkehrsmittel angewiesen sind.

Wir sollten unserer Familie solche Maßnahmen natürlich nicht aufzwingen, aber wenn wir in einer ärmeren Gegend der Stadt einkaufen, zur Bank gehen, eventuell sogar dort leben, bekommen wir unschätzbare Einblicke, wie sozial Schwächere ihr Dasein erleben und wie sie uns sehen. Dies wird unsere Sichtweise, einschließlich der Art, wie wir beten und wie wir anderen helfen, in einer Weise prägen, wie es eine gelegentliche Wohltätigkeitsaktion der Gemeinde oder Spenden an Hilfsorganisationen niemals könnten.

Wir sollten nie vergessen, dass Jesus nicht einfach Hilfe schickte – er kam selbst und lebte unter uns. Das ist ein entscheidender Unterschied. Er lebte unter denselben Umständen wie wir und er überwand sie. Wenn wir nicht nur gelegentlich eine besondere Hilfsaktion aus dem Boden stampfen, sondern die Anweisung des Apostels befolgen, uns „den Geringen und Unterdrückten zuwenden" und auf ganz unscheinbare Weise ihren Alltag mit ihnen teilen, dann treten wir buchstäblich in die Fußstapfen Jesu.

Schluss mit der Trennung zwischen geistlichen und weltlichen Dingen

Wenn wir die Menschen durch die Augen Gottes betrachten, dann zeichnet sich auf einmal eine Lösung für das drängende Problem von Arm und Reich ab. Die Lösung sind neue Menschen, die Jesus in allen Lebensbereichen immer ähnlicher werden und die Auswirkungen davon in alle Gesellschaftsbereiche hineintragen. Sie erkennen, dass Freigebigkeit nur ein Aspekt von Haushalterschaft ist, und zwar bei Weitem nicht der bedeutsamste. Sie verstehen, dass es zu ihrer Berufung gehört, in einer Weise Einfluss auf die Verteilung der Güter dieser Welt zu nehmen, dass allen dadurch gedient wird. Die Bedürftigen haben viel mehr davon, wenn wir als Christen Verantwortung über die Güter der Welt ergreifen, als wenn wir sie den Dienern des „Mammon" überlassen und unsere Hände in Unschuld waschen. Es geht hier nicht darum, dass wir politische Macht an uns reißen, sondern dass wir in der Kraft Gottes die Berufung erfüllen, die auf unserem Leben liegt. Wenn wir

Besitztümer verwalten und Einfluss auf die Verteilung von Ressourcen nehmen, dann üben wir ebenso Gottes Herrschaft in der Welt aus, als wenn wir eine Bibelarbeit machen oder ein Gebetstreffen leiten. Es ist eine große geistliche Aufgabe, dem Reich Gottes als Manager in einer Fabrik, einer Bank oder einem Kaufhaus zu dienen oder als Leiter einer Schule oder einer Behörde. Es ist nicht weniger wichtig, als eine Gemeinde zu leiten oder Evangelist zu sein.

Jede Trennung zwischen geistlich und weltlich ist hier künstlich. Wenn wir bei den Rollen und Aufgaben des Lebens, die alle miteinander ihren Wert und ihre Berechtigung haben, zwischen geistlich und weltlich unterscheiden, dann fügen wir uns selbst und dem Reich Gottes immensen Schaden zu. Es muss aufhören, dass Christen, um etwas „Heiliges" zu tun, in den „vollzeitlichen Dienst" streben, anstatt das Reich Gottes durch eine Tätigkeit in der Landwirtschaft, in der Industrie, im juristischen Bereich, im Bildungswesen oder im Journalismus mit derselben Energie und Hingabe zu bauen.

Vor langer Zeit beschrieb William Law hingegebenes Christsein wie folgt:

> *„Der ist ein frommer Mensch, der nicht mehr nach seinem eigenen Willen lebt oder nach dem Willen und dem Sinn der Welt, sondern einzig und allein nach dem Willen Gottes; er fragt in allem nach Gott, dient Gott in allem und macht alle Angelegenheiten seines Lebens zu einem Teil seiner Frömmigkeit, indem er alles im Namen Gottes geschehen lässt, nach Regeln, die Ihm wohlgefällig sind."*[113]

Die Gemeinden müssen zu Bildungsstätten des geistlichen Lebens werden, in denen Christen lernen, Güter zu besitzen, ohne dass diese zu ihrem „Schatz" werden (Mt 6,21) und ohne wie der „reiche Jüngling" davon besessen zu sein (Mk 10,22). Wir müssen lernen, bescheiden und einfach zu leben und doch zugleich große Reichtümer zu verwalten. Auch Wohlstand ist ein geistliches Arbeitsfeld erster Güte. Wir versäumen es, denen unter uns, die es zu materiellem Wohlstand bringen, durch unsere Lehre und durch gelebte Beispiele das nötige geistliche Rüstzeug an die Hand zu geben. Statt ihnen den Eindruck zu vermitteln, es wäre im Grunde besser, wenn sie weniger hätten, sollten wir ihnen lieber aufzeigen, wie sie Gott und Menschen mit dem vielen, das ihnen anvertraut ist, dienen können.

Besitz als Erweiterung des Leibes

Die Welt der materiellen Güter muss in das Erlösungswerk Christi mit einbezogen sein, denn sie sind nun einmal ein integraler Bestandteil der Schöpfung. Materielle Güter werden erlöst, indem wir auch sie seiner Herrschaft unterstellen.

Materielle Besitztümer sind also eine Erweiterung unseres Leibes und somit letztlich unserer selbst. Sie sind Ausdruck dessen, wer wir sind, unserer ureigensten Werte und Entscheidungen, ebenso wie auch unsere Zunge, unsere Hände und unsere Füße. Durch unseren Besitz erweitert sich unsere Einflusssphäre im Leben, über die wir in Christus Herrschaft ausüben und die tödliche Macht der Finsternis zurückdrängen können. Wenn man die materiellen Güter von der Erlösung ausschließt, geht man letztlich einer Form jenes Doketismus auf den Leim, von dem wir bereits in einem früheren Kapitel gesprochen hatten und der die Erlösung des Leibes ablehnt.

So wie die Neigung zur Sünde nicht der normale, schöpfungsgemäße Zustand unseres Leibes ist, so ist auch Reichtum nicht von Natur aus schlecht. Reichtum ist lediglich ein Aspekt der geschaffenen Realität, die Gott als Ganze für gut befunden hat. Doch so wie der Leib vor der Erlösung, so neigt auch Reichtum in dieser gefallenen Welt dazu, zum Bösen hin zu degenerieren. Diese „normale" Tendenz kann und muss jedoch durchbrochen werden, indem wir als Eigentümer dafür sorgen, dass unser Hab und Gut Gott unterstellt wird. Das ganze Gerede, mit dem die Armut zu etwas Heiligem hochstilisiert und der Reichtum als solcher verteufelt wird – oder aber glorifiziert, je nachdem, wie die Sicht der Dinge gerade ist –, mag mitunter sehr fromm klingen, in Wirklichkeit aber ist es Ausdruck puren Unglaubens und grober Verantwortungslosigkeit. Reichtümer sind weder etwas Heiliges noch etwas Böses. Sie sind ein Stück der Schöpfung, die wir zu Gottes Ehre gebrauchen sollen.

Wohlstand und Gnade

Auf die Haltung kommt es an. Wenn wir zu Wohlstand kommen, dann bedürfen wir mehr denn je der Gnade und Leitung Gottes. Der Apostel Paulus wusste dies. Die Mehrzahl der Christen erinnert sich an seine Worte in Philipper 4, Vers 13: „Ich vermag alles durch den, der mich mächtig macht", vor allem dann, wenn sie schwere Zeiten durchmachen. Das aber hat Paulus damit nicht gemeint. Im vorangehenden Vers schreibt er: „Ob ich nun wenig oder viel habe, beides ist mir durchaus vertraut, und so kann ich mit beidem fertig werden: Ich kann satt sein und hungern; ich kann Mangel leiden und Überfluss haben" (Hoffnung für alle). Wenn er dann hinzufügt, dass Jesus ihn zu allem mächtig macht, dann ist damit auch gemeint, dass er ihn zum richtigen Umgang mit Überfluss befähigt.

Aus seiner Beziehung zu Gott heraus bewährt er sich in Zeiten der Fülle ebenso wie in Zeiten der Not; zu beidem bedarf er gleichermaßen der Gnade Gottes. Nur wenige Menschen verstehen, dass sie auch zum richtigen Umgang mit Reichtum Gottes Hilfe brauchen, weil das weltliche Denken darüber, was gut und erstrebenswert ist, noch in ihnen steckt. Auch hier offenbaren sich wiederum die gravierenden Mängel dessen, was in unseren Gemeinden gelehrt und vermittelt wird. Ich habe noch nie gehört, dass jemand, der zu großem Reichtum gekommen ist, ausruft: „Ich vermag alles durch Christus, der mich mächtig macht!"

Dies ist jedoch eines der schwerwiegendsten Versäumnisse, die uns im geistlichen Leben unterlaufen können. Wie können wir dem verbreiteten Irrtum entgehen, dass Gott auf der Seite der Armen steht? Zum einen muss in den Gemeinden die Realität des Reiches Gottes verkündet werden, unvoreingenommen, vollständig und ohne Unterlass. Zum anderen brauchen wir das volle Spektrum der Übungen des geistlichen Lebens, die wir im letzten Kapitel beschrieben hatten. Es bedarf Gnade und Disziplin.

Wesleys Gedanken noch einmal neu überdacht

Ironischerweise blieb John Wesley, bei aller wohlfundierten Methodik, die der Methodismus mit sich brachte, ein Kind der Reformation, ebenso wie sein Zeitgenosse David Hume. Die

Möglichkeit, dass Gnade durch Disziplin ergänzt werden muss, blieb ihm verborgen, und so fand er keinen Zugang zu einer Form von Askese, die es Christen ermöglicht, mit Macht und Besitz so umzugehen, dass sie dadurch nicht verdorben werden.

Natürlich *hat* das Geben einen hohen Stellenwert im Leben eines Christen. Doch es kann nicht an die Stelle einer gesunden Haushalterschaft treten, in der wir die geschaffenen Dinge, über die wir zu unseren Lebzeiten Verantwortung haben, zu Gottes Ehre besitzen und einsetzen. Hier liegt Wesleys Denkfehler. Von allen Aspekten, die im Konzept der Haushalterschaft enthalten sind, erkannte er allein die Wohltätigkeit an. Sein berühmter Grundsatz: „Nimm ein, so viel du kannst! Spare, so viel du kannst! Gib, so viel du kannst!", bedarf also der Ergänzung. Er sollte besser wie folgt formuliert werden: *„Nimm ein*, so viel du kannst! *Spare*, so viel du kannst! *Gebrauche* alles freimütig, aus einer gesunden geistlichen Disziplin heraus, und *verfüge* über alle Dinge zum Wohle anderer und zu Gottes Ehre." Großzügigkeit im *Geben* wäre dann natürlicher Bestandteil einer weisen Haushalterschaft.

„Die Völker wandern zu deinem Licht"

Weil die Frage von Armut und Reichtum im geistlichen Leben so komplex und verwirrend ist und weil hier so viele Missverständnisse bestehen, möchte ich die zentralen Punkte noch einmal wiederholen.

Armut im Sinne einer völligen Mittellosigkeit ist im Normalfalle weder als geistliche Übung noch als Zeichen besonderer geistlicher Reife anzusehen. Sie ist schlicht und einfach eine Realität des Lebens, mit der viele Menschen konfrontiert sind. Wenn dies bei uns der Fall ist, wird das weder unser Vorteil noch unser Nachteil sein, weil wir in dem Bewusstsein leben dürfen, dass Gott für unsere Bedürfnisse sorgt, solange es uns zuallererst um seine Herrschaft über uns und um seine Gerechtigkeit geht (Mt 6,33). Wenn wir jedoch seinen Herrschaftsbereich verlassen, dann werden wir automatisch von der Sichtweise der Welt beherrscht. Wenn ihr Wertesystem zutrifft, dann besteht in der Tat keine Hoffnung für die Armen und Machtlosen. Materielle Not hat sicherlich manchmal den Nebeneffekt, einen Menschen dazu zu bewegen, dass er anfängt, Zuflucht bei Gott zu suchen, aber sie ist keineswegs der einzige und sicherlich auch kein unbedingt wünschenswerter Weg zu Gott.

In manchen christlichen Traditionen wird Armut idealisiert, doch diese Form der Armut hat nichts mit wirklicher Mittellosigkeit zu tun. Sie ist vielmehr der Verzicht auf Eigentum, gekoppelt mit der Sicherheit, dass für die elementaren Bedürfnisse gesorgt ist. Diese Form der Armut kann als geistliche Übung durchaus sinnvoll sein, sofern sie aus einer richtigen Haltung heraus gelebt wird. Eine solche Lebensform ist jedoch nicht als besonders tugendhaft anzusehen, weil Eigentum an sich nichts Negatives ist. Sie ist auch keine Garantie dafür, dass die betreffende Person künftig gegen jede Form der Abhängigkeit von materiellem Wohlstand gefeit ist. Ebenso wenig verschafft sie ihr einen geistlichen Vorteil. Der Verzicht auf Eigentum mag für den einen oder anderen durchaus angemessen sein, er ist jedoch kein Ausdruck besonderer Heiligkeit.

Schließlich, und dies ist ein ganz zentraler Gesichtspunkt, ist der Verzicht auf Eigentum eine sehr ungünstige Ausgangsbasis, um andere in ihrer materiellen Not zu unterstützen. Wenn wir diese Lebensform zu etwas besonders Heiligem hochstilisieren, dann entziehen wir dem Leib Christi die moralische Grundlage, um mehr Einfluss auf die Verteilung der materiellen Güter in der Welt zu gewinnen und dadurch ein Stück Herrschaft zum Wohle der Menschen auszuüben.

Aufgabe der Kirche und derer, die in besonderer Weise in ihrem Dienst stehen, muss es sein, das Herrschaftsmodell des Evangeliums so zu verkünden und durch ihr gelebtes Beispiel zu verkörpern, dass diejenigen, die als Christen in den verschiedensten Gesellschaftsbereichen Verantwortung tragen, in die Lage versetzt werden, ihre Aufgabe als Gottes Haushalter über die Ressourcen der Welt zu erfüllen. Wenn die Kirche ihren Lehrauftrag erfüllt, dann werden die Christen ihren Platz in der Gesellschaft wahrnehmen und dafür sorgen, dass diese Ressourcen dort zum Einsatz kommen, wo sie gebraucht werden.

Die Kirche hat zweifellos die Aufgabe, im karitativen Bereich eine Vorreiterrolle zu spielen. Weiterhin ist es ihr Auftrag, sich dem Staat gegenüber zum Anwalt der Bedürftigen zu machen. Doch dies ist nicht der Kern ihrer Berufung. Ihre Hauptaufgabe besteht darin, die Christen darin anzuleiten, das Reich Gottes voranzubringen, wo und was auch immer sie sind.

Kapitel 11

Geistliche Übungen und gesellschaftliche Veränderung

„Der Mensch ist so daran gewöhnt, sein Dasein mithilfe von Gewalt, durch Bajonette und Gewehrkugeln, durch Gefängnis und Galgen zu verteidigen, dass es fast so scheinen mag, als sei dies nicht nur normal, sondern die einzig mögliche Weltordnung. Dabei ist gerade diese Weltordnung, die von Gewalt geprägt ist und durch sie aufrechterhalten wird, das eigentliche Hindernis, das den Menschen den Blick dafür verstellt, wo die Ursachen ihres Leidens liegen und wie sie zu einer besseren Weltordnung gelangen können."[114]

Leo Tolstoi

„Die Barbaren lauern nicht jenseits der Grenzen auf uns; sie herrschen bereits seit langem über uns. Es ist ein Teil unseres Dilemmas, dass wir uns dessen gar nicht bewusst sind. Wir warten im Grunde nicht auf einen Godot, sondern auf einen neuen – wenn auch sicherlich ganz anderen – St. Benedikt."

Alasdair MacIntyre

„Denn uns ist ein Kind geboren, ein Sohn ist uns geschenkt. Die Herrschaft liegt auf seiner Schulter; man nennt ihn: Wunderbarer Ratgeber, Starker Gott, Vater in Ewigkeit, Fürst des Friedens. Seine Herrschaft ist groß und der Friede hat kein Ende."

Jesaja 9,5–6 (Einheitsübersetzung)

Überall in unserer Gesellschaft wird der Mythos der Machbarkeit genährt, in den Medien, in der Kunst, im Bildungsbereich und in der Politik. Diese Neigung hat längst auch die Kirche erfasst. Auch hier gewinnt man den Eindruck, als sei zielgerichtete Planung und effiziente Nutzung der vorhandenen Ressourcen der Schlüssel zum Erfolg, durch den nahezu alles erreichbar wird. Der Mythos des Machbaren ist sicher eines der charakteristischen Kennzeichen der amerikanischen Kultur, doch getrieben vom Ideal der politischen Freiheit und des technischen Fortschritts, das ausgehend vom amerikanischen Kontinent seinen Siegeszug um die Welt angetreten hat, ist er längst zu einem Phänomen geworden. Aus der Sicht der Moderne ist der christliche Glaube keine geeignete Methode, um Gerechtigkeit, Friede und Wohlstand für alle hervorzubringen.

Diese Einschätzung mag durchaus zutreffend sein, wenn man die Form von Nachfolge zugrunde legt, die die Kirche über weite Strecken ihrer Geschichte verkündet hat. Leider müssen wir uns eingestehen, dass es dem christlichen Glauben tragischerweise oft nicht gelingt, Menschen in großer Zahl wirklich tiefgreifend zu verändern, weil es im Allgemeinen an echter Jüngerschaft und geistlicher Disziplin, so wie Jesus selbst sie praktizierte, mangelt. So hat der Glaube, wenn es ganz praktisch darum geht, wie Gerechtigkeit, Friede und Wohlstand in der Welt zu erreichen wären, außer der trostspendenden Hoffnung auf die Ewigkeit in aller Regel wenig anzubieten.

Jesus wollte uns sicherlich nicht auf die Ewigkeit vertrösten, als er uns zusagte, dass uns alles zufallen würde, wenn wir nur zuerst Gottes Herrschaft und seine Gerechtigkeit in unserem Leben suchen (Mt 6,33). Er wusste vielmehr, dass alles Machbare seinen Ausgang in diesem Suchen nehmen muss und dass hier allein der wirkliche Schlüssel zu Gerechtigkeit, Frieden und Wohlstand auf der Welt liegt.

Was aber bedeutet „Machbarkeit“? Ob die Dinge, die wir tun, zielführend sind oder nicht, entscheidet sich daran, welche Ziele und Absichten wir verfolgen. Wenn in unserer Welt von Gerechtigkeit, Friede und Wohlstand gesprochen wird, dann geschieht dies meist mit Blick auf etwas Negatives. Gerechtigkeit bedeutet z. B., dass niemandes Rechte verletzt wurden, von Friede sprechen wir, wenn kein Krieg und keine Unruhen sind, und Wohlstand herrscht, wenn niemand unter materieller Not zu leiden hat. Wir neigen dazu, diese unerwünschten Zustände zu *vermeiden*. Wir treffen Vorkehrungen, um Schaden, Krieg und Mangel abzuwenden, und dies scheinbar häufig durchaus mit gutem Erfolg. Ein Blick auf die Weltgeschichte zeigt jedoch, dass unsere Bemühungen letzten Endes immer wieder versagen, oft mit katastrophalen Konsequenzen.

Nach dem in dieser Welt allgemein vorherrschenden Verständnis geht es darum, Gerechtigkeit, Friede und Wohlstand hervorzubringen, indem man potenziell schädliche Einflüsse unterdrückt. Doch es zeigt sich, dass unser Bemühen nicht eben von Erfolg gekrönt ist, und vielfach scheint es ganz und gar wirkungslos zu bleiben. Im Gegensatz dazu erhebt das Evangelium den Anspruch, einen neuen Menschen hervorzubringen, der von den positiven Realitäten, wie Glaube, Hoffnung und Liebe, erfüllt ist – zuallererst Gott gegenüber und von daher auch zu allen Menschen und zu aller Kreatur. Hier ist es also eine positive Transformation des Selbst als Ergebnis der Herrschaft Gottes im Leben des Einzelnen, die Gerechtigkeit, Friede und Wohlstand hervorbringt.

Wir sollten uns freilich davor hüten, nun alles in Bausch und Bogen abzulehnen, dem auch nur der Ruch des Machbarkeitsdenkens anzuhaften scheint. Es gehört zum Wesen des spirituellen Lebens, ebenso wie des gesunden Menschenverstandes, und weder Glaube noch Liebe sind ganz ohne ein gesundes Maß davon denkbar. Doch wenn es darum geht, die Geschicke der Welt zum Positiven zu wenden, dann ist jedes Machbarkeitsdenken pure Illusion, sofern es nicht in einem tiefen Wissen um den Zustand des menschlichen Herzens verwurzelt ist und die elementaren Triebkräfte einbezieht, die die Weltgeschichte und das menschliche Dasein formen. Dieser fundamentale Mangel an Einsicht zeigt sich immer wieder dort, wo wir verwundert nach dem Warum fragen, wenn wir mit dem Bösen im Menschen konfrontiert werden.

„Das Böse im Menschen"

In der kleinen Stadt Wilmington im Süden Kaliforniens gibt es eine Gegend, die von den Zeitungen als Prototyp eines amerikanischen Stadtteils bezeichnet wurde, eng verwoben und gutbürgerlich, wie es sie in den 50er Jahren noch überall im Lande gab. Einige der Familien leben seit 20 oder 30 Jahren dort und viele haben wiederum neue Bande miteinander geknüpft. Am Abend des 14. Januar 1983 feierte man eine Taufe und die Feier zog sich bis in die späten Abendstunden hin. Kurz nach Mitternacht fielen Mitglieder einer Straßengang aus dem wenige Meilen entfernten Süden von Los Angeles mit Messern und Schusswaffen über die Festgesellschaft her. Innerhalb von Sekunden waren Rasenflächen, Gehweg und Straße mit Toten und Schwerverletzten übersät. Männer, Frauen und Kinder wimmerten vor Schmerz und Entsetzen; ihr Leben würde niemals mehr so sein wie zuvor. „Warum nur?", fragte einige Wochen danach eine junge Frau, die diese furchtbaren Szenen miterlebt hatte. „Das fragen wir uns alle. Wie konnte so etwas geschehen?"[115]

Der bekannte Pädagoge und Buchautor Herbert Kohl beschreibt die Reaktion seiner Kinder auf das Massaker an palästinensischen Flüchtlingen in Beirut. Sie konnten es einfach nicht fassen, wie ausgerechnet jüdische Soldaten es zulassen konnten, dass so etwas geschah, wie das Volk, das die Schrecken von Ghettos und Konzentrationslagern überlebt hatte, etwas mit dem Massenmord an hilflosen Palästinensern zu tun haben konnte. Kohl sah sich außerstande, auf die Frage seiner Kinder eine Antwort zu finden, die ihn auch selbst zufriedenstellte, und bemerkte: „Ich begreife es einfach nicht, wie Menschen, die vermutlich liebevolle Eltern und treue Freunde sind, zu Mördern werden können. [...] Im Libanon traten Christen ebenso wie Juden und Araber die Gerechtigkeit mit Füßen. Ich kann es mir nicht anders erklären, als dass irgendeine abgrundtiefe ideologische Besessenheit dazu geführt haben muss, dass Menschen zu Bestien wurden und über ihre Mitmenschen herfielen."[116]

Warum die Frage nach dem Warum?

Vielleicht ist es das ungeheure Ausmaß an menschlichem Leid, das uns nach dem Warum fragen lässt, wann immer wir ihm begegnen. In jedem Bereich unseres Lebens gibt es diesen brutalen Vernichtungszug der Stärkeren gegen die Schwächeren und die immensen Ausmaße dieses Geschehens treiben uns das kalte Entsetzen in die Glieder.

600 000 Menschen verhungerten während des Zweiten Weltkriegs allein bei der Belagerung Leningrads durch die Truppen Nazideutschlands. In Estland, China und Kambodscha starben Millionen durch Zwangskollektivierungsmaßnahmen. Eine einzige Bombe in Hiroshima – und zahllose Menschen verglühten entweder innerhalb von Sekunden oder wurden schrecklich entstellt und waren einem langsamen Tode geweiht. 50 000 Kinder verschwinden jährlich in den USA, meist spurlos. Vermutlich werden sie sexuell missbraucht und getötet oder versklavt. 600 000 Jugendliche unter 16 Jahren verdienen sich ihren Lebensunterhalt durch Prostitution. Es heißt, in Amerika gäbe es einen Schwarzmarkt für Kinder, auf dem ein weißer Junge für 30 000 Dollar gehandelt wird, Mädchen und andersrassige Kinder für weniger. Gewalt und Missbrauch innerhalb der Familie pflanzen sich von einer Generation zur nächsten fort und scheinen sich im Zuge des allgemeinen sozialen Verfalls mehr und mehr auszubreiten, weil die Opfer solcher Lebensumstände in ihrer Umgebung kaum noch Hilfe finden.

Ich habe nicht lange recherchiert, um diese Fakten zusammenzutragen, sondern lediglich einige Wochen lang aufmerksam die Berichterstattung in den Medien verfolgt. Das Böse, das Menschen einander antun, ist einfach zu offensichtlich. Obwohl wir das Allermeiste nur aus der Entfernung wahrnehmen, können wir uns doch nicht in Sicherheit wiegen, weil wir wissen, dass wir jederzeit selbst zu Betroffenen oder auch zu Tätern werden können. Und doch fragen wir uns, warum solche Dinge geschehen.

Doch warum die Frage nach dem Warum? Wie kommt es, dass wir uns immer noch darüber wundern, dass Menschen so grausam und ungerecht sein können? Und warum wundern wir uns über all das Böse, das wir selbst tun? Wie kommen wir darauf, dass wir selbst besser sind, angesichts der Spur des Schreckens, die sich durch die Menschheitsgeschichte zieht? Offenbar liegt hier eine tiefgreifende Selbsttäuschung vor, der wir uns bewusst werden müssen. Wir vertrauen einfach ganz naiv darauf, dass es in uns ein grundlegendes Maß an Anstand gibt, und versäumen es, in unserem eigenen Leben und in unserer Persönlichkeit die notwendigen Vorkehrungen gegen das Böse zu treffen.

Zweifelsohne ist unser Erstaunen über das Böse zu einem guten Teil darauf zurückzuführen, dass wir diese Tendenzen in uns verleugnen. Ein wohlbekannter psychologischer Mechanismus. Um innerlich im Gleichgewicht zu bleiben und ihre Funktionsfähigkeit zu sichern, weigert sich unsere Seele, bestimmte Sachverhalte bewusst wahrzunehmen, die uns lähmen könnten. Das ganze Ausmaß der Verfehlungen des Menschen ist so schrecklich wie das Gesicht der Medusen in der griechischen Mythologie. Wir spüren instinktiv, dass wir zu Stein erstarren, wenn wir ihm geradewegs ins Angesicht schauen.

Bei unserer Verleugnung kommt uns die Tatsache zu Hilfe, dass sich die meisten Menschen in den allermeisten Fällen anständig verhalten. Sie bemühen sich darum, rücksichtsvoll und hilfsbereit zu sein, oder sie sind zumindest nicht so zerstörerisch wie die Menschen in den oben genannten Beispielen. Das sollten wir dankbar zur Kenntnis nehmen, da das Leben auf der Welt sonst gar nicht möglich wäre. Wie auch immer es in ihrem Inneren aussehen mag, die Menschen, mit denen wir es in der Regel zu tun haben, verhalten sich zumindest nach außen hin friedlich und zuvorkommend, oft sind sie sogar liebenswürdig und kümmern sich um ihre Mitmenschen.

Im Übrigen stellen wir fest, dass im Grunde kein normaler Mensch die extremen Auswüchse, zu denen es zuweilen unter dem Druck widriger Umstände kommt, wirklich befürwortet oder gar herbeiwünscht. Manche dieser Dinge bezeichnet man allenfalls als „notwendiges" Übel, für andere sucht man mildernde Umstände geltend zu machen. Und dann gibt es diese Fälle, in denen uns nur noch ein entsetztes Warum bleibt, weil das Böse so unverhüllt zutage tritt, dass sich jede Frage nach einem „höheren" Sinn und jede Suche nach mildernden Umständen erübrigt.

Die rationalen Erklärungen, zu denen wir immer wieder kommen, gehen freilich am Kern der Sache vorbei. Das Böse speist sich aus einer allgemeinen Neigung, die jeder Mensch in sich trägt. Es ist wie die Erddrehung, eine Urgewalt, die uns in einem konstanten Drift ungeheuren Ausmaßes mit sich zieht und die zugleich so zäh und subtil wirkt, dass man sie in aller Regel kaum bewusst wahrnimmt. Wir machen uns etwas vor, wenn wir im Einzelfall alle möglichen Ursachen finden, um das verabscheuungswürdige

Verhalten von Menschen zu erklären, *weil wir uns selbst und unser Verhalten nicht ändern wollen*. Wir wollen so bleiben, wie wir sind. Wir wollen auch keine wirkliche Veränderung in der Welt. Alles, was wir wollen, ist, uns die negativen Konsequenzen des Zustands der Welt und unserer selbst vom Leibe zu halten.

Natürlich wäre es schön, so sagen wir uns, wenn alle Menschen sich bemühen würden, die Welt besser zu machen, und auch wir selbst sind prinzipiell durchaus bereit, das unsere dazu beizutragen. Aber es ist uns viel zu mühselig, zu Menschen zu werden, die genau dies auch wirklich tun, und zwar gewohnheitsmäßig. Und wenn wir einen Blick darauf werfen, was uns in den Medien – in Romanen, Kinofilmen und Fernsehserien – präsentiert wird, dann könnte man leicht den Eindruck gewinnen, dass uns ein solcher Lebensstil im Grund unattraktiv und langweilig erscheint. Stellen Sie sich einmal vor, die Krimiserie „Miami Vice" (deutsch: „Die Laster von Miami") hieße „Miami Virtue" (deutsch: „Die Tugenden von Miami"). Das Böse fasziniert uns und wir fühlen uns davon angezogen. Doch merkwürdigerweise sind wir immer wieder überrascht, wenn es einmal Wirklichkeit wird.

Unsere Bereitschaft zum Bösen

Unsere Frage nach dem Warum im Angesicht des Bösen zeigt, dass wir uns offenbar gar nicht darüber im Klaren sind, welche Kräfte sich in jedem Menschen verbergen und unser ganz alltägliches Verhalten lenken. Sie zeigt vor allem auch, dass die Kräfte des Bösen, die in die Welt ausgesandt sind, sich vor allem auf die Bereitschaft „anständiger" Menschen stützt, anderen Schaden zuzufügen oder es zuzulassen, dass anderen Schaden zugefügt wird, sofern die Umstände dies „rechtfertigen". Diese Bereitschaft kommt immer dann zum Tragen, wenn es darum geht, unsere Bedürfnisse durchzusetzen, die Bedürfnisse nach Sicherheit, nach Selbstbestätigung oder die Befriedigung körperlicher Bedürfnisse. Diese grundsätzliche Bereitschaft in jedem ganz normalen menschlichen Wesen ist Ausdruck unserer Gefallenheit. Wenn wir dies einmal verstanden haben, dann sind wir der Antwort auf unsere Frage nach dem Warum schon ein gutes Stück nähergekommen.

Die Bereitschaft zum Bösen erfüllt die Menschheit wie ein hochexplosives Gemisch, das bei dem geringsten Anlass in die Luft geht. Dies zu erkennen ist ein Stück prophetische Schau hinter die Kulissen der Zeitgeschichte. Schon Jesaja schrieb mit Blick auf die gesellschaftlichen Zustände seiner Tage: „Wer sich für stark hielt, ist dann wie trockenes Stroh. Sein Götzendienst wird zum überspringenden Funken, der Götzendiener und Götze in Flammen aufgehen lässt. Dieses Feuer kann niemand löschen!" (Jes 1,31; Hoffnung für alle).

Paulus sieht Menschen, die unkorrigierbar gottlos sind, als „Gefäße des Zorns" (Röm 2,8) und als „Kinder des Zorns" (Eph 2,8). Zorn ist ein explosiver Impuls, andere hemmungslos zu verletzen und ihnen Schaden zuzufügen. Und die Beispiele von mutwilliger Zerstörungswut, die uns von Zeit zu Zeit bis ins Mark erschauern lassen, zeigen allzu deutlich, dass die Macht des Zornes im Menschen eine schreckliche Realität ist. Zorn ist der Bruder der Rache und er speist sich aus der selbstgerechten Empörung über erlittenes Unrecht. So meint er das Recht zu haben, hemmungslos zurückschlagen zu dürfen.

... Sturm ernten

Viele der Weisheiten im Buch der Sprichwörter beziehen sich auf den Zorn, eine grundlegende und überaus komplexe Ausdrucksform des Bösen. „Der Tor zeigt seinen Zorn alsbald" (12,16), aber „der Langmütige ist immer der Klügere" (14,29). Furcht und Zorn vermischen sich zur unwillkürlichen Reaktion eines jeden „anständigen Menschen", wenn er sich in seiner Sicherheit, seinem Ansehen oder seiner Lebenszufriedenheit bedroht sieht. Ist diese Reaktion einmal in Gang gekommen, tritt sie eine Lawine los. Das Übel nimmt seinen Lauf, wenn es nicht irgendwie unterbunden wird. In der Regel ist jedoch bereits Schaden angerichtet worden, bevor man wieder zur Besinnung kommt, und es kommt zu neuen Zyklen von Gewalt und Gegengewalt. „Hier ist die Hölle los", wie es so treffend heißt. Um dem vorzubeugen, weist uns Jakobus an: „Ein jeder Mensch sei schnell zum Hören, langsam zum Reden, langsam zum Zorn" (Jak 1,19). Sind die zornigen Worte einmal ausgesprochen, werden sie zur Initialzündung für neues Übel, wie der Zünder einer Bombe. Wir haben Wind gesät und werden unweigerlich Sturm ernten (Hos 8,7).

Die todbringende Bereitschaft zum Bösen in jeglicher Form mag von einer Person zur anderen variieren, aber in der Regel ist sie bei uns allen eher stark ausgeprägt. Es ist keineswegs nur eine theoretische Möglichkeit; es ist eine sehr reale Neigung, die immer vorhanden ist. Bei den meisten Menschen bedarf es gar nicht viel, um sie dazu zu bringen, zu lügen oder etwas an sich zu nehmen, das ihnen nicht gehört. Und in der Regel braucht es auch erschreckend wenig, bis sie sich ausmalen, wie nett es doch wäre, wenn dieser oder jener nicht mehr unter den Lebenden weilte. Solange unser Leben also nicht in einem festen Vertrauen auf die wirksame und verlässliche Fürsorge Gottes für uns geborgen ist, wird jede vermeintliche oder tatsächliche Bedrohung diese verschiedensten Neigungen zum Bösen in uns wachrufen. Und unsere Handlungen führen unweigerlich zu entsprechenden Reaktionen bei anderen, bis uns angesichts der katastrophalen Spirale der Gewalt irgendwann der Atem stockt, die sich vor unseren Augen in den Abgrund schraubt.

Wir können diese Abwärtsspiralen Tag für Tag erleben, auf der Ebene der internationalen Politik ebenso wie auf der persönlichen Ebene, wo Menschen in ihrem kleinen Gefängnis von Fehlhaltungen und Leiden festsitzen. Allein der Gnade Gottes, dem Wirken des Heiligen Geistes und der Arbeit der Kirche ist es zu verdanken, dass es mit der Welt, die auf einem brodelnden Vulkan sitzt, noch nicht viel schlimmer steht.

Wenn wir uns einmal wirklich bewusst gemacht haben, wozu Menschen fähig sind, dann wundern wir uns nicht mehr darüber, dass uns hier und da mal etwas besonders Schlimmes begegnet. Wir wundern uns vielmehr, dass es nicht noch viel öfter vorkommt. Wir werden mit tiefer Dankbarkeit erfüllt, dass es da etwas gibt, was uns Menschen zurückhält, alles ungehemmt auszuleben, was in unserem Herzen verborgen liegt.

Die Sehnsucht nach Veränderung

Jede echte Veränderung muss aus dem Inneren heraus geschehen. Und genau danach sehnen sich im Grunde die meisten Menschen. Die Umkehr, die wir uns in der Tiefe unseres Herzens wünschen und die selbst die Welt als Ganze wirklich verwandeln kann, jene *metanoia*, die uns Jesus durch das Evangelium nahebringt, geschieht dadurch, dass wir einen Eindruck von der Majestät, Heiligkeit und Güte Gottes bekommen. Aus dieser Begegnung mit dem lebendigen Gott heraus erkennen wir auf einmal, wie wir durch unsere Neigung, ihm zu misstrauen und die Dinge selbst in die Hand zu nehmen, uns selbst und anderen schaden. Die ernüchternde Klarheit darüber, wie es wirklich um uns bestellt ist, bricht sich Bahn und bringt jeden Widerspruch und all die haarspalterischen Selbstrechtfertigungsversuche in uns zum Schweigen. Wir stellen mit Erschrecken fest, dass Gott uns wirklich durch und durch erkannt hat, und doch suchen wir zugleich Zuflucht und Hilfe bei ihm.

Simon Petrus war ein erfahrener Fischer, der etwas von seinem Handwerk verstand. Eines Morgens, nachdem Jesus das Boot des Petrus' als Kanzel benutzt hatte, wollte er sich gerne ein wenig erkenntlich zeigen und wies ihn an: „Fahre hinaus, wo es tief ist, und werft eure Netze zum Fang aus!" (Lk 5,4). Petrus erwiderte, dass sie die ganze Nacht gearbeitet hatten, ohne etwas zu fangen. „Aber, wenn du es sagst", gab er schließlich doch nach, machte sich mit müden Schritten daran, die Netze wieder ins Boot zu laden, und legte ab. Die Netze wurden ausgeworfen und enthielten auf einmal eine solche Menge an Fischen, dass sie zu reißen begannen. Die Männer winkten den anderen Fischern völlig fassungslos zu und baten sie um Hilfe. Schon bald waren beide Boote so randvoll mit Fischen, dass sie beinahe kenterten.

Irgendwann dämmerte Petrus etwas. Wer war dieser Mann, dessen Aufforderung er zuerst belächelt hatte? Petrus fiel vor Jesus auf die Knie und sagte: „Herr, geh weg von mir! Ich bin ein sündiger Mensch" (Lk 5,8). Petrus war einfach überwältigt von der „Andersartigkeit" Jesu. Heiligkeit ist vor allem Andersartigkeit, ein Abgehobensein von den Sphären, in denen sich die menschliche Existenz normalerweise abspielt und dessen Gesetzmäßigkeiten uns vertraut sind. Im heutigen Sprachgebrauch würde man das vielleicht als „total anders" bezeichnen. Was Petrus also damit zum Ausdruck brachte, war: „Herr, du bist einfach total anders als alles, was mir bisher begegnet ist! Wie kannst du es nur in meiner Nähe aushalten?" Dieses „total Andere", das uns in Jesus begegnet, führt uns unmissverständlich vor Augen, dass wir im Gegensatz dazu einfach erschreckend unbedeutend sind. Diese schmerzliche Erkenntnis bricht unsere Selbstzufriedenheit und unseren Stolz und weckt in uns die Sehnsucht, zu Jüngern Jesu zu werden.

Als Jesaja den Herrn „auf einem hohen und erhabenen Thron sitzen" sah, und seine Herrlichkeit füllte den Tempel, und die Seraphim um ihn herum verkündeten die Heiligkeit und Herrlichkeit

Gottes (Jes 6,1–3), da sah er sich selbst als zutiefst nichtig und unwürdig: „Weh mir, ich vergehe! Denn ich bin unreiner Lippen und wohne unter einem Volk von unreinen Lippen; denn ich habe den König, den Herrn Zebaoth, gesehen mit meinen Augen" (Jes 6,5). Durch diese Vision wurde dem Propheten sein Zustand, dass seine „Sünde überaus sündig" ist (Röm 7,13), und die Unreinheit seiner Lippen, jenes Hauptausfallstores des Bösen in uns Menschen, bewusst. Er war sogar bereit, seine Lippen, angesichts ihres jammervollen Zustands, mit Feuer vom Altar verbrennen zu lassen (Jes 6,7). Dass Gott auch gnädig ist und dass wir aus Gnade gerettet sind, schien in diesem Moment völlig irrelevant. Jesaja erkannte, warum die menschliche Existenz so ist, wie sie ist, denn er sah sich selbst im Lichte Gottes. Und er verging förmlich in seinem Verlangen, „anders" zu sein. Menschen, die eine so radikale Umkehr erlebt haben, wundern sich nicht mehr über das Böse, das sich in jedem von uns verbirgt.

Das aufgewühlte Meer

Die Frage nach dem Warum, die sich uns so quälend aufdrängt, wann immer wir Zeuge einer neuen Grausamkeit werden, lässt sich also zu einem guten Teil klären, wenn wir uns vor Augen halten, wie viel Böses in jedem Menschen steckt und jederzeit hervorbrechen kann. Der Mensch ist auf das Böse programmiert. Es schlummert in jedem Menschen unter der dünnen Haut seiner alltäglichen Verhaltensmuster. Doch dies reicht als Erklärung nicht ganz aus. Das Ausmaß des Bösen in dem, was Menschen tun, ist auch ein Ergebnis der institutionellen Strukturen und Gepflogenheiten, die auf allen Ebenen unseres gesellschaftlichen Lebens bestehen, in der Politik, in der Verwaltung, im Geschäftsleben, in der Kunst, in den Medien, im Bildungswesen, im Sport und Freizeitbereich und in unseren partnerschaftlichen und familiären Beziehungen.

Das Böse gehört einfach zum „System". Eine Frau, die jährlich eine halbe Million Dollar an der Wall Street verdient, ist bei ihren Kollegen angesehener, wenn sie Kokain nimmt und auch ihrem Begehren nachgibt (Jak 1,14), wenn sie sich dieser Kraft beugt und sich damit einer Praxis anschließt, die so sehr Teil der Welt um sie herum ist. Eine andere Frau erhält Rollen in Theaterstücken und kommt in ihrer Schauspielkarriere voran, indem sie hier und da für

Männer „zu haben“ ist. Eine Baufirma kann ihr Plansoll erfüllen, indem sie an einigen Stellen etwas Material spart und dafür einem „verständnisvollen“ Herrn von der Bauaufsicht etwas zukommen lässt. Einem Arbeiter in einer Fabrik wird nur deshalb die Teilnahme an einem Technikerlehrgang verweigert, weil er indianische Vorfahren hat. Ein Professor lässt sich in seiner Notengebung beeinflussen, weil er möglichst viele Studenten braucht, oder er manipuliert empirische Daten, um Forschungsgelder zu erhalten, sodass er mehr publizieren und sich gegenüber seinen Kollegen profilieren kann. Eine junge Farbige kann sich nicht so intensiv auf die Eingangsprüfungen für eine Hochschule vorbereiten, dass sie Aussichten auf ein Stipendium hat, weil ihre Schule keine Fördermittel bekommt. Ein Pastor passt seine Botschaft hier und da ein wenig an die Bedürfnisse gewisser „einflussreicher“ Leute in der Gemeinde an, um sich ihre Unterstützung zu sichern und seine Position zu festigen.

Solche Strukturen und Gepflogenheiten haben nicht so sehr etwas mit der einzelnen Person zu tun, sie sind einfach ein Teil dieser Welt. Sie leben freilich von der Bereitschaft des Einzelnen, sich ihnen zu unterwerfen und anzupassen. Das Böse im „System“ besteht aus offenen oder verdeckten Spielregeln, die allgemein akzeptiert und im Alltag angewandt werden.

Keine dieser Spielregeln könnte freilich Bestand haben, wenn die Zehn Gebote (2. Mose 20) und das höchste Gebot der Liebe zu Gott und zum Nächsten (Mt 22,37–40) allgemein beachtet würden. Der Verbreitung von Problemen wie Unterernährung, Krieg, Unterdrückung, Auseinandersetzungen zwischen sozialen und ethnischen Gruppierungen, Überbevölkerung, Kriminalität, Gewalt und familiären Auseinandersetzungen würde damit auf die Dauer der Nährboden entzogen.

Nur die Wahrheit überwindet das Böse

Wenn sich viele Menschen weigern würden, sich solchen Spielregeln zu unterwerfen, hätte dies zur Folge, dass sich die politischen und sozialen Verhältnisse ebenso radikal verändern wie unser persönliches Leben. Ich gebe zu, es ist schwer, sich eine solche Welt vorzustellen. Versuchen Sie einmal, sich auszumalen, wie eine Welt ohne Lüge aussähe. Wie wäre es, wenn Menschen ganz einfach die Fähigkeit verlieren würden, andere mit Worten oder durch ihr Verhalten zu täuschen? So gut wie jede böse Absicht oder Tat gründet sich auf die Hoffnung, dass sie durch Täuschung zu verbergen ist. Wenn wir uns einmal klarmachen, dass der „Erfolg“ einer Lüge in der Regel davon abhängt, dass jemand anderer „mitspielt“, dann wird klar, dass Lügen in jeder Form das Wasser abgegraben würde, wenn nur ein kleiner Prozentsatz der Bevölkerung unbeugsam der Wahrheit verpflichtet bliebe. Auf einmal wird klar, dass das Reich der Finsternis auf Lügen gegründet ist und warum Satan der Vater der Lüge genannt wird (Joh 8,44). Das Reich der Finsternis in all seiner schrecklichen Destruktivität ruht auf überaus wackligen Füßen. Wenn wir anfangen, an einem Faden zu ziehen, beginnt das ganze Gespinst, sich aufzulösen.

Doch leider kann man nicht davon ausgehen, dass wir Menschen das Richtige tun. Allzu leicht lassen wir uns in die falsche Richtung lenken, und was wir tun, schlägt um uns herum Wellen. Wir sind wie Wassertropfen, die nur eine sehr instabile Form haben. Aufgrund seiner beweglichen Natur reagiert ein Wassertropfen auf jede Regung der Wassertropfen um ihn herum und schließt sich ihnen an. Schon bald wird aus den vielen Wassertropfen eine gewaltige Flutwelle, die womöglich groß genug ist, um ein Schiff zum Kentern zu bringen, eine Küste zu überfluten und eine Stadt zu zerstören.

Auch der Prophet Jesaja erkannte, dass die Gottlosen einem ungestümen Meer gleichen, das Schlamm und Unrat aufwühlt (Jes 57,20). Die gewaltigen Kräfte im Meer der Menschheit, die das Böse in seinem gewaltigen Umfang erst möglich machen, kommen dadurch zustande, dass viele Einzelne ihre Bosheit zu gemeinschaftlichem Handeln oder auch zu gemeinschaftlicher Passivität verbinden, das in seiner Dynamik schon bald jeglicher Kontrolle entgleitet. Angst, Zorn, Hochmut, Rache und Lust nehmen Ausmaße an, die die menschliche Vernunft übersteigen. Ist es einmal so weit gekommen, dann haben auch die Gerechten keine Möglichkeit mehr, dem Prozess Einhalt zu gebieten (Ps 11,3). Ebenso wie die Spiralen des Bösen in unserem eigenen Leben, von denen wir oben bereits gesprochen hatten, muss der Wahnsinn wie eine Flutwelle seinen Lauf nehmen, bis er schließlich in sich zusammenfällt und Einzelne bzw. einzelne Gruppen wieder ihrer Wege gehen können.

Was die „Gerechten" tun können

Doch die Gerechten können das Anschwellen der Welle verhindern, *wenn* sie in der Kraft Gottes an ihrem gerechten Kurs festhalten und *wenn* sie die verschiedensten Gesellschaftsbereiche durchdrungen haben. Das Böse in der Welt unterliegt zwar nicht dem Willen Einzelner, doch seine Kraft bezieht es aus *der generellen Bereitschaft einzelner Menschen, Böses zu tun.*

In den 60er Jahren kursierte der Spruch: „Stell dir vor, es ist Krieg, und keiner geht hin." Dann gäbe es keinen Krieg. Doch im Falle eines so komplexen Phänomens wie dem des Krieges reicht es nicht, sich einfach zu verweigern oder Widerstand zu leisten. Es muss darum gehen, jene fundamentalen Veranlagungen im Menschen zu verändern, die den Krieg als eine Möglichkeit erscheinen lassen und die dazu führen, dass man überhaupt bereit ist, dem Ruf zu den Waffen Folge zu leisten. Man kann Krieg nicht isoliert betrachten. Er ist eingebettet in kulturelle, wirtschaftliche, rassische und religiöse Hintergründe, die das Leben jeder Gesellschaft durchdringen. Hier sind die Auslöser für das Höllenfeuer des Krieges zu suchen.

Auch die Beziehungen zwischen verschiedenen sozialen Gruppen innerhalb der Gesellschaft sind so gelagert, dass sie einen fruchtbaren Nährboden für Leid, Unrecht und Gewalt bieten. Reizworte wie „Arbeitnehmer", „Arbeitgeber", „Schwarze", „Weiße", „Juden", „WASPs" (soziologisches Kürzel für *White Anglo-Saxon Protestant*), „Hispanics", „Südstaatler", „Reiche", „Arme", „Feministinnen", „Polizei", „Regierung", „Berufstätige", „Fabrikarbeiter", „Gesetz", „Gesundheitswesen", „Sozialhilfe", „Rechte", „Linke" und so fort – sie alle beziehen ihre Brisanz aus bestimmten positiven oder negativen Verhaltensmustern ganz normaler, „anständiger" Leute innerhalb unserer Gesellschaft.

Die Frage nach der Ursache für das Böse als Massenphänomen

Da große Schlagworte und Slogans oft eng mit spezifischen sozialen Gruppen und ihren jeweiligen Nöten verbunden sind, fühlen sich einige geneigt, die Unmenschlichkeiten, die Menschen einander antun, auf ein Übermaß an ideologischer Indoktrination zurückzuführen. Ohne Frage haben bestimmte Ideologien zuweilen etwas überaus Faszinierendes an sich, doch mir scheint, dass diese Einschätzung, die man vielfach unter Leuten findet, die sich intensiv mit der Erforschung von Ideen befassen, einfach nicht ausreicht, um die Dynamik des Bösen als Massenphänomen zu erklären.

Ideologien allein könnten die Maschinerie des Bösen nicht in Gang halten. In den allermeisten Fällen greift das Böse, das sich unter dem Banner bestimmter ideologischer Strömungen manifestiert, auf lang gehegte Vorurteile und tief verwurzelten Hass zurück, der sich im Moment der Tat als ungestümer Ausbruch von Zorn, als Raserei, abgrundtiefe Abscheu, Lust, Habgier oder Rache entlädt. Sind viele Menschen beteiligt, dann verhüllen sich diese Empfindungen oft mit einem Schleier von blinder Gehorsamspflicht oder von Solidarität mit denen, die zu *mir* gehören.

Dieselbe Dynamik finden wir auch *innerhalb* kleinerer Untergruppen der Gesellschaft, insbesondere innerhalb von Familien, zwischen Nachbarn und im Kollegenkreis. Sie sorgt dafür, dass Verletzungen und Animositäten einander immer wieder gegenseitig nähren, durch Dinge, die man einander antut, oder Dinge, die man unterlässt. Würde man diese spezifischen Faktoren ausräumen oder sie zumindest entschärfen oder umlenken, dann wären Ideologien letztlich harmlos. Solange es sie jedoch gibt, spielt es nur eine untergeordnete Rolle, welche Ideologie dabei im Einzelfalle als Erklärung herangezogen wird.

Das Problem ganz praktisch ...

Ganz praktisch geht es also darum, wie das Wesen des Menschen so umgestaltet werden kann, dass die hohe Bereitschaft nachlässt, aus Angst, Stolz, Lust, Habgier, Neid oder Gleichgültigkeit Gott zu missachten und anderen Schaden zuzufügen. Wie aber ist es möglich, dass die vielfältigen sozialen Strukturen, in die wir als Menschen eingebunden sind, angefangen von unserer Familie bis hin zu unserer Zugehörigkeit zu einem Volk und einer Nation, uns nicht länger zum Bösen bewegen? Die Antwort: durch Veränderung auf individueller Ebene – obwohl viele davon überzeugt sind, dass gesellschaftliche Veränderungen der Schlüssel sind.

Ich will damit nicht sagen, dass jegliche Form sozialer Institution gleichermaßen gut oder schlecht ist. Ich will auch nicht behaupten, es sei sinnlos, sich um die bestmögliche Ordnung in allen Belangen unseres gesellschaftlichen Lebens zu bemühen – im Erziehungswesen, in der Politik, im sozialen und im wirtschaftlichen Bereich ebenso wie in kulturellen und religiösen Fragen. Auch kann kein Zweifel daran bestehen, dass die individuelle Ausprägung der Bereitschaft zum Bösen zunächst ganz unmittelbar durch das soziale Umfeld bestimmt ist, in das diese Person hineingeboren wird bzw. in dem sie aufwächst. Dies ist so offensichtlich, dass manch einer annahm, dass das Böse in der Welt allein durch eine Veränderung der sozialen und ökonomischen Lebensumstände zu unterbinden wäre, so z. B. Jean-Jacques Rousseau.

Die Geschichte beweist, dass sich dadurch in der Tat einige Veränderung erzielen lässt. Doch mit äußerlichen Veränderungen allein wird das Böse im Herzen des Menschen nicht ausgelöscht, weder auf individueller noch auf gesellschaftlicher Ebene. Wodurch wird dies eindrucksvoller dokumentiert als durch die vielen „Revolutionen" des 19. und 20. Jahrhunderts, in denen lediglich ein Unterdrücker den anderen ablöste, während die Menschheit in Strömen von Blut versank. „Je mehr die Dinge sich ändern, desto mehr bleiben sie dieselben!" Was beschriebe den müden Überdruss der Welt angesichts immer neuer Scheinlösungen für sogenannte Probleme, die gar nicht die eigentlichen Probleme sind, besser.

O. Hardman weist darauf hin, dass es in der Regel um die geistliche Disziplin der Christen dann zum Besten stand, wenn hinsichtlich der sozialen Umstände große Fortschritte zu verzeichnen waren. Er fügt jedoch hinzu:

> *„Reformprogramme, staatliche Eingriffe und Gesetzesänderungen allein werden niemals wirklichen sozialen Fortschritt hervorbringen. Hohe Löhne und reichlich Freizeit, gute Wohnbedingungen und hygienische Sanitäranlagen sind keine Garantie für den Fortschritt, sie werden nicht einmal den Verfall aufhalten. Viel wichtiger ist es, dass Menschen sich gute und zweckmäßige Gewohnheiten aneignen, dass sie sparsam mit ihrer Zeit und ihren Ressourcen umgehen, und dass der Umgang miteinander von gegenseitiger Achtung und Liebe geprägt ist und nicht durch das Gängelband gesetzlicher Vorschriften*

und wirtschaftlicher Gleichmacherei. Haltungen wie diese werden freilich am ehesten durch den asketischen Lebensstil lebendiger Christen gefördert, die inmitten der Gesellschaft auf verschiedenste Art und Weise ihren Glauben leben. "[117]

Diejenigen, die den Eindruck haben, dass die Antwort auf die Probleme der Menschheit in gesetzlichen und sozialen Reformen zu suchen ist, beharren vielleicht darauf, dass wir allein deshalb keinen Fortschritt erleben, weil es uns am nötigen Wissen bzw. an der angemessenen Ausbildung mangelt. Durch wissenschaftlichen Fortschritt und entsprechend ausgebildete Fachkräfte, so meinen sie, würde es uns früher oder später gelingen, das Böse, das Menschen sich und anderen zufügen, unter Kontrolle zu bringen. Diese Einschätzung stimmt durchaus, ebenso wie die Einschätzung der anderen, die sagen, dazu bedürfe es einer Veränderung in den einzelnen Menschen. Destilliert man nämlich aus beiden Standpunkten die eigentliche Substanz heraus, die diese Veränderungen hervorbringt, dann laufen sie letztlich auf dasselbe hinaus. Keine der beiden Auffassungen ist jedoch im Recht, solange die Zunahme an Wissen, die soziale Veränderung oder die Erfahrung, um die es geht, das Wesen des Menschen und seine Beziehung zu anderen nicht wirklich radikal verändert.

Die Illusion unserer Zeit: Du kannst so bleiben, wie du bist

An irgendeinem Punkt müssen wir aufhören, nach immer höherer Erkenntnis, nach immer neuen sozialen Veränderungen oder geistlichen Erfahrungen Ausschau zu halten, um das Böse aus der Welt zu verbannen und um Kriegen, Hungersnöten, Unterdrückung usw. Einhalt zu gebieten, *während wir doch selbst im tiefsten Inneren seit den Zeiten Adams dieselben geblieben sind.* Dies ist die Illusion unserer Epoche, der heilige Gral der Moderne, der süße Traum im Schlummer des Humanismus. Die schrecklichen Übel, die wir anprangern, sind in Wirklichkeit lediglich die Konsequenz dessen, was wir als ganz normale „anständige" Menschen im Einklang mit dem in unserer Gesellschaft herrschenden Verhaltenskodex tun. Sie sind nicht auf unglückliche Zufälle, widrige

Umstände oder besonders niederträchtige oder verdorbene Individuen zurückzuführen. Tyrannen, satanische Mächte und die Unterdrückungssysteme der Welt verstehen sich darauf, unser „anständiges" Leben so zu beherrschen, wie der virtuose Organist sich auf die Beherrschung seines Instruments versteht. Ohne Instrument freilich nützt ihm selbst die höchste Perfektion seiner Kunst nichts.

Die ganze Debatte, ob „die Antwort" nun in der Veränderung des Individuums oder des sozialen Umfeldes zu suchen ist, setzt sich unendlich fort, weil beide Seiten die Frage ausgesprochen oberflächlich angehen. Die Durchsetzung der Rechte von Arbeitnehmern und ethnischen Minderheiten, die Überführung des Eigentums an Produktionsmitteln von privaten Händen in die Hand des Staates, die gesetzliche Ächtung von Diskriminierung in jeglicher Form, staatlich geförderte Wohlfahrtprogramme und Bildungsangebote und dergleichen mehr, all das wird seine Wirkung nicht verfehlen – zum Positiven oder auch zum Negativen –, doch Vorurteile und Fremdenhass werden dadurch ebenso wenig aus der Welt geschaffen wie Habsucht, Einsamkeit und Lebensüberdruss, Gewalt und sexuelle Ausbeutung, wie unsere Suche nach Sinn und Anerkennung, wie unsere Ängste vor Krankheit, vor Leid, vor dem Altern und vor dem Tod. Sie werden uns nicht dazu bringen, uns und unseren Nächsten zu lieben und anzunehmen, ebenso wenig wie sie uns inneren Frieden und Ausgeglichenheit verschaffen oder uns in die Lage versetzen, unser Leben voller Dankbarkeit zu genießen. Doch ebenso wenig können dies oberflächliche Massenbekehrungen vom Fließband – falls man so etwas überhaupt als Bekehrung bezeichnen kann –, die heute vielfach als Tor zu einem neuen, übernatürlichen Leben mit Gott angepriesen werden.

Dies ist keine Theorie, sondern erwiesene Tatsache. Trotz bester akademischer Ausbildung, trotz strengster Rechtgläubigkeit und religiöser Hingabe bleibt die Dunkelheit der Herzen allzu oft unberührt, aus denen die Dämonen immer wieder hervorbrechen, um auf dem geschundenen Rücken der Menschheit zu reiten. Selbst eine sozial ambitionierte und aufgeklärte Gesetzgebung, selbst Massen von Menschen, die von sich behaupten, eine Wiedergeburt oder eine persönliche Begegnung mit Gott erlebt zu haben, ändern nichts daran, dass in unserer Gesellschaft ein gravierender Mangel besteht, der alle Bereiche unseres Lebens erfasst, von unserem persönlichen Leben über das Zusammenleben in der Familie, das Miteinander der verschiedenen gesellschaftlichen Gruppen bis in die internationalen Beziehungen hinein.

Wird die Kirche der Not gerecht?

Ganz allgemein scheint es so, als ob es der Kirche gegenwärtig nicht gelingt, den Nöten unserer Zeit zu begegnen. Wir sprachen bereits darüber, dass die Kirche sich in den letzten Jahrzehnten zahlenmäßig stark ausgedehnt hat. Vor allem in Südamerika und in Afrika sehen wir, wie die Gemeinden stark wachsen. Vielleicht wird es ihre Aufgabe, der Menschheit den Weg der Nachfolge unter dem sanften Joch Jesu neu zu weisen. Dies wird ihnen jedoch nicht gelingen, wenn sie die geistlichen Errungenschaften der Kirche in den Ländern des Westens als höchste Ausprägung des Christentums ansehen. Es ist einfach eine Tatsache, dass die Christen in den Ländern der „Ersten Welt“ in der Regel nur wenig geistliche Dynamik entfalten. Psychologen stellen oft fest, dass sich Grundhaltungen, Handlungsweisen und Störungsmuster ihrer gläubigen Patienten kaum von denen ihrer ungläubigen Patienten unterscheiden. Neuere Untersuchungen zeigen, dass Depressionen, Ängste, Anpassungsstörungen und Partnerschaftsprobleme unter Christen aller Denominationen grassieren.[118] Von allen Berufsgruppen wiesen die Pastoren im Jahre 1987 die höchste Scheidungsrate auf.

Die konservativen Flügel von Katholiken und Protestanten haben in unserem Land in den letzten Jahren sehr viel guten Willen und Unterstützung erfahren und eine starke gesellschaftliche Stellung erlangt. Die große Frage ist nun, ob es ihnen gelingen wird, der Gesellschaft wirklich Wege zu einem neuen Menschsein aufzuzeigen, oder ob ihre Attraktivität nur ein kurzes Strohfeuer ist, weil sie in einer Zeit, die allgemein von Verunsicherung und Zukunftsangst geprägt ist, bestimmte traditionelle Werte verkörpern, die den Menschen ein Gefühl von Sicherheit vermitteln.

Probleme an der Wurzel erfordern eine Wurzelbehandlung

Das Erstaunlichste am Reich Gottes, zu dem Jesus uns einlädt, ist die Tatsache, dass wir völliges Vertrauen in Gottes Fürsorge und Versorgung haben dürfen. Die Scharen von Bedürftigen und Geschundenen, der Bodensatz der israelischen Gesellschaft (Mt 4,24–25), jedes einzelne Individuum empfing Segen von Jesus. Die Seligpreisungen enthalten, wie bereits ausgeführt, Kategorien von Menschen, die nach menschlichen Maßstäben eigentlich vom Segen Gottes ausgeschlossen sind: die geistlich Armen (Mt 5,3), die Depressiven und Niedergeschlagenen (Mt 5,4), die „Flaschen" und Schwächlinge (Mt 5,5), diejenigen, die unter der Ungerechtigkeit, die ihnen angetan wurde, zusammengebrochen sind (Mt 5,6), und so weiter. Für solche Menschen hält Gott jedoch seinen Segen bereit, wenn sie mit ihm und seinem Reich in Verbindung treten.

In unserem verdrehten Verständnis des Lebens haben wir die Seligpreisungen zu einem Stück erbaulicher Poesie degradiert, das mit der Wirklichkeit nicht viel zu tun hat. Wir versuchen, sie als Ausdruck jener nichtssagenden Anständigkeit zu sehen, von der wir bereits sprachen, auf die die gottlosen Machtstrukturen in der Welt sich stützen. Bei der Version der Seligpreisungen im Matthäusevangelium scheint uns dies ganz gut zu gelingen. In der Version bei Lukas hingegen ist kein Raum für solche Entstellungen: „Selig seid ihr Armen, Hungrigen, Weinenden, Verfolgten, denn euch gehört das Reich Gottes, dass ihr Besitz davon ergreift!" (Lk 6,20–23; 16,16). Jesus selbst praktizierte einen solchen Lebensstil. Er vertraute in jeder Kleinigkeit auf Gottes reiche Versorgung und predigte nur das, was er selbst aus eigener Erfahrung kannte. Was in den Evangelien steht, ist also Ausdruck seiner tiefsten Überzeugung.

Sein Glaube in uns ist das einzige Mittel, um das tief in unserem Wesen und in unserem ganzen Verhalten verankerte Böse zu entwurzeln. Es gibt nur eine wirkliche Hoffnung auf Lösung der Probleme der Welt, und die ist *Jesus Christus, der hier und heute in denen lebt, die sich durch ein von geistlicher Disziplin durchdrungenes Leben völlig mit ihm identifizieren.*

Warum? Glaube und geistliche Übung sind der Grundstein des neuen Menschen, für den „Der Herr ist mein Hirte, mir wird nichts mangeln“ oder „Unser Vater, der du bist im Himmel“ nicht nur eine vage Hoffnung oder ein frommer Vorsatz ist, sondern eine lebendige Vision, die den, der Jesus nachfolgt, fest in ihren Bann geschlagen hat. Angesichts dieser Vision ist die Sorge um Banalitäten wie Nahrung oder Kleidung völlig belanglos. Für sie ist das Normalität, was in Philipper 4, Verse 6 bis 7 steht: „Sorgt euch um nichts, sondern in allen Dingen lasst eure Bitten in Gebet und Flehen mit Danksagung vor Gott kundwerden! Und der Friede Gottes, der höher ist als alle Vernunft, bewahre eure Herzen und Sinne in Christus Jesus.“ Diese neuen Menschen haben keine Angst, „auch wenn die Erde bebt und die Berge ins Meer versinken“ (Ps 46,2; Gute Nachricht). Christus ist ihr Leben und zu sterben bedeutet nichts als Gewinn (Phil 1,21). Es gibt nur entweder Leben oder Tod, und beides ist auf seine Weise wunderbar, weil das Leben im Glauben uns unweigerlich von der Angst vor dem Tod befreit (vgl. Mt 10,28; Hebr 2,15). Das ist es, was ich unter Glauben verstehe.

Vom radikalen Glauben zu radikaler geistlicher Disziplin

Auf der Grundlage eines solch radikalen Glaubens können diese Menschen ihr Leben so gestalten, dass in ihnen eine tiefgreifende Veränderung geschieht, durch die sie zu Repräsentanten der Weisheit und der Kraft Gottes in der Gesellschaft werden. Sie sind in der Lage, auf den verschiedensten Ebenen der Gesellschaft Positionen als Leiter und „Hirten“ einzunehmen, sodass die Menschheit, wenn jener geschichtliche Augenblick gekommen ist, den auferstandenen und aufgefahrenen Christus als ihren wirklichen Herrn empfangen kann. Der Tag wird kommen, an dem die Herrschaft tatsächlich auf seinen Schultern ruht.

Diesen Tag in der Zukunft sollten wir uns immer wieder ins Gedächtnis rufen, wenn hochgebildete Leute uns weismachen wollen, dass persönliche Tugend keine geeignete Antwort auf gesellschaftliche Nöte sei. Stattdessen versuchen sie weiterhin, die Gesellschaft zu reformieren, ohne dass sich etwas Grundlegendes in den Herzen der Menschen ändert. Es klingt so beruhigend, wenn man uns weismacht, es könne einfach alles so weitergehen wie bisher. Häufig sehen sich die Vertreter dieser Auffassung in ihrem

Bemühen um gesellschaftliche Reformen sogar selbst als durchaus „radikal" an. Doch ihr Lösungsansatz geht an der eigentlichen Wurzel des Problems vorbei. „Radikal" im eigentlichen Sinne ist nur derjenige, der Menschen durch eine Erneuerung ihres Herzens verändert.

Vorbereitungen für die Herrschaft Christi

Doch was kann das Volk Gottes tun, um Jesus Christus den Weg zu bahnen? Wir hören oft, dass die Herrschaftsübernahme Gottes auf der Erde mit Gewalt erfolgen wird und dass im Zuge dessen zahllose Menschen dem göttlichen Gericht zum Opfer fallen. Danach werde Gott von Jerusalem aus sein Regime über die ganze Erde aufrichten.

Es mag sicher zutreffen, dass die Menschheit es im Grunde nicht anders verdient hätte, doch eine solche Form der Regentschaft passt nicht mit dem Bild zusammen, das Jesus uns vom himmlischen Vater vermittelt hat. Außerdem, wenn es ohnehin so kommen soll, warum zieht Gott die Sache dann noch so lange hin? Direkter Gewalteinsatz, so wie er nach dieser Vorstellung erwartet wird, könnte sofort zum gewünschten Erfolg führen. Ich persönlich bin der Überzeugung, dass die Herrschaft Gottes auf der Grundlage von Gnade und Wahrheit steht und dass er bei der Aufrichtung seiner Regentschaft auf Menschen zurückgreift, die im Leben mit ihm zu innerer Reife gelangt sind. Es wird eben keine Gewaltherrschaft sein, sondern eine Herrschaft, die ihre Kraft daraus bezieht, dass die Wahrheit mit überwältigender Liebe präsentiert wird. Die Tatsache, dass wir uns eine solche gewaltfreie Herrschaft kaum vorstellen können, ist nur ein Beleg dafür, wie sehr wir auf rein *menschliche* Mittel der Kontrolle über andere fixiert sind.

Ich denke nicht, dass dieser Herrschaftswechsel in Form einer schrittweisen Weiterentwicklung der Menschheit erfolgen wird. Eine solche Vorstellung lässt sich weder mit dem Wesen des Menschen in Einklang bringen noch entspricht sie dem, was uns in der Bibel angekündigt ist. Um das Werk zu vollenden, bedarf es der leibhaftigen Wiederkunft Jesu in diese Welt. Ohne eine völlig neue Lebensgrundlage wird die Menschheit sich niemals so weit entwickeln können. Allein die leibhaftige Gegenwart Jesu inmitten seines Volkes, das alle Bereiche des „säkularen“ Lebens durchdringt, wird die Welt so an der Wurzel treffen, dass sie in sich zusammenfällt. Die „Welt“ steht für all jene Machtstrukturen, die sich auf Unterdrückung, Leid und Tod stützen. Diese leibhaftige Gegenwart Jesu als weltumspannendes Herrschaftssystem wird jedoch nur dann Wirklichkeit werden, wenn seine Herausgerufenen ihren Platz in der Welt einnehmen, wenn sie ihren Herrn hier durch ein Leben in Heiligkeit und Vollmacht repräsentieren und der Welt eine völlig neue Lebensform aufzeigen.

Das System der Schiedsleute

Es gibt ein geschichtliches Vorbild für eine solche Gesellschaftsform. Ich meine das System der „Schiedsleute“ oder auch „Richter“ im Alten Testament, das Mose für das Volk Israel eingeführt hatte. Zunächst hatte Mose versucht, in allen Belangen ausschließlicher Ratgeber, Führer und Helfer des Volkes zu sein. Er versuchte, alle Funktionen einer Regierung auf sich zu vereinigen. Doch damals wie heute sind den Möglichkeiten eines Einzelnen Grenzen gesetzt. Es liegt in der Natur menschlicher Beziehungen, dass ein Mensch unmöglich den Bedürfnissen eines ganzen Gemeinwesens gerecht werden kann, selbst dann nicht, wenn er eng mit Gott verbunden ist.

Jethro, der Schwiegervater von Mose, riet diesem, sich „unter dem ganzen Volk nach redlichen Leuten umzusehen, die Gott fürchten, wahrhaftig sind und dem ungerechten Gewinn feind“ (2. Mose 18,21). Einige von ihnen wurden über Gruppen von tausend gesetzt, andere über Gruppen von hundert, wieder andere über Gruppen von fünfzig und zehn, um über alle Angelegenheiten des Volkes zu „richten“. Mose selbst brauchten nur noch die allerwichtigsten Fragen vorgetragen zu werden. So ließ Mose das Volk „weise und erfahrene Männer“ aus ihrer Mitte auswählen und setzte sie auf verschiedenen Ebenen als Richter über das Volk ein.

Bei ihrer Einsetzung gab er ihnen folgende Anweisung: „Hört eure Brüder an und richtet recht, wenn einer etwas mit seinem Bruder hat oder mit dem Fremdling, der bei ihm ist. Beim Richten sollt ihr die Person nicht ansehen, sondern sollt den Kleinen hören wie den Großen und vor niemandem euch scheuen; denn das Gericht ist Gottes. Wird euch aber eine Sache zu schwer sein, die lasst an mich gelangen, damit ich sie höre. So gebot ich euch zu der Zeit alles, was ihr tun sollt" (5. Mose 1,16–18).

Dieses System ist genial. Es schöpft die Möglichkeiten voll aus, wie innerhalb einer bestehenden Gemeinschaft ein verantwortlicher Umgang miteinander geübt und gestaltet werden kann. Die erste Leitungsebene umfasste jeweils zehn Individuen. Gemeint sind zweifelsohne zehn Männer mit ihren zugehörigen Familien. Die zweite Leitungsebene (Schiedsmann über fünfzig) stand zu lediglich fünf Individuen (Schiedsmann der ersten Leitungsebene) im direkten Kontakt, die dritte Leitungsebene hatte es nur noch mit zwei direkten Untergebenen (Schiedsmann der zweiten Ebene) zu tun. Auf diese Weise wurde sichergestellt, dass die Anforderungen nicht das überstiegen, was eine Person zu tragen und zu überblicken vermag – etwas, was in der heutigen Gesellschaft allzu oft missachtet wird.

Wenn wir uns hier in die Welt des Alten Testaments versetzen, dann können wir annehmen, dass dieses System eingebettet war in den Kontext nachbarschaftlicher Beziehungen zwischen Menschen, denen die Zehn Gebote und die anderen Anweisungen Gottes an das Volk Israel zutiefst bedeutungsvoll waren. Wer aus diesem Rahmen herausfiel, dem wurde wo immer möglich durch die Hilfe und das persönliche Vorbild des Schiedsmanns über zehn wieder aufgeholfen. Es war buchstäblich ein Stück gelebte Nachbarschaftshilfe, wenn nötig im Verbund mit anderen aus der Nachbarschaft. Jeder wusste, was die Bedürfnisse des anderen waren, und die Gemeinschaft kam dafür auf, im Bewusstsein der Fürsorge Gottes, der sie sich alle stets sicher sein konnten. Die Aufgabe des „Richters" bestand darin, sicherzustellen, dass es innerhalb der Gemeinschaft gerecht zuging und dass die Dinge sich so gestalteten, wie es nach Gottes Willen sein sollte.

Natürlich funktionierte dieses System nie wirklich perfekt – so wie das ganze mosaische Gesetz niemals zu wirklicher Perfektion führte –, weil diejenigen, die als Verantwortliche und Leiter an der Spitze standen, selbst unvollkommene Menschen waren. Wenn wir die Führer des Volkes Israel betrachten – und nicht nur sie, eigentlich die Führer jeder Nation, bis zum heutigen Tag –, dann sehen wir eine nahezu ununterbrochene Folge von Beispielen dafür, wie Macht das menschliche Herz korrumpiert bzw. zeigt, wie es um das Herz eines Menschen bestellt ist. Thomas von Kempen erkannte sehr richtig: „Gelegenheiten machen den Menschen nicht schwach, sondern sie zeigen, wer und wie er ist."[119] Die Weltgeschichte wartet auf den Moment, wenn Christus und seine Nachfolger ihre Plätze als Richter in dieser Welt einnehmen, sodass die Reiche dieser Welt die Reiche unseres Herrn und seines Christus werden, wenn sich jener Stein vom Berg lösen und die ganze Welt erfüllen wird (Dan 2).

Für unseren heutigen Zusammenhang braucht uns nicht zu interessieren, wie der genaue hierarchische Aufbau dieses Systems zu Moses Zeiten aussah und wie viele Untergebene jeweils der Verantwortung eines Richters unterstellt waren. Das Wesentliche dürfen wir jedoch nicht aus den Augen verlieren: Damit eine Gesellschaft funktioniert, bedarf es einer ausreichenden Anzahl von fähigen Leuten, die gleichmäßig über alle wichtigen Gesellschaftsbereiche verteilt sind und Einfluss auf den Gang der Dinge nehmen können. Es wird keine Gerechtigkeit geben, solange es nicht genügend Menschen gibt, die auf allen Ebenen des Gemeinwesens Jesus repräsentieren und mit der entsprechenden Macht ausgestattet sind, so wie es innerhalb des mosaischen Verwaltungssystems der Fall gewesen war – Menschen, die im Verbund miteinander und mit Gott beständig dafür Sorge tragen, dass gute und gerechte Entscheidungen getroffen werden. Sie sind die Gefäße im Hause des Herrn, „zu ehrenvollem Gebrauch, geheiligt für den Hausherrn, brauchbar und zu allem guten Werk bereitet", so wie es in 2. Timotheus 2, Vers 21 heißt. Nur dann wird es brüderliches Miteinander, Gerechtigkeit, Wohlbefinden und infolgedessen Friede auf der Erde geben.

Ist so etwas wirklich möglich? Ich denke nicht, dass dies nur Fantastereien oder aus der Verzweiflung heraus geborene Wunschträume sind. Wir müssen nur einmal verstanden haben, dass geistliche Disziplin und Gnade zusammengehören und dass beide gleichermaßen in der menschlichen Person Gestalt gewinnen müssen. Es gibt einen Lebensstil, der die sozialen und politischen Probleme der Welt überwindet, wenn nur eine ausreichende Zahl von Menschen sich diesen Lebensstil zu eigen macht. Er steht allen offen, die von ganzem Herzen Jesus nachfolgen, die die geistlichen Übungen praktizieren und es der Gnade Gottes ermöglichen, ihr äußeres Leben in Einklang mit dem Drängen ihres erlösten Geistes zu bringen.

Die von Mose eingesetzte Regierungsordnung absolvierte sozusagen ihren ersten Testlauf in der Periode von der Zeit des Mose bis zur Einführung der Monarchie in Israel, von der in 1. Samuel 8 berichtet wird. In dieser „Zeit der Richter“ war Israel ohne Regierung im üblichen Sinne, und „jeder tat, was ihn recht dünkte“ (Ri 17,6; 21,25). Die Hierarchie der Richter, die überall in der einen oder anderen Weise in Kraft war, nahm in aller Regel die Form des Rates der „Ältesten“ an, der regelmäßig an einem öffentlichen Ort wie z. B. dem Stadttor zusammenkam, um sich der Angelegenheiten des Volkes anzunehmen (Rut 4,1–12). In besonderen Notzeiten wurde ein „Richter“ zum Führer des ganzen Volkes. Von ihnen wird im Buch der Richter im Alten Testament berichtet.

Erstaunlicherweise versteht man den Satz „jeder tat, was ihn recht dünkte“ heute im Allgemeinen so, als sei damit ein schrecklicher Zustand gemeint. In der Tat gingen die Menschen zu jener Zeit in vieler Hinsicht in die Irre. Doch tun zu können, wie „einen recht dünkt“, ist nichts anderes als jener Idealzustand, den wir gemeinhin als „Freiheit“ bezeichnen. Er impliziert überhaupt nichts Negatives. Zu tun, was in den Augen der Menschen recht war, stand keineswegs im Widerspruch zu dem, was in Gottes Augen recht war. Es bedeutet lediglich, dass man eben nicht zu tun brauchte, was irgendeine Behörde als richtig ansah. Es entsprach schon immer Gottes Absicht, dass wir uns persönlich entscheiden, uns ihm unterzuordnen, uns für die richtigen Dinge zu begeistern und in diesem Sinne tun, was uns richtig erscheint. Dazu wurde der Mensch als ein Wesen mit freiem Willen erschaffen.

Als Israel sich entschloss, diesem Zustand der Freiheit vor Gott den Rücken zu kehren und nach einem König und einer offiziell eingesetzten Regierung zu verlangen, da sagte Gott zu Samuel – dem letzten jener ursprünglichen Richter in Israel: „Sie haben nicht dich, sondern mich verworfen, dass ich nicht mehr König über sie sein soll“ (1 Sam 8,7). Entsprechend verkündete Samuel anlässlich der Einsetzung Sauls: „Ihr aber habt heute euren Gott verworfen, der euch aus aller eurer Not und Bedrängnis geholfen hat, und habt gesprochen: Nein, setze vielmehr einen König über uns“ (1 Sam 10,19).

So wie sich das Volk schon zuvor geweigert hatte, selbst Gott gegenüberzutreten, und darauf bestand, dass Mose als Mittler fungierte (5. Mose 5,24–27), so weigerten sie sich nun, dass Gott selbst über sie herrschte und je nach Bedarf einzelne Anführer für bestimmte Aufgaben berief, ohne dass es eine fest eingesetzte Regierung gab. Erst durch die *Zerstörung* der Monarchie wurde der Weg frei, dass während der Zeit des Exils die Theokratie zu einem gewissen Grade wiederhergestellt wurde. In jener Epoche taucht der Begriff der „himmlischen" Herrschaft Gottes als „Gott des Himmels" (Esra 6,10; 7,12; Neh 1,5; 2,4; Dan 2,28.44) in den Schriften des Alten Testamentes auf und bereitete der dramatischen Ankündigung des Reiches Gottes durch Johannes den Täufer und schließlich durch Jesus selbst den Weg: „Tut Buße, denn das Reich Gottes ist nahe herbeigekommen!" (Mt 3,2; 4,17). Die ganze Menschheit ist nun eingeladen, Teil der Familie jenes Gottes zu werden, an den wir uns im „Vaterunser" wenden. Wenn aber das Evangelium dieses Reiches der Gotteskinder durch das Leben derjenigen, die Jesus nachfolgen, in angemessener Weise repräsentiert wird, dann naht das Ende der Weltgeschichte, so wie wir sie kennen (Mt 24,14), weil die Menschheit nun unter der Herrschaft derer steht, die im Reich Gottes auf der Erde das Richteramt ausüben (1 Kor 6,2).

Der unerprobte Weg Christi

In der St.-Paul's-Kathedrale in London hängt Holman Hunts berühmtes Gemälde „Das Licht der Welt". Es ist eine Darstellung von Jesus, der mit einer Laterne in der Hand an eine Tür klopft. Die Tür hat außen keine Klinke und ist völlig mit Unkraut und Efeuranken zugewachsen. Neben dem Bild hängt ein Schild, das folgendermaßen zu verstehen ist: „Auf dem Bild ist die Tür zur menschlichen Seele dargestellt. Sie ist fest verriegelt; Riegel und Nieten sind verrostet; Tür und Türrahmen sind durch dick wuchernde Efeuranken fest miteinander verwunden, und es ist offensichtlich, dass die Tür noch nie geöffnet wurde."

Dieses Bild hat etwas sehr Zutreffendes. Wer die Weltgeschichte nüchtern betrachtet, der wird zugeben müssen, dass bislang noch kein Versuch unternommen wurde, die Belange der Menschheit so zu handhaben, wie uns Christus dies vorgelebt hat.

Dazu fehlt es schlicht und ergreifend am nötigen Personal. Wir müssen Chesterton (siehe Zitat zu Anfang von Kapitel 1) wiederum recht geben. Mehr noch – man kann nicht einmal sagen, dass die Menschen das Christentum im Allgemeinen „zu schwer finden und es gar nicht erst wagen“, denn nur die wenigsten bekommen ja einen richtigen Einblick, um es überhaupt schwer finden zu können. Doch irgendwann wird eine Zeit kommen, wenn die Nachfolger Christi diesen Lebensstil offen leben werden. Das Evangelium vom Reich Gottes kann freilich nur dann eine Antwort auf die Nöte dieser Welt bieten, wenn es Fleisch und Blut wird, wenn ganz normale Menschen, Hausmeister und Ladenbesitzer, Schreiner und Sekretärinnen, Geschäftsleute und Professoren, Banker und Regierungsbeamte dasselbe Maß an Heiligkeit und geistlicher Vollmacht besitzen, das man früher lediglich Aposteln und Glaubenshelden zugetraut hätte. Die Wahrheit des Evangeliums wird die Welt durchstrahlen, wenn Erfahrung in der Nachfolge Jesu als eine unabdingbare Qualifikation für jede berufliche Tätigkeit angesehen wird, weil sie allein uns dazu befähigt, unseren Aufgaben wirklich gerecht zu werden.

Das Klopfen an der Türe

Das Ende des Zweiten Weltkriegs ist in England nach wie vor ein Feiertag. Vor einiger Zeit war ich in der Westminsterabtei, während die Gedenkfeier zum 8. Mai gerade im Gange war. Es war bewegend, all jene herrlichen Bibelpassagen zu hören, die davon sprechen, dass Kriege auf der Welt einmal aufhören und Friede und Gerechtigkeit herrschen werden. Üblicherweise stellen wir bei solchen Gelegenheiten all unsere Fragen zurück, wie so etwas praktisch möglich sein soll, und tauchen ein in die herrliche Vision jenes guten Endes, auf das wir alle hoffen.

Doch in jenem Moment konnte ich eine Frage nicht unterdrücken: Wie kann so etwas geschehen? Wir wissen, dass wir als Christen einen Anteil an der Verwirklichung dieser Vision haben. Obwohl es letztlich Gottes Gegenwart und Macht sind, die der Welt Heil und Frieden bringen, bedeutet dies keineswegs, dass wir dabei lediglich Zuschauer sind. Gottes Macht und Gegenwart werden nicht wie ein Stein vom Himmel fallen. Wir haben daran Anteil, und die Zeit ist erfüllt, wenn wir so weit sind, empfangen zu können, was er uns geben will. Es ist Gottes Absicht, dass wir unseren Platz bei der Erfüllung seiner Pläne einnehmen. Unsere Aufgabe besteht darin, immer besser mit Gott zusammenzuarbeiten, um sein Reich in alle Bereiche unseres Lebens hinein auszubreiten und dann unser Handeln an diesem Verständnis auszurichten.

Ein Schlüssel zum Verständnis, worin unser Beitrag in diesem Prozess besteht, liegt darin, zu erkennen, dass Gott seinen Erlösungsplan nur durch Menschen vorantreibt, die sich dafür freiwillig zur Verfügung stellen und die bereit sind, die nächsten Schritte mitzugehen. Dies trifft heute noch genauso zu wie zur Zeit Abrahams oder Moses, Jeremias oder Johannes' des Täufers. Ich möchte noch einmal auf das Gemälde von Holman Hunt zurückkommen, um zu illustrieren, was das im Einzelnen für uns bedeuten kann.

Das Gemälde ist eine bildliche Darstellung des Bibelverses in Offenbarung 3, Vers 20: „Siehe, ich stehe vor der Tür und klopfe an. Wenn jemand meine Stimme hören wird und die Tür auftun, zu dem werde ich hineingehen und das Abendmahl mit ihm halten und er mit mir.“ Doch die Tür, an die Jesus hier klopft, ist keine imaginäre Herzenstür, wie so oft vorgeschlagen wird. Aus dem Textzusammenhang geht eindeutig hervor, dass hier die Tür zu einer *Kirche* gemeint ist. All unsere Bemühungen, das Evangelium, die Kirche und unser eigenes Leben zu begreifen, führen letztlich nirgendwo hin, solange wir nicht begriffen haben, dass Jesus in der Kirche, so wie wir sie im Allgemeinen verstehen, *außen vor* steht.

Jede christliche Gruppierung will uns weismachen, dass Jesus in ihr gegenwärtig ist. Das stimmt vielleicht, doch zugleich ist er immer auch außen vor. Er ruft Menschen in die Kirche und bietet ihnen eine Form der Gemeinschaft mit ihm, die sie bislang noch nicht besitzen. Jesus ist in Wirklichkeit draußen, in der Welt, und ruft in die Kirche hinein, um denen, die sich in der Kirche befinden, eine Qualität von Beziehung anzubieten, die sie bisher nicht gekannt haben. Jesus ist in der Welt, doch die Kirche war bislang nicht couragiert genug, ihm dorthin wirklich zu folgen. Nur draußen in der Welt ist Raum genug für ihn. Doch er klopft noch immer an unser Türchen und fragt, ob wir ihn nicht hereinbitten möchten. Wenn wir ihn hereinbitten, dann wird er bei uns sein, obwohl unsere kleine Kirche – so viel sie uns selbst auch bedeutet – für ihn letztlich viel zu beengend ist. Dennoch wendet er sich an die Kirche, weil sie am ehesten bereit ist, ihn aufzunehmen und teilzunehmen an der Verwirklichung seiner Absichten für die Welt und die Menschheit.

Die Verantwortung der christlichen Leiter

Aus diesem Grund liegt die Verantwortung dafür, wie der Gang der Welt in der Zukunft aussieht, bei den Lehrern und Leitern der christlichen Gemeinde. Allein sie haben die Mittel zur Verfügung, um die Welt wirklich unter die Herrschaft Gottes zu bringen. Zum einen steht hinter ihnen der, dem „alle Macht" gegeben ist und der sie ausgesandt und ihnen aufgetragen hat, dass sie überall Menschen lehren sollen, alles zu halten, was er ihnen befohlen hat, und der ihnen zugesagt hat, allezeit mit ihnen zu sein (Mt 28,18–20). Zum anderen steht hinter ihnen die Gemeinschaft derer, die Jesus nachfolgen, als Rückhalt und zugleich als Angebot an die Welt. Sie haben Millionen von Menschen hinter sich, die sich an ihnen orientieren und sich ihrer geistlichen Leitung unterordnen, sogar dann, wenn sie selbst als Leiter zuweilen nur eine vage Vorstellung davon haben, was geistliche Leitung wirklich beinhaltet. Und schließlich kennen sie die konkreten Schritte der Unterordnung unter die Gerechtigkeit, die – sofern sie angemessen vermittelt werden – ihren Hörern dabei helfen, Jesus beständig ähnlicher zu werden.

Es gibt hier allerdings ein Problem: Es hat der Gemeinde Christi niemals an der nötigen Kraft gefehlt, um den Auftrag ihres Herrn zu erfüllen. Doch es gelang ihr nicht, die Menschen, die sich ihr zuwandten, im neutestamentlichen Sinne zu „Jüngern zu machen". Es mangelte ihr an der notwendigen Entschlossenheit, den Menschen wirklich alles zu vermitteln, was zu einem Leben mit Jesus dazugehört. Ich vermute, der Grund dafür ist, dass man allzu oft meinte, diese Aufgabe sei gar nicht zu bewältigen. Sie hat es jedoch auch versäumt, Gott zur Bewältigung des Auftrages, den er ihr gab, um seine Kraft zu bitten, und sie entwickelte nicht die nötige charakterliche Reife, um zur Trägerin seiner Macht zu werden, in ihrem eigenen Einflussbereich und darüber hinaus in der Gesellschaft.

Heutzutage muss sich jeder christliche Leiter mit folgender Frage konfrontieren lassen: „Wie kann ich es mir erlauben, die

Menschen, die meiner Leitung anvertraut sind, nicht an die geistlichen Übungen heranzuführen, die es ihnen ermöglichen, das Leben zu führen, das Gott für sie geplant hat? Wie kann ich es mir erlauben, mich selbst einem solchen Lebensstil zu verschließen, der mich zu einem Kraftwerk voll geistlicher Energie macht, sodass Gott durch mich wirken kann?"

Als Pastoren richten wir unsere Aufmerksamkeit viel zu sehr auf diejenigen, die nicht zu uns in den Gottesdienst kommen. Natürlich ist die Evangelisation eine sehr wichtige Aufgabe, aber meiner Ansicht nach haben wir als christliche Leiter eine weit wichtigere Aufgabe: Sie besteht darin, die Heiligen zuzurüsten, bis diese Jesus ähnlich werden (Eph 4,12), und der Gott der Geschichte wartet darauf, dass wir diese Aufgabe anpacken. Es ist so leicht, als Leiter trügerischen Zielen auf den Leim zu gehen und unseren Erfolg an den Maßstäben der Welt zu messen, die wir uns in der Kirche längst zu eigen gemacht haben. Es geht um Zahlen. Groß und immer größer zu werden, je größer, desto besser! Dies ist der Imperativ unserer Zeit, dem wir uns unterworfen haben. So vernachlässigen wir unsere Aufgabe, diejenigen, die uns bereits anvertraut sind, so wenige es auch sein mögen, in ihrem Glauben zu unterstützen und zu geistlicher Reife zu führen.

Jeder, dem eine geistliche Leitungsaufgabe anvertraut ist, ob er nun offiziell Pastor ist oder nicht, sollte sich darum bemühen, auf dem Laufenden zu sein, wie es um die geistliche Entwicklung derer, die ihm anvertraut sind, bestellt ist.[120] So werden wir ganz ohne Zweifel die Welt gewinnen (Joh 17,21–23).

Natürlich gibt es auch die Aufgabe der Evangelisation und es gibt auch dafür spezielle Berufungen. Doch wenn die Menschen in unseren Gemeinden wirkliche Fülle des Lebens haben, dann wird das ganz automatisch eine unwiderstehliche Anziehung auf die Menschen in unserem Umfeld haben. Die Ortsgemeinde wird dann zu einer Lebensschule für die Welt um sie herum, wo das ganze Spektrum neutestamentlichen Lebens gelehrt und praktiziert wird, von Menschen, die es ihrerseits durch eigene Erfahrung kennengelernt haben. Nur wenn wir uns dies ganz bewusst zum Ziel setzen, werden wir den Missionsauftrag erfüllen können.

Eine prophetische Vision

Es gibt klare Prophezeiungen, dass dieser Auftrag erfüllt werden *wird*. Der Prophet Sacharja sah eine Zeit voraus, da Massen von Menschen in aller Welt einander ermahnen werden, Gott anzubeten und seinen Segen zu suchen. „In jenen Tagen werden zehn Männer aus Völkern aller Sprachen einen Mann aus Juda an seinem Gewand fassen, ihn festhalten und sagen: Wir wollen mit euch gehen; denn wir haben gehört: Gott ist mit euch" (Sach 8,23; Einheitsübersetzung). Mit dem „Mann aus Juda" sind in diesem Falle sicherlich die Kinder Abrahams aus dem Glauben gemeint (Joh 8,39; Jes 63,16; Röm 2,28–29), nicht einfach jemand, der nun gerade zufällig von einem bestimmten DNS-Strang abstammt und genetisch zu einer Erblinie gehört.

Es war die Vision des Propheten Jeremia, dass das Gesetz Gottes zum natürlichen Verhaltensmuster all derer wird, die Gott nachfolgen, das Gesetz, das ihnen ins Herz geschrieben ist, sodass keiner es mehr nötig hat, vom anderen belehrt zu werden, was Gottes Wille ist (Jer 31,33–34). Dies soll unter dem neuen Bund, jenem „neuen und lebendigen Weg", der sowohl Juden als auch Heiden als Kinder Abrahams im Glauben mit einschließt (Hebr 8,10–11; 10,16.20), erfüllt werden.

Was der Prophet sieht, sind nur die großen Linien, nicht die Details der Dinge, die noch kommen werden. Ich denke jedoch, dass die kommende Herrschaft Christi sich konkret in einer Umgestaltung der Gesellschaft nach dem Muster der „Richter" vollziehen wird, wobei einzelne Menschen, deren Charakter durch die Gemeinschaft mit Gott geformt wurde, unter der persönlichen Führung des wiedergekehrten Jesus Verantwortung und Führung zum Wohle ihrer Nächsten wahrnehmen werden.

Die Glorifizierung von Menschen

Solche Menschen brauchen wir für die Führung in Politik und Gesellschaft. Jeder weiß dies, und deshalb neigen Menschen auch unweigerlich dazu, Führungspersönlichkeiten auf ein Podest zu stellen. Aus diesem Grunde strotzen Parteitage und Wahlkampagnen oft geradezu von kindischen Übertreibungen, denn eigentlich weiß jeder, dass der Amtsinhaber ein „Supermann" sein müsste, wollte er wirklich all das umsetzen, was er so vollmundig verspricht.

Die Glorifizierung von Führungspersonen, jene willentliche Selbsttäuschung, ist keineswegs ein Phänomen der ungebildeten und unkritischen Massen, es betrifft auch die Intellektuellen und Gebildeten. In der kürzlich erschienenen Biografie eines amerikanischen Präsidenten des 20. Jahrhunderts lesen wir, wie dieser mithilfe des Geheimdienstes verbarg, dass er Frauen ins Weiße Haus brachte, wenn seine Ehefrau nicht anwesend war, und dass er Anhänger dazu missbrauchte, um seine Affären außerhalb des Weißen Hauses zu decken. Erstaunlicherweise ist der Autor, der diese Fakten recherchiert und zusammengetragen hat, der Auffassung, man könne den Präsidenten deswegen keineswegs als unlauter oder verlogen bezeichnen! Was kann man denn sonst dazu sagen?[121] Unsere Politiker werden, so wie sie sind, verklärt und glorifiziert, weil uns zutiefst bewusst ist, dass es Menschen mit solchen Eigenschaften braucht, um die Probleme unserer Gesellschaft zu lösen oder zumindest zu verhindern, dass es noch schlimmer kommt.

Doch natürlich entsprechen sie diesem Bild nicht. Letztendlich können nur die Heiligen – und dies kann niemals eine politische Partei sein – die Geschicke der Welt lenken. Nur wer wie Abraham oder Paulus Gott vertraut und gehorcht, ist befähigt, Verantwortung so zu tragen, wie es den Vorstellungen Gottes (und letztlich auch unseren Vorstellungen) entspricht, weil er in der Kraft Gottes handelt und die Charakterfestigkeit hat, um dadurch nicht verdorben zu werden.

Städte, in denen Friede und Gerechtigkeit herrschen

Wenn die Kirche Jesu all ihre Kraft darauf ausrichtet, die Menschen dabei zu unterstützen, in der Nachfolge Christi zu leben, dann werden sich die Machtstrukturen der Welt, die sich den anflutenden Wellen des Bösen ergeben oder sie sogar nähren, nach und nach auflösen. Sie werden durch andere Strukturen ersetzt, die sich auf erlöste Menschen stützen, die über die ganze Gesellschaft verteilt sind und die ihren reinigenden und stabilisierenden Einfluss in der Welt ausüben, sodass, was immer an Bösem noch in den Herzen der Menschen verblieben sein mag, nie wieder zu einem solchen Massenphänomen anschwellen kann, wie wir es heute erleben. In den Ländern der westlichen Welt, vor allem in Amerika, gäbe es formal mehr als genug Kirchenmitglieder, um dies zu realisieren. Alles, was nötig ist, ist, dass die Leitung der Kirche das Volk Gottes in die Fülle des Lebens hineinführt, die uns in Jesus offensteht.

Epilog

Das neue Leben in uns begann, als die Liebe Jesu uns durch das Wort Gottes in der Tiefe unserer Seele berührte. In der Kraft der geistlichen Übungen – dem, was uns dazu anregt, sie zu wollen, und was bewirkt, dass wir in unserer Einheit mit Jesus zunehmen, ohne dadurch wiederum in neue Bindungen zu geraten – zeigt sich ein Stück dieser Liebe Jesu.

Beim letzten gemeinsamen Mahl, das Jesus mit seinen Jüngern zusammen einnahm, sprach er davon, dass er sie nun verlassen würde, und tröstete sie, indem er sagte: „Wer meine Gebote annimmt und danach lebt, der liebt mich. Und wer mich liebt, den wird mein Vater lieben. Auch ich werde ihn lieben und mich ihm zu erkennen geben" (Joh 14,21; Hoffnung für alle). Das Kennzeichen der Liebe ist Gehorsam, so wie Liebe das Kennzeichen echter Jüngerschaft ist (Joh 13,35). Nicht, dass Gehorsam Liebe hervorbringt, er ist auch kein Beweis der Liebe. Wir wissen, dass es nicht so ist. Auch versucht Jesus hier nicht, wie wir Menschen das nur allzu gerne tun, uns zum Gehorsam zu manipulieren, indem er sagt: „Wenn du mich *wirklich* lieben würdest, dann würdest du tun, was ich sage!" Was er damit zum Ausdruck bringt, ist, dass Liebe und Gehorsam zusammengehören, *weil nur echte Liebe Verhalten ändern kann.*

Die Liebe ist die treibende Kraft in den Dingen, die *wir* tun, und in den Dingen, die *Gott* tut, um uns in unseren unvollkommenen Bemühungen zu Hilfe zu kommen. Wir können es gar nicht oft genug wiederholen: „Weil ich Jesus liebe, darum liebt mich der Vater – und Jesus wird sich mir zu erkennen geben. Und ihre Gegenwart wird mir die Erkenntnis und Freude und Kraft geben, um all die Dinge zu tun, die gut und richtig sind." Wir können uns gar nicht oft genug auf seine Liebe und Freundlichkeit ausrichten, um ihn mehr und mehr zu lieben.

Die geistlichen Übungen sind ganz konkrete Möglichkeiten, die jedem von uns zur Verfügung stehen und die uns helfen, uns der Realität des Reiches Gottes, das uns in Jesus zugänglich ist, immer tiefer bewusst zu werden, obwohl wir mitten in einer Welt leben, die gegen Gott rebelliert. Wenn wir sie aus einer

Haltung der Liebe heraus praktizieren, dann wirken sie mit der Gnade Gottes zusammen und versetzen uns in die Lage, dass wir, wie es in Hebräer 4, Vers 16 heißt, „voll Zuversicht hingehen zum Thron der Gnade, damit wir Erbarmen und Gnade finden und so Hilfe erlangen zur rechten Zeit". Wenn wir sie mit der gebotenen Weisheit praktizieren, dann leben wir beständig vor dem Thron Gottes. Durch sie wird das Joch Jesu sanft und seine Last leicht. Wenn wir einmal einen Weg gefunden haben, um konstant in Gemeinschaft mit ihm zu bleiben, dann sind seine Gebote für uns keine Belastung mehr, die uns die Freude am Leben raubt.

Doch um an diesen Punkt zu gelangen, bedarf es einer klaren Entscheidung und konkreter Schritte. Auf unseren Glauben hin handelt Gott und verändert unser Leben. Es gibt jedoch keinen Glauben ohne praktische Schritte und es gibt keine praktischen Schritte ohne einen konkreten Plan. Unser Glaube wächst, indem wir erleben, wie Gott antwortet, wenn wir auf konkrete Pläne hin handeln.

Sie haben eine Reihe von praktischen Möglichkeiten kennengelernt, wie wir mit Jesus und mit dem Vater eins werden können. Nun ist es an der Zeit, die Dinge, die Sie gelernt haben, in Ihr alltägliches Leben zu integrieren. Das bedeutet, dass Sie sich überlegen müssen, wie Sie vor diesem Hintergrund jeden Tag der Woche gestalten. Fast noch wichtiger ist es, vor allem zu Anfang, was Sie *nicht* mehr tun wollen und wie Sie sich vom Fluch der Geschäftigkeit befreien können, der Ihr Leben belastet. Hat uns Gott nicht genug Zeit gegeben, um all das zu tun, was er uns zu tun aufgegeben hat? (Achten Sie einmal ganz bewusst darauf, welche Antwort Ihnen dazu einfällt!)

Es ist eine Herausforderung, sich einmal sehr nüchtern zu überlegen, wie es mit unserer Hingabe an Jesus aussieht, und wenn Sie zu dem Ergebnis kommen, dass es ziemlich mager darum bestellt ist, dann hat das etwas damit zu tun, dass Ihre Hingabe niemals einen Einfluss darauf gehabt hat, wie Sie Ihre Zeit einteilen. Vielleicht wird Ihnen nun bewusst, welche Hürden sich da in Ihrem Glaubensleben auftürmen. Doch diese Hürden waren immer da. Sie haben sie nur einfach nicht bemerkt oder konnten sie nicht richtig benennen, weil Sie nie wirklich versucht haben, eine entgegengesetzte Richtung einzuschlagen. (Vielleicht ist Ihnen nur immer wieder schmerzlich bewusst geworden, wie es um Ihren Glauben bestellt ist, wenn Sie gerade einmal durch eine schwierige Zeit gingen.)

Lassen Sie sich nicht dadurch ablenken, was andere tun. Wir haben anderen nicht vorzuschreiben, wie sie leben sollen, noch haben andere uns etwas vorzuschreiben, es sei denn, wir machen uns aus Gehorsam gegenüber Gott zum Diener anderer. Gott hat für jeden Menschen eine andere Berufung. Wundern Sie sich also nicht, wenn Gott Sie einen ganz anderen Weg führt als andere Menschen. Wundern Sie sich lieber, wenn es nicht so ist! Bei einem der letzten Gespräche, die Jesus mit Petrus, seiner „rechten Hand", führte, lässt Jesus durchblicken, wie Petrus sterben würde, und fügte hinzu: „Folge mir!" (Joh 21,19). Was mag in einem Menschen vorgehen, der gerade erfährt, dass er durch Kreuzigung sterben wird? Wir wüssten nicht, wie Petrus diese Nachricht aufnahm, wenn es uns nicht berichtet würde. Petrus schaute sich zu Johannes um, der Jesus immer besonders nahe gestanden hatte, und fragte: „Und was wird mit ihm geschehen? Wie wird Johannes sterben?" (Vers 21). Jesus antwortete: „Und wenn er überhaupt niemals sterben würde, was kümmert dich das? Folge du mir nach."

Nun wendet sich Jesus an Sie und fordert Sie auf: „Folge mir nach!" Es liegt an Ihnen, gemeinsam mit Jesus herauszufinden, was das für Sie ganz praktisch bedeutet. Wie werden Sie auf den Ruf Jesu antworten? Sie können ihm nicht folgen, ohne ihm einen konkreten Plan hinzuhalten, als ein Gefäß, das er mit seinem Leben füllen kann. Der Plan ist jedoch nicht nur Gefäß für das Neue, er ist zugleich auch das Kreuz, an dem Ihr altes Selbst stirbt, damit Sie Anteil am Auferstehungsleben Christi bekommen können. Jesus sagt: „Wer nicht sein Kreuz trägt und mir nachfolgt, der kann nicht mein Jünger sein" (Lk 14,27). Was kann es für *Sie* bedeuten, Ihr Kreuz auf sich zu nehmen?

Sie denken, Sie kennen Jesus? Sie kennen ihn nicht, ebenso wenig wie ich ihn kenne! Wir werden ihn aber immer besser kennenlernen, wenn wir ihm unser Leben hingeben und uns derselben geistlichen Disziplin unterwerfen, der er selbst sich unterworfen hat.

„Er kommt zu uns als ein Unbekannter, ohne Namen, so wie er vor Zeiten am Ufer des Sees zu jenen kam, die ihn nicht kannten. Er spricht zu uns dieselben Worte: ‚Folge du mir!' und weist uns die Aufgaben zu, die er in unserer Zeit vollbringen will. Er

gebietet. Und denen, die ihm gehorchen, seien sie weise oder einfach, wird er sich offenbaren, in den Mühen und Streitigkeiten, den Leiden, die sie in der Gemeinschaft mit ihm zu erdulden haben, und durch ein unfassbares Geheimnis lernen sie inmitten von alledem, wer er ist."[122]

„Wer Ohren hat, der höre, was der Geist den Gemeinden sagt: Wer siegt, dem werde ich von dem verborgenen Manna geben. Ich werde ihm einen weißen Stein geben, und auf dem Stein steht ein neuer Name, den nur der kennt, der ihn empfängt" (Offb 2,17; Einheitsübersetzung).

Anhang

Jüngerschaft: Nur etwas für Superchristen?

Der Begriff „Jünger" taucht im Neuen Testament 269-mal auf. Die Bezeichnung „Christ" findet sich dagegen nur 3-mal. Dieses Wort wurde als ein Synonym für den Begriff des Jüngers geprägt, als der Graben zum Judentum mehr und mehr hervortrat und die Kirche nicht länger lediglich als eine jüdische Sekte gelten konnte (Apg 11,26). Das Neue Testament ist ein Buch über Jünger, von Jüngern und für Jünger.

Es geht hier nicht nur um Begrifflichkeiten. Weitaus wichtiger ist der Lebensstil, der sich dahinter verbirgt und der in der frühen Kirche für Jünger kennzeichnend war. Der Segen, der uns im Evangelium zugesagt wird, setzt diesen Lebensstil voraus; ohne diesen kann nichts davon Realität werden. Der Jünger Jesu ist nicht die Luxusausführung eines Christen – besonders gut gepolstert und gefedert und mit extra viel PS, für die Überholspur auf dem schmalen Weg der Nachfolge. Nach Aussage des Neuen Testaments ist Jüngerschaft vielmehr die elementarste Form der Fortbewegung im Reich Gottes.

Keine Jünger ohne Jüngerschaft

Zumindest in den letzten Jahrzehnten musste man in den Kirchen der westlichen Welt kein Jünger sein, um sich Christ nennen zu können. Man muss noch nicht einmal die Absicht haben, es zu werden, und diejenigen, die Christen sind, wird niemand nach ihren Fortschritten im Prozess der Jüngerschaft fragen. Insbesondere die Kirchen in Amerika – Ortsgemeinde oder Denomination – erwarten heutzutage nicht, dass jemand, der bei ihnen Mitglied ist, es sich zur Maxime macht, das Leben Jesu ganz praktisch als Modell für seine eigene Lebensgestaltung anzusehen. Die wenigen Ausnahmen, die es hier gibt, lassen nur noch deutlicher zutage treten, dass diese Einschätzung ganz generell zutrifft. Soweit man sehen kann, bleibt es heutzutage jedem Christen selbst überlassen, ob er Jünger sein will.

Das ist freilich kein Geheimnis. In den Büchern zum Thema Jüngerschaft, die man derzeit auf dem Markt findet, wird kein Hehl daraus gemacht, dass Christen heute selbst durch eine lebenslange aktive Gemeindemitgliedschaft vielfach nicht zu Jüngern werden. LeRoy Eims beschreibt in seinem bekannten Buch *The Lost Art of Discipling* („Die vergessene Kunst, wie man Menschen zu Jüngern macht") drei mögliche Stadien im Leben eines Christen: Neubekehrte, Jünger und Mitarbeiter. Um Menschen in diesem Prozess voranzubringen, bedarf es jeweils gezielter Anstrengungen. Um Neubekehrte zu gewinnen, braucht es Evangelisation; entsprechende Nacharbeit macht Neubekehrte zu Jüngern und gute Seminare und Leiterschaftskurse bringen schließlich Mitarbeiter hervor. Durch beständige Evangelisation wird der Kreislauf in Gang gehalten, wobei es Aufgabe der Mitarbeiter ist, den Strom der Neubekehrten durch Nacharbeit dabei zu unterstützen, zu Jüngern zu werden.

Das Bild, das in diesem Buch von Kirche vermittelt wird, entspricht in etwa der Wirklichkeit des Gemeindelebens in Amerika. Nach diesem Modell ist es freie Entscheidung des Einzelnen, ob er Neubekehrter bleiben oder Jünger und schließlich Mitarbeiter werden will. So verwundert es nicht, dass zahllose Neubekehrte von ihrem Recht Gebrauch machen und sich dagegen entscheiden, zum Jünger Jesu aufzusteigen oder sich zumindest nicht aktiv *dafür* entscheiden. Die Gemeinden sind voll von Jüngern, die gar nicht in Jüngerschaft leben, wie Jess Moody es ausdrückt. Die meisten Probleme, die es in unseren Gemeinden heutzutage gibt, lassen sich darauf zurückführen, dass die Gemeindemitglieder sich nicht wirklich zur Nachfolge Jesu entschieden haben.

Oft hört man dann, Jesus dürfe nicht allein unser Erlöser sein, er müsse auch Herr sein – als ob es hier einen Unterschied gäbe. Wenn wir hier einen Unterschied zulassen, dann wird die Herrschaft Jesu über unser geistliches Leben zu einem bloßen Zubehör wie Alufelgen und Klimaanlage im neuen Auto – nett, aber es geht auch ohne. Es ist uns – leider! – noch nicht einmal klar, wie ein Leben unter der Herrschaft Jesu eigentlich in der Praxis aussieht. Nach heutiger Lesart des Evangeliums scheint weder theologisch noch praktisch irgendein Zusammenhang zu bestehen zwischen Errettung auf der einen Seite und Gehorsam bzw. Einübung in den Gehorsam auf der anderen.

Die vergessene Mission des Missionsauftrags

Im Missionsauftrag, den Jesus der Gemeinde gegeben hat, war es anders vorgesehen. Der erste Teil dieses Auftrags Jesu an die frühe Gemeinde bestand darin, sich seiner allumfassenden Macht und Autorität zu bedienen, um Menschen aus allen ethnischen Hintergründen, aus „allen Völkern", zu Jüngern zu machen (Mt 28,19). Damit war der frühere Auftrag, nur zu den „verlorenen Schafen aus dem Hause Israel" (Mt 10,5–6) zu gehen, nicht mehr aktuell. Nur diese Jünger sollten auf den Namen des Vaters, des Sohnes und des Heiligen Geistes getauft werden. Nach dieser zweifachen Initiation sollten sie lernen, „alles zu halten, was ich euch befohlen habe". Aus diesem Gemeindewachstumskonzept ist die Kirche des ersten Jahrhunderts hervorgegangen. Der Erfolg dieses Modells ist unbestreitbar und wohl kaum zu überbieten.

Im Laufe der Kirchengeschichte erfuhr dieses Konzept freilich eine tiefgreifende Veränderung, sodass es heute wohl eher wie folgt lautet: „Macht Leute zu Anhängern einer bestimmten theologischen Richtung, tauft sie im Namen eurer Kirche und lehrt sie, sich eurer Gemeinde anzuschließen." In der Konsequenz vergessen wir einen ganz wichtigen Teil der Mission, die uns im Missionsauftrag anvertraut ist. Zum einen versäumen wir es, Menschen wirklich dabei zu unterstützen, Jünger Jesu zu werden, was die Grundlage für alles Weitere ist, das daraus folgt. Zum anderen vernachlässigen wir die Aufgabe, die Bekehrten in einen Trainingsprozess hineinzuführen, der sie immer mehr in das hineinwachsen lässt, was Jesus uns aufgetragen hat.

Diese beiden Versäumnisse hängen eng miteinander zusammen. Wenn unsere Neubekehrten nicht automatisch zu Jüngern werden, dann werden sie auch nicht in einen Lernprozess hineinkommen, der sie Jesus ähnlicher macht. Schließlich war es nicht das, worauf sie sich bei ihrer Entscheidung eingelassen haben. Wenn die Menschen unserer Tage damit konfrontiert werden, was es ganz praktisch bedeutet, den Lebensstil Jesu nachzuahmen, dann reagieren sie in aller Regel nicht unbedingt mit Ablehnung, sondern eher mit Erstaunen und völligem Unverständnis: Was hat uns das heute zu sagen? Wie soll sich so etwas mit unserer heutigen Lebenssituation in Einklang bringen lassen?

Jüngerschaft damals

Als Jesus unter uns Menschen lebte, da hatte es noch etwas Unkompliziertes, zu seinen Jüngern zu gehören. Im Wesentlichen bedeutete es, in einer Haltung von Lernbereitschaft und Gehorsam mit ihm zu ziehen und seinem Vorbild zu folgen. Es gab keine Fernkurse. Jeder, der Jesus nachfolgen wollte, wusste, was von ihm erwartet wurde und was es ihn kosten würde. Simon Petrus rief einmal aus: „Aber wie ist es nun mit uns? Wir haben doch alles aufgegeben und sind mit dir gegangen!" (Mk 10,2; Hoffnung für alle). Sie ließen Familie und Beruf für lange Zeit hinter sich, um Jesus zu folgen, der von Ort zu Ort zog, um die Herrschaft Gottes zu verkünden, vorzuleben und den Menschen nahezubringen. Um von ihm lernen zu können, mussten die Jünger an seiner Seite sein.

Man stelle sich einmal vor, wie so etwas heutzutage wäre. Wie würden unsere Familie, unser Arbeitgeber und unsere Kollegen auf eine so radikale Hingabe reagieren? Vermutlich würden sie daraus den Schluss ziehen, dass es uns ziemlich wenig interessiert, was aus ihnen wird – ja sogar, was aus uns selbst wird. Wird Zebedäus wohl etwas anderes gedacht haben, als seine beiden Söhne dem Familienbetrieb auf einmal so mir nichts, dir nichts den Rücken kehrten, um mit Jesus zu ziehen (Mk 1,20)? Wie würde ein Vater heutzutage in einer solchen Situation reagieren? Wenn also Jesus anmerkte, dass seine Jünger die Dinge zurücklassen mussten, die ihnen am wichtigsten waren – Familie, „alles, was sein ist" und „dazu sich selbst" (Lk 14) –, um ihn begleiten zu können, dann war dies schlicht und einfach eine nüchterne Beschreibung der Fakten: Es war der einzige Zugang zur Jüngerschaft.

Jüngerschaft heute

Der Preis mag sehr hoch gewesen sein, doch Jüngerschaft war früher sehr klar und eindeutig umrissen. Dies ist heute nicht mehr so. Uns ist es heute nicht mehr möglich, so um Jesus zu sein wie den Jüngern damals. Die Prioritäten und Grundhaltungen – das

Herz – des Jüngers bleiben jedoch dieselben. Tief im Herzen des Jüngers gibt es nur einen Wunsch, eine Grundentscheidung ist unwiderruflich gefallen. Der Jünger weiß, worum es geht, hat „die Kosten überschlagen" und ist entschlossen, ihm ähnlich werden zu wollen. „Es ist für den Jünger genug, dass er ist wie sein Meister" (Mt 10,25). Mehr noch: „Wenn er vollkommen ist, so ist er wie sein Meister" (Lk 6,40).

Dieser Wunsch entzündet sich in aller Regel durch die Worte und das gelebte Beispiel derer, die bereits mit Jesus unterwegs sind. Ist er einmal erwacht, dann muss eine Grundentscheidung getroffen werden: der Entschluss, sich dem Ziel, Jesus ähnlich zu werden, ganz und gar zu verschreiben. Ein Jünger ist also der, der sich danach sehnt, Christus gleichgestaltet zu werden, und der sein Leben systematisch sukzessive auf dieses Ziel hin ausrichtet. Auf diese Weise begibt man sich auch heute noch buchstäblich in einen Ausbildungsprozess als Lehrling Jesu. Anders geht es nicht.

Diejenigen dagegen, die keine Jünger sind, sei es nun innerhalb oder außerhalb der Kirche, haben wichtigere Dinge zu tun, als Jesus ähnlich zu werden. Sie haben ein Stück Land gekauft oder fünf Ochsengespanne oder sie haben vor Kurzem geheiratet (Lk 14,19). Dies sind freilich alles nur ziemlich durchsichtige Entschuldigungen, die deutlich machen, dass auf der Liste ihrer Prioritäten noch andere Ziele stehen: Ansehen, Wohlstand, Macht, sinnliche Genüsse oder einfach Zerstreuung und Ablenkung. Der eine oder andere mag erkannt haben, wie oberflächlich seine Werte sind, doch es mangelt ihm an der Hoffnung auf eine Alternative. Er weiß einfach nicht, was es bedeutet, zuerst das Reich Gottes und seine Gerechtigkeit zu suchen, und dass es tatsächlich möglich ist, unter Gottes Herrschaft und Fürsorge zu leben und mit ihm zusammenzuarbeiten, so wie Jesus es tat.

Wenn uns der Blick durch unsere Ausflüchte verstellt ist, neigen wir oft dazu, Jüngerschaft zu einem Mysterium zu stilisieren, das einigen wenigen besonders Heiligen vorbehalten ist. Viele sehen darin auch schlichtweg eine fromme Übertreibung, den Beweis, dass man jegliche gesunde Bodenhaftung verloren hat – etwas, das man als Christ unbedingt vermeiden sollte. Doch was ist schon Besonderes daran, so sein zu wollen wie jemand anders? Es ist eine völlig normale Neigung, die man bei jedem Menschen findet. Und wenn wir es uns zum Ziel setzen, so wie Jesus zu werden, dann werden die Auswirkungen sicherlich für jeden sichtbar sein, der Augen im Kopf hat, auch uns selbst. Jünger zu sein bedeutet heutzutage freilich nicht, Haus und Hof zu verlassen, seinen Beruf an den Nagel zu hängen und Jesus auf seinen Reisen durchs Land zu begleiten. Dennoch hat sie sehr reale Auswirkungen, z. B. darin, dass wir unsere Feinde lieben, dass wir diejenigen segnen, die uns verfluchen, dass wir bereit sind, mit unserem Unterdrücker die zweite Meile zu gehen. Glaube, Hoffnung und Liebe sind nach außen sichtbare Zeichen der inneren Transformation im Leben des Jüngers. Wenn der Lebensstil eines Menschen von geistlicher Disziplin durchdrungen ist und wenn die Realität dieses Lebens voller Gnade, Friede und Freude weithin sichtbar widerstrahlt, dann wird Jüngerschaft dadurch heute auf ebenso schockierende Weise sichtbar wie früher in der Weltabgewandtheit der Eremiten. Jeder, der sich auf den Weg Christi begibt, wird dies bezeugen können, und er selbst wird Zeugnis dafür ablegen, dass an einem Leben der Jüngerschaft überhaupt nichts Schreckliches ist.

Der Preis verweigerter Nachfolge

1937 schrieb Dietrich Bonhoeffer sein viel beachtetes Buch „Nachfolge“, jene meisterhafte Streitschrift gegen ein kraftloses Christentum, das aus einem billigen Verständnis von Gnade herrührt. Bonhoeffer betont, dass echte Nachfolge über die Maßen kostspielig sei, er tut jedoch nichts, um den Eindruck zu zerstreuen, dass Jüngerschaft letztlich ein Exzess des geistlichen Lebens ist, der denen vorbehalten bleibt, die dazu einen besonderen Drang und eine spezielle Berufung verspüren. Er schürt sogar eher noch einen solchen Eindruck. Bonhoeffer hat zweifellos recht, wenn er darauf hinweist, dass niemand ein Jünger Jesu sein kann, der nicht die normalen Dinge des Lebens hinter sich lässt, und dass eine Nachfolge, die nichts kosten darf, unweigerlich Zweifel daran aufkommen lässt, dass sie überhaupt echte Nachfolge ist. Doch der Preis, den es uns kostet, wenn wir echte Nachfolge verweigern, ist ungleich höher als der, den es uns kostet, Jesus nachzufolgen, selbst dann, wenn man nur die Konsequenzen für dieses Leben in Betracht zieht.

Die Kosten sind unermesslich. Tiefer Friede, ein von Liebe durchdrungenes Leben, Glaube, der alles im Lichte der alles überragenden, gütigen Herrschaft Gottes sieht, Hoffnung, die ausharrt, auch in den schier aussichtslosesten Situationen, Kraft, um das Richtige zu tun und den Mächten des Bösen zu widerstehen – nichts davon werden wir erleben. Mit anderen Worten: Der Preis, den wir zahlen, ist das überfließende Leben, das Jesus uns gibt (Joh 10,10). Das Joch Christi, das Kreuz, das wir auf uns nehmen, ist ein Instrument der Befreiung und Bevollmächtigung, für alle, die es mit ihm zusammen auf sich nehmen und die lernen, dass Sanftmut und Demut des Herzens tiefen inneren Frieden mit sich bringen.

Mir nach! Ich bin erlöst!

Leo Tolstoi behauptete: „Das ganze Leben des Menschen steht im beständigen Widerspruch zu dem, was der Mensch als seine Pflicht erkannt hat. In jedem Bereich seines Lebens handelt er in eklatanter Weise gegen die Überzeugungen seines Gewissens und die Gebote der Vernunft." In unserem Zeitalter, wo Autoaufkleber zu einem wichtigen Medium der Selbstdarstellung geworden sind, hat ein findiger Geschäftsmann einen Plastikrahmen für Nummernschilder entworfen, der die Aufschrift trägt: „Folgen Sie mir lieber nicht. Ich habe mich auch verirrt." Er hat eine erstaunlich weite Verbreitung gefunden, vermutlich deshalb, weil er mit einer Portion Humor jenes universelle Phänomen beleuchtet, von dem Tolstoi spricht. Es schafft eine tiefgreifende Verunsicherung und ein Gefühl der Unzulänglichkeit: Wir spüren, dass wir niemals Salz und Licht der Welt sein werden, leuchtende Wegweiser, die Menschen um uns herum auf Christus hinweisen. Wenn Jesus über das Salz spricht, das seine Würze verloren hat, dann fühlen wir uns viel eher angesprochen: „Es ist zu nichts mehr nütze, als dass man es wegschüttet und lässt es von den Leuten zertreten" (Mt 5,13), nicht einmal auf dem Komposthaufen möchte man es noch haben (Lk 14,35).

Es gibt eine verbreitete Redensart, die in etwa dasselbe zum Ausdruck bringt: „Tut nicht, was ich tue – tut lieber, was ich sage." (Bringt Sie das zum Schmunzeln?) Von einigen religiösen Leitern seiner Zeit – den Pharisäern und Sadduzäern – sagte Jesus: „Alles nun, was sie euch sagen, das tut und haltet; aber nach ihren Werken sollt ihr nicht handeln; denn sie sagen's zwar, tun's aber nicht" (Mt 23,3). Das war kein Scherz und es ist im Grunde auch heute nicht sonderlich zum Lachen. Was würde Jesus wohl über uns heute sagen? Haben wir nicht eben diese Vordergründigkeit der Schriftgelehrten und Pharisäer zum Maßstab für unsere eigene Glaubenspraxis gemacht? Und haben wir nicht – sei es nun beabsichtigt oder nicht – die Jüngerschaft zu einer beliebigen Dreingabe unseres Christseins degradiert?

Ich meine damit keineswegs, dass wir perfekte Menschen sein müssen oder dass wir hier versuchen, uns das Geschenk des Lebens, das Gott uns gibt, zu verdienen. Mir geht es vielmehr darum, wie wir uns dieses Leben zu eigen machen können. Wir können uns unsere Errettung nicht verdienen, aber wir kommen nicht umhin, auf unsere Erlösung hin bestimmte Dinge zu tun, wenn uns das neue Leben wirklich gehören soll. Welche Schritte können wir in unserem Herzen tun, um Zugang dazu zu bekommen? Paulus ist uns hier ein Beispiel. Er konnte im selben Atemzug sagen: „Nicht dass ich's schon ergriffen habe oder schon vollkommen sei ..." (Phil 3,12) und dann „Was ihr gelernt und empfangen und gehört und gesehen habt an mir, das tut ..." (Phil 4,9). Seine Verfehlungen, welche auch immer das waren, lagen hinter ihm, und er lebte der Zukunft entgegen, im festen Entschluss, Jesus nachzueifern. Er war darauf aus, Jesus ähnlicher zu werden (Phil 3,10–14), und zugleich voller Zuversicht, dass Gott ihm dabei helfen würde. So konnte er sagen: „Mir nach. Ich bin erlöst!"

Die Chance Ihres Lebens

In seinem kürzlich erschienenen Buch reflektierte Dr. Rufus Jones darüber, wie wenig Einfluss die Kirche des 20. Jahrhunderts auf die Gesellschaft hatte. Er führt diesen Umstand darauf zurück, dass konservative Kreise in der Kirche sich im Allgemeinen kaum für Fragen der sozialen Gerechtigkeit interessieren. Die Ursache für diesen eklatanten Mangel sieht er letztlich in der Fundamentalismus-Modernismus-Kontroverse, die die Diskussion der letzten Jahrzehnte beherrscht hat, und dem daraus resultierenden Bedürfnis konservativer Kreise, sich massiv gegen jedweden Einfluss der liberalen Theologie abzugrenzen.

Es ist natürlich schwierig, innerhalb des komplexen Bedingungsgefüges historischer und gesellschaftlicher Prozesse ursächliche Zusammenhänge nachzuweisen, aber mir erscheint diese

Einschätzung nicht schlüssig. Schließlich ist der Mangel an Interesse für soziale Belange selbst erklärungsbedürftig. Unter den gegenwärtigen Umständen erscheint es mir triftiger, die Ursache in solchen Faktoren zu suchen, die bei Liberalen wie Konservativen gleichermaßen gegeben sind. In beiden Lagern wurde die Nachfolge Jesu, wenn auch aus unterschiedlichen Gründen und mit unterschiedlichen Absichten, nicht als fester Bestandteil des christlichen Lebens angesehen. So blieb gerade die praktische Dimension des Lebens in Christus aus der Verkündigung der Kirche ausgeklammert. Gerade sie jedoch ist es, die den Lauf der Dinge in unserer Gesellschaft wirklich zum Positiven beeinflussen könnte – sie hat es in der Vergangenheit immer wieder getan.

Jeder von uns muss sich die Frage stellen: „Bin ich wirklich ein Jünger Jesu oder bin ich nur ein Christ bzw. was man heute gemeinhin darunter versteht?“ Was wir wirklich im Leben wollen, zeigt sich daran, wie wir unsere Prioritäten setzen und wie wir auf die Probleme und Anforderungen des Alltags reagieren. Daran wird sich sehr schnell zeigen, ob es Dinge gibt, die uns wichtiger sind, als Jesus ähnlich zu werden. Wenn dem so ist, dann sind wir noch nicht wirklich seine Jünger. Wenn wir ihm nicht nachfolgen, dann bleiben all unsere Vertrauensbekundungen letztlich Lippenbekenntnisse. Wenn wir auf die Ratschläge, die uns unser Arzt, Lehrer oder Automechaniker gibt, nicht eingehen, dann zeigt dies, dass wir ihnen nicht wirklich vertrauen.

Als Pastoren müssen wir uns eine weitaus ernstere Frage stellen: Mit welchem Recht taufe ich Menschen, die sich noch gar nicht dafür entschieden haben, Jesus wirklich nachfolgen zu wollen? Wage ich es, Menschen zu erzählen, sie seien in Frieden mit Gott, ohne dass sie in Jüngerschaft leben? Woher nehme ich die Autorität, das zu tun? Und, was am allerwichtigsten ist, habe ich als Pastor Glauben genug, Menschen im Prozess der Jüngerschaft anzuleiten? Ist es mein vorrangiges Ziel, Menschen dabei zu unterstützen, zu Jüngern zu werden?

Ein Christsein, das nicht den Fußspuren Jesu folgt, wird weder dem Wesen des Menschen noch den Nöten der Welt gerecht. Es ist überhaupt keine echte Erlösung. Wer sich zum Verkündiger einer solchen Botschaft macht, der enthält dem Hörer die Gelegenheit seines Lebens vor und nimmt in Kauf, dass die Welt der Macht des Bösen überlassen bleibt. Wir sollten die Nachfolge Jesu nicht als nur eine Notwendigkeit ansehen, sondern als Verwirklichung der

Möglichkeiten, die in uns hineingelegt sind, und als eigentliche Erfüllung unseres Menschseins. Helmut Thielicke bringt dies sehr gut zum Ausdruck, wenn er sagt: „Der Christ steht nicht unter der Tyrannei des ‚du sollst', er lebt im Gravitationsfeld der Freiheit in Christus unter dem göttlichen ‚du kannst'."

Unveränderter Nachdruck meines Artikels in der Zeitschrift Christianity Today *vom 10. Oktober 1980.*

Anmerkungen

[1] W. R. Inge: *Personal religion and the Life of Devotion*. (London: Longmans, Green, 1924.) S. 18.

[2] Sören Kierkegaard: *For Self-Examination: Recommended for the Times* (Minneapolis, MN: Augsburg, 1940). S. 76–77.

[3] M. Scott Peck: „Der wunderbare Weg". (München: Goldmann, 1997.)

[4] Oswald Chambers: *The Psychology of Redemption*. (London: Simpkin Marshall, 1947.) S. 34.

[5] William Law: *A Serious Call to a Devout and Holy Life*, Kap. 3. (London: Griffith Farran & Co., ohne Jahr.) S. 27.

[6] H. D. Thoreau: „Life Without Principle", in: Joseph Wood Kruch (Hrsg.): *Thoreau: Walden and Other Writings*. (New York: Bantam Books, 1962.) S. 359.

[7] John Wesley: Predigt zum Thema „Causes of the Inefficacy of Christianitys", in: *Sermons on Several Occasions*, 2 Bde. (New York: Waugh & Mason, 1836). Bd. 1, S. 437.

[8] Hierzu zählen Derek Prince: Die Waffe des Betens und Fastens (Hurlach: Jugend mit einer Mission, 1992), David R. Smith: *Fasting: A Neglected Discipline* (Fort Washington, PA.: Christian Literature Crusade, 1975). Auch ältere Abhandlungen zum Thema sind nicht zu vergessen: John Wesley: Predigt Nummer 27 in Bd. 1 seines Werkes *Sermons on Several Occasions* (New York: Waugh & Mason, 1836), William Law: *Christian Perfection*, Paul Rudolph, Hrsg. (Carol Stream, IL: Creation House, 1975), Jeremy Taylor: *Holy Living and Dying* (London: Henry G. Bohn, 1858).

[9] Neil Q. Hamilton brachte in seinem Buch *Recovery of the Protestant Adventure* vor einiger Zeit eine sehr scharfe Analyse, in der er feststellte, dass beide Strömungen in ihrer gegenwärtigen Ausprägungsform gescheitert sind (New York: Seabury, 1981), siehe insbes. Teil 1.

[10] Donald E. Miller: *The Case of Liberal Christianity*. (New York: Harper & Row, 1981.) S. 70.

[11] Flora Wuellner: *Prayer and the Living Christ*. (Nashville, TN: Abingdon, 1969.) S. 12.

[12] Siehe mein Artikel „Jüngerschaft: Nur für Superchristen?“ im Anhang zu diesem Buch.

[13] William Iverson: Artikel in „Christianity Today“ (6. Juni 1980), S. 33.

[14] Henry Churchill King: *The Seeming Unreality of the Spiritual Life.* (New York: Macmillan, 1908.) S. 5.

[15] Kenneth Clark: *Civilization: A Personal View* (New York: Harper & Row, 1969). S. 29.

[16] Tertullian: *Apologeticum.* (München: Kösel, 1992.)

[17] Zum sehr nützlichen Begriff des „Paradigmenwechsels“ siehe Thomas S. Kuhn: „Die Struktur wissenschaftlicher Revolutionen“, Kapitel 5 (Frankfurt: Suhrkamp, 2001).

[18] Daniel P. Fuller hat hier kürzlich eine Studie vorgelegt (*Gospel and Law: Contrast or Continuum?* Grand Rapids, MI: Eerdmans, 1980.), mit der er aus der Sicht der neueren evangelikalen Theologie einen sehr wertvollen Beitrag zu einem angemessenen Verhältnis von Glaube und Gesetz liefert.

[19] Nach meiner Überzeugung ist es genau dies, was die Reformatoren unter dem Begriff des Glaubens verstanden. Bitte beachten Sie hierzu die Diskussion in Horatius Bonars Buch *God's Way of Holiness* (Chicago, Ill.: Moody, ohne Jahr), insbesondere Kapitel 2 mit ausführlichen Zitaten von Luther, Melanchthon, Calvin und Latimer.

[20] Walter Marshall: *The Gospel Mystery of Sanctification* (1692; Nachdruck, Grand Rapids, MI: Zondervan,1954): S. 258.

[21] Søren Kierkegaard: *For Self-Examination: Recommended for the Times.* (Minneapolis, MN: Augsburg, 1940.) S. 10. Wir dürfen freilich nicht vergessen, dass es durchaus möglich ist, Errettung so zu erfahren, dass das Ergebnis ein solcher Glaube ist, wie er hier von Luther beschrieben wurde. Ich würde mich nicht scheuen, Errettung in der Praxis mit Vergebung gleichzusetzen, wenn sie in dieser Weise erlebt wird. John Owen (1616–1683) hat dieses Thema in seinem Werk *The Forgiveness of Sins, Illustrated in Psalm CXXX* (versch. Ausgaben) auf unvergleichliche Weise behandelt. Beachten Sie hier besonders Kapitel 6 „Support from Forgiveness“.

[22] *The Way of a Pilgrim and The Pilgrim Continues his Way.* Im Englischen in der Übersetzung von R. M. French (New York: Seabury, 1965.) S. 45.

[23] Siehe z. B. die bekannte Aussage in der Konfession von Westminster, wo es heißt, dass das Ziel unseres Menschseins darin besteht, Gott zu lieben und sich in Ewigkeit an ihm zu erfreuen. Siehe auch „Die Exerzitien" von Ignatius von Loyola (Freiburg: Johannes-Verlag. 1999): „Der Mensch wurde geschaffen, um Gott, unseren Herrn, zu preisen, zu verehren und ihm zu dienen und auf diese Weise seine Seele zu retten. Alle anderen Dinge wurden geschaffen, um dem Menschen bei der Erfüllung seines schöpfungsgemäßen Auftrags zu Diensten zu sein" (hier eigene Übersetzung). Man kann diese und ähnliche Zitate sehr wohl in einer Weise verstehen, die der von mir geäußerten Interpretation unserer schöpfungsgemäßen Berufung entspricht, wonach wir Menschen im gleichen Maße für den Rest der Schöpfung geschaffen wurden wie der Rest der Schöpfung für uns. Auf diese Weise könnten wir unsere Bestimmung mit der Aussage Jesu verknüpfen, wonach der Größte der Diener aller sein soll (Mt 20,26–27). In der westlichen Geistesgeschichte wurde das leider überhaupt nicht so aufgefasst. Für ein Verständnis des Mystischen, das unseren Blick in dieser Weise erweitern könnte, siehe Evelyn Underhill: *Mysticism*. (New York: New American Library, 1974.) S. 81 ff.

[24] Zitat aus Lin Yutang (Hrsg.) *The Wisdom of China and India*. (New York: Modern Library, 1942.) S. 591–92.

[25] Ruskin: *Modern Painters*, vol. 7 of *The Complete Works of John Ruskin*. (London: Allen, 1905.) S. 205.

[26] Jacob Needleman: *Lost Christianity*. (New York: Bamtam, 1982.) S. 57.

[27] Schrödinger: „Was ist Leben?"

[28] Gustavo Gutierrez: *A Theology of Liberation*. Übers. Caridad Inda und John Eagleson (New York: Orbis, 1973.) S. 203.

[29] Carl G. Jung: „Der Mensch und seine Symbole". (Düsseldorf: Walter Verlag, 1995.) Lesen Sie hierzu auch die sehr tiefgehenden Bemerkungen zum Selbst in Josef Goldbrunner: *Holiness Is Wholeness and Other Essays* (Notre Dame, IN: University of Notre Dame Press, 1964), S. 12–21.

[30] Franz von Sales: „Philothea. Anleitungen zum religiösen Leben". (Mainz: M. Grünewald Verlag, 2000.)

[31] Henry Montague Butler: „Lift Up Your Hearts", Nr. 258 in: „The Hymnal" (Philadelphia: Presbyterian Board of Christian Education, 1936). Übersetzung: Tief im Staub liegen des Men-

schen rasendes Herz und rastloser Verstand / Bis sie, von Gott geschaffen, sich von Neuem zu ihm erheben.

[32] Josef Goldbrunner: *Holiness Is Wholeness and Other Essays*. (Notre Dame, IN: University of Notre Dame Press, 1964.) S. 7.

[33] Abraham H. Maslow: „The Good Life of the Self-Actualizing Person". Aus: „The Humanist" (Juli–August 1967.) S. 139. Siehe auch Äußerungen zu verwandten Themen von Alasdair MacIntyre: „Theology, Ethics, and the Ethics of Medicine and Health Care", in *The Journal of Medicine and Philosophy*, Bd. 4 (1979), S. 435–43. Ich denke insbesondere an folgende Bemerkung: „Aus biblischer Sicht weist uns Gott an, das zu tun und zu sein, wozu er uns geschaffen hat: Durch den Gehorsam seinen Geboten gegenüber bleiben wir als Menschen uns selbst treu, nicht einfach einem äußeren Regelwerk. [...] Diese enge Verzahnung der menschlichen Natur mit Gott ist uns nicht einfach übergestülpt, sie gehört zum Wesen des Menschseins" (S. 436).

[34] Francis A. Schaeffer: *True Spirituality*. (Wheaton, IL: Tyndale, 1971.) S. 17.

[35] William Temple: „The Divinity of Christ". In H. B. Streeter (Hrsg.): *Foundations*. (London: Macmillan, 1920.) S. 259.

[36] Lewis Sperry Chafer: *He That Is Spiritual* (Findlay, OH: Dunham,1918.) S. 69.

[37] Agnes Sanford: *The Healing Gifts of the Spirit* (New York: Lippincott, 1966.) S. 154.

[38] Eckhart: „Meister Eckhart" (New York: Harper, 1941.) S. 253.

[39] Siehe dazu in William James: *The Principles of Psychology* (New York: Holt, 1890), Kap. 25, einem Klassiker der Psychologiegeschichte.

[40] Erwin Schrödinger: „Was ist das Leben? Die lebende Zelle mit den Augen des Physikers betrachtet". (München: Piper, 1999.)

[41] Nicolas Berdyaev: *Freedom and the Spirit*. (London: Bles, 1935.) S. 169.

[42] Das Wort Quintessenz in diesem Satz von Shakespeare bezieht sich auf die fünfte und vollkommenste Form verkörperter Wirklichkeit im aristotelischen Weltschema. Siehe in Aristoteles' Buch über das Wesen der Natur, *De Anima*, (S. 418 b, Zeile 7–9 der Paginierung nach Bekker [im Englischen].)

[43] Die *New English Bible* übersetzt das griechische Wort *sarx* hier nicht mit Fleisch, sondern mit „niedrigere Natur", was m. E. das Textverständnis sehr erleichtert. Doch selbst eine solche Formulierung hat noch ihre Tücken, denn es liegt nahe, hier an „niedere" oder „schlechtere" Natur zu denken. Wenn unsere Interpretation zutrifft, dann müsste „niedriger" eher im Sinne eines niedrigeren Stockwerks in einem Gebäude verstanden werden, das die darüber gelegenen höheren Stockwerke trägt und gewisser maßen seine Erfüllung in ihnen findet. Es ist also nicht notwendigerweise schlechter, sondern einfach andersartig in seiner Konzeption.

[44] Philip Hughes: *A History of the Church*, 2 Bde. (New York: Sheed and Ward, 1935.) Bd. 1, S. 170.

[45] George Fox: *Journal of George Fox, ed. Norman Penney*. (London: Dent, 1948.) S. 91. Siehe auch James Gilchrist Lawsons Darstellung von George Fox in seinem Buch *Deeper Experiences of Famous Christians* (Anderson, IN: Warner, 1970), S. 100. Für eine wissenschaftliche Abhandlung zum biblischen Begriff des Fleisches und weiteren damit verbundenen Konzepten siehe Robert Jewett, *Paul's Anthropological Terms: A Study of Their Use in Conflict Settings* (Leiden: Brill, 1971) sowie Ernest De Witt Burton, *A Critical and Exegetical Commentary on the Epistle to the Galatians*. (Edinburgh: Clark, 1952.) S. 492–95.

[46] William M. Ramsay: *The Cities of St. Paul: Their Influence on His Life and Thought* (New York: Hodder & Stoughton, 1907.), S. 4. James S. Stewart bemerkt dazu: „Der Kraft seiner Geistes nach zu urteilen ist Paulus vollkommen unerreicht, seiner geistigen Erfahrung nach steht er auf einer Stufe mit Plato, Sokrates und anderen Geistesgrößen der Menschheitsgeschichte." (*A Man In Christ* [New York: Harper, ohne Jahr], S. 21.)

[47] Zitiert in John Pollock: *The Man Who Shook the World*. (Wheaton, IL: Victor, 1972.) Vorwort.

[48] Stewart: *A Man In Christ*. S. 3.

[49] A. G. Sertillanges: *The Intellectual Life*. (Westminster, MD: Christian Classics, 1980.) S. 48.

[50] Gal 1,16–17. Siehe Ernest De Witt Burton: *A Critical and Exegetical Commentary on the Epistle to the Galatians* (Edinburgh: Clark, 1952), S. 55–58, der zu dieser Periode im Leben des Paulus ausführlich Stellung nimmt. Siehe auch David

Smith: *The Life and the Letters of St. Paul* (New York: Harper, o. Jahr), S. 56 f.

[51] Stewart: *A Man in Christ*, S. 38.

[52] Evelyn Christenson: *Lord, Change Me!* (Wheaton, IL: Victor, 1979.) S. 143.

[53] Zitiert in der *Los Angeles Times*, 3. September 1983, Seite 2, 4.

[54] C. S. Lewis: „Dienstanweisungen für einen Unterteufel". (Freiburg: Herder, 1975.) S. 13.

[55] Oswald Chambers: *The Psychology of Redemption*. (London: Simpkin Marshall, 1947.) S. 51.

[56] E. Kadloubovsky und G. E. H. Palmer (Hrsg.): *Early Fathers from the Philokalia*. (London: Faber and Faber, 1963), S. 110. Die bemerkenswerten Einsichten dieses christlichen Lehrers aus dem 14. Jahrhundert über die Kontrolle unserer Handlungen und Gefühle durch die Kontrolle unseres Denkens werden durch die Schriften moderner säkularer Psychologen bestätigt. Siehe z. B. Michael J. Mahoney: *Cognition and Behavior Modification* (Cambridge, MA: Ballinger, 1974) und David D. Burns: *Feeling Good: The New Mood Therapy* (New York: New American Library, 1981). Die hieraus abgeleitete Art der Psychotherapie nennt sich „Kognitive Therapie" oder „Kognitive Verhaltenstherapie". Burns schreibt: „Die Grundannahme der kognitiven Therapie besteht darin, dass sämtliche Emotionsregungen durch Kognitionen bzw. Gedanken hervorgerufen werden" (S. 11).

[57] Dom Justin McCann (Ed.): *The Cloud of the Unknowing*. (London: Burns Oates and Washbourne, 1943.) S. 21.

[58] Chambers: *The Psychology of Redemption*, S. 26–27.

[59] Siehe hierzu die lesenswerte Arbeit von O. Hardman: *The Ideal of Asceticism: An Essay in the Comparative Study of Religion*. (New York: Macmillan, 1924.) S. 158–59.

[60] John A. T. Robinson: *The Body: A Study in Pauline Theology*. (London: SCM, 1952.) S. 9. Eine umfassende Untersuchung zum Leibverständnis bei Paulus findet sich bei Robert Jewett: *Paul's Anthropological Terms: A Study of Their Use in Conflict Settings*. (Leiden: Brill, 1971.) Kap. 5.

[61] Alexander Balmain Bruce: *The Training of the Twelve*. (Garden City, NY: Doubleday, Doran, 1928.) S. 545.

[62] Margret R. Miles: „Toward a New Asceticism". In: *The Christian Century* (28. Oktober 1981). S. 1097.

[63] Elton Trueblood: *Alternative to Futility*. (Waco, TX: Word, 1972.) S. 97.

[64] David Hume: *Enquiry into Morals*, hrsg. von L. A. Selby-Bigge (Oxford: Oxford University Press, 1957.), S. 270.

[65] Ebd.

[66] John Mc'Clintock und James Strong: *Cyclopaedia of Biblical, Theological, and Ecclesiastical Literature* (New York: Harper, 1895.), Bd. 1, S. 454.

[67] Siehe Owen Chadwick: *Western Asceticism: Selected Translations with Introductions and Notes* (Philadelphia: Westminster 1958), S. 16. Siehe ebenso Anthony C. Meisel & M. L. del Maestro (Hrsg.): *The Rule of St. Benedict* (Garden City, NY: Doubleday, 1975), Introduction, S. 12–13.

[68] Meisel & del Maestro (Hrsg.), a. a. O., S. 13.

[69] Friedrich Heer: *The Medieval World*. (New York: American Library, 1963.) S. 61 ff. Siehe ebenso O. Hardman: *The Ideals of Asceticism: An Essay in the Comparative Study of Religion*. (New York: Macmillan, 1924.) S. 191–200.

[70] Otto Zockler: „Askese und Mönchtum“. (Frankfurt: Heyder & Zimmer, 1897.) S. 136.

[71] Will Durant: *The Age of Faith*, Bd. 4 in: *The Story of Civilization*. (New York: Simon and Schuster, 1950.) S. 58 ff.

[72] Ebd., S. 60.

[73] Roland H. Bainton: *Here I stand: A Life of Martin Luther*. (New York: New American Library, 1953.) S. 34.

[74] David G. Downey (ed.): *Doctrines and Discipline of the Methodist Episcopal Church*. (New York: Methodist Book Concern, 1924.) S. 132 f. Beachten Sie auch die Anmerkungen zum Lebenswandel von Wilberforce und Fletcher in Hardman, a. a. O., S. 152 f.

[75] Shailer Mathews and G. B. Smith (Hrsg.): *A Dictionary of Religion and Ethics*. (London: Waverly, 1921.) S. 133.

[76] Trueblood, *Alternative to Futility*. S. 85.

[77] C. S. Lewis: „Dienstanweisungen an einen Unterteufel“. S. 21 f.

[78] NBC-Nachrichten am 3. Dezember 1983.

[79] *Lives of the Saints*, Übersetzung und Einleitung von J. F. Webb (Balimore, MD: Penguin, 1973.), S. 18 ff.

[80] R. W. Inge: *Goodness and Truth*. (London: Mowbray, 1958.) S. 76–77.

[81] Zit. in Henry Fairlie: *The Seven Deadly Sins Today*. (Washington, D. C.: New Republic Book, 1978.) S. 5.

[82] Thomas Merton: *The Seven Storey Mountain*. (New York: Harcourt Brace Jovanovich, 1978.) S. 421.

[83] Louis Bouyer: *The Spirituality of the New Testament and the Fathers*. Bd. 1 von *A History of Christian Spirituality*. (New York: Seabury, 1982.) S. 313.

[84] Zitiert in der *Los Angeles Times*, Juli 1983, Teil 4, S. 3.

[85] Thomas von Kempen: „Nachfolge Christi", 1/20. (Kempen: Thomas-Verlag.) S. 40 ff.

[86] Henry David Thoreau: *Thoreau: Walden and Other Writings*, hrsg. von Joseph Wood Krutch. (New York: Bantam, 1962.) S. 366.

[87] Henri Nouwen: „Silence, The Portable Cell", in: *Sojourners* (Juli 1980). S. 22.

[88] Miguel de Unamuno: „Saint Emmanuel the Good, Martyr", in: *The Existential Imagination*, F. R. Karl and Leo Hamalian, Hrsg. (Greenwich, CT.: Fawcett Publications, 1963.) S. 103.

[89] Eberhard Arnold: „Why We Choose Silence Over Dialogue", in: *The Plough*, eine Publikation der Bruderhof-Gemeinschaften, Nr. 11 (Juli/August 1985). S. 12.

[90] Aus einer persönlichen Mitteilung von Dr. Dirk Nelson.

[91] Thomas von Kempen, a. a. O., S. 71.

[92] Thomas von Kempen, a. a. O., S. 38.

[93] Zit. in William R. Parler und Elaine St. Johns: *Prayer Can Change Your Life*. (Carmel, NY: Guideposts Associates, 1957.) S. 40.

[94] Dietrich Bonhoeffer: *Letters and Papers from Prison*. (London: Fontana, 1953.) S. 163.

[95] Thomas von Kempen, a. a. O., S. 75.

[96] Roger Steer: *Admiring GOD: The Best of George Mueller*. (London: Hodder & Stoughton, 1984.) S. 54.

[97] Calvin Miller: *The Table of Inwardness*. (Downers Grove, IL: Intervarsity Press. 1984.) S. 83.

[98] David Watson: *Fear No Evil: A Personal Struggle with Cancer*. (London: Hodder and Stoughton, 1984.) S. 39.

[99] Albertus Magnus: *Of Cleaving unto GOD*. (London: Mowbray, 1954.) S. 13.

[100] C. S. Lewis, a. a. O., S. 59–60.

[101] Ebd., S. 42.

[102] Hardman, a. a. O., S. 218–219.

[103] Rosalind Goforth: *How I Know God Answers Prayer.* (Grand Rapids, MI: Zondervan, 1921.) S. 2.

[104] Adam Smith, in: D. D. Raphael (Hrsg.): *British Moralists 1650–1800*, Bd. 2. (Oxford: Clarendon, 1969.) S. 245.

[105] Alasdair MacIntyre: *After Virtue: A Study In Moral Theory*, 2. Auflage (Notre Dame, IN: University of Notre Dame Press, 1984.) S. 182.

[106] Ernesto Cardenal in einem Interview der *Los Angeles Times*, 11. Dezember 1983, Teil 4, S. 2.

[107] John Wesley, *Sermons on Several Occasions*, 2 Bde. (New York: Waugh and Mason), 1836, II, S. 441. Das Problem, wie mit dem Wohlstand zu verfahren sei, den die protestantische Frömmigkeit hervorbringt, stellte sich nicht erst zu Zeiten der Methodisten, es wurde auch in der Gemeinde von Johannes Calvin in Genf bereits thematisiert. Siehe O. Hardman: *The Ideals of Asceticism: An Essay in the Comparative Study of Religion* (New York: Macmillan, 1924.) S 209 ff.

[108] Wesley, Hrsg.

[109] Dietrich Bonhoeffer: *Letters and Papers from Prison*. (London: Fontana, 1953.) S. 81. Dies entspricht im Kern auch der Lehre von Meister Eckhart über die Armut als geistliche Errungenschaft. Beachten Sie insbesondere seine Predigt „Selig sind die Armen," in *Meister Eckhart* (New York: Harper, 1941), v. a. S. 227–228.

[110] Kenneth Clark: *Civilization: A Personal View.* (New York: Harper & Row, 1969.) S. 78 f.

[111] Franz von Sales: *Introduction to the Devout Life.* (Garden City, NY: Double Day, Image Books, 1957.) S. 163.

[112] Siehe hierzu die sehr aufschlussreiche Formulierung in den „Seligpreisungen der Welt" in J. B. Phillips: *When God Was Man.* (New York: Abingdon, 1955.) S. 26–27.

[113] William Law: *A Serious Call to a Devout and Holy Life*, viele Ausgaben, zitiert aus der Einleitung.

[114] Leo Tolstoi: *The Kingdom of God and Peace Essays.* (London: Oxford University Press, 1974.)

[115] *Los Angeles Times*, 23. Mai 1983, Teil 1, S. 4.

[116] *Los Angeles Times*, 23. Mai 1983.

[117] O. Hardman: *The Ideals of Asceticism: An Essay in the Comparative Study of Religion.* (New York: Macmillan, 1924), S. 190.

[118] *Sources and Resources: A Newsletter for Christian Leaders*, Nr. 76, 15. Juni 1983 (herausgegeben durch „Youth Specialties“, 1224 Greenfield Dr., El Cajon, CA.)

[119] Thomas von Kempen: a. a. O., S. 33. (Da zwischen der amerikanischen und der deutschen Übersetzung Differenzen bestehen, die für den Sinnzusammenhang an dieser Stelle bedeutsam sind, wurde das Zitat im Sinne der amerikanischen Ausgabe abgeändert. Anm. d. Übers.)

[120] Das Schema zur pastoralen Begleitung, das Richard Baxter in seinem Buch *The Reformed Pastor* (1659; Nachdruck Carlisle, PA: Banner of Truth Trust, 1979) beschrieb, ließe sich evtl. auf die heutige Zeit übertragen und wo nötig verbessern. Ohne einen tiefgreifenden Wandel im Selbstverständnis und in der Ausbildung unserer Pastoren wird sich der gegenwärtige Mangelzustand nicht beheben lassen.

[121] *Los Angeles Times* vom 18. September 1983, Buchbesprechungen, S. 1.

[122] Albert Schweitzer: *The Quest of the Historical Jesus* (London: A. & C. Black, 1936). S. 401.